河西走廊研究丛书
刘再聪◎主编

交往与融合
诞生在河西走廊的裕固族研究

高启安◎著

中国社会科学出版社

图书在版编目（CIP）数据

交往与融合：诞生在河西走廊的裕固族研究 / 高启安著. —北京：中国社会科学出版社，2023.12

（河西走廊研究丛书 / 刘再聪主编）
ISBN 978-7-5227-2119-4

Ⅰ.①交… Ⅱ.①高… Ⅲ.①裕固族—民族文化—研究—中国 Ⅳ.①K283.5

中国国家版本馆 CIP 数据核字（2023）第 112749 号

出 版 人	赵剑英
责任编辑	李凯凯
责任校对	杨　林
责任印制	王　超

出　　版	中国社会科学出版社
社　　址	北京鼓楼西大街甲 158 号
邮　　编	100720
网　　址	http://www.csspw.cn
发 行 部	010-84083685
门 市 部	010-84029450
经　　销	新华书店及其他书店

印　　刷	北京明恒达印务有限公司
装　　订	廊坊市广阳区广增装订厂
版　　次	2023 年 12 月第 1 版
印　　次	2023 年 12 月第 1 次印刷

开　　本	710×1000　1/16
印　　张	26.5
字　　数	431 千字
定　　价	139.00 元

凡购买中国社会科学出版社图书，如有质量问题请与本社营销中心联系调换
电话：010-84083683
版权所有　侵权必究

总 序 一

河西走廊位于黄土高原、青藏高原和内蒙古高原的交汇地带，因其地处黄河以西、介于南山（祁连山和阿尔金山）和北山（马鬃山、合黎山和龙首山）之间，形成一条地势平缓、纵贯东西的狭长地带，宛如天然走廊，故称河西走廊。河西走廊地处古丝绸之路的黄金地段，区位优势突出，地理位置独特，文化底蕴深厚，是中国陆路交通与中亚、西亚、欧洲交往交流的重要孔道，是中华文化和其他优秀文化互鉴互通的交融基地，在国家稳定、边疆安全、民族交融、中西交流等方面有着无可替代的地缘优势，在中国历史上发挥着独特的作用。

从历史和地域文化角度看，河西走廊是多种文化交汇的地方，以古丝绸之路和敦煌艺术为代表的文化沉淀深厚且独特。从世界文明发展史上来看，河西是古老的华夏文明与两河流域文明、古印度文明、地中海文明等的汇流之区，是古代沟通欧、亚、非三大洲最重要的国际通道丝绸之路的主动脉。从汉代张骞奉命出使西域到隋炀帝西巡的"国际会盟"，再到唐代玄奘赴印度取佛经，无不以河西走廊为活动中枢而得以成功。作为古丝绸之路中枢的河西走廊，留存了丰厚的历史人文遗产，在文化遗址、长城烽燧、陵寝墓葬、简牍碑刻、石窟寺庙、壁画彩塑等诸多方面拥有独特的优势。

采取切实行动，努力挖掘和发挥河西走廊独特的文化资源优势，以高度的文化自觉推动中华民族现代文明建设，是以文史学科见长的西北师范大学义不容辞的历史使命和责任担当。

西北师范大学办学历史悠久，肇始于1902年建立的京师大学堂师范馆，自1941年西迁兰州以来，便扎根甘肃，积极服务地方经济文化建设。2019年，西北师范大学整合学科、人才等资源优势，成立了河西走廊研究院，聚焦河西走廊多样的生态资源与丰富的文化资源，凝炼河西走廊生态环境资源、特色农业产业发展、文化旅游、红色文化、文化遗产等五个方向开展研究工作。研究院借助河西走廊资源禀赋的独特性，充分发挥相关高校和科研院所的研究优势，在河西走廊冰川冻土监测、石羊河流域生态保护、祁连山生态修复、生态农产品培育、历史文化资源研究开发、红色文化发掘传承、河西走廊旅游资源规划等方面，取得了丰硕的成果，有力地支持了河西走廊沿线地域的经济文化建设。

"河西走廊研究丛书"便是西北师范大学河西走廊研究院的一项阶段性成果。丛书先期出版的《交往与融合：诞生在河西走廊的裕固族研究》《敦煌佛经音义与中古社会名物》《丝路东段北道地名文化》三部作品，作者聚焦河西走廊独特的民族历史风物，或通过田野调查，或通过文献考据，探究历史、考察文化、观照现实。后续研究成果将会陆续结集出版。

我们希冀这套丛书可以多角度、多层次、多维度展现河西走廊丰富而又独特的历史文化资源，以使读者更好地感知多元一体、兼容并蓄的中华文明的丰富内涵和其中蕴含的中国优秀传统文化的精神内核，增强对中华文明的认知和认同，为增强历史自觉和文化自信、建设中华民族现代文明、实现中华民族伟大复兴提供精神动力。

贾　宁

2023 年 7 月

总 序 二

河西走廊位于中国甘肃省西北部，东起乌鞘岭，西迄甘肃、新疆边界，东西长约 1000 公里，宽仅几公里至百余公里，因位于黄河以西而得名，也称甘肃走廊。河西走廊南边是绵延不断的祁连山脉，北边是马鬃山、合黎山、龙首山组成的走廊北山。祁连山是我国西部重要的生态安全屏障，也是黄河流域重要的水源产流地和我国生物多样性保护优先区域。在整个走廊地区，以祁连山冰雪融水所灌溉的绿洲农业自古就比较发达。

河西走廊是西北众多民族繁衍生息的历史舞台，是古代中原王朝联络世界的窗口。河西走廊历史文化资源十分丰富，汇聚了多项世界文化遗产，是敦煌学、简牍学两门国际显学的诞生地。

2019 年，西北师范大学成立河西走廊研究院，聚焦河西走廊多样的生态资源与丰富的文化资源，凝炼五个研究方向：河西走廊生态环境资源研究、河西走廊特色农业产业发展研究、河西走廊文化旅游研究、河西走廊红色文化研究、河西走廊文化遗产研究。

河西走廊生态环境资源研究方向：牢固树立和践行"绿水青山就是金山银山""冰天雪地也是金山银山"的理念，开展河西走廊环境演变过程、生物多样性及资源保护利用、湿地确权与荒漠治理、生态环境监测及大数据平台建设等研究，着力于研制和开发土基材料与风沙危害防控技术、生态环境远程无线综合检测系统和降雪量连续检测系统等，以期有效解决河西走廊和祁连山生态环境保护技术难题，为加快推进区域生态文明建设提供了有力的技术支撑。

河西走廊特色农业产业发展研究方向：积极与企业合作，在特色农产品高值化利用关键技术研发与应用、特色植物多糖产品开发、纯天然优质畜产品生产加工技术、冷季异地养殖与秸秆资源利用技术、濒危鱼类资源调查与保护等方面开展合作，致力于发展河西走廊特色农业，助力脱贫攻坚、乡村振兴，实现农产品价值的倍增。

河西走廊文化旅游研究方向：在合理开发、有效利用河西走廊历史文化与旅游资源的基础上，围绕河西走廊文化旅游发展、丝绸之路文化宣传推广、文化旅游专业应用型人才培养等方面，致力于河西走廊各市县文化旅游规划策划编制、文创产品的开发、丝绸之路文化和敦煌文化的传播，着力打造河西走廊文化旅游品牌，推动"丝绸之路经济带"建设，为河西走廊经济社会的繁荣发展提供有力支撑。

河西走廊红色文化研究方向：通过梳理河西走廊红色文化脉络、整理出版红色文化研究成果、开展红色文化主题游学教育实践活动等方面的工作，使河西走廊成为弘扬红色文化和爱国主义精神的重要基地。通过"思政课程"，推进红色文化进校园进课堂，增强师生家国情怀。借助新媒体及校园公众平台，讲好红色故事，传承革命精神，为实现中华民族伟大复兴中国梦贡献力量。

河西走廊文化遗产研究方向：围绕长城、石窟、城址、壁画等古遗迹，敦煌文书、汉晋简牍等出土文献，积极开展文化遗产保护及敦煌文化、边塞文化、民俗语言及华夏文明起源、中西文化交流等专题研究，致力于打造"敦煌学研究高地"、助力简牍学特色学科发展，为推动中华文明"走出去"、增强中华文化自信、保护和弘扬中华民族优秀传统文化做出积极贡献。

西北师范大学河西走廊研究院的成立，既符合国家高等教育发展"向西""向下"的战略部署，也符合高等院校创新发展、服务地方经济建设的总体要求。五个方向研究目标明确，前景广宽，成绩显著。为此，特编写"河西走廊研究丛书"，以期及时总结已有成果，谋求未来发展。是为序。

刘再聪
2023 年 8 月

目 录

上编　裕固族历史

明代哈密卫东迁与裕固族的形成 …………………………… 3
赤斤蒙古卫、罕东左卫部众内徙、安置与裕固族各部关系探 ………… 11
安定卫的残破与部众迁徙觅踪
　　——兼论安定卫与裕固族形成的关系 ……………… 35
裕固族"天下头目都姓安"试释 …………………………… 48
肃州南山的"哈剌秃"
　　——以裕固族研究为中心 ………………………… 55
"红帽子"考略 ……………………………………………… 66
"红帽子"的一点看法 ……………………………………… 76
裕固族东迁与玉门
　　——以《肃镇华夷志》为主 ……………………… 82
明代东迁关西诸卫部众在金塔的安置与流散
　　——以《肃镇华夷志》为主 ……………………… 92
明代肃镇军政杂考
　　——以《肃镇华夷志》为主 ……………………… 104
明代苦峪卫、苦峪城考索 ………………………………… 112
喇嘛教和蒙藏关系史上的一次重大事件
　　——仰华寺大会述略 ……………………………… 133
仰华寺建毁始末述略 ……………………………………… 141
裕固族人口量变初探 ……………………………………… 150

裕固族童蒙教育最早的倡导者和推行者
　　——明肃州兵备副使张愚事迹略考 ················· 183
裕固族学校教育发端一瞥
　　——从《肃镇华夷志》一条史料说开去 ··············· 194

中编　裕固族民间文学与民俗

裕固族民间文学述论 ·· 203
裕固族民间文学作品 ·· 221
裕固族珍贵的文化遗产
　　——裕固族创世史诗的调查和介绍 ··················· 252
关于裕固族东迁传说的研究 ·································· 260
裕固族1949年前的婚俗 ····································· 269
裕固族东部地区丧葬习俗述略 ································ 277
裕固族人的剪头仪式 ·· 283
裕固族的几种仪礼及其赞辞 ·································· 284
裕固族早期饮食文化研究
　　——以《肃镇华夷志》为主 ························· 291
裕固族"以背为敬"食俗研究 ································ 305
裕固族"以背为尊"溯源 ···································· 321
裕固族"杀羊泡酒"觅踪
　　——丝绸之路饮食文化考察之一 ····················· 340

下编　裕固族史料文献研究

裕固族研究的几点思考 ······································ 381
《肃镇华夷志》文献价值初探 ································ 392
《肃镇华夷志》名称及版本考辨 ······························ 404

后　　记 ·· 413

上编
裕固族历史

明代哈密卫东迁与裕固族的形成

近年来，对于裕固族族源的研究，许多学者都将其焦点对准明以前的回鹘——甘州回鹘、西州回鹘和黄头回鹘的探讨上，而对明代关西数卫的内徙与裕固族形成的具体关系却研究得较少。为数不多的研究内徙的文章，只是笼统地指出关西七卫（有些文章也提到了哈密卫）与裕固族的形成有关系。而东迁各卫与裕固族各部的具体关系若何，换句话说，裕固族为何分为东西部，为何有七个部落？却鲜有人提及；极少数文章指出了诸卫与裕固族各部的关系，但缺乏说服力。诸卫东迁与裕固族各部的关系仍像一团乱麻，剪不断，理还乱，继续困扰着研究裕固族历史的学者。而这个问题，则直接关系到对裕固族族源的探讨，关系到裕固族为何操两种语言的问题的回答。

为了将裕固族历史的研究推向深入，笔者愿抛砖引玉，在这方面做些探讨，敬请指正。

探讨关西诸卫内徙与裕固族形成关系的文章，很少提及哈密卫的内徙。那么，哈密卫的内徙与裕固族有无关系呢？我们的回答是肯定的：哈密卫部众内徙不但与裕固族形成有密切关系，而且直接形成了今天说"尧呼儿"语的裕固族之一部——贺郎格家。

哈密卫是关西数卫中最大的一卫，地处明与中亚贸易的交通要道，"凡西域入贡，悉道哈密译上"。① 是明与土鲁番、瓦剌三者必争之地，而且还不时受到罕东、沙州、赤斤等卫的抢掠。正如《明史》所说："其地，北瓦剌、东沙州、罕东、赤斤诸卫，悉与构怨，由是邻国交侵。罕东兵抵

---

① （清）谷应泰：《明史纪事本末》卷四〇《兴复哈密》，中华书局1977年版，第585页。

城外，掠人畜去，沙州、赤斤先后兵侵，皆大获。"① 明中叶以降，瓦剌衰退，土鲁番兴起，挟伊斯兰教向东扩展势力，成为与明争夺哈密的主要力量。哈密数受侵占，旋复旋失，为此，明数员封疆大吏及边将相继被罢官、入狱。在诸卫抢掠特别是土鲁番向东侵占的情况下，哈密卫部众不止一次地内徙至东边的诸卫地和肃州。

哈密卫的首领为蒙古贵族，统治着三种民族："一曰回回，一曰畏吾尔，一曰哈剌灰。"② 其中"哈剌灰……乃瓦剌种类"。③ "夷人以种类高者为根基，非根基正大者，不能管摄其族类。"④ 明政府因袭元朝做法，因俗而治，永乐二年，封元肃王安克帖木儿为忠顺王。这种以蒙古贵族统治哈密的政策持续了很久。

天顺七年，野乜克力首领乩加思兰乘隙袭破哈密城，大肆杀掠。当时主政的忠顺王母弩温答失里率亲族部落逃到了苦峪城，"其国以残破故，来者日众"。⑤ 成化二年，弩温答失里等才返回哈密。这是哈密卫部众第一次东迁。

成化八年，"土鲁番速檀阿力乘机袭破其城，执王母，夺金印，以忠顺王孙女为妾，据守其地"。⑥ 哈密卫又一次遭残破东迁，甚至连卫所也迁了去。"土鲁番久据哈密，朝命边臣筑苦峪城，移哈密卫于其地。"⑦ 直到成化十年，才由罕慎率领哈密卫旧部和罕东、赤斤二卫部众攻破哈密，"乘势连复八城"，还据其地。⑧ 但不久，哈密又被土鲁番攻破。

弘治元年，土鲁番王阿黑麻以忠顺王罕慎非蒙古贵族，诱杀罕慎，占据哈密。哈密卫一部分居民逃到关内。弘治四年，迫于明的压力，土鲁番才将哈密卫交还。但弘治六年，速檀阿黑麻"潜兵夜袭哈密，杀其人百余，逃及降者各半"。⑨ 并擒忠顺王陕巴，杀哈密都督佥事阿木郎。虽然后

---

① （清）张廷玉：《明史》卷三二九，中华书局1974年版，第8514页。
② 《明史》卷三二九，第8513页。
③ 《明孝宗实录》卷一三一，"中研院"历史语言研究所1964年版，第2313页。
④ 《明孝宗实录》卷九三，第1716页。
⑤ 《明史》卷三二九，第8513页。
⑥ 《明史》卷三二九，第8516页。
⑦ 《明史》卷三二九，第8517页。
⑧ 《明史》卷三二九，第8517页。
⑨ 《明史》卷三二九，第8518页。

来甘肃巡抚许进恢复哈密，但哈密"诸人自以穷窘难守，尽焚庐室，走肃州求济。边臣以闻，诏赐牛具、谷种，并发流寓三种番人及哈密之寄居赤斤者，尽赴苦峪及瓜、沙州，俾自耕牧，以图兴复"。①

弘治十一年，明政府将土鲁番交还的忠顺王陕巴重新安置于哈密，陕巴名义上受明的节制，实际上却处在土鲁番的控制之下，陕巴死后，其子拜牙即自称速檀，改信伊斯兰教，王室愈益衰弱，哈密城中信仰伊斯兰教的回回首领写亦虎仙与土鲁番王"深相结"，信仰佛教的畏吾尔和哈剌灰两种，一部分改信伊斯兰教，另一部分不愿改变宗教信仰者，陆续逃入关内，与受土鲁番东侵威逼而逃来的赤斤、罕东左卫部众一道，均被明政府安置于肃州附近。

据桂萼《进哈密事宜疏》称："哈密羽翼，辅佐忠顺王有三种夷人：一种回回，元（原）系吐鲁番族类，名为佐忠顺王，其实与吐鲁番同心；一种畏兀，一种哈剌灰，具系番达。前时部落繁盛，有一二千人，目摆牙即为国之后，回回遂与吐鲁合谋，战据哈密城，畏兀、哈剌灰二种，具逃来肃州，在东关厢及各山居住，部落十散七八，止有五六百人。"②又据《明史记事本末》记载："哈密二种，避仇内徙，一居肃州东关，一居金塔寺等处。"③"嘉靖八年春二月，置哈密诸部于肃州。"④这是一次对逃来散居于肃州其周围的哈密、赤斤、罕东左卫等部众的一次性安置。就如何安置内徙部众，明政府内部意见不合。时任陕甘总督的王琼主张："哈密既归……其所归各番贡使千余人，宜散置沙州，土巴、帖木哥部落五千四百人，置白城山；哈密都督乩吉孛剌部落置肃州东部；赤斤都督锁南束置肃州北山金塔寺；罕东都指挥枝丹置甘州南山。"⑤主张将和帖木哥、土巴一起投降的土鲁番将牙木兰送还土鲁番，经过争论，明廷同意了王琼的意见，"安置诸戎于肃州境内，独留牙木兰不遣"。⑥需要说明的是，这次动议安置的起因是原属罕东左卫的帖木哥、土巴和土鲁番将牙木兰内投肃州

---

① 《明史》卷三二九，第8520页。
② （明）陈子龙：《皇明经世文编》卷一八一《桂文襄公奏议三》，中华书局1962年版，第1851页。
③ 《明史纪事本末》卷四〇《兴复哈密》，第595页。
④ 《明史纪事本末》卷四〇《兴复哈密》，第596页。
⑤ 《明史纪事本末》卷四〇《兴复哈密》，第596页。
⑥ 《明史纪事本末》卷四〇《兴复哈密》，第597页。

而引起的。在这之前,陆续东迁的哈密卫部众和滞留的贡使等已居于肃州东关厢,其他卫众也临时有所安置。

成书于嘉靖二十年的《边政考》分别记录了这些人的居住地、数量和安置时间。

"哈密卫新哈剌灰:头目马黑麻打力,原在哈密城北地他失把失城住,正德十一年暂安本城(肃州)关厢寄往。见有部落男妇二百五十二名口贡。

"赤斤城:头目革力个失等,部落男妇一千五百六名口,住牧肃州上下古城。

"苦峪城:头目眄卜尔加等,部落男妇七百七十八名口;王子庄,头目川哥儿等,部落男妇八十九名口;紫城儿,头目卜木尔吉等,部落男妇七十九名口;川边,头目察黑包等,部落男妇二百八名口。以上四族正德十一年暂安迤北境外威房、金塔寺及临城沿边、上下古城地方住牧。

"扇马城:头目牙兰等,部落男妇八十七名口,住牧肃州迤北老鸦窝地方。

"大草滩:头目可可留把郎,部落男妇一百八十名口,住牧肃州四倾堡地方。"①

以上诸部落除哈剌灰外,其余主要为被残破的赤斤、罕东左卫遗众。但因哈密卫每次被残破,部众便逃向苦峪及以东,因此不能排除中间有少部分哈密卫遗众。

"哈剌秃族:头目帕泥等,部落男妇三百一十二名口,住牧肃州黄草坝山口。

"哈剌秃族:头目南哈尔等,部落男妇一百八十一名,住牧肃州榆林山口。

"哈剌秃族:头目宾索罗等,部落男妇五百二十七名口,住牧肃州干坝山口。"②

"哈剌秃"为部落名称,在东部裕固族语中为"黑的"的意思。作者未说明它原属何卫,而《肃镇华夷志》则说他们是奄章之后,榆林山口、

---

① (明)张雨:《边政考》卷九《西羌族口》,台北:华文书局1969年影印本。
② 《边政考》卷九《西羌族口》,第630—631页。

黄草坝山口和干坝山口，分别位于今肃南裕固族自治县祁林乡附近和黄草坝一带，干坝口即今自治县境内的甘坝口，也在祁丰区内。

"畏吾儿：都督乱吉孛剌，部落男妇三百名口，住牧肃州东关。

"哈密卫旧哈剌灰：都督乱吉孛剌，国师拜言孛剌，原在哈密住坐，正德十一年暂安本城关厢寄住，见有部落男妇七百七十八名口。①

"哈剌灰：沙州都督日羔剌等，正德十四年前来投肃州，起送赴京，袭职，嘉靖二年安插本城关厢住，见有部落男妇一千一百七十名口。"②

"哈剌灰"分为"新""旧"是因为投到肃州的先后而称呼的。

这里的"沙州都督日羔剌"，据《明史》及其他史料记载，实际为在沙州立罕东左卫的只克（奄章之曾孙）之孙日羔剌。据《读史方舆纪要》记载："嘉靖初，其长日羔剌率部来归，边臣分处其众于肃州塞内。"③ 所以，一千一百多人中，大部分应属于罕东左卫。

以上记载中，与哈密卫有直接关系的内徙部众有二千余名，从哈密卫内徙的成分来看，以哈剌灰为多，标明为畏吾儿族的，只有三百余名。这种情况说明，土鲁番占据哈密后，由于是同一民族，大部分畏吾儿人改信伊斯兰教，留在哈密，逃入关内者，主要是属于"瓦剌种类"的新旧哈剌灰。与其他卫（主要为罕东左卫和赤斤卫）不同的是，他们大部分被安置于肃州城东关一带。这种情况，在李应魁于万历四十四年撰修《肃镇华夷志》时尚未有大的改变。"畏兀尔头目拜言不剌族，今在东关厢住焉，今大小头目、舍人、部落男妇五百余人，此畏吾尔夷人之一族也。""新旧哈剌灰头目乱吉孛剌族……虽居关厢，交通四境……大小头目并舍人，部落新旧约有一百五十余人，见在城东小泉堡一带买置田产……"④

肃州城内原住有两千多人的哈剌灰，为何到此时只剩一百多人了呢？我们认为这些人大部分已由以畜牧业为主改为以农业为主、由游牧变为定居而迁往城外居住了。

到了清代乾隆时，哈密卫遗众之一部分仍住在肃州城内。据《秦边纪

---

① 《边政考》卷九《西羌族口》，第631—632页。
② 《边政考》卷九《西羌族口》，第632页。
③ （明）顾祖禹：《读史方舆纪要》卷六四，中华书局2005年版，第3036页。
④ （明）李应魁撰，高启安、邰惠莉点校：《肃镇华夷志校注·族类》，甘肃人民出版社2006年版，第283页。

略》记载:"哈密卫徙居之东关厢者三族,曰畏吾尔族,其人与汉族微同;曰哈剌灰族,其人与夷族同;一曰白面回回,则回族也。今皆男女耕织,或为弟子员矣。"①

直到修《甘肃全省新通志》时,以上状况才有所变化。"西喇古八族设正付头目,千把总,职衔扎付;岁贡马一百一十三匹,汇纳犁园都司收牧。其民户或种田、或牧畜,亦有充伍者。临城三墩一族,临城铧尖一族,临城河北坝一族,城头坝、头墩一族,临城河北野狐沟一族,城西黄草坝一族,临城小泉儿一族,城东黄泥堡一族。"②此几处地点除了黄草坝和黄泥堡外,大多在城东,距城不远。说明到此时,居住肃州城东关的畏吾尔和哈剌灰其居住地已向城外发展。八族的主要成分应为畏吾尔族和哈剌灰族。除此之外,尚有万历年间从金塔寺、威虏回迁的一部分原赤斤、罕东左卫的部众(《肃镇华夷志》中有记载)。

有一条近人调查之资料可证明此说之不误。"外吾子一支,居住肃州东五十里之黄泥堡,户三十六,人口约四百余名,原为黄番二部,尚耕种,纳粮于酒泉县府,早与黄番脱离了关系,现隶酒泉三区,人称外吾子,即维吾尔转音。盖其源流,系新疆东徙之回族。"③作者的说法,正好说明了黄泥堡之裕固族与《甘肃全省新通志》所载之"八族"的密切关系。

裕固族的有关传说不仅说明了东迁的历史原因、过程,而且也说明了他们与维吾尔族的关系,与以上论述不谋而合。"离开西知哈志的原因是受了外国人的压迫,在老家的地方曾经有一个长时间的斗争,斗争不过就举族迁移。"④"我们原来和维吾尔族是一个民族,后来,因为一部分信仰佛教,一部分信仰伊斯兰教,彼此不能相容,信仰佛教的人便东迁到关内来,我们裕固族就是这一支派。"⑤"据说,酒泉的南乡北乡、嘉峪区等地

---

① (清)梁份著,赵盛世等校注:《秦边纪略》卷四《肃州卫》,青海人民出版社1987年版,第239页。
② (清)升允、长庚:《甘肃新通志》卷四二《兵防志·番部》,清宣统元年刻本,第89页。
③ 薛文波:《裕固族历史初探》,《西北民族学院学报》1981年第2—3期。
④ 《裕固族社会历史调查——裕固族来自西知哈志的传说》,转引自甘肃省图书馆藏《裕固族历史初步研究》油印稿。
⑤ 《裕固族社会历史调查——裕固族来自西知哈志的传说》,转引自甘肃省图书馆藏《裕固族历史初步研究》油印稿。

过去也有很多裕固族，由于历代反动统治阶级的民族歧视压迫政策下被强迫同化了，现在都成为汉族。"① 这后一条材料有力地说明了从《边政考》《肃镇华夷志》到《甘肃全省新通志》《肃州志》记载的居住于酒泉城周围的各卫迁徙部众的变化——除了黄泥堡及迁到双海子的一部分外，有相当一部分在与汉族长期的共同生活中被同化了。

还有一条关于居住于酒泉周围的东迁各卫部众（以哈密卫部众为主）迁徙到双海子的传说，"酒泉文殊寺是一个元朝时代的佛教寺院，以前为藏族、裕固族所共有。那时藏族有九姓，裕固族有八部，后来这部分裕固族迁徙到海子（现在的明花区），建立了莲花明海两寺院，他们迁徙的原因是，在乾隆年间裕固族攻打新疆维吾尔族，它们和维吾尔族的语言相通，有一部分投降维吾尔族掉过头来打清军，另一部分逃归，清政府派兵到酒泉捉拿逃兵并逮捕家属，他们就逃到海子地方"②。印证了《甘肃全省新通志》所载"八族"为今西部裕固族，他们与维吾尔族有着一定的亲族关系。

现在要说明的是，这些原住于酒泉城周围的哈密卫遗众是后来裕固族七部的哪一部呢？可以肯定地说，他们至少成为后来说"尧呼尔"语的西部裕固族之一的贺郎格家部落。

首先，"海子"即今天自治县的明海、莲花乡一带，这儿主要居住着讲"尧呼尔"语的"贺郎格"家和"亚乐格"家（关于"亚乐格"家部落另当别论）。从居住地上看，符合传说和记载。

其次，也是最主要的问题，即语言问题。前面说过，据《明实录》和其他资料记载，"哈剌灰"为瓦剌种类，也即卫拉特蒙古族，应该讲蒙古语，而贺郎格家却说的是西部裕固族语，属阿尔泰语系突厥语族，与维吾尔语相通，这又作何解释呢？我们认为，这正好体现了民族同化的一种现象。原来，明时的哈密卫"缠为土著"，③ 以维吾尔族为主，一部分瓦剌部众在与维吾尔族长期的共同生活中，受其影响和同化，逐渐丧失了自己原来的语言而改说维吾尔语。据许进《平番始末》记载，当时与属于瓦剌部

---

① 甘肃省编辑组：《裕固族、东乡族、保安族社会历史调查》，甘肃民族出版社 1987 年版，第 16 页。

② 薛文波：《裕固族历史初探》，《西北民族学院学报》1981 年第 2—3 期。

③ （清）王树枏：《新疆图志》卷二，民国十二年铅印本，第 10 页。

众的小列秃部联系共击土鲁番时，总是派遣哈剌灰人，说明二者同类同语，到了修《肃镇华夷志》时，已有所变化，"哈剌灰……凡有所为与回夷同，但不剃发缠头"，"一种旧哈剌灰，乃元之达种，属哈密都督管束……凡所服食，与西夷同俗"。① 但和维吾尔族仍有一定区别，这就是吐鲁番向东扩张时维吾尔族逃向肃州的人数较少而哈剌灰人数较多的原因。

再次，要弄清哈密卫东迁部众即是后来的"贺郎格"家部落，必须对"贺郎格"一词加以探讨。"贺郎格"不同的历史资料所写不同，有称为"虎那朵"的，有称为"虎郎个"或"贺郎个"的，也即是明代史料中的"哈剌灰""哈剌秃"，时至今日，在"贺郎格"家部落中，"贺"姓人在尧呼尔语中被称为"呼郎嘎特"，亦即"哈剌秃"。

最后，我们知道，西部裕固族被东部裕固族人称为"哈剌尧呼尔"，也就是"黑番"，而东部裕固族则被称为"西剌尧呼尔"，亦即"黄番"。"西剌"为"黄"的意思，这是确定无疑的。而"哈剌灰"的"哈剌"一词，在阿尔泰语系中，均为"黑"的意思。这恐怕就是说"尧呼尔"语的裕固族为什么被称为"黑番"的直接原因。

原载《甘肃社会科学》1989 年第 4 期

---

① 《肃镇华夷志校注·族类》，第 281 页。

赤斤蒙古卫、罕东左卫部众内徙、安置与裕固族各部关系探

明代赤斤蒙古卫、罕东左卫部众的内徙与安置，对裕固族的形成有重要意义，这一点，已被许多学者论及和肯定。[①] 一些学者甚至认为从人数统计看，二卫部众构成了形成裕固族的主体。[②] 但是，二卫的族属、迁徙地及其变迁、二卫部众与裕固族各部的关系等问题，似乎还有探讨的必要。因为这个问题直接关系到裕固族族源以及为何形成东西部、操两种语言的问题。

一 二卫的设置和东迁

赤斤卫卫所在嘉峪关西二百多里路，即今玉门赤斤堡，是关西诸卫中最东边的一卫。附近的骟马城、回回墓、柴城儿、大草滩等，均是卫所辖地。

"永乐二年九月，有塔力尼者，自称丞相苦术之子，率所部男妇五百余人，自哈剌脱之地来归。诏设赤斤蒙古所，以塔力尼为千户……八年，

[①] 薛文波：《裕固族历史初探》（上、下），《西北民族学院学报》1981年第2—3期；吴永明：《裕固族族源初探》，《中南民族学院学报》1984年第1期；高自厚：《明代关西七卫及其迁徙》，《兰州大学学报》1986年第1期；高自厚：《撒力畏兀儿东迁和裕固族的形成》，《西北民族研究》1986年（试刊号）；安永香：《试述撒里畏兀儿东迁》，《西北民族学院学报》1988年第1期；钱伯泉、吐娜：《罕东左卫蒙古人的迁徙及其融入撒力畏兀儿的经过》，《西北史地》1993年第3期；钱伯泉：《裕固族的故地"西至——哈至"考察》，《甘肃民族研究》1993年第2期；胡小鹏：《试揭"尧呼儿来自西至哈至"》，《民族研究》1999年第1期；胡小鹏：《元明敦煌与裕固族的历史关系》，《敦煌研究》1999年第4期。

[②] 胡小鹏：《元明敦煌与裕固族的历史关系》，《敦煌研究》1999年第4期；《试揭"尧呼儿来自西至哈至"》，《民族研究》1999年第1期。

诏改千户所为卫,擢塔力尼指挥佥事,其部下授官者三人。"①

赤斤蒙古卫的民族成分有两种:"先是,苦术娶西番女,生塔力尼,又娶蒙古女,生都指挥锁合者、革古者二人。分所部为三,凡西番人居左帐,属塔力尼,蒙古人居右帐,属锁合者,而(自)领中帐。"(同上)

赤斤卫由两种成分构成,在其他史料上也有记载:"初,赤斤蒙古之先,有苦苦者,娶西番女,生塔力尼,又娶于达达,生锁合者及革古者,乃分所部为三:凡西番人居左帐,属塔力尼;达达人居右帐,属琐合者,而自领中帐。后苦苦没,塔力泥及琐合者相继来归,永乐中始置赤斤蒙古卫处之。及且旺失加、阿速继掌卫事,部众日盛,遂欲并右帐,累相仇杀,而琐合者不能支,至是诉于边将……言怨隙已深,势难共处,欲以所部内处……"②

"西番"一词,明清及以后史料一般指藏族。但《明史》及其地方史料中的"西番"一词,还有进一步探讨的必要。

薛文波先生认为此"西番""似指维吾尔而言"③。

《明史》中的"西番"则一般指藏族。如"正统四年,罕东、安定合众侵西番申藏族"。④"申藏"族为住牧于青海湖一带的藏族部落。但由于《明史·西域传》取材于地方官吏的奏章以及地方史料,因此,"西番"一词,不独指藏族,有时也指非藏族的其他民族,比如撒力畏兀儿。因此,需要辨别。

《肃镇华夷志》中之"西番",指撒力畏兀儿。

"一种西番,亦沙瓜等地之番,原系都督俺章之部落也,间有削发垂髻二样,亦元之番民也。明国初,在沙瓜州等地,各分头目散漫住牧,永乐中置蒙古、罕东等卫,各授以指挥、千户之职。自成化九年哈密多故之后,诸番与土鲁番诸夷构怨相残,节(藐)被侵略,正德间归附肃州,各有头目枝脉,凡十族。今在肃州南山一带住牧,凡话语与北山诸番不同。此有光头垂髻之异人,皆以为西番是也。"⑤ 而《种属》中同时列了属于藏

---

① 《明史》卷三三〇,第8556页。
② (明)方孔炤:《全边略记》卷五,《明代蒙古汉籍史料汇编》第三辑,内蒙古人民出版社2006年版,第180页。
③ 薛文波:《裕固族历史初探》(下),《西北民族学院学报》1981年第3期。
④ 《明史》卷三三〇,第8563页。
⑤ 《肃镇华夷志校注·种属》,第281页。

族的部众："一种剌麻番僧，乃巫师藏之和尚也。正德间住居红山、观音山口，盖寺院，塑佛像，为诸番念经禳灾，写经作福，以此诸番崇信，孳牧渐充，以为头目，以领番众，出入城市，以为属番，即长结思冬，今大小宛卜是也。"①而在《族类》中，对此"剌麻番僧"专门作了解释："剌麻番僧小宛卜族。独此族非罕东蒙古之番，乃巫师藏来之番僧也。当诸番来附肃州之先，闻有番僧名曰普尔咱者，住居红山、观音山口，带领部徒五六人，在于山口内修盖寺院，绘塑佛像。后有飞仙剌麻，常住巫师藏，往返勾引，番僧渐多。至正德间安插各族西番于南山一带住牧之时，有番僧名曰长结思冬是也，亦常与巫师藏往返。各番人病马伤，此僧为之禳救或念经，施舍马驼，以为经钱，以此牛羊马驼日渐盛众。诸番穷者效力以为部属，富者交好以求念经。至长结思冬其部落益众，修盖寺院益多，今之大宛卜、小宛卜者，皆长结思冬之后也。名为番僧属夷，实乃诸夷仰望，阳尊中国，阴扶各番，言出入诸夷信服，事急而各种求谋上司，晨有所言，诸夷暮即知之，往返城市，深结各夷。嘉靖三十一年，兵备石州张玭见番族帕思帕尔加并帕泥、板冲等为恶剽掠，抚治未便，将大宛卜尔（迁）居黄草坝地方，抚属三族贼番，至今地方少宁，诸番听其约束，部落日众，牛羊殆难以数穷也。万历中，番僧大宛卜、绰日逊都结思冬、麻子结思冬统束。"②

大小宛卜的主要部众即今肃南藏族之前身。言"独此族非罕东蒙古之番"者，有别于"西番"和蒙古族也。

因此，《肃镇华夷志》中之"西番"应指回鹘种属的撒力畏兀儿。

这样，根据《边政考》及《肃镇华夷志》对赤斤、罕东左卫部众牧居地及特点等的记载，上述《明史》中苦术所分之左帐，应以撒力畏兀儿人为主。

后来，赤斤卫内部左右帐发生内讧，进一步分裂，属于撒力畏兀儿的左帐首领继承了卫指挥佥事之职，日益强盛，压迫、兼并右帐和中帐。赤斤卫的分裂和残破，与卫众由两种成分组成有很大关系。

赤斤卫遗众迁来肃州近边的时间较早，史料记载最早为弘治年间，被

---

① 《肃镇华夷志校注·种属》，第282页。
② 《肃镇华夷志校注·族类》，第287页。

安置在骟马城、大草滩、回回墓等地。《边政考》修撰时，这一带仍有不少赤斤卫部众。

罕东左卫部众原属罕东卫。"初，罕东部人俺章与种族不相能，数仇杀，乃率其众逃居沙州境……后部落日蕃，益不受罕东统属。宣德七年，俺章子班麻思结被授予罕东卫指挥使，后又进为都指挥使。"宣德十年，沙州卫为哈密所侵，且惧瓦剌见逼，不能自立，被安置于苦峪，班麻思结遂占领沙州。"（成化）十五年九月，奏请以罕东、赤斤例，立卫赐印……令只克仍以都指挥使统治"。①

成书于万历四十四年的《肃镇华夷志》记载了关于二卫部众族属的传说："时有青牛和尚，曰哥哥把失者乃巫师藏之番僧，牵青牛一只，念经乞化为生，游至沙州地界，投元之达以耳交王部下，娶达女为妻，生子一曰阿卜尔加，阿卜尔加生子二，长曰俺章，次曰苦术。后俺章生子者六：一名哈剌秃，一名浪哨，一名红帽儿，一名绰林奔，一名失剌里，一名帖木儿。苦术生子五：有曰强哨卜二，计有曰乞咱卜儿，计有曰满谷，有曰哥胎，有曰哈尼。枝派绵延，财力渐盛。章、术商议，遂谋杀耳交王，自立为头目。耳交王子孙欲报父仇，而力不副，阴连接诸达以报父仇。俺章苦术觉，恐灭其族，于是以所属部落遂率领以逃于沙州地方，混称前元熟达，修贡自为属番，以鞑靼丞相子孙。永乐二年，遂诏建赤斤蒙古所、罕东左卫，千户领之，寻升为卫，以塔力尼升指挥。后俺章、苦术升都督，苦术掌赤斤蒙古卫印，俺章掌罕东左卫印，其酋长散处各地，皆千户、舍人之职也。"②

不独《肃镇华夷志》，其他史料也记载了这个故事："明洪武初，宋国公冯胜兵下河西，元守臣委地掠人民遁沙漠，时有巫师藏番僧曰哥哥把失，乘青牛诵经乞化，号青牛和尚，游至沙州境内，娶达女为妻，生子，至孙俺章，混称熟达修贡。永乐二年，以俺章为都督掌印，朝贡不绝。"③这条材料很可能来自《肃镇华夷志》，"番僧"成了"巫师藏番僧"，这一变化显然是"番"的概念固定的结果。

这是一个扑朔迷离的传说故事，其中充满了矛盾与不可思议处。也与

---

① 《明史》卷三三〇，第8565页。
② 《肃镇华夷志校注·属夷内附略》，第275—276页。
③ （清）常均纂：《敦煌杂抄》卷上，北京禹贡学会1937年版。

《肃镇华夷志》后面的记载相悖。但若仔细研究，仍可发现有一定的现实基础。

首先，"耳交王"，应该就是我们曾经讨论过的"安定王"或"阿骄"部，① 不仅读音相同，而且与《明史》的记载相符。据《明史》记载："洪武十年，卜烟帖木尔为沙剌所弑，王子板咱失里又诛沙剌，沙剌部将又杀王子"，"四年，徙驻苦儿丁之地。初，安定王之被杀也，其子撒儿只失加为其兄所杀，部众溃散，子亦攀丹流寓灵藏。十一年五月，率众入朝，自陈家难，乞授职。帝念其祖率先归附，令袭封安定王"。②

因此，《肃镇华夷志》所载的这个故事，当是俺章等因仇杀从罕东卫分裂出来的传说记载，也与安定卫内讧有一定关系，传说将两者糅合成了一个故事。这一记载也与裕固族东迁民间传说相符："恐灭其族"，"遂率领以逃于沙州地方"。

从时间上看，罕东左卫虽立于宪宗成化年间，但洪熙时其部落已由俺章子班麻思结掌管，因此，可以肯定，永乐年间俺章率部已从罕东卫分裂出来。

罕东左卫东迁主要为三次：一次是弘治年间；一次是正德年间，一次就是我们熟知的嘉靖七年。

第一次迁徙到肃州近边的是原安定卫部众帕泥部和都督只克，实际上"帕泥"部依左卫住在沙州附近。因为帕泥部在沙州时和左卫土巴、帖木哥等仇杀不能立足，故于弘治十年迁来肃州，住牧在肃州南山。③ 而只克后来又回到了沙州。关于帕泥等部，笔者有专文研究④。

第二次是正德十一年。由于受到土鲁番的威胁，正德"十一年，土鲁番复据哈密，以兵胁乞台降服，遂犯肃州，左卫不克自立，相率徙肃州塞

---

① 高启安：《安定卫的残破与部众迁徙觅踪——兼论安定卫与裕固族形成的关系》，《西北民族大学学报》2004 年第 4 期。
② 《明史》卷三三〇，第 8551 页。
③ （明）严从简：《殊域周咨录》卷一四《罕东》，中华书局 1993 年版，第 478 页："一员帕泥，未袭职，并头目赏不束（弘治十年）因与头目帖木哥、土巴等仇杀，投肃南山黄草坝住牧，离肃州城一百五十里。"
④ 高启安：《肃州南山的"哈剌秃"——以裕固族研究为中心》，《西北民族研究》2005 年第 1 期。

内，守臣不能拒，因抚纳之"①。值得一提的是，此次前来肃州的，还有帖木哥、土巴等，后来，帖木哥、土巴又返回沙州。留在肃州的，主要是左卫的首领和"总牙"部分。

第三次就是嘉靖七年"帖木哥、土巴"的内徙。"乞台即内徙，其部下帖木哥、土巴二人仍居沙州，服属土鲁番，岁输妇女牛马。会番酋征求苛急，二人怨，七年夏率部族五千四百人来归，沙州遂为土鲁番所有。"②和他们一起来的，就是在沙州附近已经居住了两年的牙兰部。"帖木哥、土巴"之所以被安置在白城山，是因为先年他们曾在此地牧居过：正德十一年，帖木哥、土巴等也相继东迁肃州，暂被安置在了白城山，到正德十三年，帖木哥、土巴又回迁到了沙州。③ 帖木哥、土巴为何要脱离乞台返回沙州，其原因是帖木哥原属于罕东卫，与乞台保持着若即若离的关系（即《殊域周咨录》所说之"右卫"，是罕东卫残破后迁徙至沙州的。因此，保持着一定的独立性）。

左卫迁徙到肃州近边的部众实际上不止这些。《肃镇华夷志》说俺章部落"成化九年哈密多故之后，诸番与土鲁番诸夷构怨相残，节被侵掠，正德间归附肃州，各有头目枝派凡十族，今在肃州南山一带住牧"④。但在《族类》一节以及《住处》一节中，"肃州南山"除了赏不束部、喃哈儿部（二者同宗）和帕泥部外，再未有他部，而此三部正是《边政考》所记之三部"哈剌秃"。

二卫的迁徙部众、人数、迁徙地及族属，《边政考》《肃镇华夷志》均有记载，尤以《肃镇华夷志》最为详细。

《边政考》虽详细地列出了诸部落的人数及原居地，但遗憾的是对他们的族属及原属何卫没有说明。而这个问题，直接关系到他们和裕固族七部的关系（见表一至表四）。

---

① 《明史》卷三三〇，第 8566 页。
② 《明史》卷三三〇，第 8566 页。
③ （明）王琼：《晋溪奏议》卷一七《为抚迁属番归还本土事》："看得巡抚甘肃都御史李昆奏称：投附来边暂住沙州番达头目帖木哥等，情愿回本土，逐一赏犒，差人送回，其瓜州头目总不克等，不愿回还，暂留。"《四库全书存目丛书》第 59 册《史部·诏令奏议类》。
④ 《肃镇华夷志校注·种属》，第 281 页。

表一　　　　《边政考》所记环居肃州各东迁部落族属、
　　　　　　住牧地、人口及嘉靖七年安置状况

名称	头目	人口	住牧地	原属卫所	族属
高台守御千户所番*					
帖木哥族	赏卜尔加脱秃、总尔加牙	6382	高台白城山	原属罕东卫，后依罕东左卫	蒙古族为主
土巴族	若羌克、绰先克				
逃军番	普尔咱结思冬	1190	红山口	赤斤卫	撒力畏兀儿
赤斤蒙古卫	锁南束、他力把尔加	1290	磁石窑口	赤斤卫	撒力畏兀儿为主
苦峪城			威房。金塔寺等、上下古城	赤斤卫	
王子庄			威房。金塔寺等、上下古城	赤斤卫	
柴城儿			威房。金塔寺等、上下古城	赤斤卫	
川边	察黑包	208	威房。金塔寺等、上下古城	赤斤卫	蒙古族
沙州**	总牙	1070	威房。金塔寺等、上下古城	原属罕东卫，后依罕东左卫	蒙古族
骟马城	牙兰	87	老鸦窝	原属曲先卫，后依左卫	撒力畏兀儿
大草滩			四倾堡		撒力畏兀儿
哈剌秃	帕泥	312	黄草坝山口	原安定卫，后依左卫	"达种"
哈剌秃	南哈尔	181	榆林山口	原安定卫，后依左卫	"达种"
哈剌秃	宾索罗	527	干坝山口	原安定卫，后依左卫	"达种"

续表

名称	头目	人口	住牧地	原属卫所	族属
畏兀儿	吉孛剌	300	肃州东关	哈密卫	撒力畏兀儿
旧哈剌灰		798		哈密卫	"达种"
哈剌灰				哈密卫	
日羔剌				左卫	"达种"

* "土巴""帖木哥"二部东迁后属"高台守御千户所"管辖。族帐、人口为二部所有。

** 此处表明"沙州",与《肃镇华夷志》记载有矛盾。按《肃镇华夷志》,"总牙"被称为"瓜州"部。

表二　《肃镇华夷志》所载各部落嘉靖二十八年安置地、人口及头目、族属一览表

部落名称	安置地	帐篷（顶）	人口	头目	原属卫
瓜州城头目总牙部	威虏、察黑包二城	270	2367		原罕东卫,后依左卫
赤斤头目革力个失部、柴城儿头目卜木尔吉	威虏西空堡	131	605		赤斤
革力个失弟可洛纵部	旧八里墩	78	395	可洛纵	赤斤
苦峪族	白烟墩南空堡	99	471	朵尔只	赤斤
川边族	王子庄墩堡	27	114	察黑包	赤斤
沙州族	金塔寺城	101	538	日羔剌	罕东左卫

这只是对肃州近边各部落的重新安置,而南山一带各部落牧居地没有发生变化。

然而万历年间,情况又发生了变化。

表三　万历中东迁各部居地、头目状况

名称	头目	牧居地	卫属	族属	帐篷（顶）	人口
日羔剌族	日羔孙羽章卜	金塔寺—中渠乱古小泉庄	左卫	蒙古族	270	300
总牙族（浪咱）	羽章吉、阿朵尔只	柳树二三墩	左卫	蒙古族	430	500

续表

名称	头目	牧居地	卫属	族属	帐篷（顶）	人口
革力哥失族	帕剌宛冲	卯来泉山口	赤斤卫	蒙古族	209	300
盼卜尔加族（即苦峪族）	阿卜束	熁泉庄	赤斤		250	300
川哥儿族			赤斤			
卜木尔加			赤斤			
察黑包（川边）		抢尔加奔	赤斤		120	160
把郎族	巴郎—北言秃—绰他尔	肃州石关儿口	赤斤	撒力畏兀儿		
牙兰族	总失加—?—牙兰—卜牙尔加	兔儿坝	原曲先卫，依赤斤卫住	撒力畏兀儿		
剌尔即（锁纳束弟）族	也赏不塔儿—?—剌尔即—那力结思冬	卯来泉	赤斤	撒力畏兀儿		
锁纳束族	锁纳束—把都宛中	磁窑口	赤斤	撒力畏兀儿		
喇嘛宛冲小宛卜	普尔咱大宛卜绰尔逊都结思冬、麻子结思冬	红山、观音山	原安定卫，依左卫住			
帕思帕尔加	赏不束—宾孛罗—土尔咱加		原安定卫，依左卫住	蒙古族		
帕泥族		主体徙黄城儿	原安定卫，依左卫住	蒙古族		
喃哈儿族	蛇眼宛冲		原安定卫，依左卫住	蒙古族		
喇嘛番僧哈尔麻结思冬族						

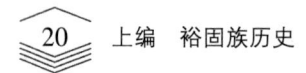

表四　　　　　《肃镇华夷志》"住处"所列各部居住地一览表

安插地	名称	备注
东关厢	畏兀儿	国师把的卜剌、都督把都孛罗
东关厢	旧哈剌灰	国师把的卜剌、都督把都孛罗
东关厢	新哈剌灰	国师把的卜剌、都督把都孛罗
东关厢	西番夷人郎头一名	先年沙州夷人
顺城寺	番僧麻子结思冬	在东关厢
大赫寺	番僧哈尔麻结思冬	此寺在城西南隅
清泉寺（又名钟家寺）	逊都结思冬	城东一里
中渠堡	都督羽章卜属番写令他尔族	城东三十里
乱古堆庄	安插属番把歹族	城东南二十里
东小泉庄	安插属番他剌害族	城东三十里
火烧山口	安插属番那力结思冬族	城南一百一十里
红水坝	安插属番把都宛冲族	城南三十里
磁窑山口	安插属番卜木尔加	城东南七十里
兔儿坝	安插属番牙兰族	城西南三十里
柳树二墩	安插属番阿朵尔只族	城东二十里
柳树三墩	安插属番羽章吉族	城东三十里
卯来泉	安插属番帕剌宛冲	城西南七十里
红山口	安插剌麻属番逊都结思冬大宛卜族	城南六十里
观音山口	安插属番绰日族	城南七十里
干坝口	安插属番蛇眼宛冲土尔咱加族	城东南八十里
黄草坝山口	安插属番绰尔加族	城东南一百五十里
榆林坝山口	安插属番冬喃宛冲族	城东南一百六十里
暖泉庄	安插属番阿卜束族	城北一十五里
老鸦窝庄	安插属番枪尔加奔族	城北一十里
黄草坝庄	安插属番绰他尔族	城西一十里
洞子庄	安插番僧哈尔麻结思冬族	城南一十里
沙河庄	安插番僧麻子结思冬族	城南二十里

由上面数表可知，属于赤斤卫内徙部众先后有 10 支左右，帐房可统计

的有 500 多顶，人口有 4000 多人，实际应该不止此数。到了万历年间，人口和帐篷数发生了变化：可统计的帐篷为 579 顶，人口为 760 人。正与《明史》所言"王琼……核赤斤之众仅千余人"[1] 相符。帐篷数字增加，人口反而减少，主要原因是颠沛流离的生活，加上各部落间仇杀、掠夺人口，以及部落间人员的不断变动等，使原赤斤卫东迁部众人口锐减。

左卫东迁部众主要有四部分（包括原属于罕东卫，后依左卫居住，受左卫管辖的部分）：弘治年间投来的帕泥部、正德间投来之总牙部[2]以及持有卫所印信的日羔剌部和帖木哥、土巴部。由于左卫靠吸收其他卫众而强大，因此，当受到土鲁番侵逼东迁到肃州后，左卫都督所率人口较少。

对上述表所列之"总牙"部、"帖木哥、土巴"部和"牙兰"部，有必要对其原属卫作一说明。

"总牙"部，《边政考》说属于"沙州"，《肃镇华夷志》说是"瓜州"。以《肃镇华夷志》说为是。"总牙"部原住地为瓜州，原属罕东卫，罕东卫残破后，东迁到瓜州一带，依附左卫住牧。《殊域周咨录》曾经提到过左卫部众："右卫都指挥二员：一员总牙，收有受职勅书，未袭，（正德十二年）因回贼抢杀，（徙）肃州北房地方，离城一百五十里，部下男妇九百三十六人，后内移往南山黄草坝住牧。"[3] 《殊域周咨录》将"总牙"和"帖木哥、土巴"等说成是"右卫"，而将"乞台"等说成是"左卫"，说明"总牙""帖木哥、土巴"等原属于罕东卫。因为同书中右卫的另一个都指挥正是罕东卫的"板丹"。

帖木哥、土巴也属右卫，《殊域周咨录》说他们是左卫都督日羔剌的"尊辈"，[4] 正是说明他们原属于罕东卫（右卫）。这也是帖木哥、土巴一直不愿与左卫都督在一起的原因。

---

[1] 《明史》卷三三〇，第 8559 页。
[2] 《殊域周咨录》卷一四"罕东"，第 478 页："查得罕东二卫，左卫都督二员，一员知克掌印，故，其孙日羔剌（正德六年）袭祖职，居肃州东南，部下男妇五十三人；一员帕泥未袭职，并头目赏卜束（弘治十年）因与头目帖木哥、土巴等仇杀，投肃州南山黄草坝住牧，离肃州城一百五十里。帕泥部下男妇二百七十人，赏卜束部下男妇八百一十七人。""帕泥"和"赏不束"部，原属安定。见高启安《安定卫的残破与部众迁徙觅踪——兼论安定卫与裕固族形成的关系》，《西北民族大学学报》2004 年第 4 期。《明史》卷三三〇记载，左卫在一段时间内人口增长很快，当与吸收其他卫众有关："成化中，班麻思结卒，孙只克嗣职，部众益盛。"（第 8565 页）
[3] 《殊域周咨录》卷一四"罕东"，第 478 页。
[4] 《殊域周咨录》卷一四"罕东"，第 479 页。

"牙兰"部，并非从小被土鲁番掠去之曲先卫之"牙兰"，实即"药罗葛"部①。史料记载，部分曲先卫部众曾依土巴、帖木哥居住，② 就连土鲁番骁将"牙兰"，甚至也住在沙州，统治着帖木哥等遗留左卫部众。③《肃镇华夷志》标明此部分"牙兰"人"亦蒙古卫之部属也"，当是曲先卫破亡后依赤斤卫散住者，原住骗马城。非嘉靖七年与帖木哥、土巴一同逃来之"牙兰"部落。《肃镇华夷志》甚至说这些"牙兰"族人"俱垂髫达语"④。由于人口较少，很长时间与蒙古卫一同生活，在语言、发饰上已经蒙古化了。他们和嘉靖七年东迁之两千多"牙兰"人一道，形成了后来的"亚拉格"家部落。

嘉靖七年王琼安置的情况如下："土巴、帖木哥部夷五千四百人于白城山；哈密都督乩吉孛剌部于肃州东关；赤斤都督掌卜达儿子锁南束于肃州北山金塔寺，罕东都指挥枝丹（板丹）于甘州南山。"⑤ 日羔剌居住肃州东关。这次安置的罕东都指挥"板丹"实即板丹之孙"却授尔加"："一员始祖绰尔加，原住西海迤东住牧，（正德七年正月）被亦不剌等达贼将本卫都指挥板丹等部落贼杀，其余所管剌哑等族逐奔南山一带，掳去勅谕金牌铜印，止有原授勅谕六道见存。板丹之孙却授尔加等僧俗二十余人在于城东罗家湾住牧。"⑥ 但《边政考》却说他们居住在西宁："罕东，都指挥板丹却受尔加、昝受肦等，亦被亦不剌残破，止遗部落男妇一百名口，住牧西宁乞塔真地方。"⑦ 二者肯定为一人。可能是先安置在"罗家湾"，后安置在甘州南山，受到左卫帖木哥等的排挤，又迁徙到了西宁。

需要指出的是，在这次安置过程中，强调了帖木哥、土巴等要受日羔

---

① 高自厚：《试释〈明史·西域传〉中的"牙兰"》，《西北民族学院学报》1989年第3期。
② 《殊域周咨录》卷一四"曲先"，第470页："其（牙兰）兄脱啼娶帖木哥妹，收掌曲先卫印信，部下二百余人依帖木哥等沙州住牧。帖木哥等后投肃州，脱啼乃往南寻本族，后亦无踪迹。"
③ 《殊域周咨录》卷一三"土鲁番"，第460页："前次土鲁番令牙木兰来沙州住坐……即今土鲁番因牙木兰住沙州二年，不得通贡，遂听谗言，疑其与中国通，欲并罕东等头目诛之。牙木兰等惧，今年四月急率其部落五千余众归附。"
④ 《肃镇华夷志校注·族类》，第286页。
⑤ 《殊域周咨录》卷一三"土鲁番"，第462页。
⑥ 《殊域周咨录》卷一四"罕东"，第478页。
⑦ （明）张雨：《边政考》卷九《西羌族口·西宁卫番》，台北：华文书局1969年影印本，第634页。

刺管束："及照日羔剌系都督，见掌印信，先因袭职回还，一向肃州居住，为人淳实颇知法度，但前项夷众十余年来俱属帖木哥、土巴分管，又系日羔剌尊辈，众心不复知有都督。宜先申明名分，设立条约，出给均帖，晓谕夷众，使之统领，帖木哥等仍听节制，庶统纪有归，易于控制。"① 明政府这次"申明名分，设立条约，出给均帖，晓谕夷众，使之统领"的行为，可以说是最早确立了裕固族"大头目"的雏形。

但到嘉靖二十八年，情况又发生了变化。王琼安置后，经过二十年，诸部"交相往返，掳掠行人……为地方害。后被监生李时阳至京陈情，安插各夷……不许散乱往返"。② 这次安置的背景是，因为安置各部在二十多年的时间内，又陆续迁居到了肃州周边，不时与肃州居民发生矛盾，对肃州的安全构成了威胁。因此，肃州监生李时阳专程到北京陈情，于是，"嘉靖二十八年，巡抚杨博奏修筑肃州迤北百四五十里新旧城堡七处，徙环城诸夷于彼住牧"，③ "巡抚蒲板杨博、兵备肃菴王仪议添防守，筑修威虏城，以安属夷，置买农器，散给以资其食，不许散乱往返，以严夷夏之防"。由于违背了东迁各族原有生产方式及特点，后来各部的居地又发生了变化："后因威虏北边各夷安插日久，又至肃州金塔寺地方住牧。预先夤缘抚夷官通后，方执词赴道，讨要草地牧处……遂使移入内地，散处城东大路草滩，与当时安插至意大异。"④ 后来杨博在《复陕西总督御史戴才议处番夷疏》中也谈到了所安插各部的变动："甘肃地方，番夷杂处，而肃州番部，尤多于甘。臣博往年巡抚之时，已题奉钦依移住境外金塔寺等处，至今二十余年，不知何故，又容其入内分住?"⑤ 就是说，到了万历初年，这些被杨博重新安置的部众，又陆续回到了肃州周边。

二　二卫东迁部众族属探析

虽然关西八卫均与裕固族有密切的关系（学者们一般认为关西七卫与

---

① 《殊域周咨录》卷一四"罕东"，第479页。
② 《肃镇华夷志校注·族类》，第283页。
③ 《肃镇华夷志校注·沿革·附内地住牧番夷》，第57页。
④ 《肃镇华夷志校注·族类·熟达族》，第284页。
⑤ （明）陈子龙：《皇明经世文编》卷二七七《杨襄毅公奏疏五》，中华书局1962年版，第2937页。

裕固族关系密切，笔者曾发表文章，认为哈密卫东迁部众之一部，后来也融入了裕固族。笔者还可提供一条材料，以佐证此说：《肃镇华夷志》记载流落肃州的"畏兀儿"实际上就是"撒力畏兀儿"："突厥种族哈剌灰者，本安定王之部卒，前元之达种。凡有所为与回夷同俗，但不剃发缠头，自以为回回骨头是也。曰畏兀者，乃撒力畏兀儿是也。史有高昌畏兀儿，此云撒力畏兀儿，疑恐亦安定王烟帖木尔同族，未知是否？"① "畏兀儿：头目拜言卜剌族，原系撒力畏兀儿是也。"② 而肃州城中之"畏兀儿"，是哈密卫残破后东迁至肃州者，居住在肃州东厢)，但由于安定卫、沙州卫、阿端卫等残破较早，其部众大半流散到了青海、西宁等地，因此，除了嘉靖七年与罕东左卫部众内附的由牙兰率领的原曲先卫的两千多人外，其他环居于肃州周边的，大部分是赤斤、罕东左卫部众。因此，二卫迁徙部众为裕固族的主要组成部分，这一点，许多学者都予以了肯定。如：胡小鹏《元明敦煌与裕固族的历史关系》谓："从史实看，内迁诸卫中罕东左卫人数最多，起领导作用。"胡小鹏《试揭"尧呼儿来自西至哈至"》一文认为在裕固族主要由何卫部众形成为主的问题上，"最简单可靠的方法应该是统计诸卫内迁人数"。"诸卫内迁人数共约一万人左右，其中直接来自瓜沙地区的沙州卫、罕东左卫部众有约 8000 人。"

在一些学者争论裕固族族源由谁为主、其他成分为副以及所谓的裕固族族源"二元论"的问题上，运用胡小鹏先生的观点，考察形成裕固族东迁部众的民族成分、统计这些部众的人数，或许可以得出令人信服的结论。

《肃镇华夷志》对环居于肃州周边的各卫部众及种族作了记录。指出他们属于两个大的集团，第一个集团是哈密卫部众内徙者，他们分属三个部族：维吾儿、新旧哈剌灰、西域使者、商人（被称作"回夷"）。其中维吾儿、新旧哈剌灰，原居住在哈密；"回夷"是因哈密事变后稽留在肃州城内的商人、使者。另一个集团是其他卫众和部分藏族。他们人数多，部众繁杂，不相统一。

"喇嘛番僧小宛卜，独此族非罕东、蒙古之番，乃巫师藏来之番僧

---

① 《肃镇华夷志校注·属夷内附略》，第 275 页。
② 《肃镇华夷志校注·族类》，第 283 页。

赤斤蒙古卫、罕东左卫部众内徙、安置与裕固族各部关系探 25

也。""正德间，住居红山、观音山口、盖寺院，塑佛像，为诸番念经、禳灾，写经、作福，以此诸番崇信，孳牧渐充，以为头目，以领番众，出入城市，以为属番，即长结思冬，今大小宛卜是也。"①

属于赤斤、罕东左卫者，为"熟达"、西番，共七种：

"一种熟达，即赤斤蒙古卫等地之番，原系都督苦术部落，亦前元之达种也，先在赤斤、川边，各分头目，散处住牧。后因土鲁番抢掠，穷迫陆续归肃州，各有头目枝派。凡各族今在肃州北边一带地方住牧：凡话语与南山诸番不同，此皆达语，垂髻，故又名为熟达。

"一种西番，亦沙瓜等地之番，原系都督俺章之部落也。间有削发、垂髻二样，亦元之番民也。明国初在沙瓜州等地，各分头目，散漫住牧。永乐中置蒙古、罕尔等卫，各授以指挥、千户等职。自成化九年哈密多故之后，诸番与土鲁番诸夷构怨相残，即被侵略。正德间归附肃州，各有头目枝派，凡十族。今在肃州南山一带住牧。凡话语与北边诸番不同，此有光头、垂髻之异，人皆以为西番是也。"②

从作者描述的服装、发饰及语言看，住牧于肃州北边的赤斤卫部众，主要为右帐蒙古族；而住牧于肃州南山一带、被称为"西番"者，属于撒力畏兀儿族。俺章原系罕东卫，而罕东卫部众原先就至少由两种成分组成，俺章迁至沙州后，所领部众当然也有被称作"西番"的撒力维吾尔在内。

根据《肃镇华夷志》记载，我们对表二所列诸部稍作分析。

瓜州总牙部（《边政考》称为"沙州总牙族"）"又号曰浪咱族，原系瓜州达种。总牙父名曰总不克，因避西夷侵掠，正德间投顺肃州地方"，称为"达种"者，属蒙古族。而同书在另一处，又称"总牙"为"西番"③，说明"总牙"族中，也可能有两种成分。按"总牙"部后来迁居到了南山，而肃州南山主要以"撒力畏兀儿"为主。

"沙州都督曰羔剌族，乃罕东左卫都督俺章之后，亦达类也。"④ 罕东

---

① 《肃镇华夷志校注·族类》，第287页。
② 《肃镇华夷志校注·种属》，第281—282页。
③ 《肃镇华夷志校注·族类》，第284页："西番头目总牙族不守法度，屡肆抢掠，四夷共忿，中夏切齿。"
④ 《肃镇华夷志校注·族类》，第283页。

左卫虽立卫于宪宗成化年间，但永乐时俺章已率领部族逃居沙州①，"朝廷许其耕牧，岁纳马于肃州"。根据《明史》和《肃镇华夷志》，其世袭如下：

俺章—班麻思结—？—只克（立卫）—乞台—日羔剌—？—羽章卜（万历时），共八代，属于蒙古族。

余下属于罕东左卫的帕泥、喃哈儿、帕思帕尔加等，住牧地为黄草坝、榆林山口、平坝山口等地②，弘治年间迁来，《边政考》称他们作"哈剌秃"。③

另有帖木哥、土巴部落，也属于罕东左卫。左卫迁徙后，"其部下帖木哥、土巴二人仍居沙州，服属土鲁番，岁输妇女、牛马。会番酋徵求苛急，二人怨。嘉靖七年夏，率部族五千四百人来归"④。这次归附、同来的还有原为曲先人的土鲁番骁将牙兰，由于他们的归来，明政府不得不对内徙的部众作了正式的安置：牙兰被内迁至湖北，后来成了富甲一方的巨商⑤。帖木哥、土巴被安置于高台、白城山一带，到修《边政考》时，已发展到了6300余人。《肃镇华夷志》没有列这部分人，是因为他们已逐渐迁徙到了祁连山中，不属于肃州管辖了。

以上为罕东左卫迁徙部众，《边政考》所载为9642名。到了《肃镇华夷志》时，日羔剌所部仅余270顶帐篷、300余人，总牙部为430顶帐篷、500余人，颠沛流离的生活，使左卫人数锐减，每顶帐篷不足二人。当然，有一部分人在不断迁徙、游牧的过程中，流落到了他部落，不断分化、组合，也是二部落人数不断减少的原因。另外，相当一部分迁徙到了祁连山中。

根据记载，赤斤卫世袭如下：

苦术—左帐（回鹘）塔力泥（指挥同知）—且旺失加（指挥使、指挥同知）—阿速（都督佥事）—瓦撒他卜儿—昆臧—赏卜塔儿（左都督）—锁南束（都督）。阿速弟"乞巴"也曾为都督。赏卜塔儿有一孙名

---

① 《肃镇华夷志校注·属夷内附略》，第276页。
② 《肃镇华夷志校注·关隘》，第181页；《肃镇华夷志校注·族类》，第287—288页。
③ 高启安：《肃州南山的"哈剌秃"——以裕固族研究为中心》，《西北民族研究》2005年第1期。
④ 《明史》卷三三〇，第8566页。
⑤ 《殊域周咨录》卷一四"罕东"，第474页。

剌尔即，也曾为头领。

苦术另一子琐合者，属右帐，所领为蒙古族。在左帐的兼并下，不能自存，逃到罕东左卫。① 曾诉于明政府，明政府考虑到"其部人不愿内徙"，只是将琐合者安置于甘肃。

据《边政考》记载，赤斤卫内徙部众分大小九个部落，共5409人（见表一）。到万历年间，由于不断分化组合，各部落人口发生了较大变化（见表二）。其民族成分从《肃镇华夷志》来看，主要为两部分：其一，蒙古族（如革力哥失、卜木尔加、盼卜尔加等）；其二，左帐，主要为撒力畏兀儿人，如"他尔加"部落（"逃军番"）、"剌尔即"部、"锁南束"部（住磁窑口）、"可可留巴郎"部等，"自巴郎投顺肃州近关住坐，常时来城见官，头戴缠发，大帽一顶，身穿罗衫一件，带妾至城，在本道处跪讨胭脂，自以为幸"。②"可可留巴郎"原住地为"大草滩"，后来被安插在"石关儿口"，观其服装头饰，应即属撒力畏兀儿族类，服饰略与今日维吾尔族相同。他们是构成操西部裕固族语的"贺郎格"家的组成部分。

综上所述，赤斤蒙古卫和罕东左卫东迁各部落主要为蒙古族和回鹘人，以蒙古人为多。

而生活在肃州南山的藏族僧人统属下的部众，由于宗教或者原先就有的关系（比如，属于安定卫的"帕泥"部，远在安定卫时期，即与藏族有密切的关系），也有部分原属于安定卫或赤斤卫的部众。

三　二卫东迁部众与裕固族各部关系钩稽

那么，以上所论东迁各部与后来裕固族各部关系究竟如何？这正是本文所要探讨的主旨。

判断这个问题的原则一是语言、族源；二是住牧地；三是人口。

学者已经将七部之一的"亚拉格"部来历基本搞清，即他们原属于曲先卫。主要是嘉靖七年随土鲁番骁将牙兰迁到肃州被安置的部分（牙兰所率二千多人被安置在金塔寺一带）以及原依赤斤卫居住、后居住在兔儿坝

---

① 《明史》卷三三〇，第8565页："时赤斤卫指挥锁合者因杀人，遁入沙州地，班麻思结纳之。"

② 《肃镇华夷志校注·族类》，第286页。

的这部分"牙兰"部众。

操西部裕固语的"贺郎格"家部落主要是属于赤斤卫左帐的部分以及哈密卫东迁的一部分哈剌灰、畏兀儿。从"贺郎格"家的牧地看，正是当初赤斤卫左帐部分安置的水关、磁窑口一带。

操蒙古语的裕固族诸部的情况比较复杂。由于清初裕固族人受裹胁参与了噶尔丹等蒙古部落反对清王朝的战争，在清政府平定噶尔丹等的叛乱后，部分部落的牧地发生了一些变化。这就使我们无法将《肃镇华夷志》中所载各部落牧地和《秦边纪略》所记牧地一一对应。但并非所有部落的牧地都发生了变化。

1. 帖木哥、土巴部落

东迁诸卫中，人口最多者为原属于罕东卫的帖木哥、土巴部众。这是东迁最集中、人口最多的两个部落，他们被安置在高台白城山一带，很快就向甘州南山渗透，最后迁到了祁连山中。从裕固族传说以及清朝所纳马匹数量分析，他们可能是后来的"杨哥家""罗儿家"和"五个家"。"杨哥家"和"罗儿家"原为同一部落，两者纳马数量相加，达32匹。而和"红帽子"人发生冲突的地方，就在今杨哥牧地的中心地带。

2. 大头目部落

"天下头目都姓安"，是裕固族历史、族源研究的一大热点，许多学者都发表了见解。但多数学者只探讨"安姓"来源问题，很少有人就"大头目"家究竟为裕固族东迁各部中哪个部落发表令人信服的见解。

个别学者对此做了研究。高自厚先生认为"大头目"家属于安定王嫡系，他们从正德年间被亦不剌残破后，到了"八字墩"等祁连山深处住牧。[①] 铁穆尔《裕固民族尧熬尔千年史》基本沿袭了这个观点，认为大头目家属于黄金氏族，在16世纪初到了黑河上游，从而确定了游牧的范围。[②]

要解决"大头目家"究竟为东迁的哪个部落，首先要明确一点，就是无论明政府，还是清政府，都沿袭早先各卫首领世袭制，选择持有都督印

[①] 高自厚：《裕固族"安姓"来源考查——浅谈裕固族中的"安"姓与明代安定王的关系》，《甘肃民族研究》1990年第3—4期；高自厚、贺红梅：《裕固族大头目部落与大头目世袭》，《甘肃民族研究》2000年第4期。

[②] 铁穆尔：《裕固民族尧熬尔千年史》："这一部落是由'阿勒坦·乌日古'氏族（牙孙）组成。后来这一氏族也叫做'安江牙孙'，即安江氏族。安江是西域地名，因为西拉尧熬尔汗和诺彦的大本营曾长期在那里，后来成了王族姓氏。"民族出版社1999年版，第118页。

信者充当东迁各部的首领。而各部首领，都有蒙古贵族的背景。无论正史还是民间都有这样的说法。因此，"大头目家"只能从东迁各卫的都督家族中寻找。

安定卫首领，丢失印信，不知所终，只有二十几人在西宁沙糖川袭卫职。对此，笔者已有论述①。沙州卫，东迁后被迁到了山东②。

曲先卫，卫众主要是操突厥语的"牙兰"部，持有印信的"牙兰"兄脱啼往南寻自己的部族，不知去向，"牙兰"本人被迁到湖北，成一富商。其余"牙兰"部族就是裕固族的"亚拉格"部落。

剩下的就是哈密、赤斤、罕东、罕东左卫了。嘉靖七年，王琼安置时，罕东卫指挥"板丹"确实被安置到了甘州南山，但不久后，"板丹"的孙子几十人出现在了西宁，显然，他们可能也被属于左卫的帖木哥赶走了，不可能形成"大头目"家。

而此时，环居肃州周边及住牧甘州南山的东迁各部众，持有都督印信者三人：哈密都督乩吉孛剌、赤斤卫都督锁纳束以及左卫都督日羔剌。哈密都督一直居住在肃州，且从事商业和农业，所管人数较少，没有迁到祁连山的可能。另一个持有印信敕书的是赤斤卫都督赏卜塔儿的两个儿子，二人不相统属，分为两部落。一个是锁纳束，收执敕书一道；另一个是剌尔吉，收执有赤斤都督印信，传之孙怕剌尔加，被蒙古人杀害，万历中的头目叫那力结思冬，在卯来泉住牧。锁纳束的子孙万历时居住在磁窑口，由把都宛中统属。后来的事实证明，此两部落的牧地没有发生过变化，且人数较少，部众操西部裕固语，明政府在崇祯元年不会以"大头目"的身份发给草原执照的。

因此，只有执掌左卫都督印信的日羔剌系，才有资格成为"大头目家"。因此，崇祯元年明政府颁发八字敦一带草原执照的大头目应为日羔剌子孙。

此论断还需解决一个问题，就是从《肃镇华夷志》最后的记载中可知，至万历年间，日羔剌子孙尚居住在中渠一带，何以将八字敦一带的草原执照发给了他们呢？

---

① 高启安：《安定卫的残破与部众迁徙觅踪——兼论安定卫与裕固族形成的关系》，《西北民族大学学报》2004 年第 4 期。

② 《明史》卷三三〇，第 8565 页。

"明王朝规定每年必须交纳数以百计的'茶马',名为'差发'。崇祯元年(公元1628年)明朝政府在甘州(今张掖)西南七十里设立梨园堡,派兵驻守,作为统治裕固族人民的据点。为笼络裕固族的上层人物,明朝政府还颁发给大头目管辖八字墩一带草原的执照。"①

虽然我们已经无法见到原始执照,但在其他部落没有草原放牧执照的情况下,完全可以看作是明政府已将裕固族视为一体,而不是各部落,因此向全体裕固族人颁发的草原执照,只能颁发给大头目。

裕固族民间有"安姓"人到京觐见皇帝的传说。东迁后各卫都督中,至京觐见皇帝者,只有左卫都督日羔剌一人而已。② 这不但确定了他的身份、地位,而且与明政府颁诏让其管束帖木哥、土巴等部落,崇祯元年作为大头目颁发八字墩一带草原放牧执照都有很大关系。

《肃镇华夷志》是这样记载日羔剌在诸部中的地位和作用的:"都督头目日羔剌族,乃罕东左卫都督俺章之后,亦达类也。先年都督乞胎(台)投顺肃州,安插金塔寺、白城山一带地方,头目狡猾至极,部落绵延甚多,今即日羔剌嗜酒奸猾,先年在于金塔寺、黄泥铺(堡)、总堡迤东五个塔儿地方散漫住坐,高台、白城山一带地方番夷,皆日羔剌之亲枝也。交相往返,掳掠行人。若帕泥、总牙、蛇眼之属,仿效为恶,为地方害。后被监生李时阳至京陈情,安插各夷。巡抚蒲坂杨博、兵备王义议添防守筑修威虏城以安属夷,置买农器,散给以资其食,不许散乱往返,严夷夏之防,委为筹边要务。日羔剌知其不便任意住牧,乃曰:'我,白城山之属番也。'遂佯领部落以往高台、白城山地方去讫。又留部从于城东五个塔儿筑一大庄,仍为角墩,以为避虏之状,实欲藏南山诸夷,以劫掠尔。后因威虏北边各夷安插日久,又至肃州金塔寺地方住牧,预先贪缘抚夷官通后,方执词赴道,讨要草地牧处。下官欺瞒,上司下(不)审防微杜渐之意,以为可准。遂使移入内地,散处城东大路、草滩,与当时安插至意大异。不惟有内侵之渐,致北虏侵犯以谋掠诸番为名,地方有不受其害者乎?日羔剌部下小头目曰郎头者,今住东关厢,凡其小官、性格、上司法度无不备记,以传闻四夷,地方官司细务机密事情,方才区处,未曾发

---

① 《裕固族简史》编写组:《裕固族简史》,甘肃人民出版社1983年版,第48页。
② 《明史》卷三三〇:"罕东部酋乞台卒,日羔嗣。(正德)十六年秋,日羔入朝,乞赏赉。"(第8565页)

觉，四夷大小尽知。诸夷有言曰：'郎头是番眼睛，迁速儿是日羔剌的耳朵。我们不是郎头在城里作主张，都督日羔剌晓的甚么？'郎头，乃沙州番也，今通四夷语。近年参将行准崔麒、王永亨迤北截房，调日羔剌拜北边诸夷随战，欲为协力，以剿丑房。诸夷见军士前追剿敌，彼竟利其马驼，赶而先回，佯为助阵之状。此奸可知也。西番头目总牙族不守法度，屡肆抢掠，四夷共忿，中夏切齿，南北诸夷聚兵威房以制，总牙曾禀本道副使石州张玼，以为夷狄相攻，彼此知俱，于是头目都督乩吉卜剌、国师拜言卜剌同日羔剌等咸至威房，围城声罪，困厄已极。日羔剌昼则视为雠敌，夜则亲如兄弟，或遣使夷以送其水，或透其机，致总牙逃叛。……"①

从以上记载可以看出日羔剌的地位和作用非同一般。

上述记载还透露出一个信息：日羔剌很早就到了白城山一带。而白城山不仅是入甘州南山之捷径，而且其部下帖木哥等正是从这儿迤逦进入祁连山的。因此，"大头目家"只能是日羔剌的子孙。

那么，大头目家是何时迁到祁连山八字敦一带的呢？应该是万历以后到清初近一百年间。到《秦边纪略》时，裕固族各部游牧地的范围已然固定。

《秦边纪略》撰修于康熙三十年②，是距《肃镇华夷志》最近的著作，其中所记裕固族各部情况，反映了康熙三十七年前裕固族各部及牧地状况。现将有关情况列表如下（见表五）。

表五　　　《秦边纪略》所列裕固族各部头目、牧地一览

部落名称	头目名称	牧地	位置
《秦》称此七个部落为"七族黄番"	虎狼家叶赛	水关口	红崖堡南三十里
	白克代	黑河源	在南四十里
	了剌儿	榆木山	在北四十里
	司千尊	明海子	在西北九十里
	云奔	绰哼口	在南七十里
	黑宣卜	暖泉、新墩子	在南六十里
	乃曼滚卜	石炭关	在南五十里

---

① 《肃镇华夷志校注·族类》，第283—284页。
② （清）梁份著，赵盛世等校注：《秦边纪略》卷三《甘州卫》，青海人民出版社1987年版，第189页。

续表

部落名称	头目名称	牧地	位置
五个摆眼	尚世嘎	俱在榆木山之青疙瘩	
	阿尔丹		
	右帖木		
	登帖木		
八个家	滚布	哼啰口	
	白头目家	古木涧	
	麦力干头目	牛毛山	
罗尔家	哈舍人	半个山	
	（杨）格家	平顶	
	八代部*	厌愣	
	蒙古弄		

* 《秦边纪略》第188页为"八部代"，第189页为"八代部"。

从表五可知，清初，河西近边以及祁连山周边，住牧有不少蒙古部落。当时甚至裕固族人向噶尔丹缴纳赋税。而原来安置裕固族的许多地方，都住牧有噶尔丹部落，比如，八字敦、野马川、金塔寺以及赤斤、骟马城、大草滩等地，因此，部分裕固族有可能融入了蒙古部落。

值得注意的是，书中所谓"七族"与后来裕固族"七部"不完全一样。这就使我们产生了这样一个怀疑：因为裕固族"七族黄番大头目"的说法与康熙三十七年封大头目为"七族黄番总管"有密切关系。"查该番目等祖上系康熙三十五年噶尔丹胁从添巴，缘噶尔旦剿灭，属番穷苦，久遭荼毒，抚绥白道人塔弄闻召即至，倾心归诚，于康熙三十七年，经川陕总督吴赫奏请，奉旨安插落业，至今共八十余年。该番目等俱系承袭世职。"[①]

[①] （清）钟赓起：《甘州府志》卷八《番贡》，甘肃文化出版社1995年版，第285页。《裕固族简史》编写组：《裕固族简史》，甘肃人民出版社1983年版，第48页："康熙年间，清朝政府将裕固族划分为'七族'，并分封部落头目。大头目被分为'七族黄番总管'，赐以黄马褂和红顶蓝翎子帽。各族设正副头目，给守备、千总、把总等职衔。"（民国）赵尔巽：《清史稿》卷一三四《兵志五》，中华书局1977年版，第3967页："抚彝通判辖西喇古儿黄番五族，唐乌特黑番三族，八族设正副头目，给守备、千总职衔，番民俱充兵伍。高台县唐乌特黑番一族，每壮丁一，纳马一匹入营，西喇古儿黄番二族，隶红崖营。"（清）升允、长庚：《甘肃新通志》卷四二《兵防志·番部》，清宣统元年刻本："西喇古尔八族设正副头目，给守备、千总、把总职衔劄付，岁贡马一百一十三匹，会纳梨园堡都司收牧，其民户或种田、或牧畜，亦有充伍者。番民俱充兵伍。"

因此，在康熙三十七年前，裕固族各部落组织很可能不是"七部"，而是比七部要多，就像《秦边纪略》所记。

《秦边纪略》所记18个部落中，哪个是"大头目"家呢？

《甘州府志》与《秦边纪略》成书相去不远，其中也记载了操蒙古语的裕固族五部的情况（见表六）。

表六　　　　　　**清乾隆四十四年刻本《甘州府志》**[①]
所记裕固族各部牧地、头目情况

部落名称	正副头目名称	牧地	人口	茶马（匹）
滚卜八个家	滚卜	波啰口		
大头目家	正：端都札什，副：薛令札什	牛心滩	1053	15
五个家	正：善巴，副：薛儿加什	思曼处	1566	23
杨哥家	正：纳卷缺吉，副：班第吗乌藏布	大牛毛山	1689	23
八个家	正：簪巴嘎，副：尔旦木架	本木尔干	992	12
罗儿家	正：贡格，副：洋喇什嘎	半个山	837	9
合计			6137	82

这只是隶属于甘州府的东五族人口及纳马情况。

经过对照，完全可以判断出《秦边纪略》中的"麦尔干"正是大头目。《甘州府志》反映的正是清政府对裕固族各部进行分封整合后的状况。

表五、表六对比，除了可帮助判断大头目家外，还透露出如下信息：

证实了"杨哥家"和"罗儿家"原为同一部落的传说[②]。

证实了"曼台"部落原与"大头目"家为同一部落，属"白头目"家。[③] 他们先是和大头目部落、"滚卜"等组成了一个部落小的联盟，被称为"八个家"。其成分由日羔剌系、左卫"帕泥"部之一部以及赤斤卫右帐蒙古部落组成。后大头目家独立出来，与原"白头目"所管之"曼台"

[①]（清）钟赓起修纂，张志纯等点校：《甘州府志》卷八《番贡》，第283—770页。

[②]《裕固族社会历史调查·解放前裕固族的部落分布及姓氏》，甘肃省编辑组：《裕固族、东乡族、保安族社会历史调查》，甘肃民族出版社1987年版，第7页。

[③]《裕固族社会历史调查·解放前裕固族的部落分布及姓氏》，甘肃省编辑组：《裕固族、东乡族、保安族社会历史调查》，甘肃民族出版社1987年版，第8页。

部落共组"大头目家",《秦边纪略》所载之"八个家"就分成了大头目家和"八个家"。而"八个家"的头目恰就是"滚卜"。

"五个家"并非缴纳五匹马,而是"巴岳特·塔乌",即"五个巴岳特氏族"之意,① 即《秦边纪略》之"五个摆眼","摆眼"即"巴岳特"的读音。但《秦边纪略》中只记载了四个。

《甘州府志》以后,七部的状况没有发生大的变化。

成书于光绪年间的《辛卯侍行记》也有各部情况的记载(见表七)。

表七 《辛卯侍行记》卷5所记"黄番五族"牧地及人口(光绪)②

部落名称	人口	牧居地	距梨园营
大头目家	男女160余口	牛心滩	130里
羊嘎家	男女400余口	牛毛山	100里
五个家	百余口	思蔓处	100里
八个家	百余口		190里
罗儿家	百余口	海牙沟	200里
合计	800余口		

从表七看,由清初形成的各部落组成以及牧地没有发生太大的变化。

原载《甘肃民族研究》2002年第4期

---

① 铁穆尔:《裕固民族尧熬尔千年史》,民族出版社1999年版,第124页。
② 陶保廉注,刘满点校:《辛卯侍行记》卷五,甘肃人民出版社2002年版,第295页。

安定卫的残破与部众迁徙觅踪
——兼论安定卫与裕固族形成的关系

安定卫的残破、流徙与东迁，和裕固族的形成有密切的关系，这是学者们的共识。① 安定卫残破及东迁原因，史料记载得也比较清楚，裕固族民间也有一些生动传说：一是各卫之间的冲突和卫众内讧②；二是明军的征伐③；三是蒙古鄂尔多斯部亦不剌、阿尔秃斯的南侵④；四是吐鲁番的东侵⑤；五是自然灾害和瘟疫⑥。但安定卫残破后部众东迁、流徙的具体情况，由于在《明史》中几乎没有记载，地方史料中记载得少而零乱，因此迷雾重重，还需要进一步研究。而这个问题的探讨和解决，不唯对裕固、

---

① 《肃南裕固族自治县概况》："……十五世纪中叶，各卫之间发生战争，特别是吐鲁番日益强大，侵扰各卫频繁，关外各卫相继崩溃，纷纷要求内徙。十六世纪初，撒里畏吾人开始了大规模的东迁入关，一部分首先迁至赤斤卫。正德年间（1506至1521年）因避吐鲁番又迁至肃州附近，以后逐渐转移到东西海子及高台南山内，当为今日讲西部裕固语之裕固族。"甘肃民族出版社1984年版，第29页；安永香：《试述撒里维兀儿东迁》，《西北民族研究》1988年第1期；高自厚：《明代中后期的撒里畏兀儿》，《西北民族研究》1999年第1期；高自厚：《裕固族"安姓"来源考查——浅谈裕固族中的"安"姓与明代安定王的关系》，《甘肃民族研究》1990年第3—4合期。

② （清）张廷玉：《明史》卷三三〇："四年，徙驻苦儿丁之地。初，安定王之被杀也，其子撒儿只失加为其兄所杀，部众溃散，子亦攀丹流寓灵藏。十一年五月，率众人朝，自陈家难，乞授职。帝念其祖率先归附，令袭封安定王。""其（高按：罕东卫）所辖板纳族瞰桑哥（高按：安定指挥）军远出，尽掠其部内庐帐畜产。"中华书局1974年版，第8551—8552页。

③ 《明史》卷三三〇："二十二年，中官乔来喜、邓诚使乌斯藏，次毕力术江、黄羊川，安定指挥哈三孙散哥及曲先指挥散即思等，率众邀劫之，杀朝使，夺驼马币物而去。仁宗大怒，敕都指挥李英偕康寿等讨之。英等……深入追贼，贼远遁。英等逾昆仑山，西行数百里抵雅令阔之地，遇安定贼，击败之。"第8551页。

④ 《明史》卷三三〇："正德时，蒙古大酋亦不剌、阿尔秃斯侵据青海，纵掠邻境，安定遂残破，部众散亡。"第8553页。

⑤ 《明史》卷三二九《西域传一·土鲁番》。

⑥ 《裕固族简史》，甘肃人民出版社1983年版，第45页。

土族、东乡、保安族的形成、族源的研究有重要意义，而且对民族形成中某些特殊现象也将提供有益的参考。

一　安定部众卫流徙概说

高自厚先生在《明代的关西七卫及其东迁》中，对安定卫东迁、流徙下落有如下意见："永乐后的安定卫，情况比较复杂，部众逃离较多。至正德七年（1512年），遭蒙古鄂尔多斯部大酋亦不剌之乱，'安定遂破，部众散亡'。《明史》的这条记载，说明安定卫存在了一百三十七年。从清朝和民国初年颁发给该族的草原执照来看，这部分散亡部众继续向东迁移，最后到了裕固族民间传说中的八字墩草原，并未建卫，属肃州管辖。据此，可将安定卫的设置、东迁表列如下：若羌（1375年）——昔儿丁（1406年）——散居八字墩（1512年后）。"①

在《裕固族"安姓"来源考》一文中，高自厚先生认为裕固族传说始祖"安帐"与"安定"语音接近，裕固族最后一个大头目安贯布什加所说始祖"安帐"应即"安定王"卜烟帖木儿，是王号而非私名。②

安定卫残破、部众流徙并非只有一次。建卫以后，安定卫先后遭受过几次大的变乱，部众不止一次流散到各地。据《明史》记载，明政府置安定、阿端卫后，封卜烟帖木尔为安定王。洪武十年，卜烟帖木尔为沙剌所弑，王子板咱失里又诛沙剌，沙剌部将又杀王子，"部内大乱。番将朵尔只巴叛走沙漠，经安定，大肆杀掠，夺其印去，部众益衰"③（这或许就是《肃镇华夷志》所载之谋杀"耳交王"之故事）。后陈诚于洪武二十九年，"复立其卫"，永乐四年，卫所东迁至苦儿丁。洪熙元年（1425），由于安定卫指挥哈三参与劫杀明朝使节，明军征伐，安定卫受到了重创，"掳安定王，俘其部落男女千余人，驼马牛羊十三万，巢穴悉平"④。部众逃散者颇多。后来也只是"复业者七百余人"。至正德七年，鄂尔多斯蒙古丞相

---

① 高自厚：《明代的关西七卫及其东迁》，《兰州大学学报》1986年第1期。
② 高自厚：《裕固族"安姓"来源考查——浅谈裕固族中的"安"姓与明代安定王的关系》，《甘肃民族研究》1990年第3—4期。
③ 《明史》卷三三〇，第8550页。
④ 《殊域周咨录》卷一四，第469页。

亦不刺、阿尔秃斯侵据青海，安定卫遂破亡，部众散亡。

《殊域周咨录》谓："正德七年八月，亦不刺等大势，达贼至西海，将安定王逐奔，部下番民杀尽，及将原授职勅书诰命金印牌并帐房头畜掳去，夺占其地。"①

关于安定卫部众散亡、东迁详细情况，史料没有明载，只能靠零星资料加以分析。

高自厚认为安定卫帖里部残破后，部众可能随曲先卫活动，后来随曲先卫东迁。

《秦边纪略》记载："正德间，亦不刺之乱，卫人或迁甘州，或就西宁沿山，流为黑番。"②

根据资料和情理分析，安定卫被残破后，部众并未如《殊域周咨录》所说"部下番民杀尽"，"杀尽"说显系夸张和传闻。

散亡后的趋向应该有三：其一，相当部分被亦不刺胁迫，随亦不刺等蒙古人活动。其二，残破后东迁。东迁的方向主要是沙州、肃州等河西方向。其三，部众依他族或他卫住牧、活动，其中一部分后来又随他卫东迁。

明人王廷相在论述几卫情况时说："阿端一卫，不知所往矣。曲先，则南入乌斯藏矣。赤斤、安定、罕东，或数百为族，数十为落，皆内附肃州境土。"③ 其中说明，安定卫部众之一部依附沙州卫、赤斤卫、罕东左卫部众活动。

安定卫残部可稽考者如下：

第一，被亦不刺裹胁、后随套部蒙古在青海活动。我们从郑洛在嘉靖十八年谈到"海上"少数民族种落时所列各部看到，各蒙古贵族裹胁了不少其他少数民族的部众。其中应有原安定卫部众。"海上之番，其族有七：曰刺卜，曰亦郎古，曰罕东，曰沙麻，曰武宗塔，曰纳部，曰石刺韦物，此皆安定四卫之遗种，而为我祖宗之所附辑者，总名之曰红帽番子。而谓之红帽者，以其衣装类房也；谓之番子者，以其服属为番也。"④（郑洛所

---

① 《殊域周咨录》卷一四，第469页。
② （清）梁份：《秦边纪略》卷一《西宁卫》，青海人民出版社1987年版，第77页。
③ （明）陈子龙：《皇明经世文编》卷一四九《王氏家藏文集·与胡静庵论土鲁番书》，中华书局1962年版，第1484页。
④ （明）郑洛：《敬陈备御海虏事宜以弥后患疏》，载陈子龙《皇明经世文编》卷四○四，中华书局1962年版，第4400页。

说此"七部",应该包括后来形成东乡、保安族的部分遗众。关于安定四卫部众与保安、东乡族的关系,留待以后论述)总数七万余人。

郑洛说"七族""总名之曰红帽番子"尚需讨论,但说"此皆安定四卫之遗种"大抵未错。这些部落中,除了"红帽子""剌卜"外(我们在后面还要详细讨论),其他一些部族,可能先是随亦不剌、阿尔秃斯活动,后套部蒙古到青海击败亦不剌、阿尔秃斯后,他们又随套部蒙古活动。经万历十九年郑洛招抚安置,在西宁近边住居,后融入了土族或藏族当中。

"巡抚田乐既破逐海虏,与总督李汶会议,置白旗数百竿,分插边外数百里各水头,令各番从西宁、甘州两路逃归,俱加赏赉,筑堡安插。万历二十四年,据分巡西宁道行太仆寺周一径呈称:甘肃坐营官王允中、甘峻堡防守杨国勋报:收过西番老小八百余名口;红崖寺守备刘鸿业、梨园堡守备梅万艮报:收过西番一十四起,头目散番共四千九十一名口,俱系纳马属夷,陆续被虏抢去投归,调至甘州镇城,与总兵王赋业等校场赏赉,安插原坐山场住牧。"①

这是"两川大捷"后对各流徙部族的又一次安置。安置的原则是"原坐山场住牧"。所安插各部族中,应该有原安定卫部众。

第二,部众东迁、流徙到祁连山、西宁一带,后来成为土族之一部。

《殊域周咨录》《西宁府新志》②《边政考》《甘肃新通志》③ 以及20世纪三四十年代的调查资料等都有记载。《殊域周咨录》记载:"本族人汪缠尔加逃往河州归德寄住。正德十年,又还到西宁城扣谒兵备,守臣安插之。至嘉靖七年,尚书王琼令抚夷官彭濬抚驭番族,得其原守坟塔国师藏卜哈巴与前汪缠等僧俗十名,令在迤北沙糖川离城七十里住牧。原奉勅书五道见存。阿端卫,不知其处。王琼乃请令安定卫仍袭前职。上从之。自后渐得生息,朝贡至今。"(余思黎点校《殊域周咨录》"原奉勅书五道,见存阿端卫,不知其处"应如上)④ 而原属安定卫的"红帽子"则成为互助土族之一部。

---

① (清)钟赓起修纂,张志纯等校点:《甘州府志》卷一六《杂纂》,甘肃文化出版社1995年版,第772页。

② (清)杨应琚:《西宁府新志》卷一九《武备、番族》,青海人民出版社1988年版,第476—477页。

③ (清)升允、安维峻:《甘肃新通志》卷四二《兵防志、番部》,宣统元年石印本。

④ 《殊域周咨录》卷一四"安定阿端",第470页。

第三，部分流落到沙州，依左卫居住，在左卫帖木哥、土巴的排挤下，于弘治年间迁徙到肃州南山，他们就是《边政考》所列的"哈剌秃"。（关于"哈剌秃"，为篇幅所限，将专文论述）

二 "红帽子"补正

关于"红帽子"为安定卫部众，已无疑义。① 但还有一些问题仍需探讨：明初安定王所领四部阿端、阿真、曲先、帖里，据研究均为地名，后以地称部族名②。现在的问题是，四部是否均为撒力畏兀儿？"红帽子"究竟属于哪部？

据明峨岷山人《译语》："或曰，别有阿骄一部落，虏中呼为红帽达子，其多寡与居处未详。善盗，小王子辈患之。""西北一部落，亦曰兀良哈，性质并同，但戴红帽为号，兵合不满数万，好畜马驼，小王子辈利其所有，累岁侵夺，战死者过半，余则引与俱归。"③ 此处将"红帽子"称作"阿骄"，为我们提供了线索。

按"阿骄"应即"阿真"，一音之转，是"阿真"的不同翻译。"阿真"，高自厚先生认为即"阿尔金"地名的不同翻译，"阿真"，即"阿真川"。④ 高自厚先生注意到"曼台"部落自称为"阿尔吉尼"（或译作"鄂吉尼"）⑤亦可证。

因此，《译语》所言之"阿骄"，应即"阿真"，即安定四部之一的阿真部。

《译语》的这两条材料，恰好印证了安定卫被亦不剌、阿尔秃斯等残破的情况，"余则引与俱归"的说法印证了我们对安定卫部众下落之一的分析。

我们同意高自厚先生关于安定卫首领为蒙古贵族、主要成分为撒力畏

---

① 高启安：《"红帽子"考》，《西北民族研究》1989年第1期。
② 高自厚：《撒里畏兀儿东迁和裕固族的形成》，《西北民族研究》1986年试刊号。
③ （明）尹畊：《塞虏事略及其他四种·译语》，王云五主编《丛书集成初编》本，第3177册，商务印书馆1937年版，第33—34页。
④ 高自厚：《试释"西至、哈至"——民间传说中的"西至—哈至"与〈明史·西域传〉中的"曲先"、"安定"的异同》，《西北民族研究》1990年第2期。
⑤ 《肃南裕固族自治县志》，甘肃民族出版社1994年版，第103页。

兀儿的观点，但其部下是否都是撒力畏兀儿呢？仍觉有必要深入研究。

从《译语》称"阿骄"为"红帽达子"来看，他们并非属于回鹘后裔的撒力畏兀儿，而属于蒙古族后裔。"红帽子"人后来融入土族，土族语言和东部裕固族语能相通（笔者在东部裕固族中作调查时，许多人说他们和青海的土族能通话），就是证明。因此，安定王所辖四部并非完全是撒力畏兀儿。除了王系为蒙古人外，还有其他的蒙古部落。

那么，"阿真"部即红帽子部何时东迁、脱离安定卫呢？

可能和曲先卫有关。据《明史》记载，曲先卫于洪武初年设置，不久，遭朵儿只巴之乱，部众"居阿真之地"①。洪熙元年，曲先卫伙同安定卫，劫杀明朝使节，遭到了明军的征伐，部众远遁至雅令阔之地。从二者一起行动判断，此次与曲先卫一起劫杀明使的，应该就是阿真部。而"红帽子""盗贼"的名声，或许与此有关。

由于"红帽子"远离安定卫，负罪不敢还居原地，很有可能和阿端卫一样，后来依曲先杂处。

据《明史》，成化中，吐鲁番四处扩张。"已得哈密城池及瓦剌奄檀王人马一万，又收捕曲先并亦思渴头目倒剌火只……"②虽然没有言明"收捕"者中间有属于安定卫的"阿真"部，但很显然，和曲先卫一同的"阿真"部也在"收捕"之列。《边政考》言正德六年"马驯等……又访得土鲁番有精兵四五千，迄西红帽儿夷虏有五六万，具要往汉人地方来"③。如此多的"红帽子"人和吐鲁番一同活动，清楚地说明他们正是被吐鲁番"收捕"的"阿真"部人。

钱伯泉先生认为被吐鲁番"收捕"的曲先卫部众很可能被安置在哈密城的东南④。弘治中，从曲先卫迎安定王子陕巴为哈密忠顺王，证明陕巴正属于"阿真"部，与曲先卫居住在一起⑤。

可证明陕巴为阿真部王子的，是《明史》当中的一条资料：陕巴被立为忠顺王后，"命千奔遣送其家属。千奔怒曰：陕巴不应嗣王爵，爵应归

---

① 《明史》卷三三〇，第 8554 页。
② 《明史》卷三二九，第 8530 页。
③ 《边政考》卷一一《西域经略》，第 713 页。
④ 钱伯泉：《裕固族的故地"西至——哈至"考察》，《甘肃民族研究》1994 年第 2 期。
⑤ 《明史》卷三三〇，第 8555 页。

绰尔加。绰尔加者，千奔弟也"①。陕巴虽然与安定王同祖，但他只是阿真部酋长，而非安定王直系嫡传，因此，千奔才有一怒。

现在的问题是，"红帽子"人何时迁居肃州南山，即今日杨哥、康乐一带？

"红帽子"人迁居祁连山只能是嘉靖六年以后，很可能是嘉靖七年。《边政考》所记的嘉靖六年的这次传闻，并没有成为事实，一年后，蒙古亦不剌等侵入青海，安定卫、曲先卫相继被残破。各卫部众陆续内迁，遭残破的，肯定有"迄西"的"红帽子"。"红帽子"先是到了沙州，"红帽儿族，沙州番也，一云即安定王部落，正德中为海敌残破，流沙州，后徙西宁塞外，海敌畏之……一支为剌卜儿族"②。可知"红帽子"很可能在沙州居住了一段时间，"迄西"者，或者就是沙州。由于和居住在沙州的罕东左卫帖木哥、土巴等是世仇，于是，继续东迁至祁连山。他们迁居祁连山的时间应该在嘉靖七年或稍后一些。到嘉靖九年，与"红帽子"始终在一起的"剌卜"已经夜袭黑河湖，偷盗官马五十匹，与明军发生冲突③。虽然"黑河湖"的确切地址不详，但应在黑河流域。显然，此时"红帽子"人已经迁牧至祁连山。

那么，"红帽子"是何时离开祁连山的呢？《边政考》的成书时间是嘉靖二十六年。在这之前，"红帽子"人已经牧居到了皇城一带。既然红帽子人离开祁连山与裕固族有关，那么，属罕东左卫的操东部裕固族语的部分何时进入祁连山就是关键。

裕固族东部操蒙古语的主要部分是嘉靖七年由王琼安置在高台白城山、威房一带的帖木哥、土巴部分。在《边政考》中，虽然记载了他们的安插地和人数，但没有说明他们现在的牧居地，显然，他们已经迁往祁连山腹地。在《肃镇华夷志》所列数支部落中，则甚至没有了帖木哥和土巴部分。因此，帖木哥和土巴部分，应该在嘉靖七年以后，逐渐向祁连山渗透，最终赶跑了"红帽子"。其与"红帽子"的冲突时间，应在"嘉靖七年"到"嘉靖二十六年"这一段时间内。

---

① 《明史》卷三三〇，第8552—8553页。
② （清）杨应琚：《西宁府新志》卷一九《武备、番族》，青海人民出版社1988年版，第476页。
③ 《边政考》卷九《西羌族口》，第633页。

关于"红帽子"和"剌卜儿"在皇城以后的活动以及最终融入土族当中，《西宁府新志》谓："安定族，郡城东北九十五里，即昔之红帽儿族，相连珍珠族。居住威远堡东，共一百四十三户。"①《新亚西亚》1933年登载之《青海之民族状况》一文，对青海境内各族，特别是蒙藏各部落的历史沿革、分封世袭、住牧变迁等作了详尽考察，其中就有红帽子族和剌卜儿族。据记载，当时剌卜儿族住西宁县西南六十五里大康城，有三百余户；安定族（旧为红帽儿族——原作者注），住互助县东南境，有二百余户②。按《殊域周咨录》谓之的"安定族"与《西宁府新志》稍有不同，前者是安定卫残破后流落到西宁一带的少数安定卫部众，后者则是辗转迁徙而来的红帽子人，亦可证"红帽子"即安定卫部众。而宾兔等人交还的"红帽子"则就近安置到了天祝一带，成为天祝一带土族先民。对此，笔者已有详述③。

三 "红帽子"与裕固族关系

由上所知，安定卫东迁部众"红帽子"人成为土族的组成部分。对此，高自厚先生曾提出疑问："把'红帽番'看作撒力畏兀儿，一方面是有根据的，另一方面又有不少矛盾。表现在三个方面：一是从各种史料看，'红帽番'的活动地域很广，从天山东部到祁连山东部永昌、天祝、永登以及青海湖四周，均有'红帽番'的历史足迹，但撒力畏兀儿或史料中的'安定四卫之遗种'，没有如此广大的牧地，特别是永昌、天祝、永登和青海湖以东，撒力畏兀儿从未远涉其地。二是裕固族中流传，他们的先祖撒里畏兀儿东迁祁连山后，曾同'红帽子'打过仗，最后赶跑了'红帽子'。既然'红帽番'是安定四卫之遗种，即撒里畏兀儿，这就形成撒里畏兀儿赶跑撒里畏兀儿的笑话。三是所谓'红帽番'指'衣装'特征，撒里畏兀儿并无戴'红帽'穿'红衣'的特征。"④

---

① 《西宁府新志》卷一九《武备、番族》，第488页。
② 甘肃省图书馆：《西北民族宗教史料文摘·青海分册（上）》，甘肃省图书馆1986年版，第282页。
③ 高启安：《"红帽子"考略》，《西北民族研究》1989年第1期。
④ 高自厚：《明代中后期的撒里畏兀儿》，《西北民族研究》1999年第1期。

要回答这些问题并不难。理由如下：

其一，四卫残破后，部众散乱，印信俱失，东迁后只以部落名称出现在史料当中，而很少打四卫的旗号。相当一部分被亦不剌等裹胁，随之一起活动。后亦不剌等被套部蒙古吉囊打败，这些人又随套部蒙古俺答部众活动。以"红帽子"为例，他们从祁连山东迁至皇城后，由于皇城为河套蒙古入青之通道之一，在他们数次入青过程中，被裹胁到了青海，转战青海各地。直至万历十九年郑洛经营青海，在强大的政治攻势下，才被从蒙古贵族的统治下解放出来，对此，拙作《"红帽子"考》已有详细论述。

其二，裕固族同"红帽子"人打仗并赶跑红帽子的故事，笔者搜集于肃南的杨哥乡，而杨哥是裕固族七部之一的"杨哥家"的牧居地，"杨哥家"属于操东部裕固语的部分，而裕固族东部主要以罕东左卫东迁部众为主。左卫又是从罕东卫分裂出来的部分，他们与安定卫早有矛盾。

"红帽子"人在祁连山居住地的中心地带为今天杨哥一带，"哈玛拉埃"洞前有一宽阔平展的草地，据裕固族人说，这里曾是"红帽子"人的"营盘"。裕固族人与"红帽子"人冲突的中心地带也在这一带。

其实，早在安定卫残破之前，安定卫就与罕东卫（左卫前身）部众发生过冲突。

据《明史》记载，"初，大军之讨贼也，安定指挥桑哥与罕东卫军同奉调从征，罕东违令不至，其所辖板纳族瞰桑哥军远出，尽掠其部内庐帐畜产"[1]。虽然在明政府的严斥切责下，归还了所掠人口、畜产，但可以想见，二卫部众从此结仇。

报复、仇杀在两卫之间不时发生："（弘治）十七年，率众侵沙州，大掠而去。"[2]"（弘治）十七年，瓦剌与安定部人大掠沙州人畜，只克不能自存，叩嘉峪关求济。天子既赈给之，复谕二部解仇息争，不得搆兵召衅。"[3]明政府反复告诫各卫之间"解仇息争，不得搆兵召衅"，正是他们之间有世仇的反映。

安定卫被残破后，部众散亡，东迁至各地，或依他卫居住，或流徙于祁连山沿山。但从史料的记载看，世代结成的仇杀，直到这个时候，仍在

---

[1]《明史》卷三三〇，第8552页。
[2]《明史》卷三三〇，第8553页。
[3]《明史》卷三三〇，第8566页。

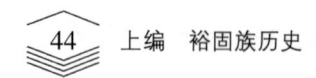

继续。

罕东左卫帖木哥、土巴嘉靖七年从沙州到肃州后，被明政府安置在高台白城山一带，渐次渗透到祁连山，与先前的仇敌"红帽子"人发生冲突，最后迫使"红帽子"继续东迁至皇城。

需要指出的是，"红帽子""剌卜儿"在受到罕东左卫东迁部众攻击的同时，也受到了明军的夹击。史料不乏他们与明军冲突的记载。这样，不仅留下了他们"盗贼"的名声，而且被赶出了祁连山，走上了颠沛流离的迁徙之路。

据裕固族传说，一开始与"红帽子"并非兵戎相见，而是双方进行了接触，谈判失败后才发生了冲突。

嘉靖七年以后，帖木哥、土巴等，逐渐由高台的白城山迁到甘州南山，崇祯元年（1628），在甘州西南七十里设梨园营，派兵驻守。明政府颁发了大头目管辖八字敦一带草原的执照。①

因此，裕固族人赶跑"红帽子"，并不是"撒力畏兀儿赶跑撒力畏兀儿"，而是不同卫众之间冲突仇恨的继续。另外，还应该与宗教信仰有关。虽然两者同源（帖木哥、土巴部落与"红帽子"人均源于蒙古族），但由于分属不同卫，已形成了不同的认同感。

其三，"红帽子"的衣装特征是"戴红帽为号"，当时的"撒力畏兀儿"是否也戴"红帽"，已难以考证。但"红帽子"人虽原属安定卫部众，却不属于讲"尧熬尔语"的部分。

四 "天下头目都姓安"的再思考

由于"天下头目都姓安"这个问题牵涉安定卫，还想再说几句话。作为裕固族研究的一个热点话题，不断有学者发表新的见解，启发颇多。

在新观点当中，要数高自厚先生的"安定王"说和胡小鹏先生的"罕东"说。

高自厚先生在反诘罕东左卫诸酋长的名字当中，没有一个"安"或"奄"姓音，何以在一百多年后成为"安"姓由来的同时，主张"安帐"

---

① 《肃南裕固族自治县概况》，甘肃民族出版社1984年版，第30页。

源于安定王,既是地名,又是卫名,还是王号,因此,裕固族"传说中的由'安'头目而来的'安'姓,正是由安定王而来的'安'姓,'安定'就是安·官布什加说的'安帐'"①。

高自厚先生还根据上述观点,认为裕固族大头目家源于安定王,他们的迁徙路线是从今大小苏干湖分两部分东迁至上、下"八字敦"——疏勒河源头和祁连县八宝山一带②。

胡小鹏先生在肯定了高先生的质疑后,不同意"安帐"为"安定"谐音的观点,又提出了自己的看法:裕固族的安姓应源于"罕东"③。

关于裕固族大头目家究竟来自何卫?确实是裕固族研究的一个很重要的问题。高自厚先生率先提出这个问题,并且从历史档案中钩稽出清代以来裕固族大头目世袭,不仅是裕固族历史研究深化的一个标志,而且意义重大④。但说"大头目家"源于"安定王"世袭,理由尚难令人信服。

认识此问题的前提有三条:其一,"大头目家"必是当时环肃州周边的东迁部落;其二,必是被明政府认可、安置的某一部落;其三,必是贵族,且是东迁人数最多的卫部首领。

《边政考》和《肃镇华夷志》详细记录了当时围绕肃州周边的东迁各卫部众,大部分都标明他们原属何卫。其中没有安定卫,更没有安定卫"王系"或首领部落。上引《殊域周咨录》"至嘉靖七年,尚书王琼令抚夷官彭濬抚驭番族,得其原守坟塔国师藏卜哈巴与前汪缠等僧俗十名,令在迤北沙糖川离城七十里住牧。原奉勅书五道见存。阿端卫不知其处。王琼乃请令安定卫仍袭前职。上从之。自后渐得生息,朝贡至今",清楚地说明让居住在西宁沙糖川的这几十人"令安定卫仍袭前职",何以祁连山又出现了一个"安定王系"?

我们知道,在裕固族东迁传说当中,除了有八字敦等地名外,还有不少关于"肃州"、与明的肃州官员打交道的内容,说明裕固族先是到了肃州一带,后被明政府安置。明政府的安置与认可,是裕固族形成大头目世袭制度

---

① 高自厚:《裕固族"安姓"来源考查——浅谈裕固族中的"安"姓与明代安定王的关系》,《甘肃民族研究》1990年第3—4期。
② 高自厚、贺红梅:《裕固族大头目部落与大头目世袭》,《甘肃民族研究》2000年第4期。
③ 胡小鹏:《元明敦煌与裕固族的历史关系》,《敦煌研究》1999年第4期。
④ 高自厚、贺红梅:《裕固族大头目部落与大头目世袭》,《甘肃民族研究》2000年第4期。

的关键,而在肃州南山、甘州南山,不仅没有安定卫遗众,也没有卫所首领部落,更没有安置的记载。在《边政考》《肃镇华夷志》以及其他文献中,怎会漏掉牧居这样大的一块草原、有着如此高贵血统的安定卫部落呢?

我们在前面谈到过,安定卫与罕东卫为世仇,而人数众多的帖木哥、土巴部众正好是原罕东卫部众。这样一个人数众多的部落,在没有明政府的强制背景下,自发地尊世仇部落的首领为"大头目",这是不可能的。

还有一个理由,王琼当时安置裕固族时,有人口记载,仅帖木哥、土巴部众就有6382人,加上其他部众,达到了一万多人,[1] 即使到了嘉靖二十八年,除了帖木哥、土巴部落外,可统计的人数,仍有四千多人。而到了清康熙年间,裕固族人口只有六千多人。如果还有一个占据如此广阔草原的不为明政府知晓和安置的安定王部落存于黑河上游及疏勒河源头,到清康熙年间,裕固族的人口不会陡然降至数千人。

根据以上研究,安定卫东迁部众的大部分后来融入了土族,只有一少部分成为裕固族的一部,不可能由他们来充当大头目。

再者,综观明清地方史料,确实有以头目的名称来称谓部族的。在《边政考》《肃镇华夷志》中,尽管过了好多代,仍以前代首领的名字称谓部族。比如,《边政考》中,是这样记载帖木哥、土巴部的:"高台守御千户所:番帖木哥族,头目赏卜尔加脱秃、总尔加牙;土巴族,头目若羌克、绰先克等,与帖木哥族二种,嘉靖七年安插高台白城山等处住牧。"[2] 头目已经发生了变化,仍以率领东迁者的名字命名其部族。其他类似的例子在《肃镇华夷志》中更多。大凡东迁各部,往往以较有名的部族领袖名字充当部族名,成为一种标志。"俺章"虽不是左卫创始人,但他比左卫的锁南吉剌思更早。据《肃镇华夷志》等资料记载,部众是在俺章的率领下,才从罕东卫分裂出来,迁徙到沙州,以后升为卫的。《肃镇华夷志》在描述环肃州居住各部时,总是以俺章或苦术作为创始人。因此,"俺章"是一个划时代的人物。说民间传说中率领裕固族东迁的首领"安千赞吉"为安定王"千奔"恐怕难以成立。

第三个问题是,何以俺章后人不见以"安"作为姓氏呢?左卫都督有

---

[1] 高启安:《赤斤蒙古卫、罕东左卫部众内徙、安置与裕固族各部关系探》,《甘肃民族研究》2004年第4期。

[2] 《边政考》卷九《西羌族口》,第626页。

姓名者确实不少，也确实没有以"安"标姓标名者。但这不能作为否定由于"俺章"而"天下头目都姓安"的理由。在确定头目姓氏时，完全可以以早期的民族英雄的名字充当。"俺章"（一些史料写作"安扎"）作为裕固族头目的姓氏，确实比左卫的其他首领更合适。最后一个大头目的原话是："头目姓安系由于始祖名安帐，由安帐传至今日止已世袭二十一代。"①这就是说，头目取"安"为姓，不必在"俺章"当时，很可能是受汉文化影响所致，或者就在近代。因为从《秦边纪略》《甘州府志》以及以后记载裕固族头目名字的史料中，均没有发现冠以"安"。就连"安·官布什加"，早期史料有时也写作"官布什加""贯布什加"或"宫布什加"。大头目姓"安"的事实和清代史料中大头目名字前没有贯以"安"音姓，同样也可否定"安定王"说和"罕东"说。安·官布什加所说"由安帐传至今日止已世袭二十一代"必有一定根据。

笔者同意"大头目"家来自罕东左卫，而"安"姓是否来自"罕东"，还需要讨论。虽然从语音上完全讲得通，但也缺乏说服力。东迁左卫部众陆续到达肃州周边以后，从未以"罕东"或"罕东左卫"部众的身份出现在《边政考》《肃镇华夷志》等当时史料中，而是以部族头领的名字或地名的形式出现。其他卫众也有这种情况，这就是今日无法详考裕固族七部与各卫关系的难点所在。怎能以卫所的名称作为头目的名称呢？关于左卫和赤斤卫东迁与裕固族的关系，以及裕固族"大头目家"究竟是明末环列肃州周边各部中的哪一部？笔者在《赤斤蒙古卫、罕东左卫部众内徙、安置与裕固族各部关系探》一文中另有讨论，此处不赘。

综上所述，安定卫在数次残破后，部众大部分以"红帽子"的名称活动，在明代史料中也写作"阿骄"。"阿骄"者，"阿真"也，后大部融入土族，只有一部分迁往肃州南山。

安定卫残破后部众融入了土族和裕固族，为土族和裕固族的形成增添了新的条件，这一破一立，也给民族形成理论以特殊范例。而这，已超出了本文的范围，留待民族理论工作者详加研究了。

原载《西北民族大学学报》2004年第4期

---

① 薛文波：《裕固族历史初探（下）》，《西北民族学院学报》1981年第3期。

裕固族"天下头目都姓安"试释

裕固族有一个说法，叫作"天下头目都姓安"。1949年以前，不仅裕固族大头目姓安，而且部落的正副头目也都姓安，并为世袭制。这种世袭制起于何时？产生的原因是什么？它与裕固族东迁的关系如何？本文试对此释解之。

关于裕固族内"天下头目都姓安"的原因解释，至少有四种。

第一种说法是在东迁的过程中安姓人立了功，拯救了全部落，所以由安姓人世代做头目。有这样的说法：裕固族在东迁前，曾遇到了自然灾害和强大敌人的攻击。为了轻装转移，部落长下令杀掉全部老人，其他人都遵命照办，只有安家将父亲偷偷地装入皮袋内一起转移。当转移队伍走到沙漠，因缺水面临被渴死之际，老人告诉儿子，将公牛放到前面引路，如其停下来用蹄刨地，则底下必定有水，儿子将话转达部落长，部落长照此办理，果然找到了水，拯救了全部落。老人还计退追兵，指明方向，巧过黑河，智败"红帽子"，为部落的生存和定居祁连山建立了不朽的功勋，因此，部落长不仅未以抗命杀死安家人，而且从此废除了杀死老人的做法，让安姓人世代做头目。

第二种说法则与归顺清朝政府有关。"康熙三十六年，叫我们投降，我们不愿意，年羹尧带兵镇压，想把裕固族消灭，我们死了好多人。当时甘州将军孙思克（记音），总兵窝合（记音）不同意年的办法，劝年不必用武，年不听。二人奏明康熙皇帝，当即传旨叫裕固族派几个人到北京晋见，人多害怕，不敢前往。有安姓七兄弟胆量较大，挺身愿往。当时说明，我们被杀，算是了事，如能活着回来，要给裕固族当掌柜的。大家同意。七人赴京见皇帝，晋见时，京中喇嘛向皇帝解释说，裕固族是安分良民，不必杀害。"康熙皇帝同意，一再调查并封七人为七个头目，每年

"八十人贡马一匹，当时贡八十二匹马"。"康熙三十六年，皇帝召见各头目，向各头目说：'你们好好做百姓吧，你们回去原把头目当上。'"①

第三种说法是当裕固族长途跋涉到肃州城下时，向城上的官员喊话。由于双方都听不懂对方的语言，当肃州官员问他们姓什么时，他们听不懂，急得又拍马鞍又喊叫。肃州官员误以为他们姓安，就给清政府上书，说有一个姓安的部落要求在肃州居住。后来，朝廷就给裕固族定了个安家茶马户。

第四种说法来自裕固族最后一个大头目，曾任肃南裕固族自治区第一任人民政府主席安官布什加。他说："头目姓安系由于始祖名安帐，由安帐传至今日已世袭二十一代。"②

第一、二种说法虽有区别，但却有一个共同点，就是都说明安姓为民族的存亡立了大功，因此成为当然的首领。仔细分析第一种说法，就会发现一个无法避免的矛盾：既然裕固族在东迁前和东迁中就已有部落长，怎么能再任命或由群众重新推荐出一个新的头目呢？显然，这种说法不能完满回答安姓人世代做头目的问题。而关于杀死老人的情节，乃是中国北方游牧民族中古老的"弃老"故事，裕固族在明代的东迁中，并未发生过这类残杀老人的行为。

第二种说法有两种解释。其一，康熙皇帝或清政府任命安姓七兄弟为七部头目。这种解释显然与事实不符。裕固族当时并不是没有头目，康熙皇帝召见裕固族代表，按惯例也要召其头目。其二，在康熙皇帝召见前，七兄弟就已是裕固族七部（关于裕固族究竟几部也是一个相当复杂的问题，容专文另述）的首领，康熙帝召见只不过是承认和准许了它的合法性而已。

第四种安官布什加的说法，很可能有一定的根据。古代北方一些民族（如蒙古族），在无文字记载的情况下，有世代相传其祖先姓名、事迹及世系的习俗。《蒙古秘史》所载成吉思汗祖先的世系，就是由口头流传的材料编纂而成的。作为裕固族的大头目，即使没有文字方面的记载和实物，也肯定有祖先世袭的口头流传。许多学者也认为"安帐"即《明史·罕东左卫传》所载的"奄章"，亦即从罕东卫分裂出来，率众东迁至沙州创立

---

① 《裕固族社会历史调查——裕固族和过去政府发生关系的传说》（草稿），甘肃省图书馆。
② 薛文波：《裕固族历史初探（下）》，《西北民族学院学报》1981年第3期。

左卫的"奄章"。据《明史》记载:"初,罕东部人奄章与种族不相能,数仇杀,乃率其众逃居沙州境。"① 其子班麻思结受明封为"罕东卫指挥使""都指挥使"。到班麻思结孙只克时,"奏请如罕东、赤斤例,立卫赐印,捍御西陲"。(同上) 奄章何时率部族从罕东卫东迁至沙州,史无详载。《明史》载其子班麻思结洪熙时从讨曲先有功,"洪熙"只有一年,即公元1425年,说明奄章应该是"洪熙"以前人,逃到沙州,应早于1425年才对。将《明史》和《肃镇华夷志》②对照,奄章及后世子孙世系如下:奄章—班麻思结—?—只克—乞台—日羔剌—?—羽章卜,共8代,迄于《肃镇华夷志》修撰时(万历四十四年,公元1616年)。从洪熙元年至万历四十四年共191年,传8代。若以通常所采用的以25年为一代计算,少9年(奄章应早于洪熙时),正好相符;到1956年(安官布什加提供材料的时间)共531年,也刚好21代多6年,与安官布什加所说符合。

《肃镇华夷志》记载:"沙州族都督日羔剌等部落帐房一百一顶,男妇五百三十八名口,安插金塔寺城。今都督羽章卜等,部落帐房二百七顶,男妇三百名口,安插中渠乱古小泉","万历中日羔剌之孙羽章卜袭授前职"。③ 从上述记载可以看出,奄章的后人在万历时仍任都督,掌卫职,而此时裕固族已从关西东迁至肃州周围及高台、白城山一带,可以说已经结束了东迁,裕固族民族共同体已基本形成。由此证明安姓人是在东迁过程中因立功而被任命或推选为头目,以及由于安姓同清政府打交道而成为裕固族首领的说法,是不可靠的,只有安官布什加的说法符合实际,即裕固族的各部落头目均姓安的事实来自其祖先名"奄章"。"奄"即安,同音异写。奄章从罕东卫分裂出来,逃至沙州后,和其子孙一起创立罕东左卫,其后子孙世袭卫职。至其第八代孙羽章卜时,部落虽早已迁入关内,并形成了裕固族,但仍受袭都督之职,也就是裕固族的大头目。这样说并不意味着其他传说没有一点根据和价值。众多的安姓人为民族的生存与发展,立有不朽功勋的传说,恰是裕固族东迁及形成过程中奄章及其子孙作用和功绩的反映和再现。

也许有人要问,奄章的后人,有名者颇多,为何单以"奄章"为其氏

---

① 《明史》卷三三〇,第8564页。
② 《肃镇华夷志校注·属夷内附略》,第275—276页。
③ 《肃镇华夷志校注·附内地住牧番夷》,第58页;《肃镇华夷志校注·族类》,第284页。

族的姓呢？我们认为这是因为奄章原属罕东卫，他率众从罕东逃迁至沙州，为部落的生存、独立和发展打下了基础，并与其子孙一起草创罕东左卫，有启始的作用，故在其后人心目中的地位很重要，诸多裕固族东迁传说中关于用智慧摆脱追兵，在沙漠中寻找方向等内容，实际上就是对他的讴歌。因此，以他的名字作为姓氏也就合乎情理了。裕固族的一个姓就是一个"户族"（即同一个祖先）。裕固语称姓为"底尔勒"的都不能通婚，说明裕固族内的安姓人，均为安帐的后人。

现在，尚需回答这样一个问题，即从已知的情况看，明正德以后，环列肃州周围的部落，有确切记载的，至少有罕东左卫、赤斤蒙古卫、哈密卫和曲先卫遗众，前三部都有自己的都督，他们共同组成了后来的裕固族共同体，何以单只罕东左卫的都督成了裕固族的大头目，七部的头目都姓安呢？这确是一个复杂的问题。

首先，东迁的四卫遗众中，以罕东左卫人数最多。原属哈密卫的畏兀儿，新、旧哈剌灰，大多住在肃州东关及城东附近，有五六百人，其中一部分后来被汉化，有少量信仰了伊斯兰教，只有一部分成为今天的裕固族，其首领不可能成为裕固族的大头目。

关于赤斤蒙古卫内迁人数，"嘉靖七年，总督王琼抚安诸部，核赤斤之众仅千余人"①。据《边政考》记载，赤斤之众在肃州及其周围者，远不止这千余人。为了对比罕东左卫与赤斤卫内徙人数之众寡，我们将《边政考》所载各部落②与《肃镇华夷志》相对照，列表如下（见表一）。从表中可以看出，当时赤斤卫遗众有5407人，其中琐南束和普尔咱、结思冬所率多为藏族，牙兰部为曲先卫遗众，而罕东左卫则有9642人（其中有一千余人为曲先卫的牙兰族人）明显多于赤斤蒙古卫。

表一　　　　《边政考》《肃镇华夷志》所见各部落情况

原住地及称呼	头目	人数	迁徙安置地	属卫
赤斤蒙古	琐南束（都督）	1290	讨来河、磁石窑山口	赤斤蒙古卫
逃军番	普尔咱、结思冬	1190	红山口	赤斤蒙古卫

---

① 《明史》卷三百三十，第8559页。
② 《边政考》卷九《西羌族口》。

续表

原住地及称呼	头目	人数	迁徙安置地	属卫
赤斤城	革力箇失	1506	肃州上下古城	赤斤蒙古卫
苦峪城	昤卜尔加	778	威房、上下古城等	赤斤蒙古卫
王子庄	川哥儿	89	威房、上下古城等	赤斤蒙古卫
柴城儿	卜木尔吉	79	威房、上下古城等	赤斤蒙古卫
川边	察黑包	208	威房、上下古城等	赤斤蒙古卫
扇马城	牙兰	87	肃州北老鸦窝	赤斤蒙古卫
大草滩	可可留巴郎	180	四倾堡	赤斤蒙古卫
沙州	总牙	1070	威房、金塔寺	罕东左卫
哈剌秃	帕泥	312	黄草坝	罕东左卫
哈剌秃	南哈儿	181	榆林山	罕东左卫
哈剌秃	宾索罗	527	平坝山口	罕东左卫
沙州	日羔剌（都督）	1170	肃州关厢	罕东左卫
沙州（帖木哥）	赏卜尔加等	6382	高台、白城山	罕东左卫
沙州（土巴）	若羌克等			

其次，各卫遗众安置地不同。嘉靖七年，王琼安置诸部，将赤斤卫之众多安置于肃州南山（今磁石窑山口、红山口）及肃州近边、金塔寺、威房一带，而除了总牙早年安置于金塔寺、日羔剌在肃州外，罕东左卫的大部分则被安置于高台、白城山一带。到了万历时，连日羔剌也带领大部分部众到了白城山："日羔剌知其不便任意住牧，乃曰：'我白城山之属番也。'遂佯领诸部，以往高台白城山去讫。"① 而赤斤蒙古卫遗众的住牧地变化不大，因与汉族杂居，逐渐由畜牧业转为经营农业，有相当一部分在和汉族共同生活中被汉化了。据说，酒泉的南乡、北乡、嘉峪区等地过去也有很多裕固族，由于历代反动统治阶级的歧视压迫政策，现只有牧居于酒泉以东，靠近海子一带的赤斤卫部众，才成为裕固族的一部分，在整个裕固族的人口构成中，所占比例就更少了，不可能由其头目来充任大头目。

再次，元蒙攻占各少数民族地区后，都委托蒙古贵族世袭统治，久而

---

① 《肃镇华夷志校注·族类》，第283—284页。

久之，形成一种政治制度："夷人以种类高者为根基，非根基正大者，不能管摄其族类。"① 明朝在关西设卫，因袭了元朝的做法，即以蒙古贵族为各卫的首领，如安定卫、哈密卫等，莫不如此。这种以蒙古贵族世袭卫所头领的政治制度，也具体体现在罕东左卫上。关于"奄章"，《明史》未说明其族属、出身。在《肃镇华夷志》中，却几次提到他为蒙古族。"都督头目日羔剌族，乃罕东左卫都督奄章之后，亦达类也。"奄章、苦术逃来沙州时，修贡自为属蕃，称自己为"前元熟达"，是"驼鞳丞相子孙"。说明其不仅为蒙古族，而且为蒙古贵族。另外，大头目家属东部裕固族，东部裕固族讲阿尔泰语系蒙古语族的恩格尔语，这种语言在语词、语法上接近今天的蒙古语，也可证明其祖奄章为蒙古族。

那么，这种以安姓为头目的制度形成于何时呢？从民间传说和历史资料来看，至嘉靖时，罕东左卫已分为数部，各部落的头目也均由安姓人充当。如嘉靖七年与牙兰一同率部落来肃州的帖木哥、土巴二部就是奄章的后人，帖木哥、土巴自称其祖讨得左卫印信，则其为只克孙无疑。因为至奄章曾孙只克时，明政府才允许立卫、赐印，这样，帖木哥、土巴二人，就不仅是乞台的部下，而且是他的儿子，与日羔剌、绰埒本为兄弟。可见，到这时，左卫数部的首领，已均为奄章的后人充当，也即各部的首领就已姓安了。不仅如此，就连其他卫的遗众，有的也已受奄章后人的管辖。与帖木哥等一起投来肃州的牙兰及其部下两千多人，除了牙兰等少数人被安置于湖广外，其余的人都受日羔剌管辖："土鲁番头目牙木兰，率领沙州投降番夷，安插肃州关厢寄住，挑选夫兵五百二十七名，部落男妇一千八百名口，令都督日羔剌管领，遇调截杀。"② 从"沙州投降番夷"这句话来看，这些人原住在沙州，与左卫部众帖木哥、土巴等住在一起，明严从简的《殊域周咨录》记载牙木兰"其兄脱啼娶帖木哥妹，收掌曲先卫印"可以佐证。牙兰及其所率的两千余人应为"牙兰"族人，他们即是后来裕固族的"亚乐格"家部落③，这些人本为曲先卫贵族部落，却受左卫都督日羔剌管辖，证明此时作为奄章后人的日羔剌，已掌握了对他们的领导权，当然可以委派自己的亲信充当部落的首领。

---

① 《明孝宗实录》卷九三，第1716页。
② 《边政考》卷九，第632页。
③ 高自厚：《试释〈明史·西域传〉中的"牙兰"》，《西北民族学院学报》1989年第3期。

事实上，就整个裕固族来说，也并非"天下头目都姓安"。对于较远的其他东迁的卫众，大头目也还没有完全将其置于自己的控制之下。如酒泉黄泥堡的裕固族，就没有其头目姓安的说法，似乎在1949年前也并未受大头目的管辖。从《肃镇华夷志》和《甘肃省通志》的记载来看，他们原先隶属于赤斤蒙古卫或哈密卫。

　　最后，还有一个问题需要说明，就是奄章以后，从有记载的其后人的名字如"羽章卜""日羔剌""乞台"等来看，其名首字并未有"安"音，那么以"奄章"的第一个字为姓氏又作何解释呢？原来，裕固族的"安"姓，并非一个音，而是由"安帐"两个音组成，亦即姓"安帐"。和裕固族的蓝姓为"蓝恰克"，贺姓为"贺郎嘎特"一样，取首音只是为了取名字方便一些。1949年以前，许多裕固族人只有经姓（按照佛经上的梵语读音起名字），无有俗名；有些有名的，也只称名，名首不常冠以姓。故而从史料记载中，看不出他们的姓氏来。到了1949年以后，起俗名，连名连姓称呼的现象才普遍开来。

　　综上所述，裕固族的安姓：实为"安帐"。以"安帐"为姓，源于明代从罕东卫分裂出来，率众东迁至沙州与其子孙创立罕东左卫的奄章。奄章为1949年前裕固族大头目的直系祖先，原为蒙古贵族，其子孙世掌罕东左卫职位，罕东左卫被残破后，遗众东迁至肃州，被明政府安置于高台、白城山一带，卫众成为裕固族的主要组成部分，在继续统治罕东左卫遗众的基础上，其后人逐渐掌握了临近的赤斤蒙古卫、哈密卫及曲先卫东迁遗众，在得到清政府的认可或肯定下，成为整个裕固族的大头目，世袭至1949年前。而各部的小头目，也由安帐的后人世袭为职——这些恐怕就是"天下头目都姓安"的真正来历。

原载《中央民族学院学报》1991年第3期

肃州南山的"哈剌秃"
——以裕固族研究为中心

一 "哈剌秃"人的出现

明人张雨的《边政考》记载了嘉靖时期环肃州周边居住的东迁各部落,其中有"哈剌秃"一族三部分,1020人,但没有说明他们原来的卫属和族属。

> 哈剌秃族,头目帕泥等,部落男妇三百一十二名口,住牧肃州黄草坝山口。
> 哈剌秃族,头目喃哈儿等,部落男妇一百八十一名口,住牧肃州榆林山口。
> 哈剌秃族,头目宾索(字)罗等,部落男妇五百二十七名口,住牧肃州干坝山口。①

此"哈剌秃"在《肃镇华夷志》中曾作为传说出现,将他列为俺章的七个儿子之一:"后俺章子者也:一名哈剌秃,一名浪哨,一名红帽儿,一名绰林奔,一名失剌利,一名帖木儿。"② 这实际上是各部落的名称。

《肃镇华夷志》在《种属》中说有十个部落,居住在肃州南山("永乐中置蒙古、罕东等卫,各授以指挥、千户等职。自成化九年哈密多故之

---

① 《边政考》卷九《西羌族口》,第630—631页。
② 《肃镇华夷志校注·属夷内附略》;(清)梁份:《秦边纪略》卷一《西宁近边·安定卫》,赵盛世等校注,青海人民出版社1987年版,第276页。

后，诸番与土鲁番诸夷构怨相残，即被侵略。正德间归附肃州，各有头目枝派，凡十族。今在肃州南山一带住牧。凡话语与北边诸番不同，此有光头、垂髫之人，皆以为西番是也"①）。而在《族类》一节中所列肃州南山的东迁遗众，有以下部落：

> 怕思怕尔加族，亦俺章之遗族，父曰赏卜束，子曰宾字罗（即《边政考》之"宾索罗"，形似而误），同锁纳束族投顺肃州，与贼番怕泥声势相倚，常肆掳掠边堡，为害颇多，曾劳大军征战，自宾字罗叛逃，遇海贼杀死，今数年之间，未闻为乱，虽称属番，殆难信怀者也。万历中遗子生（土）尔咱加统属。
>
> 怕泥族，亦俺章所属也，中外号曰"贼怕泥"，以其常掠人也。头目恃众为恶，纵肆部落习抢。初则劫人米面，继则掠人牛羊，吞利惯变，习以为常。虽羁留其子孙，竟不怀其恩义。先年叛逼尚从抚处，自嘉靖二十八年（高按，在《关隘》一节中，事变的时间为"嘉靖一十八年"），杀清水堡领军百户师彦明，打伤防守指挥姚仲寿，大变之后，俱投西宁黄（皇）城儿地方，闻被海寇路杀，尚未可遽信。又闻潜往南山地方，隐名不出，自称散亡遗种，虽收属于刺麻番僧大宛卜部下，而猖獗之心，难保其尽释也。万历中，有头目纔尔加冬、喃宛冲统属住牧。
>
> 喃哈儿族，与赏不束同宗者。先年有喃哈儿兄曰板冲者，恃强为恶，抢掠边堡，分守游击阎恺统兵力战，遂生擒板冲并为恶部属以归，俱枷号而死，将板冲羁留夷厂，病故。近年又萌鼠窃狗盗之心。上司令大宛卜抚属，不敢逞恶。万历中，有头目蛇眼宛冲总管干坝、黄草、榆林三山口部番。②

从部落头目名字看，此三族正是《边政考》所记之三部"哈剌秃"。《肃镇华夷志》说"喃哈儿"部与"赏不束"部为同宗，则三部"哈剌秃"实为两部分。

---

① 《肃镇华夷志校注·种属》，第281—282页。
② 《肃镇华夷志校注·族类》，第287—288页。

二 "哈剌秃"之意

"哈剌秃"中的"哈剌"之音，在突厥语系中均为"黑"之意。[t']为尾音。那么，"哈剌秃"是人名呢？还是部族名，抑或是人名？

赤斤卫创始人塔力尼部落，原住地名叫"哈剌脱"：

> 永乐二年九月，有塔力尼者，自称丞相苦术之子，率所部男妇五百余人，自哈剌脱之地来归。诏设赤斤蒙古所，以塔力尼为千户。①

显然，此"哈剌脱"实即"哈剌秃"。但"哈剌秃"是否为地名，还需要讨论。《肃镇华夷志》言"俺章"一子名"哈剌秃"，则"哈剌秃"应为部落名称，明代常有将部落名称作地名者。比如，《肃镇华夷志》载有地名为"察黑包堡"者，"察黑包本西番头目之名"②，因此，"哈剌秃"或"哈剌脱"原应为部落名称。

既然"哈剌秃"为"黑"之意，那么，为何称"怕泥""怕思怕尔加"和"喃哈儿"三部为"黑"就是一个值得探讨的问题。

要搞清楚这个问题，先要从清代河西地方史料中的"黑番"说起。

关于"黄番"之来历，学者们作了深入的研究，但"黑番"一词，记载颇多，深入研究其来历者却少。薛文波先生曾根据裕固族调查资料，说外人称藏族为"黑番"，理由是藏族的帐篷颜色是黑色的。

清代以前的汉文史料中，在谈到甘青藏族时，大多以"西番"称之，而绝少用"黑番"称之。到了清代，许多地方史料中，则出现了"黑番"的称谓：

> 黑番即唐古特部之夷，在肃州者有三族。③
> 甘州南山黑水以东皆黑番，其西黄番，黄番者，故鞑靼族，皆元

---

① 《明史》卷三三〇，第8556页。
② 《肃镇华夷志校注·堡寨》，第176页。
③ （清）黄文炜修撰，吴生贵、王世雄等校注：《重修肃州新志校注》"属夷卷"，中华书局2008年版，第309页。

之支庶也，明季奏徙甘州南山；黑番者，古羌种，今西宁凉州诸番皆其类也。黄番：俗称"黄鞑子"；黑番：番子。①

《秦边纪略》也将肃州南山的藏族部落称作"黑番"。其他地方志书及清人游记、近代调查资料等，都有"黑番"的叫法。有一点是明确的，就是"黑番"一般指藏族部落。

《边政公论》有文谈道："黄番分黄黄番、黑黄番二种，……黑黄番共分三族，名称如下：亚那朵家，虎那朵家，黑番家。"②《祁连山北麓调查报告》也将"亚那朵"家和"虎那朵"家称作"黑黄番"，说"黑黄番原系维吾尔族，明时来自新疆……古人称之为黑黄番"③。其他相同说法不少。薛文波先生在调查中注意到这种说法为裕固族人所反对④。

但这种说法并非某人所刻意创造或初始带有歧视性。"黑番"之说法必有其历史原因。这个原因，也与我们所要探讨的"哈剌秃"有关。

按，"哈剌秃"既然是"黑"的意思，就是说，早在明代，就称肃州南山一带的藏族以及东迁部分部族为"黑"的部落，只不过非汉语，而是以"哈剌秃"称之。"哈剌秃"者，"黑"之音译也。

上引《明史》记载之"哈剌脱"，作为地名，没有出现在《边政考》《肃镇华夷志》以及顾炎武《天下郡国利病书》引之《西域土地人物略》中的肃州至哈密迤西的丝绸之路故道上，那就只有一种可能：作为地名，它应该在原安定王统率下的安定四部所在地一带，即青海湖迤西一带，而这一带当时属于藏族和撒力畏兀儿人居住。赤斤卫先祖正是从这一带迁徙到赤斤的。

因此，"哈剌秃"作为部落名称，无疑和藏族有关系。

那么，为何称肃州南山的非藏族为"黑黄番"呢？这和"哈剌秃"三部与居住在肃州南山的藏族有密切关系。

---

① （清）钟赓起修纂，张志纯等校点：《甘州府志》卷一六《杂纂》，第779页。
② 《祁连山之藏民》，《边政公论》第1卷第2期。
③ 《祁连山北麓调查报告》，蒙藏委员会调查室编印，民国三十一年四月。
④ 薛文波：《裕固族历史初探》，《西北民族学院学报》1981年第2期。

三 肃州南山的藏族

明末环居肃州周边的少数民族，除了东迁各卫遗众外，尚有另外一部，就是属于藏族的"喇嘛番僧"部。

《肃镇华夷志》之《种属》说："一种剌麻番僧，乃巫师臧之和尚也。正德间住居红山、观音山口，盖寺院，塑佛像，为诸番念经禳灾，写经作福，以此诸番崇信，孳牧渐充，以为头目，以领番众，出入城市，以为属番，即长结思冬，今大小宛卜是也。"①而在《族类》中，对此"剌麻番僧"专门作了解释："剌麻番僧小宛卜族。独此族非罕东蒙古之番，乃巫师臧来之番僧也。当诸番来附肃州之先，闻有番僧名曰普尔咱者，住居红山、观音山口，带领部徒五六人，在于山口内修盖寺院，绘塑佛像。后有飞仙剌麻，常住巫师臧，往返勾引，番僧渐多。至正德间安插各族西番于南山一带住牧之时，有番僧名曰长结思冬是也，亦常与巫师臧往返。各番人病马伤，此僧为之禳救或念经，施舍马驼，以为经钱，以此牛羊马驼日渐盛众。诸番穷者效力以为部属，富者交好以求念经。至长结思冬，其部落益众，修盖寺院益多，今之大宛卜、小宛卜者，皆长结思冬之后也。"②

就是说，乌斯藏"喇嘛番僧"来肃州南山（即今文殊山一带），要早于对东迁各卫的安置。

而安置在肃州南山一带的东迁各部，一开始便与此藏族部落关系密切，以至于最后受藏族部落管束。其中主要是三部"哈剌秃"。

> 嘉靖三十一年，兵备石州张玭见番族怕思怕尔加并怕泥、板冲等为恶剽掠，抚治未便，将大宛卜尔居黄草坝地方，抚属三族贼番，至今地方少宁，诸番听其约束，部落日众，牛羊殆难以数穷也。万历中，番僧大宛卜、绰日逊部结思冬、麻子结思冬统束。③

嘉靖三十一年张玭将大宛卜迁居黄草坝，并让其"抚属""哈剌

---

① 《肃镇华夷志校注·种属》，第282页。
② 《肃镇华夷志校注·族类》，第287页。
③ 《肃镇华夷志校注·族类》，第287页。

秃"三族，是"哈剌秃"人和藏族关系密切，且法律化的标志。从此，三族的名称消失了，而出现的则是"结思冬"，或"大小宛卜"，或"黑番"。

《肃镇华夷志》在《住处》一节中，罗列了与藏族诸部有关系的几个部落（见表一）。

表一　　　　　　　《肃镇华夷志》所见藏族诸部相关部落

安插地	部落名称	距肃州城远近
卯来泉	安插属番帕剌宛冲	城西南七十里
红山口	安插剌麻属番逊都结思冬大宛卜族	城南六十里
观音山口	安插属番绰日族	城南七十里
干坝口	安插属番蛇眼宛冲土尔咱加族	城东南八十里
黄草坝山口	安插属番绰尔加族	城东南一百五十里
榆林坝山口	安插属番冬喃宛冲族	城东南一百六十里

其实，张玭所安置者，并非只有"哈剌秃"三部，还有一些赤斤卫左帐部落。对三部的安置，是充分考虑到三部和藏族喇嘛番僧的特殊关系：早在东迁前，三部就与乌斯藏为近邻，由于宗教信仰相同，三部一直对"喇嘛番僧"部很信任。因此，"喇嘛番僧"部除了陆续从青海前来投靠者外，其基本部众则为三部以及赤斤卫之左帐部分的撒力畏兀儿。

这就是为何称三部为"哈剌秃"的原因。

相对于"黄黄番"的"黑黄番"名称，则恰好反映了外人对这种状况的认识：一方面，他们是东迁的部众，是"黄番"；但他们又受藏族喇嘛番僧的管束，和"黑番"生活在一起，因此，汉族人称他们为"黑黄番"。近代一些史料中甚至称他们为藏族。[①] 此是后话。

属于藏族的"喇嘛番僧"对"哈剌秃"的"统属"一直到了清初。

《秦边纪略》：

[①] 《甘肃之藏族》一文甚至列了整个裕固族部落。见《新甘肃月刊》资料室《甘肃之藏族》，《新甘肃》1947年第1卷第2期。甘肃省图书馆《西北民族宗教史料文摘·甘肃分册》（内部资料）摘登。

> 黄草坝、榆林坝、乾坝皆引水灌田。三坝皆黑番喃唔儿住牧。其目曰蛇眼宛冲，今其目曰蛇眼宛卜，今纳乌斯藏达赖喇嘛添巴。
>
> 楚坝桥在观音山口……黑番今其目曰官代完卜，纳达赖喇嘛添巴。
>
> 永安堡，在观音山口……堡旧为黑番小宛卜族住牧，盖番僧长结思冬之后也。
>
> 红山……山色红，故名红山。文殊口在西四十里，观音口在东十里。仰儿坝即红泉新坝也。明时乌斯藏之番僧曰普尔咱住牧于此，传之结思冬，其徒甚盛。乃分为大宛卜、小宛卜二支。……今黑番官代宛卜所辖，仍纳达赖喇嘛添巴。
>
> 卯来泉堡……黑番白刺宛冲族住牧，今其目曰掌印罗汉，与达赖喇嘛添巴。①

其他如《甘州府志》等资料都有记载。

《秦边纪略》在叙述安定卫的下落时说："正德间，亦不剌之乱，卫人或迁甘州，或就西宁沿山，流为黑番。"② 正是对这种状况的反映。

《顾嘉堪布传》谓："所谓黄黑番者，以其与黄黄番有别也。余经十年之考察，确知此族为维吾尔所归化为藏民也。"③ 作者以长期调研观察所得，亦可证明。

四　"哈剌秃"人东迁时间

《殊域周咨录》记载：

> 帖木哥等哀乞口粮种子，王琼命抚夷官彭濬往审其部。查得罕东二卫：左卫都督二员，一员知克掌印，故其孙曰羔剌（正德六年）袭祖职，居肃州东关，部下男妇五十三人；一员帕（怕）泥未袭职，并头目赏卜束（弘治十年），因与头目帖木哥、土巴等仇杀，投肃州南

---

① 《秦边纪略》卷四《肃州卫》，第231—235页。
② 《秦边纪略》卷一《西宁卫》，第77页。
③ 马铃梆：《顾嘉堪布传》，《新西北》卷七，1994年第7—8期。

山黄草坝住牧,离肃州城一百五十里。怕泥部下男妇二百七十人,赏卜束部下男妇八百一十七人。①

怕泥、赏卜束部的东迁发生在弘治十年,东迁的原因是与帖木哥的仇杀,东迁后被安置的地点是肃州南三山口(黄草坝、榆林坝、干坝山口)。

当时与怕泥、赏不束部一同迁来者还有左卫都督只克,后来,只克又回到了沙州,而肃州南山只剩下了怕泥和赏不束部。

《边政考》在记载肃州南山的安置部众时,仍说左卫都督只克也被安置在了肃州南山:"安插罕东左卫夷人土巴、帖木哥部夷男妇八千三百九十一人于白城山,就令本卫都督日羔剌钤束。时任哈密卫都督的(乩)吉孛剌部夷在肃州东关,赤斤蒙古卫都督掌卜达儿子锁南束在肃州北山金塔寺,罕东左卫都督只克在肃州南山黄草坝山,罕东卫都指挥板丹在甘州南山。"② 说罕东左卫都督只克在"肃州南山",实际上指的是弘治年间的安置。不久,只克返回沙州,正德年间其子乞台又一次东迁肃州近边。因此,怕泥等可以说是最早定居于肃州南山的东迁部落之一。

五 "哈剌秃"人的卫属和族属

怕泥、赏不束两部虽然与左卫都督一同到肃州,但他们原来却属于安定卫部众。

俺章逃到沙州时,人数不多,后来沙州卫内迁,俺章子班麻思结据有沙州,由于沙州优越的自然条件,各卫东迁部众迤逦而来,因此,左卫发展得很快。在依左卫住牧的部众中,就有原安定卫部众,这就是"哈剌秃"人。

安定卫被残破后,卫众分属几支,向东迁移,除了部分在西宁一带活动外(这中间也有被亦卜剌裹胁的一部分),其中一部迁徙到了沙州,依罕东左卫活动。这就是《肃镇华夷志》所说怕泥部"亦俺章所属也"的原因。但由于安定卫与罕东卫有世仇,他们与原属于罕东卫的帖木哥、土巴

---

① 《殊域周咨录》卷一四"罕东",第478页。此处比《边政考》所记略多。
② 《边政考》卷一一《西域经略》,第728页。

部落无法相容①，于是，弘治年间迁来肃州。由于安定卫信仰喇嘛教红教，原来就与藏族有紧密联系，加上与喇嘛有宗教上的关系，故"哈剌秃"人依喇嘛居住，受其管辖。

笔者曾撰文探讨过"红帽子"人的卫属、族属，指出他们是安定卫遗众②，而称作"哈剌秃"的怕泥、赏不束部，与"红帽子"人有密切的关系。

《肃镇华夷志·关隘》谓："黄草坝山口，城东南一百七十里，西番绰尔加在此住牧。自嘉靖二十八年杀伤官军，逃去西宁黄城儿地方住牧，余部俱属大宛卜矣。"③

由《肃镇华夷志》"族类"一节可知，杀伤官军逃到皇城的"绰尔加"正是怕泥部。

为何要逃到"黄城儿"地方？当时皇城一带为"红帽子"人占据，绰尔加逃往皇城，显然是投奔"红帽子"人。如果怕泥等属于左卫，则与被左卫部众赶跑的"红帽子"有仇恨，是不会投奔"红帽子"人的。只有原来属于同卫，才有可能前去投奔。

据《肃镇华夷志》记载，当时怕泥部人"中外号曰贼怕泥"。而"红帽子"人也有"盗贼"的名声："现在裕固尔居住的地方，以前是由叫做红帽子（红毛）或黄番（红房）居住的。黄番有盗贼这个坏名声。"④ 这绝非偶然。正好说明两者原先同卫。

怕泥部于嘉靖二十八年杀伤官军后，一部分逃到了皇城。《肃镇华夷志》不能确定他们是否又回到了南山，但余下的部分则依大宛卜居住。

裕固族曼台部落有一个历史传说："很久以前，曼台部落属西水的红水大头目（亦称白头目）管辖。红水大大头目历史上称黑番八族或东八族，后将东八族归属裕固族管辖，其头目摄政在亚拉格家，每年交'茶

---

① 高启安：《安定卫的残破与部众迁徙觅踪——兼论安定卫与裕固族形成的关系》，《西北民族大学学报》2004 年第 4 期。
② 高启安：《"红帽子"考》，《西北民族研究》1989 年第 1 期；高启安：《安定卫的残破与部众迁徙觅踪——兼论安定卫与裕固族形成的关系》，《西北民族大学学报》2004 年第 4 期。
③ 《肃镇华夷志校注·关隘》，第 181 页。
④ ［俄］曼海姆：《访问撒鲁裕固尔和赛喇裕固尔》，转引自［美］H. 塞瑞斯《蒙古的黄毛与红帽》，薄音湖译，《蒙古学——资料与情报》1986 年第 1 期。

马'一匹，原讲尧呼尔语，住古佛寺（又称黄藏寺）一带。"①

首先，曼台部落受"黑番八族"管辖，而此"黑番"，据《秦边纪略》，则与藏族有一定关系，居住地又在水关口一带。"白头目"，在《秦边纪略》中有记载："曰白头目家，住古木涧。"② 而"红水大头目"之"红水"，应该就是居住在"红水河"一带的部众。《秦边纪略》谓"红水坝河在西（指金佛寺——高按）六十里，其河源发南山，夏流冬涸。金佛寺建于天顺间，黄番宗释为建寺，封僧羁縻之而已"③。因此，"红水大头目"指的正是肃州南山的"喇嘛番僧"后裔。而清初，曼台部落已经脱离了藏族部落的管束，和裕固族大头目家在一起牧居了。

曼台部落自称为"阿尔吉尼"，高自厚先生认为即"阿真"④，也即"阿骄"⑤，他们正是"红帽子"的同族。

三部"哈剌秃"，《肃镇华夷志》及《殊域周咨录》均指出他们实为两部：即怕泥部和赏不束部。其中赏不束部分为两部分，即"怕思怕尔加"和"喃哈儿"部。

《肃镇华夷志》在讲到肃州南山的东迁部众时，说他们属于"西番"，和住牧于肃州北边的赤斤蒙古卫右帐迁徙部众语言及衣饰不同，指的正是"怕思怕尔加"和"喃哈儿"部。"怕思怕尔加族""同锁纳束族投顺肃州"，在一起活动，都被称作"西番"，则说明两者为同族，从描述的衣饰语言看，应即操古突厥语的撒力畏兀儿部众。

怕泥部的情况则又不同。《肃镇华夷志》虽然将怕泥部的"绰尔加"也称作"西番"，但从怕泥部追随"红帽子"的情况看，怕泥部人很可能说古蒙古语。《肃镇华夷志》在谈到南山的"西番"时说"间有削发、垂髻二样"⑥，说明南山也有蒙古族装束者。这也是"曼台"部落究竟说何种

---

① 《裕固族社会历史调查·解放前裕固族的部落分布及姓氏》，载《裕固族、东乡族、保安族社会历史调查》，甘肃民族出版社1987年版。
② 《秦边纪略》卷三《甘州卫》，第189页。
③ 《秦边纪略》卷四《肃州卫》，第231—232页。
④ 高自厚、贺红梅：《明代阿真 今日北滩乡——裕固社会历史调查之四》，《西北民族学院学报》1997年第3期。
⑤ 高启安：《安定卫的残破与部众迁徙觅踪——兼论安定卫与裕固族形成的关系》，《西北民族大学学报》2004年第4期。
⑥ 《肃镇华夷志校注·种属》，第281页。

语言存在分歧的原因所在。①

在清初确定"七族黄番"的部落体制时，赏不束部和赤斤卫的左帐部分（即锁南束部）共同形成了裕固族贺郎格家部落，而怕泥部则就是后来的曼台部落。

由上所述，《边政考》所记之哈剌秃，即怕泥和赏不束部，分别操古蒙古语和古突厥语，原属安定卫，在安定卫残破后，先是流徙到了沙州，在沙州受到了原属罕东卫的帖木哥、土巴的排挤，于弘治年间迁徙到了肃州南山。在明末动荡不安的状况下，他们依附于藏族的"喇嘛番僧"居住。被称作"哈剌秃"，"哈剌秃"即"黑"的意思。操古蒙古语的怕泥部，即后来的曼台部落；而操古突厥语的赏不束部，则和赤斤卫的左帐部分，成了后来的贺郎格家部落。称他们为"哈剌秃"与他们依附藏族、受藏族"喇嘛番僧"管束有关。这也是清代史料称他们为"黑黄番"的原因。

原载《西北民族研究》2005 年第 1 期

---

① 此部落"其语言既讲属蒙古语族的东部裕固语，又讲属突厥语族的西部裕固语"。《裕固族社会历史调查·解放前裕固族的部落分布及姓氏》，载《裕固族、东乡族、保安族社会历史调查》，第 8 页；铁穆尔：《裕固民族尧熬尔千年史》："属操蒙古语的西拉尧熬尔人。"民族出版社 1999 年版，第 121 页。

"红帽子"考略

明嘉靖、万历年间及以后的一些西北边疆史料和甘肃、青海的一些地方志中,常常出现一个叫作"红帽子"的部族;许多到裕固族地区搞社会历史调查的人也听到过关于裕固族人和"红帽子"人打仗,并赶跑"红帽子"人的传说;在研究土族和裕固族历史时也常常碰到这个称号。然而因为大多数史料在谈到它时或是只言片语,或语焉不详,使人无法知其详情。"红帽子"族像一闪即逝的流星,消失在历史的长河中,从而留下了关于红帽子人的族属、居住地及下落的谜。

解开这个谜,不仅仅对"红帽子"人本身,而且对于研究土族、裕固族族源和明中叶、明末西北边疆民族史都有一定的参考价值。笔者不揣浅陋,试探求之,敬请方家指正。

从目前所能见到的资料看,很少有人对此作过专门的研究。已故美国著名蒙古学学者塞瑞斯先生在一篇文章中提到了"红帽子"的问题①,但只是列举了一些前人的记载,没有说明"红帽子"人的族属、由来和去向。

日本学者和田清在其《明代蒙古史论集》中也谈到了"红帽子"。他引了《译语》中"北曰兀良哈,甚骁勇,负瀚海而居。虏中呼为黄毛","西北一部落亦曰兀良哈,性质并同,但戴红帽为号。兵合不满数万,好畜马驼","或曰,别有阿骄一部落,虏中呼为红帽达子,其多寡与居处未详。善盗,小王子辈患之"。又说:"著者似乎把这个阿骄和前述的西北一个部落兀良哈是否是同一部落,置于疑似之间。但即说他们都叫红帽达

---

① [美]H.赛瑞斯:《蒙古的"黄帽"和"红帽"》,薄音湖译,《蒙古资料与情报》1986年第1期。

子，又都和小王子辈相抗争，可见两者是同一部落无疑。"① 认为"红帽子"源于西北方的兀良哈，和其他地方的"兀良哈"（即"树中人"）"是同种无疑"②。这种说法只讨论了"红帽子"人的来源，关于它居住何处，最后又消失在哪儿，作者仍未提及。

国内一些学者认为"红帽子"人源于五代时期以"嗢末"称号出现的吐谷浑人，最后融入藏族③。这种说法缺乏论据，不足为信。

"红帽子"族，又称为"红帽儿"，一些史料也称他们为"红帽番"或"红番"。最早出现"红帽子"名称的是成书于嘉靖二十六年（1547年）的《边政考》，作者为时任巡按陕西监察御史的张雨。据他记载，早在正德六年，"马驯等……又访得土鲁番有精兵四五千，迄西红帽儿夷房有五六万，具要往汉人地方来"④。

据《边政考》记载："红帽儿族，头目革儿加把都儿、完卜受鲁尔加等，部落男妇一千五百六十八名口，住牧永昌黄城儿地方。"⑤ 这是作者写书时的状况。同在永昌住牧的还有剌卜儿族，"剌卜儿族，头目阿三盼阔帖木儿、革课鲁塔儿等。先在甘铧林剌架油住牧。嘉靖九年，本族贼番鲁塔二等夜袭黑河湖，盗去官马五十匹，副总兵卜云领兵追剿之。本番今移永昌黄城儿地方住牧，部落男妇一千五百二十五名口"⑥。这个族一直和红帽儿族在一起活动，《万历武功录》甚至说其头目就是红帽子族头目的兄弟，应该是同一集团的两个部落。

以后，"红帽子"这个名称不断出现在《明实录》《万历武历录》和一些地方史料中。

根据以上记载，正德六年以前，红帽子族的活动地点在嘉峪关以西的地方。在迁徙至黄城⑦一带前，曾经在今裕固族自治县的康乐区一带住牧过一段时间。红帽子族迁往黄城儿地方住牧和裕固族有着直接的关系。

笔者在肃南裕固族自治县作实地考察时，不止一次地听到了关于裕固

---

① ［日］和田清：《明代蒙古史论集》，潘世宪译，商务印书馆1984年版，第378—379页。
② 《明代蒙古史论集》，第378—379页。
③ 芈一之：《论藏族的来源和形成》，《攀登》1986年第2期。
④ （明）张雨撰：《边政考》卷一一《西域经略》，第712—713页。
⑤ 《边政考》卷九《西羌族口》，第633—634页。
⑥ 《边政考》卷九《西羌族口》，第633页。
⑦ 即今甘肃南裕固族自治县皇城区一带。

族人和红帽子人打过仗的传说，并见到了据说是红帽子人留下的遗物。传说很富有传奇色彩。在自治县的杨哥、红石窝乡等地（属裕固族七部的大头目家、杨哥家）流传着这样的说法：当裕固族历尽艰险来到现在的居住地时，"哈玛拉埃"人（东部裕固族语意为"红帽子"人）占据着该地。"哈玛拉埃"人用中间放白砂糖的煎饼招待远道而来的裕固族头领，而裕固族人在回请"哈玛拉埃"人的首领时，煎饼中却放的是黑石头，"哈玛拉埃"人认为裕固族人心肠狠毒、难以共事，双方发生了争执。"哈玛拉埃"人比裕固族人多，又有火枪（据史料记载，明军当时已有部分装备了火枪），裕固族人为了占据这块地方，又请姓安的老人出主意，老人吩咐将黑山羊角上绑上火把，蘸上酥油，夜晚点着。"哈玛拉埃"人看到火把，以为是火枪捻子，只好搬走了。后来，裕固族人和"哈玛拉埃"人又打了几仗，终于将他们赶走了。我们在距杨哥乡政府所在地东边五六里路程的一个叫作"哈玛拉埃"的山洞中，还发现了一些喇嘛教经典残片，经辨认属于喇嘛教萨迦教派，曾被称为红帽教派或红教派。山洞位于一个陡峭的绝壁半腰，异常难攀，洞口为一巨石所掩，在崖下看不见洞口。崖前是一块较为宽阔、平坦的草地。据当地牧民说，这里曾是"哈玛拉埃"人的营盘，洞中经卷系"哈玛拉埃"人所藏。"文革"前期，当地人曾上去过一次，将里面所藏大批经卷扔下来付之一炬，我们上去时只余一些残片（交甘肃省博物馆）。按喇嘛教格鲁派盛行于甘肃、青海一带，是在明万历六年仰华寺建成、三世达赖喇嘛索南嘉措北上青海、蒙古后开始的。格鲁派在青海一带盛行的同时，萨迦派也逐渐衰落。而洞中发现萨迦教派经典，其放置时间，只能早于这个时候。由此看来，这个传说还是比较可信的。和红帽子族始终在一起活动的刺卜儿族，按《边政考》说法，嘉靖九年前后在黑河一带活动，说明其居住地正好就在甘州南山——今东部裕固族居住地一带。另外，在裕固族史诗《沙特》的末尾，也有关于他们来到现居住地，赶跑了红帽子人、圈地划界的内容。

那么，红帽子族的来源究竟怎样呢？我们认为和裕固族一样，红帽子族的出现，与明关西八卫（安定、阿端、曲先、罕东、沙州、哈密、赤斤、罕东左卫）的内徙有直接的关系。

查明代史料，红帽子族的出现和集中活动的年代是安定四卫被入青的蒙古部落大酋亦不剌残破及哈密等卫受吐鲁番压迫而东迁后。正德四年，

"红帽子"考略　69

蒙古鄂尔多斯部的亦不剌杀死达延汗的长子乌鲁斯博罗特后，"获罪其主，拥众西奔，瞰知青海饶富，袭而据之……自是，甘肃青海始有海寇之患"①，"后诸卫尽亡，亦不剌据青海，土鲁番据哈密，逼处关外，诸卫迁徙之众，环列甘肃肘腋，狂悍难驯，于是河西外防大寇，内防诸番，兵事日亟"②。

《边政考》列举的环列甘肃及西宁的各少数民族部落的住牧地和人数，印证了《明史》及其他史料所记载的东迁部落，为我们分析红帽子的来源提供了可靠的线索。

除了红帽子和刺卜儿族外，人数较多的还有：

"高台守御千户所番：帖木哥族，头目赏卜尔加脱秃、总尔加牙；土巴族，头目若羌克绰先克等，与帖木哥族二种，嘉靖七年安插高台白城山等处住牧，部落男妇六千三百八十二名口。"③ 此二族迁来的原因和卫属，《明史》记载得较为明确。罕东左卫"部下帖木哥、土巴二人仍居沙州，服属土鲁番，岁输妇女、牛马。会番酋征求苛急，二人怨，嘉靖七年夏，率部族五千四百人来归，沙州遂为土鲁番所有"④。嘉靖二十六年，周祖宏在其《哈密论》中对二族有专门论述并且也提到了红帽子族⑤。这些人后来成为东部裕固族之一部。

"逃军族，番僧头目普尔咱思结，部落男妇一千一百九十名，住牧肃州迤南红山口。"⑥ 据《肃镇华夷志》记载：他们"原系赤斤蒙古卫左所千户赏卜塔儿之后，别种来附肃州之前，他尔加祖曰松林，先从赤斤逃来肃州近边地，后各族至肃州，见松林，皆笑曰：逃军是也。因此又名曰逃军族"⑦。

"赤斤蒙古卫，都督锁南束，头目他力巴尔加等，原在关西红泉地方住牧，弘治年间安插肃州讨来河磁石窑山口住牧，见有部落男妇一千二百

---

① 《明史》卷三三〇，第8544页。
② 《明史》卷三三〇，第8555页。
③ 《边政考》卷九《西羌族口》，第626页。
④ 《明史》卷三三〇，第8566页。
⑤ （清）顾炎武：《天下郡国利病书·九边四夷·哈密论》，上海古籍出版社2011年版，第3873页。
⑥ 《边政考》卷九《西羌族口》，第627页。
⑦ 《肃镇华夷志校注·族类》，第287页。

九十名口。"① 查《明史》及其他史料，弘治年间无赤斤卫众内徙、安插之记载。我们认为应是正德年间。"正德八年，土鲁番遣将据哈密，遂大掠赤斤，夺其印而去……已，番贼犯肃州，与中国为难，赤斤当其冲，益遭躁躏，部众不能存，尽徙肃州之南山，其城遂空。嘉靖七年，总督王琼抚安诸部，核赤斤之众仅千余人。"② 从住地和人数看，与张雨所载相符。

"沙州头目总牙等，正德十二年暂安境外威虏、金塔寺地方住牧，见有部落男妇一千七十名口。"③ 这部分人并非原沙州卫遗众，而是位于瓜州和沙州，据《肃镇华夷志》载为俺章属下部落，"凡话语与北边诸番不同。此有光头垂髻之异人，皆以为西番是也"④。

在肃州城内及周围居住的还有一部分畏兀儿、哈剌灰族人，数目不等，是哈密卫被土鲁番数次占据后逃来境内的哈密卫旧部。明人曾数次提到过他们："哈密羽翼，辅佐忠顺王有三种夷人……一曰回回……一种畏兀、一种哈剌灰，俱系番达。前时部落繁盛，有一二千人。自摆牙即为国之后，回回遂与吐鲁番合谋，战据哈密城，畏吾、哈剌灰二种，具逃来肃州，见在关厢及各山散住，部落十散七八，止有五六百人，且贫弱不勇。"⑤ 这些人后来形成了说西部裕固语的"贺郎哥"家部落（当专文另述）。

"罕东都指挥板丹、却受尔加、呇受日等，亦被亦不剌残破，止遗部落男妇一百名口，住牧西宁乞塔真地方。"⑥ 这即是《明史》所载"嘉靖时，王琼安辑诸部，移罕东都指挥枝丹部落于甘州"⑦ 者。王琼安插于甘州南山者当不止这一百余人，应该是大部分人仍留在甘州南山，成为东部裕固族之一部，只有这部分人流落到了西宁一带。

"安定，止存遗孳江缠尔加等僧俗二十余人，住牧西宁沙塘川地方。"⑧
"阿端，住黄河脑，未审存灭。"⑨

---

① 《边政考》卷九《西羌族口》，第627—628页。
② 《明史》卷三三〇，第8559页。
③ 《边政考》卷九《西羌族口》，第629—630页。
④ 《肃镇华夷志校注·种属》，第281—282页。
⑤ （明）陈子龙：《皇明经世文编》卷181《桂文襄公奏议三·进哈密事宜疏》，中华书局1964年影印本，第1851页。
⑥ 《边政考》卷九《西羌族口》，第634页。
⑦ 《明史》卷三三〇，第8564页。
⑧ 《边政考》卷九《西羌族口》，第634页。
⑨ 《边政考》卷九《西羌族口》，第635页。

沙州卫早在正统年间已亡，其头目连同部众先后被迁于内地之山东东昌居住。①

明人王廷相在论述几卫情况时说："阿端一卫，不知所往矣。曲先，则南入乌斯藏矣。赤斤、安定、罕东，或数百为族，数十为落，皆内附肃州境土。"② 确实反映了当时的真实情况。

从以上记载看，迁徙于关内的各卫部落都有了下落。但在数卫中原先势力最大、人数较多的安定卫，却只有二十余人载于史书，其余的部众到哪里去了呢？除了被亦不剌胁迫或依附于其他部落（各卫部众归属常有变动）者外，我们认为红帽子和剌卜儿族应是安定卫部落遗部之主要部分。理由如下：

首先，红帽子族第一次出现是在正德六年，据明政府官员说有五六万人，在时间上正好和安定卫被亦不剌残破时间相符，人数也符合安定卫的实际情况（当然，明地方官员所报的人数有夸大的成分在内）。这样，他们先于罕东、罕东左卫来到甘州南山就有可能。

其次，据万历年间经略陕甘的尚书郑洛称："海上之番，其族有七：曰剌卜、曰亦郎古、曰罕东、曰沙麻、曰武宗塔、曰纳卜、曰石剌韦物，此皆安定四卫之遗种，而为我祖宗之所附辑者，总名之曰红帽番子。而谓之红帽者，以其衣装类虏也；谓之番子者，以其服属为番也。"③（关于为何称"红帽"，留待后面论述）这条材料将"七族"均说成是"红帽番子"，显然与事实不符。但起码说明了"红帽子"族为"四卫之遗种"。因其他三卫均有下落，因此"红帽子"属安定卫的可能性最大。

再次，在一些地方史料中，也有关于"红帽子"族原属于安定卫的记载。"红帽儿族，沙州番也，一云即安定王部落，正德中为海敌残破，流沙州，后徙西宁塞外，海敌畏之……一支为剌卜儿族。"④ "剌卜儿族，初居塞外，为火落赤所掠，万历十九年经略尚书郑洛招抚。"⑤ "安定族，郡城东北九十五里，即昔之红帽儿族，相连珍珠族。居住威远堡东，共一百

---

① 《明英宗实录》卷一五一，第 2966 页。
② 《明经世文编》卷一四九《王氏家藏文集·区处土鲁番书》，第 1484 页。
③ 《明经世文编》卷四〇五《郑经略奏疏·敬陈备御海虏事宜以弭后患疏》，第 4400 页。
④ 《西宁府新志》卷一九《武备·番族》，第 476—477 页。
⑤ 《西宁府新志》卷一九《武备·番族》，第 477 页。

四十三户。"① 《甘肃新通志》也有关于红帽子族就是安定王部落的记载②。即使在 1949 年前，红帽子族尚在时人所写文章中出现过。《新亚西亚》1933 年刊登的《青海之民族状况》一文，对青海境内各族，特别是蒙藏各部落的历史沿革、分封世袭、住牧变迁等作了详尽考察，其中就有红帽子族和剌卜儿族。据记载，当时剌卜儿族住西宁县西南六十五里大康城，有三百余户；安定族，旧为红帽儿族（原作者注）住互助县东南境，有二百余户③。

安定族，顾名思义，即是安定卫部落。将红帽儿族称为安定族，正好说明他们就是安定卫被残破后辗转来到青海一带的一部。

和其他卫一样，安定卫所属部众当然不止"红帽子"和剌卜儿二种，也有其他的种族、部落。如前面所举郑洛奏疏中提到的"亦郎古"部落，《全边略记》称他们为"亦郎骨"，说他们与安定卫人生活在一起，在罕东卫南④。这个"亦郎骨"也就是后来属于西部裕固族的"亚乐格"部落，同音异写也。

以上说明"红帽子族"成为裕固族的一部分。原居于永昌一带的"红帽子族"，又成为土族的一部分。

红帽子族原住永昌一带，为何后来又定居于青海呢？

原来在嘉靖年间，日益强大、脱离了小王子统属的套部蒙古首领俺答汗及其兄吉囊（死于嘉靖二十一年）数入青海，惩收逃来青海的仇敌亦不剌部。而红帽子族所处的永昌、皇城滩一带，不仅水草丰美，为优良牧场，而且为出入青海的门户。红帽子族不可能不受到侵略和迫胁。据时任三边总督的王崇古说："照得河西熟番，种族繁杂，强弱不齐，富者占据山场，耕牧自给，贫者窃窥官道抢掠为患……近据红帽番族，始以俺答招彼，挟求近边住牧，继言遗子入房，会请求和，畜谋叵测。"⑤ 嘉靖"二十三年九月，俺答即得海虏为因缘，乃复迫胁诸番及红帽儿族益其势"⑥。就

---

① 《西宁府新志》卷一九《武备·番族》，第 488 页。
② 《甘肃新通志》卷四二《兵防志·番部》。
③ 见甘肃省图书馆《西北民族宗教史料文摘·青海分册》上，甘肃省图书馆 1986 年版，第 282 页。
④ （明）方孔炤：《全边略记》卷五《甘肃略》，第 183 页。
⑤ 《明经世文编》卷三一八《王鉴川文集·议处熟番以昭威信疏》，第 3385 页。
⑥ （明）瞿九思：《明万历武功录》卷七《俺答列传上》，《续修四库全书》第 436 册，上海古籍出版社 2002 年版，第 422 页。

在俺答等前往青海的过程中，红帽子族被裹胁到了青海。在万历十九年前的这三四十年中，他们被挟持在蒙古部落和明军双方的战争中，或去或从，过着颠沛流离、飘忽无定的生活。由于明朝将官的无能和处置失当，各少数民族部落得不到有效的保护，只好归属蒙古部落，反过来与明军对敌。正如郑洛所说："虏王南牧，许之借途，因而收番，此后虏骑因仍，不为禁止，遂致虏纵蹂躏，番失凭借，子女牛羊，皆虏所有。"① 嘉靖三十七年七月，"红帽儿番掠瞿坛寺"②。隆庆二年，"千户钱世盈与红帽儿贼战，死之"③。说明红帽儿族已由明的属番变为明的敌人了。万历十年九月，"火酋（火落赤）驰西宁境上。先是红帽生番祁李二氏最剽悍，夙不欲从虏，虏亦恨其盗马之仇，服属中国，酋欲收以为部，亡从也"④。祁、李为土族大姓，说明当时红帽子已依附于土族或者已融合在土族中，成为土族之一员，受祁、李土司管辖了。

万历十九年，郑洛提兵经略青海，在军事和政治的双重攻势下，青海、甘肃蒙古各部十分惶恐。"居亡何，宾兔妻还我红帽西番课儿罗汉等十四圈。此皆从宾兔十余年者。"⑤ 这件事《明实录》也有记载："又有宾兔妻投文，将前收红帽西番杂毛扎儿的等共一十四圈，上马男子四百有奇，老少男妇八百有奇，各安插住牧。"⑥ 这只能是红帽子族之一部，他们从万历十年前后即跟随宾兔。宾兔的住牧地在今天的永登、天祝、古浪、景泰县境，这些被送还的红帽子族人，很可能被就地"安插住牧"，成为今天天祝藏族自治县的土族的前身。据1949年以前的资料记载，在当时的永登县（辖现在天祝县）有"红番"。"红番三族，住城北一百二十里之松山城附近。"⑦ 据《万历武功录》记载，万历十四、十五年红帽子族跟随火落赤活动。大抵当时红帽子族与剌卜儿族被分成几股，役属于蒙古各王公贵族。据郑洛称，这次招抚安置的各部落达八万人之多。其中当包括红

---

① 《明经世文编》卷四〇四《郑经略奏疏·收复西宁番族疏》，第4377页。
② 慕寿祺辑著：《甘宁青史略》正编卷一五，台北：广文书局1972年版，第37页。
③ 《天下郡国利病书·陕西备录下·西宁卫》，第2133页。
④ 《明万历武功录》卷九《火洛赤列传》，第535页。
⑤ 《明万历武功录》卷九《火洛赤列传》，第541—542页。
⑥ 《明神宗实录》卷二三二，十九年二月条，"中研院"历史语言研究所1964年版，第4308页。
⑦ 《开发西北》1935年第1—2期。

帽子和剌卜儿族。

近几年，学术界对土族族源展开了深入的讨论研究，发表了不少文章。主要有三种意见：一是认为土族是元朝在青海的驻军与当地霍尔人通婚后形成；二是认为土族以历史上的吐谷浑人为主，吸收了一部分蒙古人而形成；三是土族源于沙陀突厥。很少有人注意到红帽子族是土族的一个重要组成部分这个事实。

我们注意到有篇研究土族族源的文章，其中列举了土族中的一些传说和地名，为红帽子人是土族的一个重要成分提供了一条佐证。

青海省互助县土族群众中，有一种传说，说他们是从庄浪、连城来的，进住湟水流域前的具体住牧地为甘州、凉州等地。庄浪即今天的永登，连城即永登连城乡，两地过去为北方蒙古人入青海必经之处。这些传说正好说明了红帽子族的迁徙路线。作者认为"刁氏羌沙孔人为安定王卜烟帖木儿散亡之部"[①] 是有道理的，但遗憾的是没有将他们与"红帽子"族联系起来。

青海省互助土族自治县是土族人数最多的聚居地之一，以上传说又在这一带流传，史料记载红帽儿族又落脚于境内，很显然，红帽子族无疑是这儿土族的先民。

关于为何称"红帽子"族为"红帽子"的问题，按郑洛说是"以其衣装类虏也"。"虏"在当时是汉族对北方蒙古族的贬称。但活动于甘青一带的蒙古部落不少，为何仅这一部分被名之曰"红帽子"呢？郑洛的说法无法令人相信。塞瑞斯认为"红帽这个名字几乎可以确定来源于以此命名的喇嘛教派"[②] 我们认为较有道理。据前面所引《译语》的说法，称他们为红帽子是因为他们"戴红帽为号"。据载，喇嘛教萨迦教派的标志之一，就是僧人头戴红帽，因有红帽教派之称。二者头上均戴红帽，绝非偶然。和肃南"哈玛拉埃"洞中找出的喇嘛教萨迦教派经典这件事联系起来看，塞瑞斯的说法是对的。因为红帽族在祁连山一带活动时，喇嘛教格鲁派的势力尚未波及至此。当时这一带（包括安定四卫）均为萨迦教派。如果将

---

① 李克郁：《白鞑靼与察罕蒙古尔——也谈土族族源》，《青海民族学院院报》1982年第3期。

② [美] H. 赛瑞斯：《蒙古的"黄帽"和"红帽"》，薄音湖译，《蒙古资料与情报》1986年第1期。

裕固族入据祁连山的时间定为嘉靖七年，那么此时格鲁派在这里根本不存在。安定卫所处的地理位置靠近青海，卫众是红帽教派的忠实信徒。这一点，在《明史》中可找到证明。安定卫曾"及肃王之国甘州，遣僧谒王"①，"西宁番僧三剌为书，招降罕东诸部"②。可见僧人的政治地位和一般群众的信仰程度。

综上所述，明中叶出现于史籍的红帽子族为安定卫遗部之一。安定卫被亦不剌、阿尔秃斯残破后，这部分因笃信喇嘛教萨迦教派，头戴红帽，被称为红帽子族，辗转流入祁连山一带，其活动中心点为今肃南裕固族自治县的康乐区一带，不久，受到裕固族人的攻击，向东迁徙到了今天肃南县的皇城区一带牧居，后被迫成为入据青海的套部蒙古之役属，迁牧于青海等地，经万历十九年郑洛招抚，居住于今天青海省互助县和甘肃天祝藏族自治县等地。在长期的共同生活中，和其他当地少数民族部落一道，共同组成了今天的土族，成为土族的一个重要来源。

至于红帽子人的族源，为篇幅所限，留待以后著文另述。

原载《西北民族研究》1989年第1期

---

① 《明史》卷三三〇，第8550页。
② 《明史》卷三三〇，第8541页。

"红帽子"的一点看法*

《攀登》1986年第2期登载了芈一之先生的《论藏族的来源和形成》一文。文章在论述吐蕃、羌等族与藏族关系的同时，对流行的藏族族源的几种说法提出了不同意见，论证了藏族在发展、形成过程中融合了其他民族成分的事实，并对青海藏族的来源提出了自己的看法，阅后受益匪浅。但对作者认为明代活跃于甘肃、青海一带的"红帽子"就是五代时期的"嗢末"人的后裔，笔者却有不同看法。

鉴于目前尚无人就"红帽子"人的来龙去脉详加讨论，现不揣浅陋，斗胆提出自己的看法，向芈先生及同人请教。

《论藏族的来源和形成》一文指出："'嗢末'人是在吐蕃王朝复亡之际以迄五代时期活跃在青海历史舞台上的一个集团，其中有藏族的奴婢，有汉族为奴者，更多的则是原先为吐蕃所'奴房'的吐谷浑人，他们曾竖起'嗢末'旗号，在这里啸聚自保达数十年。而后，这部分人有的迁到大渡河一带，有的以'红帽儿'族记入史册。在元末明初，他们还同撒里畏兀儿（裕固）打过仗，以后向东南方流徙。1949年前，青海汉族称果洛、玉树的藏族为'嗢末人'。"

"红帽子"族，又名"红帽儿"族，一些史料也称为"红番"。就笔者所知，最早出现红帽子族的是嘉靖及以后的一些史料中，如《明实录》《边政考》《万历武功录》《译语》及《明经世文编》等，以后的一些地方史料如《西宁府新志》《陇边考略》《甘肃新通志》《甘宁青史略》及《天下郡国利病书》等均出现过有关红帽子的零星记载。遗憾的是这些材料大都只言片语、语焉不详，无法确知其详情。只有张雨的《边政考》记载了

---

* 本文作者笔名：丘实。

当时红帽子族的确切人数和牧居地。

"剌卜儿族，头目阿三……等，先在甘铧林剌架油住牧。嘉靖九年，本族贼番鲁塔二等夜袭黑河湖，盗去官马五十匹，副总兵卜云领兵追剿之。本番今移永昌黄城儿地方住牧，部落男妇一千五百二十五名口。"

"红帽儿族，头目革儿加把都儿、完卜受鲁尔加等，部落男妇一千五百六十八名口，住牧永昌黄城儿地方。"①

剌卜儿族的活动一直和红帽子族在一起，可能原先就属于同一个集团，故我们也录之。

《边政考》成书于嘉靖后期，说明当时二族已由别处迁徙到了黄城儿。

那么，从何处迁来永昌黄城儿呢，这就和红帽子族与裕固族人的冲突有关系。

笔者在肃南裕固族作实地考察时，也听到了关于裕固族人和"红帽子"人打过仗的传说，并且找到了一些据说是红帽子族遗留下来的东西。在甘肃省肃南裕固族自治县的康乐乡杨哥村（属裕固族七部之一的杨哥家）流传着这样的说法，当裕固族来到现在居住地时，"哈玛拉埃人"（东部裕固族语意为"红帽子人"）占据着该地。"哈玛拉埃"人请裕固族人吃煎饼，饼中放白糖。裕固族人回请"哈玛拉埃"人吃煎饼时，饼中放的是黑石头。"哈玛拉埃"人认为他们心狠毒，难以共事，裕固族人数比"哈玛拉埃"人少，但为了占据这块地方，在晚上将黑山羊角上绑上草把，蘸上酥油点着，"哈玛拉埃"人看到后，说是裕固族人带来的鬼了不得，只好搬走了。我们在距杨哥乡五六里路的一个被称作"哈玛拉埃洞"中，还发现了一些佛经残片，经辨认，这些经书不属于黄教，而属于喇嘛教红教，说明红帽子人当时信奉红教。这个山洞在一个陡峭的绝壁中腰，异常难攀。据当地群众说是"哈玛拉埃"人藏东西的。"文革"前有人攀上去过，将里面所藏经书扔下来焚毁了，我们上去时只剩余不多残片（现存甘肃省博物馆）。而洞前一块较为平坦的地方，据说是"哈玛拉埃人"的营盘。

据《明史》和一些地方史料记载："嘉靖时，总督王琼安辑诸部，移

---

① 《边政考》卷九《西羌族口》，第 633—634 页。

罕东都指挥枝丹部落于甘州南山。"① 后来，罕东左卫受土鲁番不断压迫，也相继率众内附，被安置于肃州等地。"（嘉靖）七年，总督王琼移罕东都指挥枝丹部落于甘州……罕东卫以土鲁番侵逼，琼乃移之甘州。罕东，亦蒙古裔也，今亦号黄番。"②

"黄番"是外部对裕固族的称呼，说明这些人就是当时的裕固族。"甘铧林剌架油"不知在何地，但始终和红帽子族在一起的剌卜儿族嘉靖九年尚在位于张掖的黑河一带活动，说明他们在这以前正好是居牧于今天的裕固族居住地（皇城滩除外），后被裕固族人赶跑，住牧于永昌黄城儿地方（即今天的皇城滩）。这在时间、地点上是吻合的。

此后，在《明实录》《万历武功录》和一些地方官员的奏疏中一再出现"红帽子"的行踪。

如王崇古在《议处熟番以昭威信疏》中就说："照得河西熟番，种族繁杂，强弱不齐，富者占据山场，耕牧自给，贫者窃窥官道，抢掠为患……近据红帽番族，始以俺答招彼，挟求近边住牧，继言迁子入虏，会请求和，蓄谋叵测。臣虽批行给道，听近依住，仍加防犯，以破奸欺……"③ 说明红帽子族当时仍住牧河西。

另据《甘宁青史略》记载："（嘉靖三十年）六月，千户钱世英与红帽儿番战死之。……（嘉靖三十七年）七月，红帽儿番掠瞿坛寺。"④ 说明此时，红帽子族已到了青海境内。

到了万历年间，由于俺答等河套蒙古部落数次前往青海，流徙于甘青一带的红帽子族免不了受到侵扰，最后变为强大的蒙古部落的役属。"俺答即得海虏为因缘，乃复迫胁诸番及红帽儿族以益其势。"⑤ 万历十年九月，"火酋驰西宁境上。先是红帽生番祁李二氏最剽悍，凤不欲从虏。虏亦恨其盗马之仇，服属中国，酋欲收以为部，亡从也。子登（高按：即曹

---

① 《明史》卷三三〇，第8564页。
② （清）钟赓起修纂，张志纯等点校：《甘州府志》卷二，甘肃文化出版社1995年版，第84页。
③ （明）陈子龙：《皇明经世文编》卷三一八《王鉴川文集·议处熟番以昭威信疏》，中华书局1964年影印本，第3385页。
④ 《甘宁青史略》正编卷一五，第32、37页。
⑤ （明）瞿九思：《明万历武功录》卷七《俺答列传上》，《续修四库全书》第436册，上海古籍出版社2002年版，第422页。

子登）故知诸番视祁李为向背，祁李去后，从者益盛。乃下令红番毋从火酋……倾之，火酋趋湟左，而红番且令尔加、剌卜儿果引诸虏从边外思哥密族，出思打壩碐，遂入寄彦才沟，夺祁家西番、祁和尚牛羊三千余头，略三人，杀二人，伤七人……"① 祁李二氏，为土族之大姓。如果不是作者搞错的话，说明红帽子族当时已成为土族之一部，为祁、李土司所管辖了。除此之外，《万历武功录》还记载了万历十五年"红帽儿番且令尔加及其弟剌卜儿阴为之（高按：庄秃赖）羽翼"②。

万历十九年，郑洛提大兵至青海，在郑洛强大的军事和政治攻势下，青海蒙古各部落十分恐慌。在这种情势下，"居亡何，宾兔妻还我红帽西番课儿罗汉等十四圈。此皆从宾兔十余年者"③。这件事《明实录》也有记载："又有宾兔妻投递夷文，将前收红帽西番杂毛扎尔的等共一十四圈上马，男子四百有奇，老少男妇八百有奇，各安插住牧。"④

同年七月，"西宁谍者又言，火酋与大成姚吉争夺红帽西番尚策海脑"⑤。据郑洛说："海上之番，其族有七：曰剌卜、曰亦郎古、曰罕东、曰沙麻、曰武宗塔、曰纳部、曰石剌韦物，此皆安定四卫之遗种，为我祖宗之所附辑者，总名之曰红帽番子。而谓之红帽者，以其衣装类虏也；谓之番子者，以其服属为番也。"⑥ 这条材料将"石剌韦物"（高按：撒里畏兀儿之变音）——裕固族——等通通说成是红帽子，这是不确切的，但却说明了一点，即红帽子属于"安定四卫之遗种"。这也为后面的材料所证实。

"红帽儿族，沙州番也，一云即安定王部落。正德中为海敌残破，流沙州，后徙西宁塞外，时亦梗内地。万历十九年，经略尚书郑洛招抚之。一支为剌卜儿族。"⑦

"安定族，郡城东北九十五里，即昔之红帽儿族。"⑧

---

① 《明万历武功录》卷九《火洛赤列传》，第535页。
② 《明万历武功录》卷一四《庄秃赖传》，第711页。
③ 《明万历武功录》卷九《火洛赤列传》，第542页。
④ 《明神宗实录》卷二三二，十九年二月条，第4308页。
⑤ （明）瞿九思撰：《明万历武功录》卷九《火洛赤列传》，第542页。
⑥ （明）陈子龙：《皇明经世文编》卷四○五《郑经略奏疏·敬陈备御海虏事宜以弥后患疏》，第4400页。
⑦ 《西宁府新志》卷一九《武备、番族》，第476—477页。
⑧ 《西宁府新志》卷一九《武备、番族》，第488页。

"安定族，在西宁县东北九十五里威远堡东，即红帽儿族，沙州番也，一云即安定王部落，明正德中为海敌残破，流沙州，复徙西宁塞外。善箭，海敌畏之。"①

即使在1949年前的一些考察西北边疆民族宗教的文章中，也还有关于它的记载。1933年的《新亚西亚》发表的一篇《青海之民族状况》的文章，就谈到"安定族，旧为红帽儿族。居住互助县东南境，二百余户"。②这是我们所见到的最后一次关于红帽子族的记载。此后，红帽子就消失了。消失到哪儿了呢？我们有理由认为是融合到土族中去了。

按土族语言和东部裕固族语一样，同属于阿尔泰语系蒙古语族。其风俗习惯、民间文学和东部裕固族多有相同（限于篇幅，不一一举例），这已为好些研究者所注意。这绝非一种偶然现象。土族的重要组成部分红帽子族、刺卜儿族和东部裕固族原本都是安定四卫的后裔。

青海互助土族自治县是土族人数最多的聚居地之一，其中就有昔日的红帽子族和刺卜儿族，他们是今天土族的重要成员。

有一篇讨论土族族源的文章列举了互助土族中的一些传说，说明了这部分人和红帽子族的关系，也为笔者的看法提供了一条佐证。文章写道："今互助土族自治县的土族群众中，有一种普遍的说法，'我们是先于蒙古来到这里的'，'我们是白套达子，是从白套来的，白套寺的寺主就是我们的白佛'，'我们是从阿拉善来的'，'我们是从庄浪来的'，'我们是从连城来的'等等……至于进入湟水流域前的具体住牧地，有说甘州者、有凉州者，也有其他说法。"作者引了《西宁府新志》的一条材料即"正德时，蒙酋亦不剌等侵据青海，安定残破，部众散亡，仅余者徙居沙棠川威远镇东"。后写道："沙棠川（即今互助县沙棠川）威远镇东，即今日土族之聚居区。""史料与我们实地调查的材料相对照，此说不误。互助土族自治县东沟公社大庄大队的刁氏'羌沙孔'（羌沙人）、何氏'藏仁孔'（藏仁人）以及丹麻公社桦林大队的伊姓人都说自己是从甘州来……""徙居沙棠川威远镇东者变为土族的一部，留居甘州者当为西拉裕固。"③ 这种说法

---

① 《甘肃新通志》卷四二《兵防志、番部》。
② 黎小苏：《青海之民族状况》，载甘肃省图书馆《西北民族宗教史料·青海分册》上（内部），甘肃省图书馆1986年版，第282页。
③ 李克郁：《白駞靼与察罕蒙古尔——也谈土族族源》，《青海民族学院学报》1982年第3期。

正好印证了史料的记载，即红帽子族的迁徙路线。凉州、庄浪、连城皆靠近皇城滩，为蒙古部入青海之大路，而进入湟水前的住牧地为"甘州""凉州"都和红帽子族的历史相符。而"威远镇东"则正好就是《甘肃新通志》所载的红帽子族的居住地。毫无疑问，那儿的土族群众，就是昔日的红帽子。

按芈先生说，1949年前汉人称果洛、玉树藏族为"嘔末"人，果洛、玉树藏族说藏语，和说阿尔泰语系蒙古语族的土族语言的红帽子族毫无共同关系。

综上所述，红帽子族是明正德年间被蒙古亦不刺、阿尔秃斯残破的安定四卫（安定、曲先、阿端、罕东）的残部（至于属何卫，将另著文详述）残破后，向东经沙州等地进入肃、甘州南山一带，后来裕固族人也来到了这一带，同他们发生了战斗，被赶出了祁连山，住牧于皇城一带，在嘉靖年间俺答部入侵青海时，数受其侵略，变为役属。经郑洛在万历十九年招抚，才最终定居在今天的互助县境，成为土族的一个重要组成部分。

原载《攀登》1988年第1期

裕固族东迁与玉门
——以《肃镇华夷志》为主

裕固族的东迁，与今日玉门市辖境有密切关系。如欲厘清裕固族的东迁细节，必须对有明一代在今玉门辖境生活过的各个残元部落有一个较为详细的了解。而这些部落，后来即是裕固族之组成部分。有关赤斤卫部众东迁及安置与裕固族的关系，笔者曾著文《赤斤蒙古卫、罕东左卫部众内徙、安置与裕固族各部关系探》[①]。今再申前述，对当时居处玉门境内各部来龙去脉稍加细说。

关西数卫的东迁和安置，是裕固族形成的重要因素。但关西数卫的东迁，是一个长期、数次，甚至反复的过程，其出发点又非一地。由于有"西至哈至"民歌的流传，在许多人的心目中，似乎裕固族的东迁，只是从一个或两个地方出发，也就是说只是从"西至哈至"（大多学者已经认同西至、哈至为沙州、瓜州的观点）。其实，关西各卫部落的东迁，其出发点各不相同，东迁的时间也不尽一致。如当时活动于沙州的沙州卫、罕东卫、罕东左卫的东迁，活动于西宁周边及以西的安定卫、曲先卫部众的辗转往肃州迁徙，包括哈密卫的一部分的东迁等。其中，长期生活在今玉门辖境的赤斤卫部众的东迁，也是其重要的组成部分。换句话说，今玉门辖境，也是裕固族东迁的出发地之一。大多地方明代属于赤斤卫。

蒙元时期，今玉门辖境为豳王家族所统治。有关河西西端的这段历史，《肃镇华夷志》卷一"沿革：疆里、郡名、番夷附"记载颇得要领："理宗宝庆元年，蒙古铁木真代夏，并有其地。元至元七年，置肃州路，

---

① 高启安：《赤斤蒙古卫、罕东左卫部众内徙、安置与裕固族各部关系探》，《甘肃民族研究》2004年第4期。

隶甘州行中书省，哈昝达鲁花据守。明洪武五年，宋国公冯胜讨平之，哈昝掠人民遁入沙漠。二十八年，开设肃州卫指挥使司，领左、右、中、前、后五所。永乐三年，裁革威虏卫，归并本卫，为中右、中中二所，共七千户，所隶陕西行都司。"①

洪武五年（1372），宋国公冯胜下河西，河西蒙元势力多不战而逃亡。但明军没有继续西进，而是据嘉峪关而守。大军还后，逃散的前元残存各部，陆续返回故地，归顺明政府，罕东卫、沙州卫、赤斤卫，正是在此背景下相继设立。赤斤卫的设立史料记载颇详。

《殊域周咨录》卷十四谓："赤斤蒙古……元时为瓜州，地属沙州路。本朝永乐二年（1404），故元鞑靼丞相苦术子塔力尼等率所部男女五百人来归，诏建赤斤蒙古千户所，赐诰印，寻升卫，以塔力尼为指挥。"②"永乐二年九月，有塔力尼者，自称丞相苦术之子，率所部男妇五百余人，自哈剌脱之地来归。诏设赤斤蒙古所，以塔力尼为千户……八年，诏改千户所为卫，擢塔力尼指挥佥事，其部下授官者三人。"③

这些归顺的前元部落被安置在赤斤一带耕牧，时间较早，还不能将其归入"东迁"。

有关赤斤卫后来分裂为三部分，与部众由两种成分构成有关，笔者在《赤斤蒙古卫、罕东左卫部众内徙、安置与裕固族各部关系探》一文中已有详细论述。

赤斤建所、卫后，其部众不可能只有500余人，而是不断有逃散者陆续归来，这些归来者有两种成分：撒里畏兀尔（史料称作"西番"）和蒙古族，卫众因此发生了分裂，牧居于不同的地点。根据《边政考》记载，早在弘治年间，一部分就东迁至肃州讨来河磁窑山口住牧："赤斤蒙古卫：都督锁南束，头目他力把尔加等，原在关西红泉地方住牧，弘治年间安插肃州讨来河磁窑山口住牧，见有部落男妇一千二百九十名口。"④

"关西红泉地方"，承蒙玉门博物馆王璞馆长告知，应即《重修肃州新

---

① 《肃镇华夷志校注·沿革疆里、郡名、番夷附》，第55页。
② 《殊域周咨录》，第466页。
③ 《明史》卷三三〇，第8556页。
④ 《边政考》，第627—628页。

志》"山川"目下"红泉"条:"红泉,在赤斤东南一百四十里。"① 这很可能是因卫众分裂后"至是阿速势盛,欲兼并右帐,屡相仇杀。锁合者不能支,诉于边将,欲以所部内属"②后的内徙。

其余部众在今玉门辖境主要集中牧居于以下数处:苦峪、王子庄、赤斤城、骗马城、柴城儿、川边、回回墓、大草滩(大草滩今属于嘉峪关市管辖)等处。

有关这些部落主要住牧于何处、何时东迁乃至东迁原因,《肃镇华夷志》载之甚详。

细审《肃镇华夷志》和《边政考》,以牧居地来命名的各部落如下。

苦峪卫(苦峪城)的情况稍稍复杂。苦峪城最早受哈密卫管辖。"本朝永乐二年,安克帖木儿遣使来朝,且贡马,因封为忠顺王。以头目马哈麻火只等为指挥等官,分其众居苦峪城。"③ 哈密卫凡有变故,则其众东向,皆逃于苦峪。因此,苦峪城或苦峪卫(即苦峪城、下苦峪城)分别生活着赤斤卫和哈密卫部众,甚至沙州卫遗众破散后一部分也依从在此④。

"苦峪卫,不知何代建立为卫。都督卜剌召,乃盼卜儿加之父,与也先革同宗,今朵尔只之祖也,指挥管卜儿加、舍人绰儿吉搔宗,以上四族闻皆指挥苟骨班之男,今无遗种矣。又皆沙州迤北之部属也,若王子庄则住哈峪儿,亦都督也,子曰喃上儿,乃今川哥儿之祖。"⑤

此苦峪卫,应为下苦峪城,即杨富学先生所论今"西域城"⑥。

这里有个问题,就是下苦峪城本为安置哈密卫遗众,包括忠顺王族、王母弩温答失里等,何以又出现了都督"卜剌召"呢?原来,正统九年,哈密卫"被土鲁蕃酋锁檀阿力虏王母及金印以去,国人离散。王母外甥畏兀儿都督罕慎率众逃居苦峪、肃州"⑦。这是哈密卫被吐鲁番阿力残破后,

---

① (清)黄文炜纂修,吴生贵、王世雄等校注:《重修肃州新志校注》,中华书局2008年版,第571页。在该志"关隘""烽墩"目中也有记载。"青头山口:东至红泉口嘉峪关交界,西北至赤斤所一百三十五里。"(第578页)"红泉口:在嘉峪关西南,所城东南。"(第579页)。

② 《明史》卷三三〇,第8557页。

③ 《殊域周咨录》,第412页。

④ 《明史》卷三三〇,第8560—8561页:"明年又为哈密所侵,且惧瓦剌见逼,不能自立。乃率部众二百余人走附塞下,陈饥窘状。诏边臣发粟济之,且令议所处置。边臣请移之苦峪,从之。自是不复还沙州,但遥领其众而已。"

⑤ 《肃镇华夷志校注·属夷内附略》,第276页。

⑥ 见杨富学《玉门"西域城"即"下苦峪"考》,"玉门、玉门关与丝绸之路"历史文化学术研讨会论文,发表于《丝绸之路》2017年第16期。

⑦ 《殊域周咨录》,第415页。

遗众第一次东逃苦峪和肃州。王母及金印则为阿力所掳去。赤斤卫卜剌召、肹卜尔加一支应该住牧于苦峪城而非"下苦峪城"。

"肹卜尔加族，原系苦峪城苦术之部属。嘉靖初年肹卜尔加投来肃州地方，已死，今有子曰朵尔只是也，见为头目。狡诈贪残，殆难信怀者也。总牙子肹束尔加乃其婿也。朵尔只见满哥虎力等强壮膂力，恐伊老势孤，见婿与革力哥失有隙，遂定计将满哥虎力等十二人诱杀之，令肹束尔加收帐房，其被害诸夷虽归部下，心中无不仇恨朵尔只也。今朵尔只昼则乘马往来，夜则披甲独卧，亦恐其害己也。部落帐房约有六十余顶，男妇二百有余，牛羊马驼一千余只匹。羁留一人，即朵尔只子名仓尔失加，终非成服之夷也。万历中有头目阿卜束统束。"①

由上，"肹卜尔加族"显然非哈密卫遗众，而是苦术支脉。其部落从永乐二年（1404）来归，被安置在苦峪一带居住，直到嘉靖初为土鲁番所逼，东迁肃州周边而被安置，在苦峪及其周边生活了约百年之久。其安置情况如下。

"苦峪族，头目朵尔只等部落，帐房九十九顶，男妇四百七十一名口，安插白烟墩南空堡。今头目阿卜束部落，帐房二百五十顶，男妇三百名口，安插煖泉庄。"②

"白烟墩"在今金塔县境。此部分后来又被安置到了"煖（暖）泉庄"。关于此部分，笔者在《明代东迁关西诸卫部众在金塔的安置与流散——以〈肃镇华夷志〉为主》③《裕固族人口量变初探》④两文中已有论说。

与苦峪的肹卜尔加血缘关系最近的是革力哥失部众。

"革力哥失族，亦系赤斤蒙古卫都督苦术支派。正德间，父也先革预知有西夷犯边之机，先投来肃州近地，后果西夷犯边，游击芮宁战没，也先革以为幸。当时有歌曰：先革马上微微笑，拍着马鞭敲。先革乖也先革乖，领着部落先回来。不是先回来，头上回回祸放来。由是观之，则当时回夷与诸番相通之情路可验矣。万历中头目怕剌宛冲统束。"⑤

革力哥失，又写作"革力箇失"，其牧居地主要在赤斤城周边，故称

---

① 《肃镇华夷志校注·族类》，第285页。
② 《肃镇华夷志校注·沿革疆里、郡名、番夷附》，第58页。
③ 高启安、邰惠莉：《明代东迁关西诸卫部众在金塔的安置与流散——以〈肃镇华夷志〉为主》，载《金塔居延遗址与丝绸之路历史文化研究》，甘肃教育出版社2014年版，第527—534页。
④ 高启安：《裕固族人口量变初探》，《河西学院学报》2017年第3期。
⑤ 《肃镇华夷志校注·族类》，第285页。

"赤斤头目"云云。该部落从永乐二年到正德期间（大致正德七年，即1512）的一百余年间，一直牧居于赤斤城周围。"头目也先革即今个力个失之父。此夷常自拟曰：我乃元平章之人也。可见为达种。"① "其余部落自正德八年以后，屡被回贼抢杀，俱各投来州来临县城四倾堡住牧，离城五里。"② 游击芮宁战死于正德十一年（1514）。则也先哥东迁或为正德十年（1515）。

革力哥失是赤斤卫人口最多、持有赤斤卫印信的一支。

"革力个失弟可洛纵一支部落，帐房七十八顶，男妇三百九十五名口，安插旧八里墩堡。"③ 也可能在东迁前，可洛纵已经与其兄分立，自率一支。但史料未揭示可洛纵一支牧居地点。

还有一支，由于有预知吐鲁番东侵而先期逃往肃州的经历，又被称作"逃军番"或"逃军族"（"他尔加族原系赤斤蒙古卫左所千户赏不塔儿之后别种，来附肃州之前，他尔加祖曰松林，先从赤斤逃来肃州近地，后各族至肃州，见松林皆笑曰：逃军是也。因此，又名曰'逃军族'。部落颇守法度，事耕牧焉。"④）。《边政考》也有记载："逃军族，番僧头目普耳咱结思冬，部落男妇一千一百九十名口，住牧肃州迤南红山口。"⑤ 既言其"逃军"，则先于其他部落东迁。

"川边族，头目察黑包等部落，帐房二十七顶，男妇一百一十四名口，安插王子庄墩堡。今头目抢尔加奔部落，帐房一百二十顶，男妇一百六十名口，安插老鹳窝庄。"⑥ 为之建堡，名"哥力哥什堡"。⑦

"察黑包族亦苦术之部属，分住川边，与盼卜尔加同归肃州，乃朵尔只之弟兄也。察黑包死，子曰满哥虎力，继为头目，近被朵尔只与盼束尔加谋杀，部落帐房四十余顶、男妇一百有零，今皆属革力哥失，朵尔只欲属之，夷众心不愿随，俱力服而已。以上三族，万历中止有头目一名抢尔加奔统束。"⑧

---

① 《肃镇华夷志校注·属夷内附略》，第276页。
② 《殊域周咨录》，第467页。
③ 《肃镇华夷志校注·沿革疆里、郡名、番夷附》，第57—58页。
④ 《肃镇华夷志校注·族类》，第287页。
⑤ 《边政考》，第627页。
⑥ 《肃镇华夷志校注·沿革疆里、郡名、番夷附》，第58页。
⑦ 高启安、邰惠莉：《明代东迁关西诸卫部众在金塔的安置与流散——以〈肃镇华夷志〉为主》，《金塔居延遗址与丝绸之路历史文化研究》，第527—534页。
⑧ 《肃镇华夷志校注》，第286页。

则察黑包与朵儿只为从兄弟。从川边东迁时间与革力哥失同，被安置在今金塔县，为其建堡，名之为"察黑包堡"①。其子满哥虎力为朵儿只设计杀害，其部落为朵儿只吞并。

"川边"地名，所处不详。《肃镇华夷志》载《西域疆里》有"赤斤西二百里至苦峪城……苦峪西一百二十里至王子庄城……庄西八十里至卜隆吉河，俗名川边河"②。则当时卜隆吉儿河也俗称"川边河"。但《肃镇华夷志》又有"一种熟达即赤斤蒙古卫等地之番，原系都督苦术部落，亦前元之达种也，先在赤斤迤北川边，各分头目，散处住牧。后因土鲁番抢掠，穷迫陆续归附肃州，各有头目枝派"③的记载。"赤斤迤北川边"应即今日花海子一带。察黑包部落可能一直生活在花海子一带。作为苦术支脉，其大小头目居住地都不是很远。

还有一名之为"柴城儿"的部落，据说其头目与革力哥失、盼卜尔加同宗："卜木尔加族亦苦术之后，分居柴城，与革力哥失、盼卜尔加同宗。嘉靖初年卜木尔加父曰帖木儿，来归肃州，部落百人，今卜木尔加懦孤，不能头目，同部属十余人俱投革力哥失与朵儿只部下矣。"④

柴城儿，在《秦边纪略·西域土地人物略》中有"嘉峪关西八十里为大草滩，其地广而多草，西四十里为回回墓，以地有回回三大冢，故名。迤北钵和寺，寺西五十里为柴城儿，墓西四十里为骟马城"字样⑤，则柴城儿在回回墓迤北钵和寺西四五十里。据王璞先生判断，应即今下沟一带，此处有数个城障，命名为下沟一墩、下沟二墩、下沟三墩。

还有一支是骟马城部落。

"牙兰族：原系关外骟马城之番，亦蒙古卫之部属也，乃指挥头目总失加之孙，先年投顺肃州，今在兔儿坝地方住牧，牙兰已死，其子为头目，居住平川，每月近［进］城货卖，守法安分，部落男妇不过五十余人。以上番族俱垂髻达语，时人谓之熟达也。万历中头目卜牙尔加统

---

① 高启安、邰惠莉：《明代东迁关西诸卫部众在金塔的安置与流散——以〈肃镇华夷志〉为主》，载《金塔居延遗址与丝绸之路历史文化研究》，第527—534页。
② 《肃镇华夷志校注·沿革疆里、郡名、番夷附》，第58页。
③ 《肃镇华夷志校注·种属》，第281页。
④ 《肃镇华夷志校注·族类》，第286页。
⑤ （清）梁份著，赵盛世等校注：《秦边纪略》，青海人民出版社1987年版，第413页。

束。"① 这个"牙兰"与屡屡代表吐鲁番向东进犯赤斤乃至肃州的"牙兰"（有时也写作"牙木兰"）不是一个人。笔者以为"牙兰"或"牙木兰"，皆"arslan"即"狮子"的意思。西域各民族中，以此为名者很多。生活在骟马城的这部分赤斤卫部众，其东迁的时间应该也是正德期间。

另一支即牧居于王子庄的部落："川哥儿族：亦赤斤、王子庄苦术之部落也。嘉靖初年投来肃州地方，膂力过人，骑射贯便，曾随兵备副使陈九畴随操演射，与伊置盖房舍，常给粮赏，后因嗜酒无厌，将马牛羊并妻子变卖尽绝，部落见其不能为头目，遂四散不服。已死，有子曰把卜罕，二人亦势孤，不能头目，终日乞食而已。余番有者，属朵尔只矣。"② 王子庄在苦峪城西北五十里处，笔者曾亲往考察，在《明代苦峪卫、苦峪城考索》一文中已有考证，认为"二道沟（今柳沟）附近可能是王子庄废城垣所在地"③。《西域土地人物路》中有钵和寺、柴城儿、苦峪城、王子庄等处方位图（见图一、图二）。

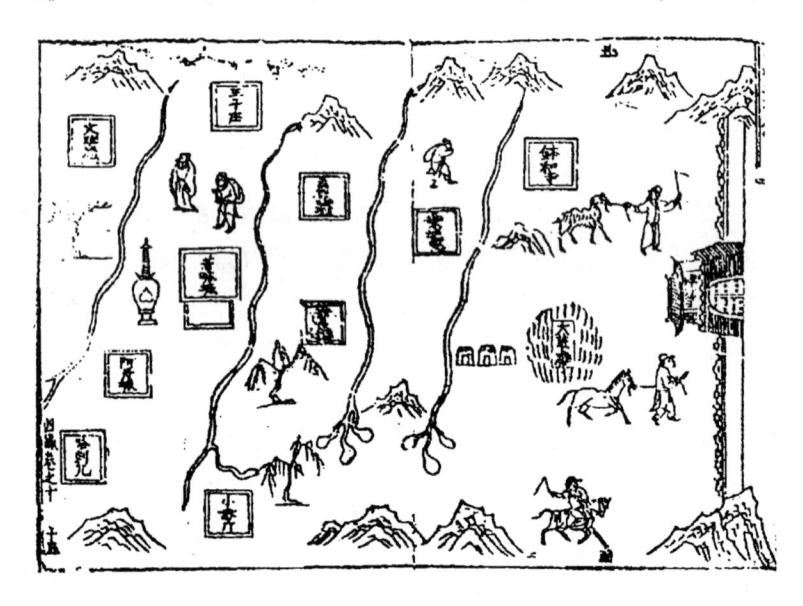

图一

（《肃镇华夷志校注》，第317页）

---

① 《肃镇华夷志校注·族类》，第286页。
② 《肃镇华夷志校注·族类》，第285—286页。
③ 高启安：《明代苦峪卫、苦峪城考索》，载杨永生、李玉林主编《火烧沟与玉门历史文化研究文集》，甘肃文化出版社2015年版，第656页。

图二

(李之勤：《西域史地三种资料校注》，新疆人民出版社2012年版，第49页)

苦峪、川边及革力哥失三部，有相同的血缘关系。其祖上为蒙元平章，血统高贵，故一直做头目。三部原属赤斤蒙古卫，自明初投顺、设赤斤蒙古所，后升为卫，一直生活在苦峪、赤斤、川边一带，支脉绵延，历时百年。如以诸卫受亦不剌残破和吐鲁番东侵压迫作为东迁的起始原因，则他们的东迁，始于正德八年到正德十年，东迁的出发地为各自的牧居地，具体说来，就是先是流散到肃州周边，后被明政府安置在今金塔县威房、王子庄等地，为其建堡。但后来又流落到肃州及甘州南山。有关从金塔南迁入祁连山，在《明代东迁关西诸卫部众在金塔的安置与流散——以〈肃镇华夷志〉为主》一文中有详细揭示。[①]

应该说，在吐鲁番东侵前，生活在境内的赤斤卫各部，虽然不时受到"北番"野乜克力或瓦剌等的侵扰，但没有出现大规模内迁。

表一内容出现在以表解方式的《西域土人物略》当中，可知，张雨记录这些材料时，赤斤卫诸部还生活在原来的牧居地。

表一　《边政考》所载嘉靖二十六年前玉门境内诸部落牧居处所状况[②]

地名	牧居地	首领及部落
大草滩	西四十里为回回墓	番达千户哈剌那等族
回回墓	以地有回回三大冢，故名。迤北为钵和寺，寺北五十里为柴城儿。柴城儿一百里至骗马城，墓西二十里为骗马城	都指挥仓阿他儿等族；帖木儿等族；指挥哈六等族
骗马城	中有二水北流，城西三十里为三棵树	指挥总失加等族
三棵树	以地有三树，故名，树西三十里为赤斤城	也先克等族
赤斤城	即我皇明所设赤斤卫处也，以南二十里为小赤斤，赤斤西百五十里为苦峪城	卜速儿加等族
苦峪城	即我皇明所设苦峪卫处也。东有河城，中有三墩迤北五十里为王子庄，苦峪西二十里为古墩子	都督卜剌有等族
古墩子	墩西有塔，墩西六十里为阿丹城	

---

① 高启安、邰惠莉：《明代东迁关西诸卫部众在金塔的安置与流散——以〈肃镇华夷志〉为主》，《金塔居延遗址与丝绸之路历史文化研究》，甘肃教育出版社2014年版，第527—534页。

② 《边政考》，第590—591页。

续表

地名	牧居地	首领及部落
阿丹城	西北有河，河北为羽即灭、卜隆吉儿，阿丹西南三十里为哈剌兀速城	绰儿吉等族

  《边政考》是时任甘肃巡按御史的张雨在其任时，奉都察院"每三年一次，该巡按御史阅视各镇军马器械，体察将官贤否，同画图具奏，并檄本部查照施行"①之命而成。是知完成时间为嘉靖二十六年。其材料主要依据都察院每三年一次的汇报，包括画图。因此，不仅材料可靠，而且其取材当早于嘉靖二十六年。与《肃镇华夷志》对比，则知上表材料，早于正德期间赤斤卫各部落陆续东迁前。

  由上可知，赤斤卫部众从永乐二年投顺明朝后，设立赤斤所，旋升为卫，部众在今玉门辖境的苦峪、王子庄、赤斤城、柴城儿、川边一带分散住牧，前后相对稳定的住牧生活约有百年。直到正德年间，受吐鲁番东侵的逼迫，才陆续东迁肃州周边。因此，玉门也是裕固族东迁的重要出发地。在东迁过程中，部众当中还发生了诸如也先哥事先东迁的民谣，以及"逃军番"这样反映东迁的有意义的名称，还有住牧大草滩的巴郎一部，在东迁后，带领其妻前往兵备道处讨要胭脂这样有趣的事。

  笔者在《裕固族人口量变初探》②一文中较为详细地统计了东迁后安置的各部落人口数量，其中表3《边政考》所载所有关西八卫遗众人口数量的18183名口中，属于赤斤卫遗众者为5148口，几乎占到了1/3。可见，赤斤蒙古卫遗众是裕固族的重要组成部分。

原载《丝绸之路》2017年第16期

---

① 《边政考》，第7页。
② 高启安：《裕固族人口量变初探》，《河西学院学报》2017年第3期。

明代东迁关西诸卫部众在金塔的安置与流散

——以《肃镇华夷志》为主

明代关西诸卫的东迁，在裕固族形成史上有着重要的意义。东迁是一个较为漫长的过程，其间不仅有过东迁、西返、再东迁的事实，明政府的安置政策也经历了一个不断调整、改变、完善、安置地数经变化的过程。其中，正德、嘉靖时期关西诸卫残破部众亦曾安置于今金塔县部分地方。就是说裕固族的东迁，也与今金塔县有关。关于这段历史，研究裕固族历史的学者少有提及。其实，在今金塔一带的生活，对最终形成裕固族民族共同体非常重要。

关于关西数卫的设立、残破，残破的原因以及东迁等，研究明代河西史、裕固族形成史的论著连篇累牍，笔者亦曾撰写数文讨论[①]，无须多费笔墨。本文所要讨论的，是东迁诸卫遗众在今金塔县的安置、生活以及最终的离去等。

一 正德十一年、十二年的安置

在今金塔地界安置东迁部众，最早可能始于明正德期间。

时任巡按甘肃监察御史的张雨在其所著的《边政考》一书中，专列

[①] 高启安：《明代哈密卫的东迁与裕固族的形成》，《甘肃社会科学》1989 年第 4 期；《裕固族"天下头目都姓安"试释》，《中央民族学院学报》1991 年第 3 期；《安定卫的残破与部众迁徙觅踪》，《西北民族大学学报》2004 年第 4 期；《赤斤蒙古卫、罕东左卫部众内徙、安置与裕固族各部关系探》，《甘肃民族研究》2004 年第 4 期；《肃州南山的"哈剌秃"——以裕固族研究为中心》，《西北民族研究》2005 年第 1 期。

"西羌族口"，记载了当时生活在甘州、高台守御千户所、肃州周边的各部落状况，其中就有被安置在金塔县的诸部落情况：

> 赤金城：头目哥力茴失等，部落男妇一千五百六名口，驻牧肃州上下古城；苦峪城：头目盼卜尔加等，部落男妇七百七十八名口；王子庄：头目川哥儿等，部落男妇八十九名口；柴城儿：头目卜木尔吉等，部落男妇七十九名口；川边：头目察黑包等，男妇二百八名口。以上四族正德十一年暂安迤北境外威虏、金塔寺及临城沿边、上下古城地方住牧。①
>
> 沙州：头目总牙等，正德十二年暂安境外威虏、金塔寺地方住牧，见有部落男妇一千七十名口。②

此次安置，是因为正德十一年，属于东察合台汗国的土鲁番东侵，占据沙州，进而侵犯肃州，除居住在沙州的罕东左卫土巴、帖木哥等不能支，逃到肃州外，住牧于酒泉、嘉峪关以西的赤斤卫部众也纷纷向东逃窜。

> 十九年，邻番野乜克力来侵，大肆杀掠，赤斤遂残破。其酋长诉于边臣，给之粟。又命缮治其城，令流移者复业，赤斤自是不振。然弘治中，阿木郎破哈密，犹用其兵。后许进西征，亦以兵来助。正德八年，土鲁番遣将据哈密，遂大掠赤斤，夺其印而去。及彭泽经略，始以印来归。已，番贼犯肃州与中国为难。赤斤当其冲，益遭蹂躏。部众不能自存，尽内徙肃州之南山，其城遂空。③

其实，徙肃州之南山只是赤斤卫之一部，而大多数则流移于肃州周边，后被安置于肃州临近之上下古城及威虏等地。

> 正德"十一年，土鲁番复据哈密，以兵胁乞台降服，遂犯肃州，左卫不克自立，相率徙肃州塞内，守臣不能拒，因抚纳之"。④

---

① 《边政考》卷九《西羌族口》，第628—629页。
② 《边政考》卷九《西羌族口》，第629—630页。
③ 《明史》卷三三〇，第8559页。
④ 《明史》卷三三〇，第8566页。

《殊域周咨录》对此也有记载：

> 右卫都指挥二员：一员总牙，收有受职勅书，未袭，（正德十二年）因回贼抢杀，（徙）肃州北（威）虏地方，离城一百五十里，部下男妇九百三十六人，后内移往南山黄草坝住牧。①

为何将东迁部众再次安插在今金塔县境内？或与其中两件事关系密切。这就是多少有些民间传说故事性质的一次兵变和一次民变。

据《肃镇华夷志》记载：

> 威远城 在卫东北三百八十里，城筑于唐，宋、元因之，明初立为所。后因失误，秋表该部查究，风闻诛徙，人民惧，俱入西域。今有旗杆山，即当时招抚叛民，立旗七杆，军民竟入回夷远地，今尚有三杆峙立焉。又西夷云，威远汉人，今在鲁迷地方，穿衣戴帽与夷不同，衣制同中国，穿则襟治于背后，网巾同汉人，戴则悬圈于额前，养食猪犬，与回夷处，多不同俗。
>
> 威虏城 肃州东北一百三十里威虏卫是也。闻说先年本卫军戍获功，斩虏首级，勘官御史赵春以为杀降，欲致获功官军于死地，因以致民叛乱，后招抚迁于肃州。今中右、中中所即此卫人也。余亦有从于河西各卫者，乃首叛也。后城。嘉靖二十七年重修，安插西番住牧。今废。②

此两件事梁份《秦边纪略》中亦有记载，最早可能记载在《陕西行都司志》中，而且张雨所著《边政考》、嘉靖《陕西通志》、《肃镇华夷志》、《秦边纪略》所载之《西域土地人物略》（各书所载名异实同）中记载，当时丝绸之路沿途的"文谷鲁城""也勤多思城""撒黑四塞城""菲即城""鲁迷城"等，居住有"汉儿人"，或"蓬头戴帽"，或"剪踪披发戴帽"③，

---

① 《殊域周咨录》卷一四《西戎·罕东》，第478页。
② 《肃镇华夷志校注·古迹》，第159—160页。
③ 《肃镇华夷志校注·沿革·西域疆里》，第58—77页；《肃镇华夷志校注·属夷内附略》；（清）梁份：《秦边纪略》卷一《西宁近边·安定卫》，赵盛世等校注，青海人民出版社1987年版，第294—321页。

其生活方式、风俗习惯与当地土著不同，被认为是当时威远民变后逃离者。虽难以考订，但此时金塔境内诸处因民变兵变，或逃离远遁，或招抚移徙他处，或因惧北境蒙古部落侵袭而空虚，正好可以安置东迁之部众，却是不争的事实。

但此后，安置在威房、王子庄等地的原赤斤卫部众，离开了安置地，陆续来到了肃州城周边。这就发生了嘉靖二十八年的重新安置。

二 嘉靖二十八年的安置

嘉靖二十八年是明政府一次对东迁部众的集中安置，对此，堪称裕固族专史的《肃镇华夷志》有详细记载：

> 畏兀儿、哈剌灰二部，寄住肃州东关；瓜州头目总牙部、赤斤头目革力哥失部、苦峪头目肸卜尔加部、王子庄头目川哥儿部、柴城儿部柴城儿头目卜木尔加部、骟马城头目牙兰部、大草滩头目可可留部，俱寄住肃州迤北境外；剌尔吉部，寄住卯来河山口；长结思冬部，寄住红山口；赏卜束部，寄住干坝山口；板冲部，寄住榆林坝山口；怕泥部，寄住黄草坝山口；帖木哥部，寄住高台白城山。万历中安插地方见《住处》。若罕东左卫都督日羔剌部、赤斤蒙古卫都督锁纳束部、哈密卫都督羔乩吉孛剌却已见名《种类》。以上诸夷部落，皆避土鲁番侵扰，故内投肃州近地间，亦计口给粮。议者曰：积以岁年，种类繁滋，岂惟靡费，国储抑恐有疽食浸淫之患。筹边忧国，当为深长思也。嘉靖二十八年，巡抚都御史杨博奏修筑肃州迤北百四五十里新旧城堡七处，徙环城诸夷于彼住牧：
>
> 瓜州族头目总牙等，部落帐房二百七十顶，男妇二千三百六十七名口，安插威房、察黑包二城，今头目阿朵尔只、羽章吉，部落帐房四百三十顶，男妇五百名口，安插柳树二、三墩。
>
> 赤斤头目革力箇失等一枝、柴城儿头目卜木尔吉等二族，部落共帐房一百三十一顶，男妇六百五名口，安插威房两空堡，今头目帕剌宛冲，部落帐房二百九顶，男妇三百名口，安插卯来泉山口。
>
> 革力箇失弟可洛纵一枝，部落帐房七十八顶，男妇三百九十五名

口，安插旧八里墩口堡。

苦峪族，头目朵尔只等，部落帐房九十九顶，男妇四百七十一名口，安插白烟墩南空堡，今头目阿卜束，部落帐房二百五十顶，男妇三百名口，安插煖泉庄。

川边族，头目察黑包等，部落帐房二十七顶，男妇一百一十四名口，安插王子庄墩堡，今头目抢尔加奔，部落帐房一百二十顶，男妇一百六十名口，安插老鹳窝庄。

沙洲族，都督日羔剌等，部落帐房一百一顶，男妇五百三十八名口，安插金塔寺城，今都督羽章卜等，部落帐房二百七十顶，男妇三百名口，安插中渠乱古小泉庄。①

这是巡抚都御史杨博于嘉靖二十八年主持的一次安插，大多安插在今金塔县境内。

在这之前，关西数卫大多已经残破，以波浪式的方式向东迁徙之肃州近边，除从威房一带回迁的赤斤卫部众外，还有哈密卫、沙州、瓜州东迁之部众，前来贸易的商人，羁留在肃州城的西域供使等，环肃州而牧，有些居住在肃州城内，与肃州附近的汉民争夺牧地、农田，在肃州城内也不时发生各种冲突，甚至有沿途抢掠发生，给肃州的安全带来了很大压力，"先年掳掠行人，抢杀边堡，止因上下嗜利，致彼生变耳。或希夷厚利，纵其出没，卒至猖獗，而莫之禁，或骗害夷畜，私交买卖，甚至夺劫，而强之与，乘隙相攻，祸乱所由起也"②。于是，"监生李时阳至京陈情，安插各夷。巡抚蒲坂杨博、兵备肃菴王仪议添防守，筑修威房城以安属夷，置买农器，散给以资其食，不许散乱往返，以严夷夏之防，委为筹边要务"③。"嘉靖二十八年，巡抚杨博奏修筑肃州迤北百四五十里新旧城堡七处，徙环城诸夷于彼住牧"④。以上资料就是嘉靖二十八年有组织安置的记载。

被安置的东迁各部遗众，主要生活在今中东镇、西坝乡一带。据《金

---

① 《肃镇华夷志校注·沿革·附内地住牧番夷》，第57—58页。
② 《肃镇华夷志校注·属夷内附略》，第277页。
③ 《肃镇华夷志校注·族类》，第283页。
④ 《肃镇华夷志校注·沿革·附内地住牧番夷》，第57页。

塔县文物志》①：

> 哥力哥什堡：位于本县中东镇政府门前，今中东卫生院和农技站居其北半部。明嘉靖二十八年（1549年）筑堡，安插吐鲁番头目之一哥力哥什居住，故名。清初，哥力哥什率众返回新疆，此处先后为把总、千总营驻地。乾隆元年（1736年）添设守备一员，骑兵60名，步兵45名。今已废，遗迹存。
> 东八里堡：位于本县中东镇谢家墩村。明嘉靖二十八年（1549年）筑，安插吐鲁番头目可络纵（哥力哥什之弟）在此居住。
> 白雁墩堡：位于本县西坝乡白雁墩村。明嘉靖二十八年（1549年）筑，安插吐鲁番杂尔只驻牧。后废。（"杂尔只"应为"朵尔只"。）
> 察黑包堡：位于本县中东镇梧桐坝村（原梧上村）。明嘉靖二十八年（1549年）筑，安插吐鲁番头目察黑包（安插于王子庄的满个虎力是他的儿子）在此驻牧，废。
> 西八里堡：原名镇朔三墩，以其地处王子庄西八里，故名。明初，这里有营堡，遇警传火。嘉靖年间，曾安插吐鲁番朵尔只等在此驻牧。

以上记载被安插各部，并非属于"吐鲁番"，而是赤斤、瓜州等卫部众。可知东迁的赤斤卫部众安置于威远古城一带。

被称为"沙洲族"都督日羔剌等，则被安置在金塔寺城。即今金塔县城一带。这里距离肃州较近，在此处安置日羔剌，可能与他持有罕东左卫都督印信，多少有些优渥有关。

三 部落安置状况

由上述资料可知，正德十一年、十二年安置于威虏等今金塔地状况，

---

① 梁世林、陶玉乐：《金塔文物志》，《金塔文物志》编委会印行，内部资料，2009年，第92—93页。按以上所谓"吐鲁番头目"，误，应是"赤斤卫头目"。

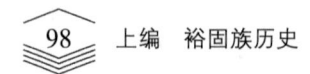

《边政考》有较为详细的记载①（见表一）。

表一　　　　　　　《边政考》所见赤斤卫安置情况

名称	头目名	人口	住牧地	原属卫所	迁徙时间
赤斤蒙古卫	锁南束、他力把尔加	1290	磁石窑口	赤斤卫	原在关西红泉地方住牧，弘治年间安插讨来河磁石窑山口
苦峪城			威虏、金塔寺、上下古城	赤斤卫	
王子庄			威虏、金塔寺、上下古城	赤斤卫	
柴城儿			威虏、金塔寺、上下古城	赤斤卫	
川边	察黑包	208	威虏、金塔寺、上下古城	赤斤卫	
沙州	总牙	1070	威虏、金塔寺、上下古城	原属罕东卫（右卫？），后依罕东左卫	
骗马城	牙兰	87	老鸦窝	原属曲先卫后依赤斤卫	
大草滩			四倾堡		

显然，这不是赤斤卫的全部，因赤斤卫分裂为左中右三帐，三帐间冲突不断，持有都督印的锁南束在弘治年间就被安置在肃州南山的磁石窑口一带。显然，在安置时，肃州地方官考虑到了三帐之间的矛盾。由于总牙部不属于赤斤卫，但总牙部以撒里维吾尔人居多，虽然也安置在威虏一带，但安置的时间要晚于察黑包等赤斤卫部众。

此次安置的东迁部落共七支，帐篷706顶、4490人。分别以他们在这之前的住牧地"瓜州""赤斤""柴城儿""苦峪""川边""沙州"称之。

---

① 《边政考》卷九《西羌族口》，第627—630页。

"革力箇失"一支，亦为赤斤蒙古卫都督苦术部属。现将安置各遗众部落原属卫、卫残破后住牧地、安置地等，列表如下（见表二）。

表二　　　　　　　遗众部落住牧地、安置地情况①

部落名	头目名	原属卫	种属	原住牧地	帐房	人口	安置地	备注
瓜州总牙	总牙		达种	瓜州	270	2367	威房、察黑包二城	
赤斤	革力箇失	赤斤		赤斤	131	605	威房	
柴城儿	卜木尔吉	赤斤		柴城儿				
革力箇失弟	可洛纵	赤斤			78	395	旧八里墩口堡	
苦峪族	朵尔只	赤斤		苦峪城	99	471	白烟墩南空堡	
川边族	察黑包	赤斤			27	114	王子庄墩堡	
沙州族	日羔刺	罕东左卫	达类		101	538	金塔寺城	

由表二可知，此次安置部众，主要以罕东左卫、赤斤卫为主。

赤斤卫卫所在嘉峪关西约二百里路，即今玉门赤斤堡，是关西诸卫中最东边的一卫。附近的骟马城、回回墓、柴城儿、大草滩等，均是卫所辖地。

> 永乐二年九月，有塔力尼者，自称丞相苦术之子，率所部男妇五百余人，自哈剌脱之地来归。诏设赤斤蒙古所，以塔力尼为千户……八年，诏改千户所为卫，擢塔力尼指挥佥事，其部下授官者三人。②

赤斤蒙古卫的成分主要是蒙古人，也有一部分其他民族成分在内。"先是，苦术娶西番女，生塔力尼，又娶蒙古女，生都指挥锁合者、革古者二人。分所部为三，凡西番人居左帐，属塔力尼，蒙古人居右帐，属锁合者，而（自）领中帐。"（同上）

方孔炤《全边略记》卷五：

---

① 《肃镇华夷志校注·附内地住牧番夷》，第57—58页。
② 《明史》卷三三〇，第8556页。

赤斤蒙古之先，有苦苦者，娶西番女，生塔力泥，又娶于达达，生锁合者及革古者，乃分所部为三：凡西番人居左帐，属塔力泥；达达人居右帐，属琐合者，而自领中帐。后苦苦没，塔力泥及琐合者相继来归，永乐中始置赤斤蒙古卫处之。及且旺失加、阿速继掌卫事，部众日盛，遂欲并右帐，累相仇杀，而琐合者不能支，至是诉于边将，言怨隙已深，势难共处，欲以所部内处……①

于是，率先将右帐部众安置于磁石窑口一带。

"西番"者，是当时对撒里维吾尔的称谓。

"总牙"部，《边政考》记载其原居住地为"沙州"，"沙州，头目总牙等，正德十二年暂安境外威房、金塔寺地方住牧，见有部落男妇一千七十名口"②。《肃镇华夷志》说是"瓜州"。该部原住地为沙州，原属罕东卫，罕东卫残破后，东迁到瓜州一带，依附左卫住牧。"总牙"之父名"总不克"，正德十二年东迁肃州后，被安置在威房一带。应该属于罕东左卫。

嘉靖"二十八年，都御史杨博等言，甘肃平川境外，请于大芦、泉山口、小孤山三处，各造墩台一座，西接南台双尖墩，高接平川四坝墩。从之。八月，肃州境外属夷总牙、日羔剌等，旧为土鲁番所迫，款求内附，已议安置肃州城北威房等地。于时未筑城堡，苦虏夷侵掠，乃相率环附肃城杂居。历事监生李时阳疏言不便，久且贻内地患，请下所司筹画。从之。……于是，巡抚杨博檄副使王仪参将刘勋，修葺威房并金塔寺古城，添设白烟墩等城堡凡七，件墩台一十有二，召诸番谕以利害，给以耕爨具。诸番皆稽首奉令，各如所拟地认住。计所安置番帐七百余所，部落男妇三千四百余人，遂与为期约：自后，唯朔望许入城市（贸）易，凡一应番汉人等，不许非时交通出入，违者加之重辟。于是肃州数十年番害顿除"③。

---

① （明）方孔炤：《全边略记》卷五《甘肃略嘉峪关略在内》，内蒙古出版社2006年版，第180页。
② 《边政考》卷九《西羌族口》，第629—630页。
③ 《全边略记》卷五《甘肃略嘉峪关略在内》，第200—201页。

《殊域周咨录》:"右卫都指挥二员:一员总牙,收有受职勅书,未袭,(正德十二年)因回贼抢杀,(徙)肃州北房地方,离城一百五十里,部下男妇九百三十六人,后内移往南山黄草坝住牧。"①《殊域周咨录》将"总牙"和"帖木哥、土巴"等说成是"右卫",而将"乞台"等说成是"左卫","帖木哥、土巴"等原属于罕东卫。总牙部属于右卫,同书中右卫的另一个都指挥正是罕东卫的"板丹"②。

将原住牧于沙州的总牙部和赤斤卫部众,安置在肃州境内,也应该与明政府规定二卫隶属于肃州有关。据《明史》:"明初设安定、阿端、曲先、罕东、赤斤诸卫,给之金牌,令岁以马易茶,谓之差发。沙州、赤斤隶肃州,余悉隶西宁。"③

四 安置于今金塔县境各部的回迁

应该说,杨博于嘉靖二十八年对东迁各部的安置,其措施是得力的,安置地草场广袤,适于耕种,自然条件应不错,又筑修了新旧城堡,也"给以耕爨具""置买农器,散给以资其食",但到了万历期间,安置于今金塔县境的各部又陆续回迁至肃州周边。

"后因威虏北边各夷安插日久,又至肃州金塔寺地方住牧。预先夤缘抚夷官通后,方执词赴道,讨要草地牧处……遂使移入内地,散处城东大路草滩,与当时安插本意大异。"④ 后来杨博在《复陕西总督御史戴才议处番夷疏》中也谈到了所安插各部的变动:"甘肃地方,番夷杂处,而肃州番部,尤多于甘。臣博往年巡抚之时,已题奉钦依移住境外金塔寺等处,至今二十余年,不知何故,又容其入内分住?"⑤ 就是说,到了万历初年,这些被杨博重新安置的部众,又陆续回到了肃州周边。

原安置于今金塔县境的诸部,万历期间又进行了一次安置,最终落脚在今明花、靠近肃州的祁连山一带。形成了清代以来裕固族诸部住牧地的

---

① 《殊域周咨录》卷一四《西戎·罕东》,第478页。
② 《殊域周咨录》卷一四《西戎·罕东》,第478页。
③ 《明史》卷三三〇,第8555页。
④ 《肃镇华夷志校注·族类》,第284页。
⑤ (明)陈子龙、徐孚远、宋征璧:《皇明经世文编》卷二七七《杨襄毅公奏疏五》,中华书局1962年版,第2937页。

态势，对此，《肃镇华夷志》及《秦边纪略》均有记载。

> 总牙部，安插柳树二三墩（肃州城东二十里）；革力箇失部及柴城儿部，安插到卯来泉山口（肃州城西南七十里）；可洛纵一枝，安插旧八里墩一带（地址不详）；苦峪族一枝，安插暖泉庄一带（肃州城北一十五里）；川边部，安插老鹳庄一带（肃州城北一十里）；日羔剌一枝，安插至中渠乱古小泉庄一带（距肃州城三十里）。①

除少数安插于肃州南山（卯来泉山口）外，大多在肃州附近。这些部落后来或汉化②，或成为今黄泥堡之裕固族。

为何回迁？杨博也感到不可理解。预计有以下原因：

其一是可能与总牙部因抢掠而肃州官方的征讨有关。

"总牙族，又号曰浪咱族，原系瓜州达种。总牙父名曰总不克，因避西夷侵掠，正德间投顺肃州地方后，故总牙为头目。狡诈多谋，嗜利无厌，恃强任恶，鼠窃狗盗，夷夏共怒。嘉靖二十九年，被东关厢头目乩吉卜剌、国师拜言卜剌并日羔剌等，共禀本道兵备石州张玭，率领诸夷潜至威虏，围城数罪，危困已极，将有逃叛之势，被石州张玭与崔麒议处，令指挥师瑾解围，抚总牙至城，羁留夷厂，病故。"③ 就是说添设堡寨、安置后一年，即因变故，其头目被软禁致死。

其二也可能是主要的原因，就是"苦虏夷侵掠"。由于威虏等地地处肃州城北，属于北边蒙古各部落南下之前沿，屡次受北部各蒙古部落的威胁。明政府仍沿用"设诸卫以为藩篱"的思维，企图以安置诸卫作为与北境蒙古诸部、西部信仰伊斯兰教政权的缓冲地，但诸卫人口相对少，力量薄弱，很难起到藩屏作用。第一次正德期间的安置，就因为堡寨破落，无力抗衡来自北境的威胁而流落到了肃州周边；第二次虽然修筑了城堡，但可能仍有这个原因。

其三是杨博歧视性的民族政策，视少数民族为"犬羊"，严守"夷夏

---

① 《肃镇华夷志校注·族类》，第289页。
② 甘肃省编辑组编：《裕固族、东乡族、保安族社会历史调查》，甘肃民族出版社1987年版，第16页。
③ 《肃镇华夷志校注·族类》，第284—285页。

之防"，试图用隔绝交往的方式来减少相互间的冲突。但这种交往不是一纸契约能约束得了的。隔绝的结果是被安置的部众日常生活用具得不到补充，所产也得不到及时贸易，导致抢掠等行为的发生。于是，万历期间，被安置的部众重新又回到了肃州周边住牧，其住牧地又一次发生了变化，对此，《肃镇华夷志》有详细记载。金塔境内已经没有了东迁诸卫部众的记载。

五　安置于金塔县境诸部的生产方式

从史料记载来看，还在东迁前，赤斤卫部众、罕东左卫部众，已经有了农耕生产方式；安置于威虏、金塔寺一带后，农耕生产方式的比重大大增加。这从明政府修葺古城、添设墩堡的举动中可以看出。但从其屡次安置，又回迁肃州周边看，游牧仍是其主要的生产方式。而迁回肃州周边后，受汉族影响，农耕生产方式的比重增加，最终成为农耕生产者，有些甚至融入了汉族。

原载《河西学院学报》2014 年第 4 期

明代肃镇军政杂考
——以《肃镇华夷志》为主

明政府将蒙元势力逐出河西走廊以后，却短视地弃敦煌而以嘉峪关为界，居关自守，遂使肃州成为防备蒙元势力的最西边防。明初，在肃州以西分设哈密、安定、曲先、阿端、沙州、罕东、赤斤七卫屏蔽西疆，但自诸卫相继被蒙古大酋亦不剌、阿尔秃斯残破，吐鲁番崛起日渐进逼后，诸卫部众相继内迁，肃州防线遂暴露于外。

"先时，太宗置哈密、沙州、赤斤、罕东四卫于嘉峪关外，屏蔽西垂。至是，沙州先废，而诸卫亦渐不能自立，肃州遂多事。"① 因此，肃州的军事、政治、边贸、外交等地位，愈益显得重要。"终明之世，边防甚重，东起鸭绿，西抵嘉峪，绵亘万里，分地守御。"② "河西孤悬境外，肃镇尤为极边。极威固圉，军伍最急。"③ "河西保障之喉襟"，为明政府九个边镇④中地位最重要、战事最频繁、防守任务最复杂的边镇前沿。

明初，虽然明的势力以肃州为界，但关西诸卫的设置和对少数民族有效的羁縻政策，西域、残元势力和明政府的关系相对平和，西疆也相对安宁。自套部蒙古发生内讧，亦不剌等流窜河西走廊以及青海将诸卫残破殆尽，终明一代，肃州一线殆无宁日。

于是，肃州政权之建、军防之备、守具之设，无不具边镇特点。

洪武五年，宋国公冯胜攻下河西，将残元势力驱入大漠。"二十八年，开设肃州卫指挥使司，领左、右、中、前、后五所。永乐三年，裁革威虏

---

① 《明史》卷三三〇，第8562页。
② 《明史》卷九一，第2235页。
③ 《肃镇华夷志校注·军制》，第117页。
④ 明九个边镇为辽东、蓟州、宣府、大同、偏头、固原、延绥、宁夏、甘肃。

卫，归并本卫，为中右、中中二所，共七千户，所隶陕西行都司。"①

关于肃州卫设置的时间，文献所载不同。据许论《甘肃边论略》记载："洪武五年，设甘州等五卫于张掖，设肃州卫于酒泉，设西宁卫于湟中……"②《肃州新志》则说"二十四年，设甘肃卫"。③

明洪武五年冯胜攻下河西后，置肃州。直到洪武二十七年，设立卫所，始称"肃州卫"。《明史·地理志》记载："肃州卫，洪武二十七年十一月置卫。"④ 这是卫所改制后的新建制。根据《肃镇华夷志》，隶陕西行都司。

肃州卫"内设兵备道一员，参将一员，屯监通判二员，吏典二员，经历一员，司典一名，教官一员，吏典一名，仓大副使各一员，草场大使一员，典吏三名，中军官二员，千总官二员，把总官四员，本卫掌印官一员，吏典九名，管屯官一员，局捕官一员，五所千户五员，吏五名，镇抚官一员，吏一名，营卫马步官军二千二百六十八名，马骡一千三百八十三匹头。署酒泉驿所官一员，甲军一百七名，走递马骡牛一百二头只"。⑤ 其中"屯监""仓大使""草场大使""管屯官""驿所官"等，都是具有边疆前沿特点的机构建制官员。

卫所分屯设兵，建立军堡，控扼要害。《明实录》记载西部设堡用兵之策："兵贵合而能分。若合兵于一处，则贼来或东或西，我军疲于奔命。宜分兵四处，各命将臣分领守御……俾其各守地方，训练士卒。贼至则各自拒御，去勿穷追；如贼大举入寇，则互相应援，并力截杀。如此，则内外有备，将士齐羽，军无奔走之劳，民省转输之苦。"各军堡之间距离适中，烽火可达，兵力互援，筑成一条牢固抗敌防线。肃州兵备道辖肃州卫、镇夷守御千户所18城堡。⑥ 卫所是军政合一的军事行政机构。诸堡为

---

① 《肃镇华夷志校注·沿革》，第55页。
② 《殊域周咨录》卷一二《西戎·哈密》，中华书局1993年版，第429页。
③ （清）黄文炜：《重修肃州新志·河西总叙》，吴生贵、王世雄等校注，中华书局2008年版，第40页。
④ 《明史》卷四二，第1014页。
⑤ 《肃镇华夷志校注·肃州图说》，第10页。
⑥ 《肃镇华夷志校注·肃镇总图说》言："肃州兵备道辖肃州卫、镇夷守御千户所一十八城堡：肃州卫、嘉峪关新城、两山口、下古城、临水、金塔寺、卯来泉、金佛寺、河清新更〔堡〕、野麻湾、镇夷所、双井、盐池、深沟新堡、沙碗、胭脂、清水、草沟井。"分图叙录多"新城堡"，实为19堡。《肃镇华夷志校注·军制》中缺"临水堡""河清堡"，为17堡。

军事机构，仅设守备官或防守官一员，领军丁数人。守备官为镇守地方的武官，而防守官职权更小于守备官。从《肃镇华夷志·图说》观之，设守备官者，下另设把总官一名，所领军丁人数超过220人。防守官所领军丁人数10—220人。城堡为基层军事机构，① 屯操、城守、运粮、番夷是卫所兵的基本职责。

各堡的军丁称谓有"军丁""操军""甲军""马步兵"之别。操军，据《明史·食货志》的解释是与屯军相对应的称谓，也即军丁。甲军，从《肃镇华夷志》和《甘镇志》记载看，甲军均设在驿传和递运所。《肃镇华夷志·驿传》记载，肃镇设驿，驿下设递运所，所领铺。驿所设甲军，配备牛骡等交通工具，负责迎送官员往来和文书传达。铺设司兵，在驿递铺专司传递公文。甲军和司兵的作用应是保卫驿传铺和递运。

从《肃镇华夷志》反映的情况来看，明代早期，兵丁满额，粮草充足，边防运转正常，能有效防备来自各方的侵扰。但到了后期，官场腐败，兵不满额，粮草不济，马政遭到破坏，边防功能大大减低，在和吐鲁番的数次交手当中，明显处于劣势，只能被动防守，险象环生。境内人口稀少，致使可应征入员的人丁不足。自明关闭嘉峪关后，关外瓜、沙二州居民尽迁关内甘、肃二州，即使这样，肃州人口也仅万余，至明万历时，户5352，人口7986，每户人均仅1.47人。明代计口授田，按人纳税，不排除隐瞒漏报情况，但境内人口严重不足是不争的事实，人口的不足给生产、边防带来沉重压力。明前期，肃州卫原额兵9788名，实际情况是肃州卫同下属七个城堡的见在兵数是4119名，不足原额的一半。在实战中，被动防守应接不暇。瞭哨出兵，追击犯边敌寇已不单纯是军丁职责，住地居民亦"沿门出人，轮流瞭望"，肩负起保家卫边之责。

从肃州和镇夷所设置"驿"和"递运所"早期额设齐全看，在像肃州这样的边镇，驿站、递运所的业务十分繁忙，地位重要，在边疆经营和防守、中西交通中，发挥着重要的作用。

《肃镇华夷志》专设"驿传"目："肃州卫，领驿递各二，设掌印百户各一员。先年原设每驿军骡各一百，万历十一年通裁止五十、三十五。"

---

① 河清堡，初为军堡，"万历三十一年，将驿军甲军七十七名、骡牛四十五头只，改发双井堡。四十四年四月内，尽将官兵挈调野麻湾，本堡作为民堡，居民耕牧"。见《肃镇华夷志校注·河清堡图说》，第27页。

即酒泉驿、酒泉递运所、临水驿、临水递运所。境内从肃州城到镇夷有镇远、柳树头墩、柳树二墩、临水、黄泥、碱滩、新安七个"铺"。各有数目不等的军丁和相应的骑乘。"铺"即"急递铺",这是自宋代即有的邮传机构。从《肃镇华夷志》可知,每隔15里即设一铺,建制完善。但到万历时期,铺的人员减半、军骡被革除。比如酒泉城中的"镇远铺",原设兵丁11名,万历二十七年将2名发往"步操司",到万历三十一年,则裁6名,只剩3名。反映了此时边防日坏,邮传机构逐渐废弛、人员和骑乘工具逐渐减少的状况。肃州防务状况由此可见一斑。

镇夷所,则设4个驿:镇远驿、深沟驿、盐池驿、河清驿,3个递运所:深沟递运所、盐池递运所、河清递运所,10个急递铺:镇远铺、深沟铺、双泉铺、盐池铺、河西铺、宁远铺、红寺铺、河清铺、双井铺、苦水铺等。与肃州境内的急递铺不同的是,铺与铺间的距离不再整齐划一,而是10里到20里不等。这说明近城人烟稠密之处,按一定距离设置急递铺;而在人烟稀少地区,也根据居民点因地制宜设置急递铺。

据《肃镇华夷志》记载,嘉靖年间,在肃州城内设有"夷厂":"夷厂,东关厢西北。嘉靖二十五年,参将刘勋督建,内有官厅、夷馆、门楼,规制甚备。嘉靖三十四年,副使陈其学见诸夷野外磨面不便,又于厂内安置碾磨十余盘,以便诸夷粒食。"①

这是肃州作为明政府西部边疆最有特色的机构设置。明代虽然以嘉峪关划界自守,但却没有断绝和西域诸国、关西各卫的关系。虽然曾经因吐鲁番攻破哈密而数次闭关绝贡,但民间的贸易往来从来就没有断绝过。早在正德元年,肃州兵备道副使李端澄就在嘉峪关建立"夷厂"②,用于集中管理来华使节和商人。到了嘉靖时期,滞留在酒泉城内的西域贸易商人、东迁各卫众以及人质等,达到了相当的数量。

从中看,夷厂不仅用于各少数民族的安置,甚至为他们配置粮食加工工具。各国使节到达肃州后,还要在夷厂将其文书翻译好后呈送明政府。

绝大多数东迁部族是在州城周围设堡安置,"耕牧为主,间充行伍"。"威虏城,即威虏卫也。先年民叛,而遗众附。肃州城北一百二十里,西

---

① 《肃镇华夷志校注·城池》,第113页。
② 《肃镇华夷志校注·城池》,第113页。

番总牙族类在此行牧，今废。""金塔寺堡，先年属威虏，汉人居住，有房舍、遗址、碾磨之类，后因威虏归并肃州，因以安插西番日羔剌等。"① 东归民族渐次融入主流社会，成为民族大家庭的一员。这些民族"欲西之心虽未萌动，而永怀之图尚难保终"。② 肃镇当局对他们防备有加，事实证明防备是非常必要的。如安插在金塔寺、白城山一带的熟达族，掳掠周边，为害一方，地方官划地安置，置买农具，计口给粮，不许他们借放牧而四处游走。其头领阳奉阴违，私建角墩，藏匿同族，劫掠军民，试探性向近城处游牧，而借人口渐多向当局要求草场住牧之地，迫使当局就范，逐渐移入内地。这与当初在州城外围划地安置的初衷相违。而且他们公然称自己是西番的耳目，在被调随军出征犯境西番时，出兵不出力，私下送水送食，通风报信。肃镇当局在对待归属各族时也视情况不同而区别对待，对恃强任恶、危害极大部族加大打击，将首领或子弟羁留夷厂以为人质，遇外敌侵扰的非常时期，则控制夷厂羁留人员，以绝内外通风之患。

堡寨为民堡，是基层居民组织。肃州卫有47个，镇夷所22个。堡寨分布在肃州城、镇夷所周围。水草丰美，适宜耕牧居人，堡寨多作民堡；无人居住的交通要道，扼房重地，多兼有军堡驿所之职。

明政府关闭嘉峪关后，肃州三面受敌。其北，有套部蒙古不时侵扰；其西，有崛起的东察合台汗国所建立的吐鲁番的威胁；其西南，有残破的关西数卫部众东迁的压力和游牧在青海的蒙古部落的骚扰；只有东部和张掖相连。被梁份形容为"四郡去河东，肃州独远，三面受敌；通呼吸于一线者，独肃为危"。③ 战争威胁一直没有中断，边防成为当务之急，肃镇凭雄关借长城控广袤之地力保西北边疆，军戍防备之设，力求周全而实用。《肃镇华夷志》"城池""烽堠""军制""堡寨"等节对此有详细记载。

沙漠地带，视野开阔，毫无屏障，游牧民族逐水草而牧，策马奔走，抢夺人畜。长城成为农耕民族与游牧民族对峙的有效防御措施。

长城在《肃镇华夷志》中被称为"边墙"，这是河西人对长城的俗称。明代肃镇长城修筑非止一次而就，而是从明初到明中叶不断修筑，才成了后来的规模。

---

① 《肃镇华夷志校注·堡寨》，第176—177页。
② 《肃镇华夷志校注·属夷内附略》，第275页。
③ 《秦边纪略》卷四，第225页。

洪武五年，冯胜攻取肃州后，先修嘉峪关。弘治中，创修临水河边墙，长30里；嘉靖二十三年，又重新作了修筑，且加长2里；嘉靖十九年，修嘉峪关边墙；隆庆六年，根据都御史廖逢节议题，才最终完成了镇夷到嘉峪关长城一线；到万历元年完成了自新城儿东长城西端到嘉峪关北边墙、新腰止，长合60多里。万历二年，又完成了两条边墙的修筑。后又接筑嘉峪关迤北水关儿旧边墙一节。由此来看，肃镇长城防御体系因地制宜，或高筑墙，或深挖壕，或广树墩台，或建絮袋边，或堑山崖，控扼交通要道和水头，防备骑兵入侵。而且各边墙规格还稍有区别，皆地势使然。从修筑年代看，主要在嘉靖、隆庆和万历年间。

和长城（边墙）相配套的设施有城堡、墩台、边壕等。墩台，有人也称之为烽火台，指建在高处或易于相互瞭望之处、用于瞭望和警戒的建筑。边壕，指边墙和山壕。山壕，为防止游牧民族突入而挑挖的深沟。

墩堠之设是随长城的建立开始的，始于战国时期。"肃镇羌虏接壤，三面受敌，保障之务，惟恃烽堠，以为防御。"① 设置墩堠的必要性明矣。而墩堠之设前后拒敌保边功效明显不同："天仓一墩，去水稍远，潜虏扑捉军戍。自永宁墩立，而虏稍远遁。他如李见嘴，墩名新添者，泛沙泉乃地名，因藏虏，亦添墩。无非为虏迹民命而设，时言曰鬼门关，因此地遇虏杀人众多，故人号为鬼门关。今有救生台即永宁墩是也，墩军因筑此墩，幸不被虏害，众皆以为救生台，而今不怕不回来。先年墩军发出，坐天仓墩者，涕泣以死，间有不能回城者，今恃其有永宁墩故，以为必来也。由是观之，烽堠之设，关于地方要矣。"② 据统计，《肃镇华夷志》所载肃镇范围的墩台达到了419座，其中肃州境内267座，镇夷境内152座。明加固先朝的防御措施，依军情所需增修新的墩台，常年维持在381座左右。新增墩台大多集中在嘉靖、万历二朝。嘉靖时所筑墩台为：二十年1个，二十六年2个，二十七年2个，二十八年1个，三十二年1个，三十五个4个。万历时更多：二十四年1个，二十五年14个，二十七年1个，二十九年1个，三十一年1个，三十三年3个，三十四年9个，三十五个1个，三十六年6个，三十七年7个，三十八年5个，三十九年2个，四十

---

① 《肃镇华夷志校注·烽堠》，第185页。
② 《肃镇华夷志校注·烽堠》，第185页。

一年1个，四十四年7个。嘉靖三十五年添筑的永宁墩，解天仓墩军时被潜入敌寇活捉的险情，变先前的鬼门关为救生台。

按不同地点，墩台分为两种：一种称为"腹里墩台"，另一种称为"境外墩台"。从名称可以判断，境外墩台设在防守工事之外，水头、要路之旁，主要用来警戒外来入侵者，有些远离中心城市；而腹里墩台则与境外墩台稍有不同，可能还兼有用烽火调动部队的责任。

关于墩军的人数，《肃镇华夷志》记金塔寺堡"每墩军五名"。而下古城堡则是"境腹墩台三十一座，境外沿边墩二十六座，每座守瞭兵二名，境外墩台五座，每座军夜五名"。其他墩堡也有"守瞭二名"的记载。

出土于西北师大的明代《深沟儿墩碑》碑文可作参考："墩军五名口：丁杲，妻王氏；丁海，妻刘氏；李良，妻陶氏；刘通，妻董氏；马名，妻石氏。火器：钩头炮一个，线枪一杆，火药火线全。器械：军每人弓一张，刀一把，箭三十支，军旗一面，梆铃一副，软梯一架，柴碓五座，烟皂五座，擂石二十碓。家俱：锅五口，缸五只，碗十个，箸十双，鸡犬狼粪全。嘉靖十年十月二十一日立。"[①] 由此可知，墩军生活、职事之一般。河西每墩台的墩军数量可能要多一些。至于为何将墩军妻子也记在内，我们下面还将谈到。

但万历年间，边备日坏，墩军数量减少，有些墩台由某一家人守护，上台瞭哨者，亦有为女子者。如《肃镇华夷志·烽堠》"临水站墩"记载："先年此墩本堡沿门出人，轮流瞭望，或家无人者，妇人上墩瞭高。""永清堡墩"亦记载："堡内居民沿门瞭望，冬则男子瞭高，夏则妇人应数而已。"《深沟儿墩碑》中反映的情况在河西肯定也是普遍现象，这可能也是《深沟儿墩碑》将墩军妻子也记在内的缘故。

除此之外，沿边还有一些防务设施，如紫袋边、边壕等也为肃镇独创。紫袋边，是沙漠地区因地制宜，就地取材，用当地的灌木枝条、红柳树枝，就近取土，层层叠压做成的防御屏障。

关隘设在肃镇通向外界的交通要道。所谓"腹里近地，皆有关隘。然仅禁严往来、察非常已而。肃镇远极西垂，藩屏中夏，其为关隘，固华夷

---

① 碑文引自李怀顺《明万历〈深沟儿墩碑〉考释》，《华夏考古》2005年第2期。

之界限、内地安危所倚重焉者也。明于是者，设险立烽，保障之大略睹矣"。① 肃镇周边环居各民族东西往来，南北游走，且不时入境抢掠，对肃镇安全构成威胁。置关设卡，加强交通要道的防卫，是较为有效的防御措施。肃州卫重要关隘23处，镇夷所12处。关隘所设，或依自然地形，或在平坦无天险可倚处建立墩塘，归属相关城堡管辖。

从以上内容来看，肃镇兵备防御措施不可谓不全，但由于明代中期以降，国力衰败，官吏腐败，边事日紧，虽有长城、烽堠等防御工事，但很少能有效地防备和打击各方的不断侵扰。综观《肃镇华夷志》所载，在和东渐的吐鲁番的数次冲突中，明政府损兵折将，一直处于被动防守和挨打的境地。《肃镇华夷志·祠祀》记载了历次对抗中阵亡官员名单，自洪武十六年至嘉靖三十九年，大小战争共14次，死亡官员参将1人，都指挥1人，卫指挥2人，游击将军1人，千户8人，百户16人。仅正德十一年在与进犯的吐鲁番的战斗中，就阵亡1个游击将军，1个千户，5个百户，战争的惨烈由此可知。嘉靖三年，吐鲁番甚至越过肃州，围攻甘州城。而套部蒙古从河套到青海，走西线时，如入无设防之境。就连东迁部众的小规模骚扰，也不能有效制止。可见，如果政治腐败、军事方针错误，无论工事多完备、坚固，都很难起到保境安民的目的。

原载《丝绸之路》2009年第1期

---

① 《肃镇华夷志校注·关隘》，第180页。

明代苦峪卫、苦峪城考索

位于今瓜州县城东南 70 公里之古城锁阳城，咸被认为是明代"苦峪城"，几成定论，不烦一一指出。很少有人就此问题较真。笔者就此问题，做了些资料梳理，欲正本清源，并求教于学界和方家。

一 苦峪城地望

锁阳城，即今瓜州县东南约 70 公里处的古城，又称"瓜州故城"等，1996 年 11 月国务院公布为第四批全国重点文物保护单位；2014 年，与甘肃省其他四处（麦积山石窟、炳灵寺石窟、悬泉置遗址和玉门关遗址）历史遗存一道，入选世界文化遗产名录"丝绸之路：起始段和天山廊道的路网"。

其实，今锁阳城是否为明"苦峪城"，早年岑仲勉先生即对相关史料做过厘正；地方史学者也早就关注到此问题之讹传，并有论证。

岑仲勉《中外史地考证·从嘉峪关到南疆西部之明人纪程》：

> 试检对《斯坦因地图》及《水道记》三，苏勒河"北流过苦峪城东"，则苦峪殆即图之昌马堡（Chang Ma Pao），其地正是平畴千倾，若然，则西北去踏实可二百里（五十哩），西北距州治亦约二百五十里已上。
>
> 由此再南约卅里处，《斯坦因图》绘废城一，名 So—yang（锁阳？）城，相当于《新志》等所谓上达儿秃。但证诸本篇纪程，断非明世苦峪之地，则疑清人不知昌马即苦峪（参前文），又或以上达儿兔与苦峪相混，故致履地不符，兹可质言者，则苦峪必不在卜隆吉西南百一十里处也。据上推论之结果，由苦峪到阿丹，系向西北行，非

纯向西行。①

刘兴义先生撰文认为：

> 锁阳城不是官筑的苦峪城，明代正德、嘉靖年间，吐鲁番部落崛起，攻占了哈密卫，并掠夺瓜、沙州及赤斤蒙古诸卫。哈密的维吾尔、哈剌灰及白面回回等不能抵御，尽烧室庐，纷纷结队向肃州迁徙。朝廷命在肃州以西疏勒河西岸的四道沟（汉乾齐县遗址）筑苦峪城，谓之官筑苦峪城，以安置哈密流民。然而，关西七卫流民甚多，一部分散居苦峪城西南90公里之唐瓜州者，称为"上苦峪"；散居于苦峪城以东35公里之赤斤蒙古卫城（在今玉门镇东南2公里）者，谓之"下苦峪"，蒙古语称为达里图。从瓜州上苦峪至下苦峪，计125公里。今之学者不知官筑苦峪城在四道沟，而妄称唐瓜州锁阳城（明时称上苦峪）为明代所筑，此说大谬。②

虽然，刘先生未予详加论证。但所言确实是一个重要的问题。

但岑先生、刘先生等观点没有引起学界足够重视。时至今日，一提到锁阳城，无论学界还是媒体，仍沿袭早先的说法，谓锁阳城又叫"苦峪城"云云。

2004年笔者与邰惠莉女史校注《肃镇华夷志》（以下简称《华夷志》），在注释中引列了刘先生的观点，但未作探讨。

苦峪城绝非锁阳城。

《肃镇华夷志·西域疆里》③ 不止一次涉及苦峪地方，且详细记载了嘉峪关至哈密的三条路线及里数。此"西域疆里"，正是《边政考》《嘉靖陕西通志》《天下郡国利病书》等所载之《西域土地人物略》。

《西域疆里》：嘉峪关外有三道，中道自关西二十里大草滩，有墩军瞭

---

① 岑仲勉：《中外史地考证》，中华书局1962年版，第646页。
② 刘兴义：《汉晋表是县和唐锁阳城探原》，《敦煌学辑刊》2001年第2期；《瓜州文化遗产学术研究之：锁阳城探源》一文，又重申了此观点（《丝绸之路》2011年第18期，"瓜州文化遗产学术研究专辑"）。
③ 《肃镇华夷志校注·西域疆里》，第58—84页。

守,滩西三十里至黑山儿,有墩军瞭守,七十里至回回墓,以地有回回三大冢,故名。有墩军瞭守。墓西四十里至骟马城中,有二水北流,城稍坏,有墩军瞭守。城西八十里至赤斤城,中途有三棵树,即赤斤蒙古卫,赤斤西二百里至苦峪城,东有河,城中有三墩,苦峪西一百二十里至王子庄城,小而坚,庄西八十里至卜隆吉河,俗名川边河,西一百五十里至蟒来泉,有水草,泉西一百八十里至茨泉,有水草,泉西一百五十里至阿南那只令,西一百里至红柳泉,有水草,泉西一百二十里至哈剌骨,无水草,哈剌骨八十里至五个井泉口,井西一百二十里至古墩子,古墩子西一百里至也帖木儿泉山,西八十里至哈密城。

其道里归纳如下:

嘉峪关 —西20→ 大草滩 —西30→ 黑山儿 —西70→ 回回墓 —西40→ 骟马城 —西80→ 赤斤城 —西200→ 苦峪城 —西120→ 王子庄 —西80→ 卜隆吉河(川边河) —西150→ 蟒来泉(卯来泉) —西180→ 茨泉 —西150→ 阿南那只令 —西100→ 红柳泉 —西120→ 哈剌骨 —西80→ 五个井泉口 —西120→ 古墩子 —西100→ 也帖木儿泉山 —西80→ 哈密城,总计1640里。

"苦峪西一百二十里至王子庄城",检《陕西通志·西域土地人物略》《边政考·西域土地人物略》《秦边纪略》诸本,原文皆为"迤北五十里为王子庄"①,显然,《华夷志》将"迤北"错抄为"一百",实际苦峪城至王子庄为40里或50里。

一道自苦峪,歧而少,西经瓜州西阿丹六百二十里抵沙州,即罕东左卫,有水草,逾钵和寺七百里至哈密,地虽坦而迂曲,且无水草,人罕由之。

从嘉峪关至哈密,亦可经瓜州、西阿丹城、沙州、过钵和寺到达哈密。此道虽平坦而迂曲。从苦峪到哈密达到1320里,如果加上嘉峪关到苦峪的路程440里,为1760里。比上述路线多出120里,故"人罕由之"。

一道自苦峪,歧而少,北至羽寂灭,历阿赤等地,皆山口石路,甚为险厄,马必脚靸艰行。三道俱达哈密……

按弘治前,里至与今少异,且多番族,今悉载之:

关西二十里至大草滩,自此分一路由北而西,西有大钵和寺,大草滩

---

① 《肃镇华夷志校注》,第295、310页;《秦边纪略》,第413页。

西七十里至回回墓，墓西七十里至骟马城，城西三十里至三颗（棵）树，三颗（棵）树西五十里至赤斤城，即赤斤蒙古卫，赤斤西一百七十里至苦峪，即苦峪卫，自此抵哈密三道：一道从苦峪中而西四十里至王子庄，庄西一百六十里至禒秃六蟒来，西一百三十一里至体干卜剌，西一百三十里至察提儿卜剌，西一百三十里至额失乜，西一百一十里至羽六温，西一百二十里至哈剌灰，西一百三十里至召文虎都，西一百七十里至失虎都，西一百三十里至阿赤，西一百五十里至引只克，自此过也力帖木儿至哈密三百五十里。

现归纳如下：

弘治前：嘉峪关 $\xrightarrow{\text{西}20}$ （少黑山儿）大草滩 $\xrightarrow{\text{西}70}$ 回回墓 $\xrightarrow{\text{西}70}$ 骟马城 $\xrightarrow{\text{西}30}$ 三棵树 $\xrightarrow{\text{西}50}$ 赤斤城 $\xrightarrow{\text{西}170}$ 苦峪（苦峪卫）

则弘治前的资料记载嘉峪关到苦峪（苦峪卫）410 里，比嘉靖时道里少 30 里。此误差盖因当时和后来人估算之误差。抑或苦峪城城址发生变化之故。

从《华夷志》所记看，明人从嘉峪关赴哈密，所列有三道，均须经过苦峪，则苦峪为东西往来辐辏之处。若锁阳城为苦峪城，则从嘉峪关出发赴哈密，不必非经此城。事实是，常常不经锁阳城，"人罕由之"。

岑仲勉《中外史地考证·从嘉峪关到南疆西部之明人纪程》："《新志》云，'苦峪城在废瓜州，东至肃州四百里'，按《侍行纪》，自肃州至嘉峪关六十里，又依本篇校正里数，嘉峪关至赤斤城一百九十里，从四百里减去上两数，则赤斤西至苦峪约一百五十里，持与《丛本》比勘，可决'赤斤四'乃'赤斤西'之讹。《明史》三三〇云，'自赤斤蒙古西行二百里曰苦峪'，记里互差数十，是常见之事。《行程记》：'赤斤西北行百余里至魁里，疑即苦峪。'"[①]

150 里与上述两者 200 里、170 里相比，差别 50 里间。

赤斤，即今甘肃玉门市西北 56 里、石油河东岸的赤斤镇。史料载记"赤斤"，其实有两地，一为赤金峡，据地方学者言，有驿站；一为赤斤镇，两者相距 15 到 20 里之遥。其西 150 或 200 里之间，刘兴义先生认为

---

① 《中外史地考证》，第 643 页。

应即"达里图",即今之四道沟古城,亦即汉"乾齐县城"。

陈诚《西域行程记》:"骟马城安营。二十日,晴。三更起,向西行约九十里,有古城一所。城南山下有夷人种田,城西有溪水北流,地名赤斤,安营。二十一日,晴。四更起,向西北行。渡溪水,入平川。当道尽皆砂砾,四望空旷。约行百余里,有古墙垣,地名魁里。安营。二十二日,晴。大风。平明起,向西北行。道旁有达达帐房。约行五十里,有古墙垣,地名王子庄,安营,住一日。二十四日,晴。早起,向北行。途中有树,枝干似桑榆,而叶如银杏,名梧桐树。约行七十里,地名芦沟儿,安营。"[①] 岑仲勉先生认为"魁里"应即"苦峪"。揆诸道里方位,岑先生所言是。

按《西域行程记》,陈诚他们从骟马城出发,行走约90里,到达赤斤;再向西北行百余里,到魁里。"魁里"的特征是"有古墙垣",距离王子庄50里,与《肃镇华夷志》"一道从苦峪中而西四十里至王子庄"的距离差10里。

赤斤到苦峪距离,《西域疆里》记有两种:200里和170里,170里为弘治前;《边政考》本《西域土地人物略》所记有150里,《嘉靖陕西通志》本为150里;清人梁份著《秦边纪略》谓200里。各本所记不同,除误差外,有些为"赤斤",有些为"赤金城",可能也是计算不同之原因。

而如果锁阳城为苦峪城,则不仅方向不合,且道里差别甚大。从今日地图看,赤斤镇到锁阳城直线距离约为210里,远远超过了各史料所记,且为沙漠、丘陵,无有道路可通。

那么,明人很清楚的事,为何到了清代造成这一混淆呢?

检索史料,最早出现这一错讹的,为《大清一统志》(起始于康熙二十五年,1686年)和《甘肃通志》(乾隆元年,1736年),后《重修肃州新志》(刊印于乾隆二十七年,1762年)多有引用,且说得更明确具体,遂使苦峪城讹为锁阳城(上达儿兔)。晚出的《西域水道记》等沿袭了这种说法。

[①] (明)陈诚:《西域行程记》,周连宽校注,中华书局2000年版,第33—34页。注九:今图无魁里地名,山赤金峡嶂西北至布隆吉,头一大站应为玉门县,魁里或即在其境内。陶氏从赤金至此,行程九十里,而陈诚所记为百余里。陶氏在赤金驿条目注云:"其南隘口曰依马兔,俗讹为妖魔山,一名窟窿口,在堡西南八十里。"魁里与窟窿音相近,或即一地异称也。第50页。

《大清一统志》："苦峪城，在州东南，东去嘉峪关四百二十里，去赤金所二百里。"①"在州东南"及"去赤金所二百里"两句，即将苦峪城断定在锁阳城，盖锁阳城正在瓜洲城东南70余里处。

《甘肃通志》"柳沟卫"条："成化中，哈密为土鲁番所据，筑苦峪城，移哈密及寄居齐勤（高按：即赤斤）者以居之。按苦峪东至肃州四百里，当在今柳沟堡境内……其地多柽柳，有水泉，东则十道柳沟，西则布朗吉尔河（布隆吉河）。"②

"苦峪城，在废瓜州东，东至肃州四百里。"③

《读史方舆纪要》："苦峪城在废瓜州东，东至肃州四百里。"④

《西域图志》"苦峪"条："苦峪，在踏实堡东五十里，西北距州治二百里，有土城，西南境平田千顷，东北二百里旧有河通苏赖、昌马两河交会处，今涸。"⑤

行文至此，则所谓《苦峪城断碑》，应出自锁阳城而非苦峪城⑥。

二 苦峪与"达儿兔"

那么，刘兴义先生文章中为何出现"上苦峪"和"下苦峪"两个苦峪呢？这应该来自《肃州新志》之"上达儿兔"和"下达儿兔"的说法。

黄文玮修撰《重修肃州新志·柳沟卫·古迹》"苦峪"条下谓："苦峪城，在废瓜州，东至肃州四百里。……正德后，吐鲁番益张，苦峪诸城皆为所残破。按关外俗称达儿兔，即苦峪之谓。所以靖逆本名苦峪，人谓之达儿兔。兹苦峪城，人称上达儿兔，以别于靖逆也。今遗有空城，规模

---

① （清）和坤等：《大清一统志》卷二一三，台湾商务印书馆《景印文渊阁四库全书》2008年版，第478—738页。

② （清）许容监修，李迪等编纂：《甘肃通志》卷三下，台湾商务印书馆《景印文渊阁四库全书》2008年版，第557册，第123页。

③ 《甘肃通志》卷二三，第633页。

④ （清）顾祖禹撰：《读史方舆纪要》卷六四《陕西十三行都司》下，中华书局2005年版，第3032页。

⑤ 钟兴麒等校注：《西域图志校注》卷八，乾隆二十一年（1756），新疆人民出版社2002年版，第168页。

⑥ 马雅伦：《关于〈苦峪城断碑〉的年代》，《敦煌学辑刊》1995年第2期。

颇为雄壮，关厢亦大……"①

《重修肃州新志·靖逆卫·建制沿革》："明初弃敦煌，建设关西七卫[处]夷人，而此地又不在七卫之数，名曰苦峪卫，又名达儿兔，不知何时建立。"今人注："达儿兔，即苦峪，人称上达儿兔以别于靖逆。其城早建于唐代。即今瓜州县锁阳古城遗址。明代所筑苦峪城在今疏勒河西岸四道沟（唐乾齐县旧址）。哈密卫受到吐鲁番侵扰后，明王朝新筑苦峪城于此，以安置哈密卫罕慎及其遗众。当时称为下达儿兔（下苦峪），这就是明苦峪卫，明宪宗成化三年（1477）置。不是本志所言'不知何时建立'。"②

徐松《西域水道记》卷三："苦峪者，夷言达里图。达里图有二，相去二百五十里（布朗吉尔城西南九十里至黑水桥，桥南二十里为苦峪城）。今于东达里图建玉门县治，故谓苦峪为上达里图也。"③

"达儿兔"，又写作"达里图"，此名称最早见于《肃州新志》，徐松言"夷言"。揆诸明代诸多史料，未见"达里图"或"达儿兔"之称谓，亦未言有上下之分。该词称谓或起于清初维吾尔人。据《肃州新志》载，清初，这一带安置了不少东迁的维吾尔人④。清初一段时间内，这一带也为蒙古人所占领⑤。或者维吾尔人或蒙古人称现锁阳城为"达儿兔"，其义不明。《重修肃州新志》谓"关外俗称达儿兔"，或突厥语、蒙古语对"关外"的泛称？李正宇先生谓"达儿兔"为蒙语，即"有塔的地方"（与笔者言）。如是，则此一带有塔的城池或地方很多，这或许是出现"上达儿兔"和"下达儿兔"地名的原因。而"苦峪"，从早先的"苦峪里"到"苦峪谷""苦峪川""苦峪城""苦峪卫""苦峪关"等称谓，一直是个汉语名称。河西山川，多有以"峪"命名者。如"嘉峪"等，"峪"者，山谷也。"苦峪"或者是以流经该处的水质特征命名。按林梅村解释：

---

① （清）黄文炜撰修：《重修肃州新志校注》，吴生贵等校注，中华书局2008年版，第536页。
② 《重修肃州新志校注》，第554页。
③ （清）徐松：《西域水道记》，朱玉麒整理，中华书局2005年版，第131页。
④ 《重修肃州新志校注》："雍正十一年，吐鲁番头目率回民二千三百八十余户、九千二百余名口，募化来归，安插瓜州。"第418页。
⑤ 《秦边纪略·近疆西夷传》："额力刻绰尔吉，部落二百人，住牧赤金湖；老藏台吉，部落五百人，住牧赤金湖。……滚卜台吉，部落一千人，住牧赤金湖。"第406页。

"达里图，源于突厥语 dardu……不过，达里图或达尔图，可能源于蒙古语 Dalte 或 Daltu，有两个含义，其一为'马肩胛骨'；其二表示数字'七十'。"① 则与"苦峪"的汉语意思无涉。因此，清代的"达儿兔"或"达里图"与明代的苦峪没有关系。这是一个新起的名字。既然是新起的名字，则清初"夷人"称"锁阳城"为"达儿兔"，与苦峪也就无瓜葛了。

三 明代苦峪城址四种观点

然则苦峪城到底是今何处？目前有四种观点。

其一，认为即"锁阳城"，如《重修肃州新志·靖逆卫》："上达儿兔旧堡，在黑水桥南二十里，其东南沙碛中，列废堞十余处，城东有废塔，城西北有废堡二处，或亦古之要隘欤？"② 从其描述可知，"上达儿兔"即锁阳城。

《丝绸之路大地图——在日本发现的一幅十六世纪丝绸之路地图》"苦峪城"条下谓："疏勒河水系的苦峪城（锁阳城）遗址。……故址在今甘肃瓜州县东北锁阳。向达教授在《两关杂考》中认为，苦峪城即唐代瓜州城。"③ 此说最流行，不烦多举。

其二，认为在今瓜州四道沟。刘兴义先生认为即四道沟古城遗址。

据《酒泉文物》："四道沟古城遗址：位于瓜州县三道沟镇四道沟村五组北侧 200 米处的耕地中。平面呈长方形，南北长 320 米，东西宽 240 米，面积 7.68 万平方米。东墙残存 130 米，西墙残存 70 米，顶部塌落呈断续状，残高 1.2—2.5 米。城墙夯土版筑，底宽 2.8 米，顶宽 1.8 米，残高 1.2—2.5 米，夯层厚 0.13—0.15 米，四角筑有角墩，东北角角墩残存部分墙体，残高 2.5 米。据有关专家考证研究初步推测，为汉代渊泉县治所。在《汉书·地理志》敦煌郡渊泉县条记中有相关记载。是瓜州历史上最早建立的县级行政区置所遗存。1989 年公布为县级

---

① 林梅村：《丝绸之路大地图——在日本新发现的一幅十六世纪丝绸之路地图》，文物出版社 2011 年版，第 56 页。
② 《重修肃州新志校注》，第 557 页。
③ 《丝绸之路大地图——在日本新发现的一幅十六世纪丝绸之路地图》，第 56 页。

文物保护单位。"①

但刘兴义先生又写道,"散居于苦峪城以东35公里之赤斤蒙古卫城（在今玉门镇东南2公里）者,谓之'下苦峪',蒙古语称为达里图。"行文颇难理解。或以为今称"西域城"者,为"下苦峪",为"赤斤蒙古卫城"。按距离,与四道沟古城相距35公里之遥的玉门镇东南2公里之古城,应是"西域城"。

刘先生之所以判定四道沟古城为"苦峪城",可能跟其与赤斤的距离有关。

其三,苦峪城即今玉门镇古城。李正宇先生持此说。先生在其《"曲尤"考》一文中,从音韵学入手,考订元代所谓"曲尤"即明代之"苦峪",其地在今玉门镇,"元代所谓的'曲尤',即明代的'苦峪'","根据明清两代的记述,可以确知元代之曲尤,即明代的苦峪[清代又有滩纳泰、达里图、靖逆所、靖逆卫、玉门县、回回墓（大草滩—骟马城间亦有回回墓,清代改名惠回堡,与此有别)]、回回城诸名,即今玉门市玉门镇东二里之古城"②。

李先生所言苦峪城,应为"西域城",现场考察,此城较小（南墙153米、东墙105米),为长方形城,且无辅城,不符合诸图中苦峪城之形状。

其四,岑仲勉先生则谓苦峪即玉门昌马堡城,"苦峪殆即图之昌马堡（Chang Ma Pao）"。

四者当中,"靖逆城"最为恰当。

按《西域图志》:"苦峪城,一名上达尔图,又,靖逆本名苦峪,亦名达尔图。故此称上达尔图以别之也。"③ 则清初尚有人记得"苦峪"之名。且其为嘉峪关至哈密当道辐辏,其西稍北有王子庄,与《西域土地人物略》所记距离相符。《西域土地人物略》附图中,其赤斤西只有苦峪城为一大城池,符合当时情势（见图一、图二、图三)。虽然,各清代著作和当今文物普查没有记载其西二十里古墩子有塔,加以调查,必能获得相关

---

① 杨永生主编:《酒泉文物——田野文物概览暨第三次全国文物普查成果》,甘肃文化出版社2012年版,第113页。

② 郑炳林等主编:《丝绸之路民族古文字与文化学术讨论会会议论文集》,三秦出版社2005年版,第489—498页。

③ 《西域图志校注》,第168页。

史料。

图中标"齐勤"即"赤斤";其"靖逆"位置,正是《西域土地人物略》图中之苦峪位置,即今之玉门镇地方。

有关今玉门镇的两处古迹,一处今称为"西域城遗址":"西域城遗址:位于玉门市玉门镇东渠村一组东渠村村委会西南一公里处,又名古城子,平面近似长方形,东墙长105米,西墙残长88米,南墙长152米,北墙长153米。墙高9米,底宽7米。城墙夯土板筑,夯层厚10—12厘米,南墙中间开门,门外有方形瓮城,残毁严重,形状不清。四角有角墩。西北角墩较大,墩横截面为圆形,墩内每隔0.8米有一层木筋。西域城遗址始建于明代,保存至今。清康熙五十七年(1718)该城曾作为靖逆卫城(今玉门镇)的辅城。"[①] 如图四、图五所示。

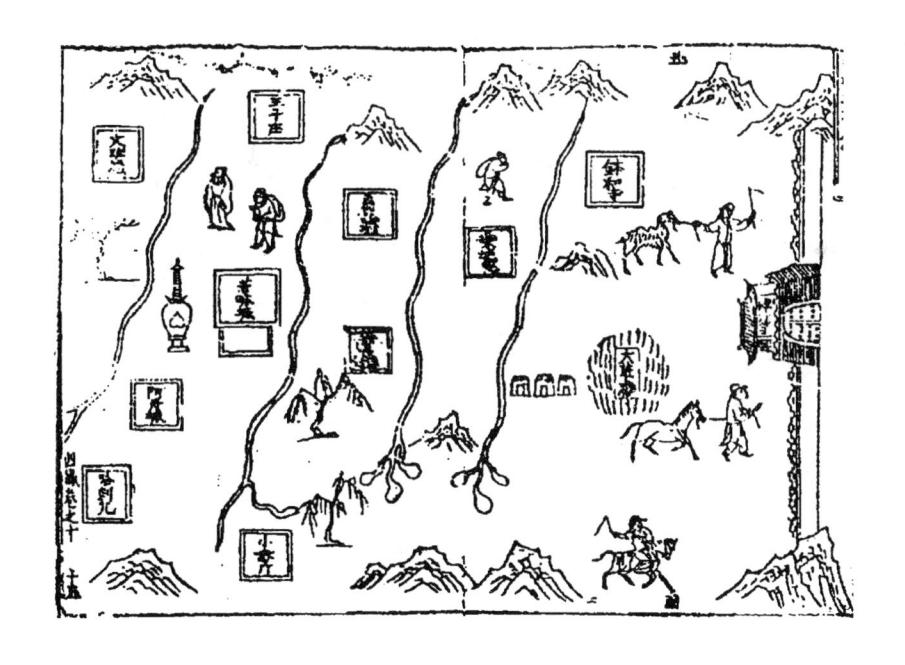

图一

(《肃镇华夷志校注》,第317页)

---

① 玉门市文化体育局、玉门市博物馆、玉门市文物管理所编著:《玉门文物》,甘肃人民出版社2014年版,第24页。

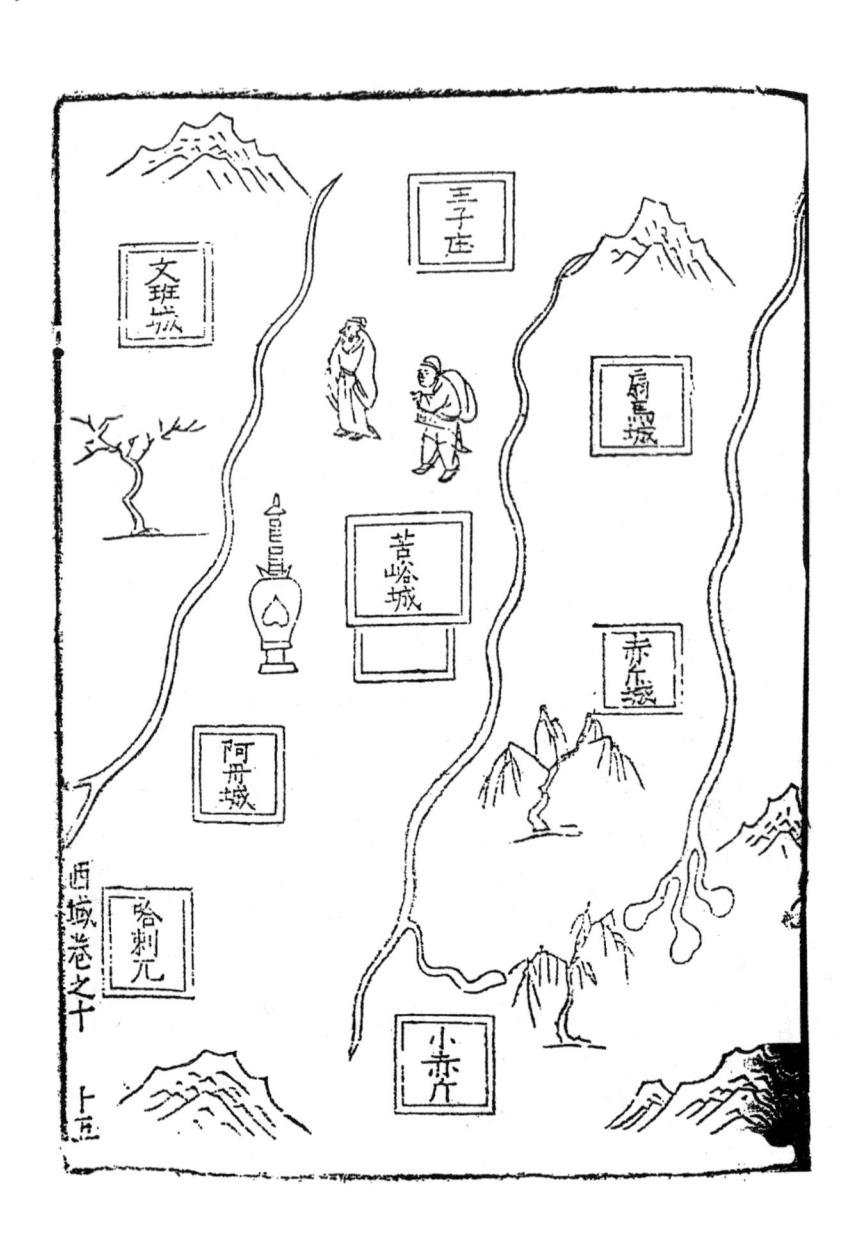

图二

(李之勤:《西域史地三种资料校注》,新疆人民出版社2012年版,第49页)

明代苦峪卫、苦峪城考索 123

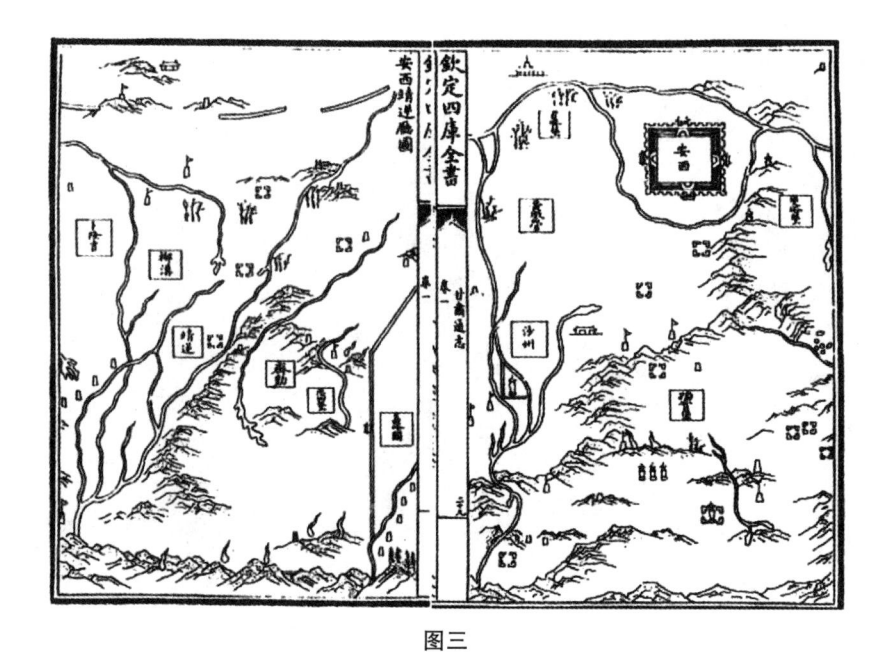

图三

[（清）许容监修，李迪等编纂：《甘肃通志》，台湾商务印书馆2008年《景印文渊阁四库全书》本，第557册，第37—38页]

图四

(《玉门文物》，第24页插图"西域城遗址")

图五
(《玉门文物》图版"西域城遗址")

"西域城"也可能称作"苦峪城"。名之为"西域",可能与该城是为东迁的沙州卫或哈密忠顺王部众而建之缘故。

康熙五十七年,由于又缮治了今"玉门镇古城"①,原来的城就作为辅城。

按照《西域水道记》,清代玉门县城,即"靖逆卫"城,为"东达里图"。《重修肃州新志》谓"靖逆"为"东达儿兔",也即东苦峪(校注者观点与原作不同)。

《甘肃通志》:"靖逆卫:汉敦煌郡地。按靖逆在齐勤(高按:即赤斤)西一百一十里,又西三十里至柳沟,去古玉门已远,当属敦煌。"②

《西域图志》"靖逆城"条:"靖逆城,东南距玉门县治一百二十里。城周二里,南北二门。本朝康熙五十七年,置靖逆卫治于此。乾隆二十四年裁卫,改属玉门县。城南有仙姑庙、观音寺。城北有牛王庙,又北有沙岗,西有红庙,又西至三道沟。按安西州本境,西南三十里有龙王庙,为

---

① 《玉门文物》,第31页。
② 《甘肃通志》卷三下,第557—125页。

苏赖、昌马两河合流处。"①

据《酒泉文物》："玉门镇古城遗址，位于玉门市玉门镇南门村农牧局办公楼、家属楼和玉门镇热电公司之间。玉门镇古城遗址即清朝靖逆卫城，原城东、南、北三墙已拆毁。现存古城址一段100米长的西城墙，墙高10米，城墙底宽5米左右，顶宽2.5米。墙体用土夯筑，夯层厚0.08米。始建于清代。1995年公布为县级文物保护单位。"②（见图六）

图六 玉门镇古城遗址
(《玉门文物》第31页插图"玉门镇古城遗址")

陶保廉《辛卯侍行记》："初六日，由赤金峡西行（稍西北）……入玉门县南门（靖逆驿），住行馆，计行九十里。"③ 刘满先生注为"玉门县，旧县名。本为靖逆厅，清乾隆二十四（年）改置玉门县，治所在今甘

---

① 《西域图志校注》卷八，第170页。
② 《酒泉文物——田野文物概览暨第三次全国文物普查成果》，第96页。
③ （清）陶保廉著，刘满点校：《辛卯侍行记》，甘肃人民出版社2002年版，第335页。

肃玉门市玉门镇。1958年并入玉门市"①。由赤斤至玉门县距离与陈诚《西域行程记》相符。

笔者在现场考察得知，靖逆城始筑并非康熙五十七年（1718），可清楚地看到现有墙体是在旧墙基础上所筑，因此，早先此处应该有城。诸家也认为靖逆城是在原旧址基础上修建②，从其城结构及大小判断，正是明代苦峪城。

"西域城"的圆形角墩，较为特殊。笔者在伊朗、乌兹别克斯坦考察时，曾参观伊朗设拉子的卡里姆汗古城（建于18世纪）、乌兹别克希瓦古城（被蒙古大军毁掉后重建），均为圆形角墩。河西走廊数个古城（检索得知，有肃南裕固族自治县皇城遗址、草沟井古城、高台天城、瓜州锁阳城等）也为圆形角墩，此城池圆形角墩形制，究竟是受中亚甚至西亚影响，还是中亚等受中土影响，笔者学力不足，希望方家指示。

今玉门镇东北有塔儿湾古城和名为"王家屯庄"的地名，笔者原先以为或者就是《西域土地人物略》所言苦峪北50里的"王子庄"（如图七，王子庄所在位置示意图）。

经实地考察所知，王家屯庄在玉门镇东北方，由苦峪西行，必不能折回再向东北，且其城垣今仍存，为王姓家族之在清末民国时期所筑之坞堡，应非王子庄。

那么，"王子庄"究竟在何处？笔者与玉门市博物馆王璞、文管所所长张建军先生及冯培红先生等考察了瓜州县的四道沟古城遗址，认为，刘兴义先生所说的"官筑苦峪城"，应非王子庄。距离不合。

四道沟古城，现名"城壕湾子"古城，位于瓜州县三道沟镇四道沟村，距离玉门镇西偏北70余里，城垣大体形状今仍存，夯筑时代不明。李正宇先生认为，为明代史料中的"阿丹城"的可能性较大（李先生与笔者

---

① 《辛卯侍行记》，第337页。
② 《辛卯侍行记》："五十七年，建靖逆城（周二里一分）于达里图（靖逆古城，或云在今县东北三十里塔儿湾，或云在县东上中渠），设靖逆同知及靖逆卫……（玉门无志书，今县城未知何年所筑。或云康熙时即建二城，同知居玉门卫，守备居塔儿湾。然靖逆旧址所在及县治两迁，《省志》均未载。兹据者老言录之以俟考。今玉门城长方形，止两门：南门在东南隅，题曰'柔远'，瓮城曰'厄阻群番'。北门在西北隅，曰'绥德'，瓮城曰'永奠西戎'，周三里三分。县署东辕题'玉塞名区'，西辕题'金天首邑'，游击署在县稍东。）"（《辛卯侍行记》，第335页）李正宇："此处原有古城，清康熙五十七年在此置靖逆卫，乃就古城废墟重筑新城。"（李正宇：《"曲尤"考》，载《丝绸之路民族古文字与文化学术讨论会会议论文集》，第496页注1）

语）。则揆诸道里，二道沟（今柳沟）附近可能是王子庄废城垣所在地。

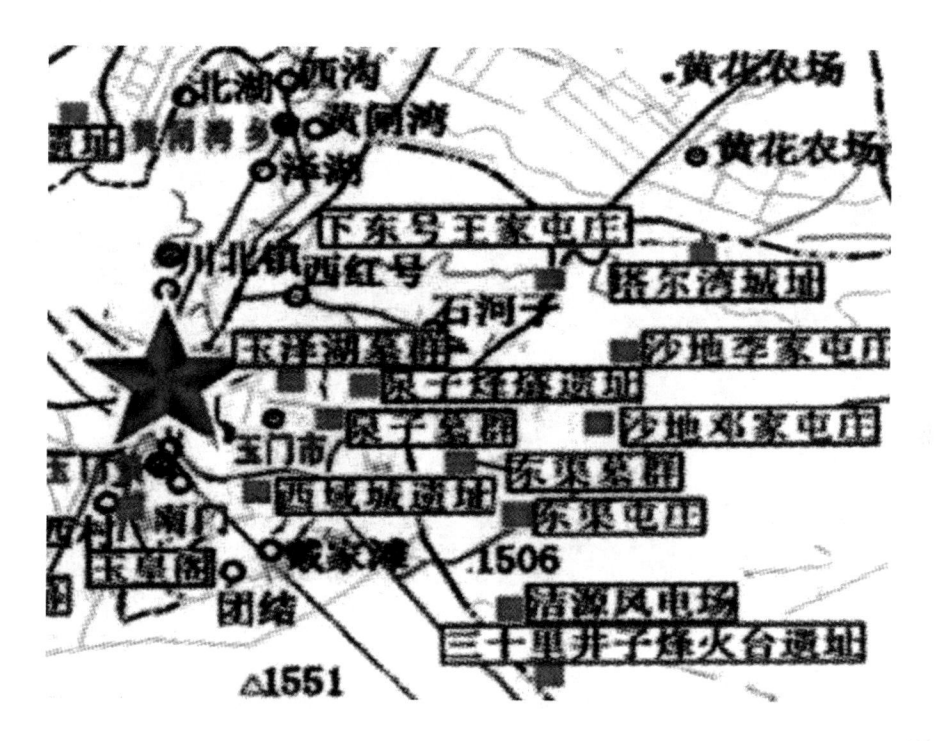

图七 王子庄位置示意
（《玉门文物》插图）

四 苦峪卫的设置和苦峪城的修建

苦峪地方，该城所处地叫"苦峪川"①，又叫"苦峪谷"②，《明太宗实录》中还出现了一个叫法"苦峪里"③；由于地处当道，可能在苦峪谷某险要处设关，称为"苦峪关"④（见图八、图九）。可证，"苦峪"之称，缘

---

① 见《西域土地人物图》题记。
② 成化十三年"冬十月戊申，复立哈密卫于苦峪谷，给土田牛种"（《明史》卷一四，中华书局1974年版，第174页）。
③ 永乐三年十二月，"癸酉……甘肃总兵官西宁侯宋晟言：哈蜜归附头目买住、察罕不花等二百七十八户居苦峪里，告饥，乞以预备仓粟赈济。从之"（《明实录·太宗实录》卷四九，"中研院"历史语言研究所1962年校印本，第739页）。
④ "比至，调集罕东、赤斤兵数千驻苦峪关。"（《殊域周咨录》，第415页）

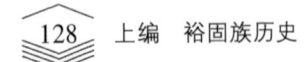

于该地形特点，与今之锁阳城无关。

图八　　　　　　　　　　　　图九①

从诸图看，苦峪城建在疏勒河东岸，城门朝西南方向开，主城后有一后缀之辅城，城呈"凸"字样。其图形在《西域土地人物略》中也有标示，只不过按照图形，其城门朝北，辅城在主城南。方向与彩图不同。这应是不同的作者对方向把握不准导致。根据其城图绘示意图如下（见图十）。

经实地考察，西域城等，无一符合此特点者。但笔者等在考察靖逆城时发现，该城曾经维修，西墙（今热力公司院内）有明显贴附痕迹。因此，所谓康熙五十七年（1718）修筑，其实非新筑，而是在原有旧城基础上的修筑。由于古城位于今城内，多数已毁，其城规模、方向等已难知其详。根据当地耆旧回忆，其城"开南北二门，有城楼二。……清康熙五十七年修建靖逆城时只有南北二城门，东西城门只留干打垒门垛，未有开门"②。玉门市79岁的海王忠老人依据回忆，画有靖逆城草图（见图十一），

---

① 图八、图九引自林梅村《丝绸之路大地图——在日本新发现的一幅十六世纪丝绸之路地图》，文物出版社2011年版，附图。

② 张世英口述，张学文整理：《旧玉门县城遗址考证简记》，载政协玉门市委员会编：《玉门文史资料》第七辑，内部资料2006年版，第214—220页。

图十

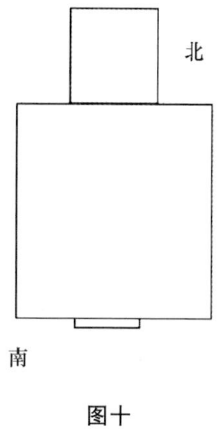

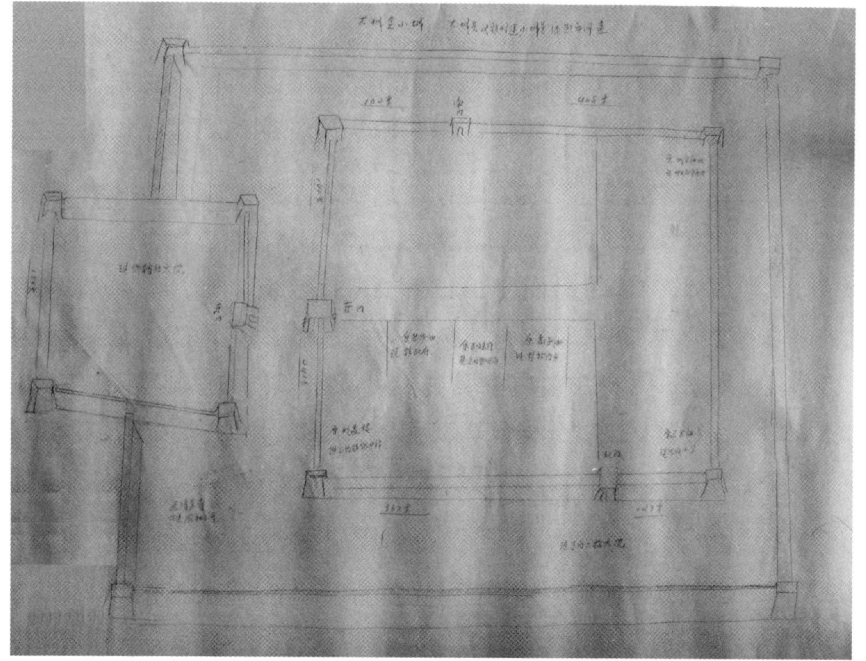

图十一

（此草图由王璞馆长提供，谨向绘图者和王馆长致谢！但画图者疏忽，将南北开门标为东西开门）

从草图看，其城之北门，正有一辅城。且有内城、外城之分。因此，该城为苦峪城的可能性最大。

从城图样看，其主城北门（绘图者误为东门）外，确有一方形副（辅）城。

此草图中的内城，很可能是明代的苦峪城，清代重修时，利用了西墙，老先生绘图时将其内城外城分开了；而其外小城部分，可能与原城北墙为一个墙，老先生记错了。

现根据老先生所画草图，对明清时期的苦峪城作模拟示意图（见图十二）。

苦峪谷或苦峪川内，很早就建有城池。

《殊域周咨录》卷十二："永乐二年，安克帖木儿遣使来朝，且贡马，因封为忠顺王，以头目马哈麻火只等为指挥等官，分其众居苦峪城。"① 则苦峪地方，很早就建有城池。由于苦峪当嘉峪关和哈密要道，所以，受哈密忠顺王管领。成化二年"哈密地方被北虏乩加思兰侵掠，忠顺王母率属避居赤斤、苦峪"②。成化八年，忠顺"王母外甥畏兀儿都督罕慎率众逃居苦峪、肃州"③，就不难理解了。

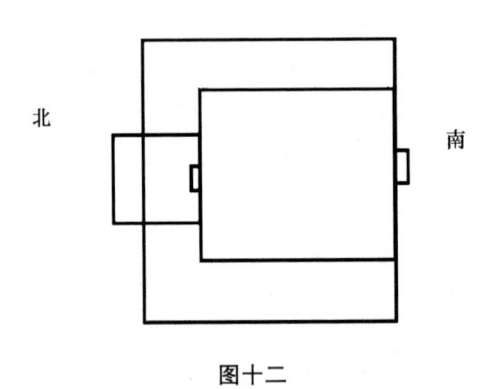

图十二

正统期间，第一次在苦峪谷筑城，以安置被乩加思兰残破的沙州卫

---

① （明）严从简：《殊域周咨录》卷一二《哈密》，余思黎点校，中华书局1993年版，第412页。
② 《殊域周咨录》卷一二《哈密》，第467页。
③ 《殊域周咨录》卷一二《哈密》，第415页。

部众。

"明年，又为哈密所侵，且惧瓦剌见逼，不能自立，乃率部众二百余人走附塞下，陈饥窘状，诏边臣发粟济之，且令议所处置。边臣请移之苦峪，从之。自是不复还沙州，但遥领其众而已。……初，困即来之去沙州也，朝廷命边将缮治苦峪城，率戍卒助之，（正统）六年（1441）冬，城成，入朝谢恩，又贡马，宴赐遣还。"①

这是沙州卫残破后的安置措施，因沙州卫部众与哈密忠顺王属同一部族，被安置在此。

在土鲁番咄咄攻势下，哈密忠顺王等不能立足，于是明王朝在苦峪设立卫所，其实是将哈密卫移至苦峪，这才在史料中出现了"苦峪卫"字样。

"苦峪城，即我皇明所设苦峪卫处也。"②

苦峪卫的设立在成化十三年（1477），具体实施者为王玺。

成化十二年（1476）"其冬，更铸哈密卫印，赐罕慎，于苦峪立卫居之，给土田及牛具谷种"③。

"（成化）十三年，都督佥事王玺等于赤斤、苦峪筑城，复立哈密卫，令罕慎居之，且赐以布帛米粮，分给土田及牛具谷种。"④

这是第二次在苦峪谷筑城，以安置并复立哈密卫，但已改称"苦峪卫"。将哈密卫遗众安置并复立卫所于苦峪，是因为原来苦峪城这一带就属于哈密卫管辖。

弘治期间，又一次在苦峪谷筑城，主事者为兵部侍郎张海。

"孝宗七八年间（弘治七年、八年，1497—1498），兵部侍郎张海修苦峪城，发流寓番人及寄居赤斤者赴苦峪及瓜沙州，十七年占特木尔主哈密，善巴走苦峪。"⑤

---

① 《明史》卷三三〇，第8560—8561页。
② 《肃镇华夷志校注》，第295页附《边政考·西域土地人物略》；第310页所附嘉靖《陕西通志·西域土地人物略》。
③ （明）谷应泰编：《明史纪事本末》卷四〇，丛书集成初编本，第3923册，商务印书馆1937年版，第17页。
④ 《殊域周咨录》卷一二，第467页。
⑤ 钟兴麒等校注：《西域图志校注》卷八，乾隆二十一年（1756），新疆人民出版社2002年版，第1页。

可见，原苦峪城的缮治及重新筑城，非止一时、非止一处，亦非止一城（这也可能是诸种史料所记赤斤到苦峪里数差异之原因）。虽然无法知道数次筑城的具体位置和城池名称。这其实是土鲁番政权东渐，关西诸卫残破东迁形势下，明政府的一个应对措施，意欲继续维持"为我藩屏"的现状，但其防线却是不断东撤，先是撤到苦峪谷一线，后来苦峪谷诸城也被残破，诸卫部众只好继续向东迁徙，最后甚至迁徙至肃州周边。

那么，今锁阳城究竟是明代史料和诸地图中的哪个城呢？从其与苦峪城、瓜州城、踏实堡等城堡的方位判断，应是"瓜州城"。

结　语

苦峪，为汉语名称，虽然其义不明，但早先应为一地域名称，明清史料中，出现了苦峪谷、苦峪川、苦峪里、苦峪城、苦峪关等诸多名称，苦峪城应是建于苦峪谷的城池，修建时间不一，非止一处，亦可能非止一城（安置沙州卫部众、哈密卫部众和诸种史料所记赤斤至苦峪距离不同可证）。最重要的苦峪城，即《西域土地人物略》插图、《西域土地人物图》中的苦峪城，应是位于今玉门镇的靖逆城，此城也应该是明代为安置东迁哈密卫而设立的苦峪卫处所。无论怎样，苦峪城应在嘉峪关通往哈密的直道上，为嘉峪关通哈密必经之处。瓜州锁阳城并非苦峪城，而是明代史料中的"瓜州城"。

笔者在玉门考察期间，玉门市博物馆馆长王璞、文管所所长张建军先生陪同考察，给予许多协助和提示，谨致谢忱！

原载《火烧沟与玉门历史文化研究文集》，
甘肃文化出版社 2015 年版

喇嘛教和蒙藏关系史上的一次重大事件
——仰华寺大会述略

无论在蒙藏关系史、喇嘛教发展史上，还是在蒙古族历史上，明朝神宗万历六年，即公元1578年，在青海湖畔的恰卜恰（察布齐雅勒）① 的仰华寺，由蒙古族历史上的著名人物俺答汗（阿勒坦汗）主持召开的迎接喇嘛教格鲁派代表人物，以及后来的三世达赖喇嘛索南嘉措的大会，都是值得一提的大事件。

在这次大会上，宣布漠南蒙古各部废除萨满教和用人畜殉葬、杀牲血祭等一系列陋习；喇嘛教被确定为东蒙古各部的正统宗教，在蒙古各部正式传播；索南嘉措被俺答尊为达赖喇嘛；俺答汗被赠予"咱克瓦尔第彻辰汗"之称号。在俺答的支持下，格鲁派（黄教）迅速发展，逐渐成为西藏最强大的教派，此外，大会还宣布了一系列宗教和政治法规，对蒙古民族的社会生活产生了十分重要的影响。大会对于明蒙关系、明与喇嘛教的关系发展也起了积极的推动作用。拙作《仰华寺建毁始末述略》② 简单地提到了这次大会。本文试就大会的历史意义及相关的问题作一论述。

一 大会前藏蒙双方形势概要

黄教（格鲁派，下同），是15世纪在西藏产生的一个喇嘛教派别，其创始人为宗喀巴。宗喀巴为青海湟中人，十六岁时赴西藏，先后拜师多人，刻苦学习喇嘛教经典，很快成为西藏很有影响的佛教大师。他鉴于当

---

① 察卜齐雅勒音同恰卜恰。从《中国历史地图集》看，当在今天青海共和县境内倒淌河口附近。

② 高启安：《仰华寺建毁始末述略》，《青海民族学院学报》1989年第1期。

时萨迦（花教）等教派的一些僧人违反佛教本旨，追逐政治权势，聚敛财富，不守戒律，世俗化倾向严重，玩弄魔咒神法以欺骗群众等弊端，提倡宗教改革，主张"敬重戒律"，不娶妻，不饮酒，不杀牲和僧人"苦行"，调整显、密宗关系。他的这些主张，得到了一些僧人的欢迎和支持，逐渐形成了一个派别。因此派僧人皆着尖顶黄帽，因此称为"黄帽教派"，简称"黄教"，以区别于花教、红教、白教等派。黄教创立后，影响迅速扩大，受到了当时明政府的注意。明政府曾邀请宗喀巴赴京，宗喀巴派其大弟子释迦也夫两次进京，被明政府封为"西天佛子大国师"和"大慈法王"。释迦也夫在两次赴京途中，在青海地区宣传黄教，先后修建了灵藏、弘化、隆务等寺，黄教势力迅速在西康、安多、阿里等地传播、发展。这就为以后蒙古部落入据青海、信仰黄教打下了基础。

黄教到了根敦嘉措（即二世达赖）任哲蚌寺和色拉寺池巴时，西藏政局发生了变化，后藏大贵族仁本巴·顿珠掌握了西藏的实权，他与噶举派之噶玛噶举派相互勾结，一改过去的宽容和并存政策，对黄教采取敌视和排挤的态度。仁本巴控制拉萨后，竟在一个时期内禁止哲蚌、色拉两寺的喇嘛参加每年正月举行的默朗木大会。

1537年（嘉靖十六年），噶举派的直贡噶举也对黄教采取了敌对行动，派遣武装力量攻打黄教噶丹寺，黄教又一次遭受了严重打击。

索南嘉措被认定为根敦嘉措的转世灵童后，这种情况没有多少变化，黄教仍然受到敌对势力的排挤。所以，黄教急于寻找比较强大的政治势力的支持，以推行其教。这成为索南嘉措北上的一个很重要的原因。当然，北上传播宗教也符合佛教"普度众生"的宗旨。

1576年，蒙古土默特首领俺答派代表赴西藏邀请索南嘉措到青海会面，索南嘉措欣然前往。

元蒙势力被明将邓愈逐出青海后，一部分投降者被明政府封为土司，成为明的属藩，语言、风俗习惯已与蒙古人有所不同。在以后的一百多年中，青海地区鲜有蒙古游骑。"正德四年，蒙古部酋亦不刺、阿尔秃厮（斯）获罪其主，拥众西奔，瞰知青海饶富，袭而居之……自是，甘肃青海始有海患。"[①] 后来，套部蒙古卜儿孩一支也因内讧逃往青海，与亦不刺

---

① 《明史》卷三三〇，第8544页。

合。俺答的父亲和兄长相继为济农后,屡次前往青海征伐亦不剌,在征讨过程中,自然接触到了喇嘛教。俺答兄吉囊死后,其部众皆归俺答。俺答在西征卫拉特和南征亦不剌余众时,曾留部众在青海,这一部分最先信仰了喇嘛教。

万历二年,俺答留在青海的儿子丙兔请求明政府允许在青海和嘉峪关建寺。明政府经过认真讨论,允许其在青海建寺,而拒绝了其在嘉峪关建寺的请求。①"万历五年,虏以贡好乞寺名,上赐西海寺曰仰华寺。"② 据《安多政教史》记载:"在供施双方会晤的地方相定土地,召集汉族的能工巧匠多名,在恰卜察修建恰卜察大乘法论洲寺,在佛殿中供奉三世诸佛、圣喇嘛及圣者的塑像;左右及前方则为大威德殿、观音殿等,均为十六根柱子的大殿;各殿之间,又有菩萨殿、夜叉殿二处,皆饰以白琉璃、旌幡等,前方之左右两旁建有小寝宫——光明宫及大乐宫,所有屋脊等装饰,均采用汉式,室外绕以三层围墙。"③ 寺院规模宏大、壮丽,一时成为整个青海的喇嘛教中心。可惜的是,这一早于塔尔寺(塔尔寺建于万历十一年),对塔尔寺建筑有着重要影响的汉藏佛教建筑艺术结晶在万历十九年被郑洛等一把火烧毁了。

俺答及蒙古族信仰喇嘛教,有其深刻的社会和政治方面的原因。

蒙古族被明政府逐出长城以北以后,长期处于分裂状态、各部之间战乱频仍,极大地破坏了生产力,给蒙古人民带来了深重的战争灾难。达延汗统一漠南后,各部强酋又不断骚扰明的北部边防,双方人民遭受战乱之苦,蒙古群众厌战情绪十分强烈,不但要求政治上有一个统一安定的局面,精神上也要求有一个新的支柱。喇嘛教以善为本,戒杀生符合他们的愿望,喇嘛教宣扬的阴阳轮回的观念给贫困牧民带来了幻想和希望。蒙古贵族包括俺答本人也看到了喇嘛教对于维护统一、笼络人心的作用。正是在这种形势下,俺答皈依了喇嘛教,并邀请索南嘉措北上,召开了具有历史意义的仰华寺大会。

---

① 《明史》卷三三〇,第8546页。
② (明)方孔炤:《全边略记》卷五《甘肃略》,内蒙古大学出版社2006年版,第202页。
③ (清)智观巴·贡却乎丹巴饶吉:《安多政教史》,吴均、毛继祖、马世林译,甘肃民族出版社1989年版,第36页。

二 仰华寺大会概况

还在仰华寺大会召开前的万历元年，俺答汗在收服上下沙喇卫郭尔及阿木多喀木的几个部落时，得到了阿哩克喇嘛，在阿哩克喇嘛劝说下，"汗遂专志经典、始念六字心咒"①。万历四年，在彻辰鸿台吉劝说下，俺答派人迎接声望卓著的索南嘉措北上仰华寺。第二年，"岁次丁丑，右翼三万人乘马往迎，直至察卜齐雅勒地方。初次往迎者，乃永谢部之巴尔郭岱青，鄂尔多斯之哈坦巴图尔，土默特玛哈沁巴克实等二百人前往，呈献币帛珠宝驼马等物……二次往迎者，乃鄂尔多斯之青巴图鲁，土默特之卓哩克图诺延，率千人往叩，献赞仪五千……其三次往迎者，乃鄂尔多斯之彻辰鸿台吉，图默特之达延诺延为首，带领三千人往迎"②。《安多政教史》也详细记载了三次半道迎接的盛况。

万历六年五月，索南嘉措到达仰华寺，受到了俺答等人的热烈欢迎。俺答及其他蒙古王公贵族都奉献了珍贵礼品。索南嘉措宣称："我等非至今日，曾世世相会。阿勒坦汗尔为曩者青吉斯汗之孙胡必赉彻辰汗之时，我为萨斯嘉班第达之侄玛第都瓦杂帕克巴喇嘛。"③ 二人有世缘。

五月十五日，俺答汗在仰华寺举行了规模宏大的集会，参加者有汉、藏、蒙、维吾尔等民族的僧俗人众十余万人。为仰华寺"寺殿落成之后，举行盛大的开光仪式，及进行和平、兴盛、权势、威猛四种护摩（烧祭）"④，"于是可汗、哈敦为首举国大众，聆听达赖喇嘛宣讲戒律之功德，和经咒传乘之导引乌波提舍，以及闻、思、修之诸功德。妙阿勒坦诺门汗为首皆起崇信之心"⑤，"焚毁外道之谬误翁衮，察里格，使愚昧之孛额（男萨满）、乌达干（女萨满）衰落消亡，使有功无上经教之制固如绫结般"⑥。仰华寺大会最重要的一项内容就是由彻辰鸿台吉宣布废除萨满教、

---

① （清）萨囊彻辰著，（清）沈曾植笺证：《蒙古源流笺证》卷六，中国书店2008年版，第22页。
② 《蒙古源流笺证》卷六，第32页；卷七，第1页。
③ 《蒙古源流笺证》卷七，第2页。
④ 《安多政教史》，第36页。
⑤ 珠荣嘎译注：《阿勒坦汗传》，内蒙古人民出版社1991年版，第117页。
⑥ 《阿勒坦汗传》，第117页。

崇奉佛教。"鄂尔多斯鸿台吉恳祈通事瓦齐尔图迈衮欢津转奏云：'从前适逢善缘之力，供奉牌位、圣喇嘛与施主汗二人如日月并照于天。昔者，奉上帝玉皇之旨，占据五色目之索多博克达青吉斯之孙、观世音菩萨之化身库腾汗与转轮胡必赉彻辰二人，识见至极，萨斯嘉班第达生灵依庇之帕克巴喇嘛二人，与蒙古有道汗等及得获萨斯嘉通之喇嘛等会合，以道教使大众共享太平。降自乌哈噶图车辰汗以来，道教渐衰，大众造恶作孽，血肉相残。今值争计之时，得与似释迦牟尼佛之圣喇嘛，似玉皇大帝之大力汗二人相遇。伏愿自今、敛福衍庆之日为始、将涌血大江，变为溢乳之海，开觉从前汗等遗留经史善路。汗与喇嘛二人，以善相结，则普遍大众利益之事其重兴矣。'是时，汉人、土伯特、蒙古、卫果尔喇嘛等聚集十万余人，闻奏是言，如孟夏鸣鸠之声，俱倾耳以听，所有人众，共相欢悦称奇。"①"过去蒙古人死后，按其身份的高低，要妻子、奴隶、马匹、牛只等殉葬。从今以后，决心改正，贡献于上师和比丘，请求回向和祝愿，决不能杀生。杀人者偿命，杀牛马者罚款，动手欺侮僧人者抄家；过去称为'窝果尔'每年举行的血祭及一年一次杀生祭祀的那些阎罗的偶像等，一律要火焚之，若不火焚之抄家，兴修六臂怙主（大黑天）圣像，作为它的替代者，用三白贡品奉祀。每月望晦及逢八日要持禁食斋。不得抢掠汉、藏人等，要像卫、藏那样对待。"② 若出家人违背经教娶妻者，照经教以黑烟涂面，令转庙三匝，责而遣之；乌巴什乌巴三察等若违经教杀牲，亦照前责处入宫；巴音乌巴什等若饮酒，则毁弃其所有之物。并参酌从前土伯特之三汗并蒙古胡必赉汗时旧例，创立十善福经之政，遵以圣识一切瓦齐尔达喇达赖喇嘛之号，照依诺门汗帕克巴喇嘛供奉四项瑚巴嘛克、不派畋猎、不索供赋，以整齐道教。③ 还规定了对大小喇嘛不同的优待政策。达赖喇嘛也赠俺答以"转千金法轮咱克拉瓦尔第彻辰汗济农哈什汗"之号，其他彻辰鸿台吉以下则"随其职之尊卑、任之轻重，照经教之例，均赠给名号"④，"仿照七武士之故事，由汗下令对以三名王族子弟为首的百多名

---

① 《蒙古源流笺证》卷七，中国书店 2008 年版，第 3、4 页。
② 《安多政教史》，第 36 页。
③ 《蒙古源流笺证》卷七，第 4、5 页。
④ 《蒙古源流笺证》卷七，第 5 页。

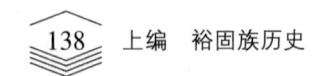

僧人予以剃度"①。索南嘉措还为俺答及其妻、蒙古诸王公授了金刚灌顶，表示祝福。

三　仰华寺大会的历史意义

仰华寺大会是蒙藏关系史和喇嘛教史上具有重要意义的一次盛会，它在蒙古族发展史上所起的作用不可低估。

（一）仰华寺大会正式宣布废除萨满教，确立喇嘛教为正统宗教，革除了用人畜殉葬和血祭翁衮的野蛮风俗，在蒙古族发展史上具有进步意义

元初，八思巴被忽必烈尊为国师，在忽必烈的支持下，曾推行过喇嘛教，但大抵只在上层贵族中崇奉。元蒙退之以后，随着明的兴起，隔断了蒙古族与喇嘛教的发祥地西藏的关系，除了靠近西藏的卫拉特蒙古有喇嘛僧人外，其余蒙古部落已鲜有信仰者。正德以降，游牧于青海的蒙古族部落接触到了喇嘛教，受其影响开始信奉。但还没有取得蒙古王公在政治上的认可和支持。广大的蒙古地区，仍然崇信萨满教、供奉偶像"翁衮"。通过这次大会，宣布萨满教及其翁衮为魔道神像，予以废除焚毁，确立了喇嘛教的政治地位。

喇嘛教传入蒙古，许多人出家做了和尚，社会上多了一个不劳而获的寄生阶层。这些人不能娶妻生子，增加了群众的负担，客观上阻碍了生产力的发展和蒙古人口的增长。这一点有好多学者已有论述。但必须看到，喇嘛教之传入蒙古，是一种客观必然。在喇嘛教传入前，蒙古各部存在相当严重的以妻妾、仆人、牛马牲畜殉葬的野蛮制度和按年逐月杀牲血祭翁衮的落后习俗。《蒙古源流》记载铁背台吉去世时，其母竟要一百个儿童、一百只骆驼从葬。可见这种残酷、落后风俗对于生产力的破坏有多严重。大会废除了这种残酷、落后风俗，这是蒙古民族向着文明社会迈进的具有划时代意义的一步。喇嘛教的以善为本，戒杀生对于当时蒙古各部烧杀抢掠有一定的约束作用。这些，在客观上起到了保护生产力，有利于明蒙双

---

① 《安多政教史》，第36—37页。

方休养生息的作用,具有进步意义。此外,随着喇嘛教的传入,西藏佛教文化——绘画、雕塑、建筑和佛教文学以及其他艺术传到了蒙古,对蒙古族后来的文化艺术也有很大影响。

(二)仰华寺大会制定了一套宗教法规和制度,在蒙古族发展史上起过十分重要的作用

据史料记载,在仰华寺大会上,由彻辰鸿台吉宣布了一套完整的宗教法规。关于这个问题,好多学者已有论述,当无疑问。[①] 根据《蒙古源流》"参酌从前土伯特之三汗并蒙古胡必赉汗时旧例,创立十善福经之政"等语,法规主要是依据元世祖忽必烈制定的《十福经白史》和一些佛教戒律来制定的,其内容如上所举。这一套法规不仅对当时蒙古各部落社会生活的各个方面——政治、宗教、文化、风俗习惯等产生过十分重大的影响,而且对于著名的《卫拉特法典》的形成也产生过不小的影响。例如《卫拉特法典》中关于取消"翁干(衮)"违犯者科财产刑,邀请萨满教的萨满来家者科罚邀请者马一匹的财产刑及科来家的萨满马一匹,禁止宰杀牲畜祭祀,僧侣破戒律或擅自还俗者,科牲畜及财产之半,禁止以言辞和行动侮辱僧侣,违反者处以重的财产等条例,[②] 就直接承袭了仰华寺大会所公布的法规。

(三)在仰华寺大会上,索南嘉措被顺义王俺答尊为"圣识一切达喇达赖喇嘛"的称号,这便是达赖喇嘛的由来

索南嘉措被尊称为"达赖喇嘛"的消息传到西藏后,黄教寺院集团上层僧侣立即予以承认,并把他指定为三世达赖喇嘛。同时追认宗喀巴最后的弟子,建立扎什伦布寺的根敦主为第一世达赖喇嘛,哲蚌寺的第十一任池巴,根敦主的转世灵童根敦嘉措为第二世达赖喇嘛。从此,"达赖喇嘛"承袭了灵童转世制度,成为喇嘛教黄教的当然首领,得到了公众的承认。后来,五世达赖在顾实汗的支持下,建立噶丹颇章政权,集西藏政教大权于一身,经1653年清政府册封,"达赖喇嘛"这个称号及其政治地位便得

[①] 奇格:《阿勒坦汗宗教法规述略》,《内蒙古社会科学》(文史哲版)1987年第2期。
[②] 罗致平、白翠琴:《试论〈卫拉特法典〉》,载《蒙古史研究论文集》,中国社会科学出版社1984年版。

到了中央政府的承认，成为历代之惯例。所以，仰华寺大会在达赖喇嘛转世制度上，有着开启始先的贡献，在喇嘛教的发展史上，也是一个根本的转折点。

（四）仰华寺大会是索南嘉措与明朝发生关系的契机，同时也促进了蒙古各部落与明的友好

据《明史》记载："万历七年，（俺答）以迎活佛（指索南嘉措）为名，西侵瓦剌，为所败。此僧戒以好杀、劝之东还。俺答亦劝此僧通中国，乃自甘州遗书张居正，自称释加摩尼比丘，求通贡……由是中国亦知有活佛。"[①] 明政府知道仰华寺大会后，曾命甘肃巡抚侯东莱差人到青海，请索南嘉措到甘肃会晤。这年冬天，索南嘉措到了甘州，受到了侯的热烈欢迎。侯东莱秉承明朝旨意，请索南嘉措劝俺答东还河套，以减轻对明青海边防的压力。俺答听劝东返，索南嘉措给张居正写了一封信，谈到了这件事，并赠送礼品。张居正接到信和礼品后，"不敢受，闻之于帝，帝命受之，而许其贡"[②]。这件事，《明实录》记载得更明确："乌思藏阐化王男扎释藏下差番僧来西海，见其僧活佛为顺义王子孙说法、劝化众达子为善。因托顺义王俺答代贡方物、请款封……上谓：'番僧向化、代抚虏，恭顺可嘉。'因各授大觉禅师及都纲等职。赐僧帽、袈裟、表里、食茶、彩缎有差。"[③] 这是明政府第一次和索南嘉措发生关系，在喇嘛教和明政府的关系上有着很重要的意义。

仰华寺大会到万历十六年西宁事变（即永邵卜部杀副总兵李奎）这段时间内，青海及宣大边防明蒙双方摩擦逐渐减少，有一段相对和平的时期，俺答及其他蒙古首领，也颇能约束部众，这和仰华寺大会所确立的"不再抢掠汉藏"的政策是有一定关系的。

原载《青海师范大学学报》（哲学社会科学版）1990 年第 1 期

---

① 《明史》卷三三一，第 8575 页。
② 《明史》卷三三一，第 8575 页。
③ 《明实录·明神宗实录》卷七二，万历六年二月条，第 1558 页。

仰华寺建毁始末述略

明代民族关系史上有一个重要事件，这就是仰华寺的建立与焚毁。

前人在研究蒙古族历史上著名人物俺答（阿勒坦）汗的事迹与功绩时，对他倡导藏传佛教虽有论述，却过于简略，对于仰华寺的建毁，更鲜有人专门论及。本文拟就此事之始末经过以及与之相关的问题加以论述。

一

藏传佛教自元初就已在蒙古各部落中流传，并被元世祖忽必烈奉为国教，但只是在上层贵族中流传，广大的蒙古人仍然信奉他们原有的萨满教。元亡后，蒙古退回漠北，藏传佛教失去了和发源地的联系，除了靠近西藏的西番诸卫和邻近的瓦剌中尚有藏传佛教外，其他部落中已很少有僧徒。而这时蒙古各部所信奉的只是该教的萨迦派。

俺答汗本人及河套蒙古人原来信仰萨满教，有用人殉葬和给死者宰杀牲畜的野蛮风俗。[1] 遇事即向萨满求神问卜。隆庆封贡前，套部蒙古曾遇灾疫，"俺答亦不幸大札，人畜死者什二三，乃往问神官。神官，胡中善卜者。'若欲得吉，必入贡南朝乎'"[2]。神官，就是萨满教的萨满。嘉靖二十六年，俺答要求贡市，在写给明朝的书信中说："皇帝陛下愿遗我白段一匹，麒麟蟒龙九匹，我若得白匹，即以为袍，挂大神道。"[3] 萨满有专门的服饰，且华丽。俺答要求明政府赐他衣料，以给萨满做服装。这些，都

---

[1] 《蒙古源流》记载铁背台吉去世时，其母要杀死一百个儿童、一百峰骆驼从葬。
[2] （明）瞿九思：《万历武功录》卷七《俺答列传》上，《续修四库全书》第436册，上海古籍出版社2002年版，第421页。
[3] 《万历武功录》卷七《俺答列传》上，第423—434页。

说明他信奉萨满教。

元蒙势力被明将邓愈逐出青海后,一部分投降者被明政府封为土司,成为明的属藩,语言、风俗习惯已与蒙古人有所不同。在以后的一百多年中,青海地区鲜有蒙古游骑。"正德四年,蒙古部酋亦不剌、阿尔秃厮(斯)获罪其主,拥众西奔。瞰知青海饶富,袭而居之……自是,甘肃青海始有海患。"① 关于这次事件,《蒙古源流》记载得比较详细。亦思马因被诛后,达延汗(小王子)权威渐立,右翼诸部请达延汗置济农以统辖,达延汗封次子乌鲁思博罗特为右翼济农。然而右翼强酋亦不剌等不服管辖,寻衅杀死乌鲁思博罗特,举兵叛乱。达延汗两次亲征,才将亦不剌等逐于青海。自是,套部与右翼3万人结仇。② 俺答兄衮必里克济农(吉囊)继任后的一个重要任务,就是征伐亦不剌,为其叔报仇。

嘉靖十一年(1532),俺答兄衮必里克墨尔根济农率众西征,击败亦不剌部,虏其部众大半。③ "二十年,吉囊率众又犯西宁。"④ 吉囊生前,俺答的活动大多与他在一起。嘉靖二十一年,吉囊死,部众皆归俺答,俺答仍未忘记杀叔父之仇。二十三年九月"俺答即得海虏为因缘,乃复迫胁诸番及红帽儿等族,以益其势……"⑤ 红帽子族,当时居住在永昌皇城滩及其以西地区。已经信奉藏传佛教。"二十五年,虏复收海贼。"⑥ 嘉靖三十八年,俺答率万骑入西海,卜儿孩窜走。因为当时俺答患足疾,第二年便返回河套。只留其子丙兔在青海,其侄孙宾兔据松山⑦。就在隆庆五年议和前,俺答率部又一次深入青海,"其九月,俺答西辕,掠西番。留妻一克哈屯,孙把汉那吉守巢"⑧。把汉降明,俺答"方略西番,闻变急归"。(同上)

在这几次惩伐亦不剌和卜儿孩的西征中,俺答的收获之一就是接触到了藏传佛教。

---

① 《明史》卷三三〇,第8544页。
② 《明史》卷三三〇,第8545页。
③ (清)萨囊彻辰著,(清)沈曾植笺证:《蒙古源流笺证》卷六,第8页。
④ 《边政考》卷五,第529页。
⑤ 《万历武功录》卷七《俺答列传》上,第422页。
⑥ 《边政考》卷五,第531页。
⑦ 《明史》卷三三〇,第8546页。
⑧ 《明史》卷二二二,第5838页。

15世纪初，藏传佛教在西藏经过宗喀巴的改革，创立了格鲁派。但在西藏受到了敌对势力和其他教派的攻击。明永乐七年，明成祖派人请宗喀巴到京讲经，宗喀巴派其弟子释迦也失到京晋谒明帝，他两次路过青海时，修建了灵藏、弘化等寺，使格鲁派势力迅速在西康、青海地区传播发展。俺答汗在对青海的屡次征略中，就自然而然地接触到了急于向四方传播并想取得强大政治势力支持的格鲁教派。

和藏传佛教最早发生直接接触的，是吉囊之孙彻辰（切尽）黄台吉。"岁次丙寅（嘉靖四十五年），年二十七岁，行兵图伯特，次于锡里木济之三河交汇地方，大布尔萨喇嘛、禅师喇嘛、达尔罕喇嘛为首，遣使致信，于乌松都尔三津，阿勒坦三津云，尔等若归附于我，我等共此经教，不然我即加兵于尔。彼甚畏惧……于是，收服三部落图伯特，带领巴克实喇嘛、阿斯多克塞音班弟、阿斯多克斡齐尔托密桑噶斯巴等三人，到蒙古地方。"① 又 "阿勒坦汗……六十八岁，岁次癸酉（万历元年）行兵萨哈连图伯特地方，将上下沙喇卫郭尔二部落阿木多喀木之阿里萨噶尔齐斯奇巴、喀噜卜伦木多萨尔唐萨里克卜之三诺延以及所属人众尽行收服。阿里克喇嘛、固密苏噶巴克实二人，率所属一同归附。于是，阿里克喇嘛为汗解脱三恶缘及来世罪孽，升至色究尽天，唪诵大有利益区别取舍等经。汗遂崇志经典，始念六字心咒"。② 上下沙喇卫郭尔即今天的西东部裕固族，当时已迁居到了今天所在地，信仰藏传佛教。俺答汗在收服裕固族的同时，得到了两位喇嘛。经二人宣传说教，从此念六字真言，皈依了藏传佛教。

俺答汗决心信奉皈依藏传佛教，也和一直活动于青海及其附近的其他蒙古部落、包括他的儿子丙兔及其兄的子孙的劝说和影响有关。这些蒙古王公活动、游牧的地区，靠近藏传佛教最盛行的青海湖周围及附近地区。就是那个彻辰黄台吉，在受了喇嘛教影响后"……往见其叔③阿勒坦汗，谏云，从前失陷城池，与中国人结仇以致出亡失统。今汗寿已高，渐至于老。事之有益于今生及来世者，惟在经教，先贤曾言之。今闻西方纯雪地方，有大慈大悲观世音菩萨出现，祈遣使请来，照从前神祖呼必赉彻辰汗

---

① 《蒙古源流笺证》卷六，第22—23页。
② 《蒙古源流笺证》卷六，第22页。
③ 从《蒙古世系》等其他材料看，彻辰黄台吉为吉囊之孙、俺答之侄孙。

与胡土克图帕克巴喇嘛设立道教，岂非盛事乎？阿勒坦汗深为嘉许。遂与右翼三万人和好，即于丙子年（万历四年）令阿勒坦汗之阿都斯达尔罕、阿奇依达尔罕，彻辰鸿台吉之鸿郭岱达延巴克实等，充为使人，往迎圣识一切之索若木扎木苏胡土克图"①。

万历二年，俺答子丙兔等请求在青海及嘉峪关建寺，明政府经过讨论，许其在青海建寺，而拒绝了其在嘉峪关建寺的请求。

二

俺答汗皈依藏传佛教和建立仰华寺，也与明政府对蒙古部落的政策有密切关系。隆庆议和前，对蒙政策，明政府内部一直存在主战和主和两种意见。由于明朝的腐败和边将的贪鄙无能，几次议和都未搞成。仇鸾的开市失败招致了蒙古骑兵在宣大一带的屡次入侵和"庚戌之变"，给双方人民都带来了巨大的战争创伤。于是，主战的意见占了上风，无人敢提"议和"二字。俺答及其在青海的卜儿孩部几次向明政府提出开市议和，均遭到明政府的拒绝。双方剑拔弩张，一直处于对峙状态。

隆庆四年，俺答孙把汉那吉降明，王崇古、方逢时等借此有利时机，主张开市，接受议和。在朝廷经过一番争论后，主和意见占了上风，得到了隆庆帝的支持，封贡互市得以实现，俺答被封为顺义王，其属下亦各分封有差。这是明蒙关系史上一个大的转折点。

宗教历来就是统治阶级用来麻醉群众的一种工具，也是封建王朝用来统治少数民族的一个重要手段。明政府也不例外。在对蒙古各部的政策中，成功地运用了这一手段。

明朝的一些官吏早就看到了藏传佛教可以起其他手段所不能起的作用。因此，他们对于俺答崇尚佛门，持积极的欢迎支持态度。俺答曾要求明政府派僧徒、给经文，明政府立即满足了这些要求。"神宗万历元年三月，颁顺义王俺答番经，并给镀金银印"，② "先是俺答请金番经数部及喇嘛僧一人，事隶祭祀司。于是咨僧录，得金字经三部，行顺天府，复造及

---

① 《蒙古源流笺证》卷六，第30—31页。

② （明）石应泰：《明史记事本末》卷六〇《俺答封贡》，《丛书集成初编》本第3926册，商务印书馆1937年版，第22页。

墨字经大率十部，遣其喇嘛僧星吉藏卜坚岙扎巴及其徒领占班麻星吉铿往。……崇古幸喜俺答晚喜佛，意欲番僧阐扬慈教，启发善心，乃取抚赏金，造禅衣褊衫、市税金、治米面茶果菜蔬及红黄纸割贡器具，而以汉僧八人，陈列法器，全番僧至房中诵经……"① 可谓用心良苦。果然，"俺答闻僧至，即引众出四十余里，膜拜迎入穹房……迎率其子若孙及部众万余，日夕丫手而礼佛。……倾之，黄台吉请僧建斋，而房众亦以佛为宗、以僧为师矣。于是，相率念佛传咒，同戒杀生、化凶残、兴慈悲之念"。②

在建立仰华寺的态度上，也反映了明政府的这一政策。万历二年，"丙兔乃以焚修为名，请建寺青海及嘉峪关外，为久居计。廷臣多言不可许。礼官言，彼已采木兴工，而令改建于他所，势所不能。莫若因而许之，以鼓其善心，而杜其关外之请。况中国之御戎，惟在边关之有备；我之顺逆，亦不在一寺之远近。帝许之"。③ 在仰华寺建立过程中，明政府还派去了工匠，在器具、材料等方面提供了帮助。"万历五年，虏以贡好乞寺名，上赐西海寺曰仰华寺"。④ 在仰华寺建立前后，经明政府同意，还在归化城、青海等地建起了许多寺院。明政府还实行优待喇嘛僧人的政策。这些都迎合了俺答的心意，起到了军事手段所不能起的特殊作用。

《明实录》《万历武功录》和《蒙古源流》都说仰华寺建在青海湖滨名察卜齐雅勒地方。按沈曾植的说法，"青海正东有恰卜恰河，入海之处曰海尔恰卜恰河。盖即此察卜恰勒地面矣"。⑤ 仰华寺被焚后，其址无可稽者。按今天共和县境内有地名曰"恰卜恰"，和"察卜齐雅勒"音相似，又在青海湖东南，仰华寺的位置当在那里。

万历六年，经过几次迎请，索南嘉措至仰华寺。5月15日，俺答举行了规模宏大的欢迎仪式。当时有汉、藏、蒙、维、裕固等族群众10余万人。索南嘉措为俺答诵经说法祝福，并宣称"我等非至今日，曾世世相会。阿勒坦汗尔为曩青吉斯汗之孙呼必赉彻辰汗之时，我为萨斯嘉班第达之侄玛第都瓦杂帕克巴喇嘛"。⑥ 二人有世缘。俺答尊索南嘉措为"圣识一

---

① 《万历武功录》卷八《俺答列传》下，第469页。
② 《万历武功录》卷八《俺答传列》下，第469页。
③ 《明史》卷三三〇，第8546页。
④ 《全边略记》卷五《甘肃略》，第202页。
⑤ 《蒙古源流笺证》卷七，第3页。
⑥ 《蒙古源流笺证》卷七，第2页。

切瓦齐尔达赖喇嘛"称号，索南嘉措也封俺答为"转千金法轮咱克喇瓦第彻辰汗济农哈什汗"（即法王梵天）。俺答妻及蒙古的大小首领都皈依了藏传佛教，参加了达赖喇嘛的灌顶入教仪式。十二土默特青年108名受戒出家。还制定了一系列宗教法规和对喇嘛的优待政策，规定对喇嘛"不派畋猎，不索供赋"。废除了蒙古用人和牲畜殉葬的习俗。从此，藏传佛教迅速传入蒙古各部，改变了蒙古人的宗教信仰，对蒙古人的政治制度、生活习俗等都产生了具有深远意义的影响。

藏传佛教传入蒙古，带去了较为先进的文化如佛教建筑艺术等。废除了一些陈规陋习，同时对于蒙古人侵扰边境、杀掠人畜起了很重要的约束作用，客观上有一定的进步意义。

有必要提及的是，当明政府得知索南嘉措受到俺答的极力崇拜时，即命甘肃提督侯东莱与之联系，侯即差人请索南嘉措到甘肃会面。万历六年冬天，索南嘉措到甘肃，受到了隆重的欢迎，侯即转达了明政府要索南嘉措劝俺答北归的要求。这年12月，索南嘉措写信给张居正："有阁下分咐顺义王早早回家，我就分咐他回去。"① 这说明明朝政府一直利用宗教来羁縻蒙古人。

三

仰华寺建立前后，是明蒙关系最好的一段时间。就连《明史》也说："自是，约束诸部无入犯，岁来贡市，西塞以宁。"②

万历十年，俺答死，子辛爱黄台吉被封为顺义王，十三年，黄台吉死，子扯力克嗣。俺答死后的这段时间内，据有实权的三娘子继承了俺答与明友好的政策，"为中国守边保塞，众畏服之，乃敕封为忠顺夫人。自宣大至甘肃不用兵者二十年"。③

扯力克被封为顺义王后，"势轻，不能制诸酋"。④ 蒙古诸部又走向分裂的局面，明蒙边境又一次不安宁起来。双方斗争的焦点就在青海。

---

① （明）张居正：《张文忠公全集·奏疏》，商务印书馆1935年版。
② 《明史》卷三二七，第8488页。
③ 《明史》卷三二七，第8489页。
④ 《明史》卷三三〇，第8547页。

仰华寺建立以后，迅速成为驻牧于青海湖周围地区的蒙古各部的政治中心、军事中心和整个青海各民族的宗教活动中心。建寺前，明政府期望它能起到羁縻蒙古人的作用，而且也确实起了一些其他手段所不能起的作用。但由于它在蒙古各部中的神圣地位，每年都有大批蒙古部落从河套一带赶往其地朝拜，沿途不时剽掠。而这些部落来青海后就羡其水草丰美，不愿离去，给沿途和青海的防务增加了很重的负担。而且蒙古人还利用仰华寺在藏传佛教中的地位，招徕、胁迫其他少数民族，为其属藩。

万历十六年九月，永邵卜部下在西宁杀死明副总兵李奎，丙兔子真相移住莽剌川，火落赤移住捏工川，侵扰附近的少数民族。进逼西宁，顺义王又率部入青，增加了对青海边防的威胁。莽、捏二川，分别在西宁南面和东南。火落赤、真相据二川，不但对西宁形成包围，而且向东可以犯河州、洮岷，孤西宁、兰州；向南可以捣松潘，入四川；向北可以攻西宁、犯兰州。火落赤也看中了这一点，向扯力克献计："河西五郡虽近，然边城竟完厚，尤足固守，若留一套王卜失免等于海府以为声援，而潜渡精甲，直捣洮河，破其临、巩，余皆不攻自下，五郡真吾东道主囊中物耳。"① 万历十八年，蒙古兵犯旧洮州，杀死副总兵李联芳，深入河州、临洮、渭源，游击李芳败死，进而击败总兵官刘承嗣和游击孟效臣，西宁孤危。蒙古兵有东渡洮岷而掠平巩，进而由固原、庆阳而达河套，与河套蒙古会师之势，一时"西陲大震"。②

青海地区的严峻形势，引起了明政府的极度惊慌。明政府内的一些原来就不同意建寺的人即主张采用强硬手段，断其假道，革其市赏，焚其寺刹，主战意见占了上风。于是派具有丰富的处理边务经验的前宣大总督郑洛为七镇经略尚书，赶往青海，全权处理西陲边务。郑洛认为："洮河之祸，由纵敌入青海。"③ 所以采取的第一个措施就是"断其假道"。命令甘肃守将"北部自青海归巢者，听假道；自巢入青海者，即勒兵拒之"。④ 切断河套部与青海部的联系，使聚居于青海的蒙古诸部陷入孤立无援的境

---

① （清）杨应琚：《西宁府新志》卷三五《经略少保郑公西征平夷记》，青海人民出版社1988年版，第932页。
② 《明史》卷三三〇，第8541页。
③ 《明史》卷二二二，第5852页。
④ 《明史》卷二二二，第5852页。

地，以减轻青海边防的压力。这一措施迅速奏效。套部卜失兔、庄秃赖等北上，被总兵官张臣拒战于凉州附近，予以重创。万历十九年，郑洛至青海，扯力克"输罪请归"，并还所掠人口，火落赤、真相也相继从二川退去。郑洛遗书顺义王，令其北归，又采取招收其他少数民族以"弱其势"的策略，进一步瓦解了蒙古部落的势力。

当火落赤、真相从二川西遁后，郑洛即派总兵万世德和张臣统兵前往仰华寺，遂将仰华寺焚毁。据事后万世德所上奏议说："自俺答封贡，比我外藩，遂请命而来，无复忌惮。乃阴为子孙图不拔之基，遂建寺海上，名为迎佛修善，其实树帜收番。故欲驱海夷而不先毁寺，是医者之急剽症而忘根也……职遂与总兵张臣统众出塞，四日夜至青海，淫祠即毁，振旅而还。"① 关于焚烧过程，《明实录》记载郑洛奏议说："兵至西海仰华寺，将房屋一时焚烧。各房望见大火，驰至，官军对敌，昏夜射死不及取首，生擒达虏二名，余虏逃奔山后。"② 在藏传佛教及蒙古历史上起过十分重要作用的仰华寺，就这样被焚毁了。

无论从哪方面讲，焚烧仰华寺都是一种野蛮的行径，反映了统治者认识的短浅和反动，对此应持否定态度，边关之有无患祸，绝不在一寺之兴废。明政府焚寺的原意，是想将蒙古部落逐出青海。事实上，寺焚后一直到明亡，明政府无力也没有将蒙古部族完全逐出青海；仰华寺虽然毁了，但藏传佛教仍然流传，并不因一寺之毁而割断。

虽然史料未记载仰华寺的详情，但由于它是蒙古人修建的第一个格鲁派寺庙，从建筑时搜罗的蒙藏汉等各族工匠和当时的重视程度，由皇帝题名以及建成后曾聚集10余万人等情况来看，其规模当不会亚于当时的其他寺院，而其知名度在当时也远胜于宗喀巴诞生地塔尔寺。就建筑时间上来说，它也早于塔尔寺。塔尔寺在万历十一年前，还只是一个小寺，有僧十余人，万历五年，又建一弥勒佛殿，可以说这才是正式建寺之始。而这时仰华寺业已建成。万历十一年，从仰华寺迎来索南嘉措，才根据索南嘉措之旨意，扩充寺院。其建筑风格肯定受仰华寺影响不小。将这一凝聚着各民族智慧的建筑艺术结晶毁于一旦，诚为可惜。

---

① （清）杨应琚：《西宁府新志》卷三三《艺文》，青海人民出版社1988年版，第888页。
② 《明实录·明神宗实录》卷二四二，万历十九年十一月条。

仰华寺焚毁以后，虽然由于扯力克返回河套而恢复互市，但双方在青海的战事一直没有停止过，永邵卜、火落赤、真相等部仍然来往于青海湖周围，成为西北边疆的不安定因素。这种情势一直持续到明灭亡。

原载《青海民族学院学报》1989年第1期

裕固族人口量变初探

裕固族是我国人口较少的民族之一。有关裕固族的形成时间，多数学者主张在明中叶以后；其形成共同体的主要原因是明关西数卫的东迁以及明政府的安置①。如果以明嘉靖七年（1528）王琼"安辑诸部"作为裕固族第一次官方人口统计的话，迄今为止已将近500年。裕固族人口在不断迁徙、动荡中消长增减，这种变化，不仅是我们了解裕固族历史的一面镜子，而且透过这种变化，也可追索到不同时代有关民族政策的贯彻落实及战乱、疾病、人口基数、自然条件、生产方式、婚姻形式等对裕固族人口发展带来的影响。

有关裕固族人口，学者们已就1953年自治县成立后历次人口普查的数字进行了一些分析，并得出了一系列研究成果②；明中叶以前的研究，则多与回鹘有关③。而关于裕固族形成到1949年前400多年人口数量减增状况，专门研究者无多。实际上，这段时间内，有关裕固族人口数量材料，零散地记载在一些专门史籍和地方志书中，加以搜求分析，差可勾勒出裕固族人口变化的大致情况。本文即根据《边政考》《肃镇华夷志》《肃州新

---

① 吴永明：《裕固族族源初探》，《中南民族学院学报》1984年第1期；高自厚：《元末明初蒙维关系变化及其对撒里畏兀儿的影响》，《中央民族大学学报》1991年第3期；高自厚：《撒里畏兀儿东迁和裕固族的形成》，《西北民族研究》1986年试刊号；高自厚、贺红梅：《裕固族通史》，甘肃人民出版社2003年版；高启安：《裕固族"天下头目都姓安"试释》，《中央民族大学学报》1991年第3期；李天雪：《裕固族民族过程研究》，民族出版社2009年版，第104、119页。

② 编写组：《肃南裕固族自治县概况》，甘肃民族出版社1984年版，第25页；杨玉林、马正亮：《裕固族人口综合调查分析》，《人口与经济》1990年第4期；李树海：《裕固族人口发展变化与特征分析》，《中国少数民族人口》1994年第3期；贺卫光等：《多民族关系中的裕固族及其当代社会研究》第九章《裕固族人口发展研究》，民族出版社2011年版；等等。

③ 杨圣敏：《回纥人的种族特征试析》，《甘肃民族研究》1988年第1期；胡小鹏：《试揭"尧呼儿来自西至哈至"之谜》，《民族研究》1999年第1期。

志》《秦边纪略》《甘州府志》等典籍所载资料,对此问题作粗略梳理,期望能对这一重要问题作出初步判断。引玉之砖,难免粗糙,以待博雅君子瞩焉。

一 宣德前各卫人众数量

东迁前和东迁过程中关西数卫人口数量估算。

元灭亡以后,明政府对散居西部的蒙元势力采取招抚和羁縻政策,遣使持诏招谕各部,以宁王卜烟帖木儿统辖地分为阿端、阿真、苦先(曲先)、帖里四部,寻又置安定卫、曲先卫、阿端卫统领之;永乐初,又在沙州等地置罕东卫、沙州卫、赤斤蒙古卫。这样,将散居于嘉峪关、青海湖以西广大地区的原蒙元势力置于自己的统治和羁縻之下。

但事实是明政府只是授官、给印,规定一定数量的"差发马"①,而没有派员,实施行政管辖,因此在各部东迁前,没有一个准确的人口数字,甚至准确的人口数字对明政府也意义不大。因此,要想知道东迁前各部人口数量是一件困难的事。

唯一可提供的参考是"差发马"数量。洪武三十年(1397),改设秦州茶马司于西宁,规定安定等四卫以及巴哇、申中、申藏等族共持"金牌信符"十六面,纳"差发马"三千另五十匹。②

永乐二年,"未几,(安定)指挥朵儿只束来朝,愿纳差发马五百匹,命河州卫指挥康寿往受之"。③

"宣德元年,帝遣官招谕之,复业者七百余人。"④

有一条资料可证当时是按人口规定差发马数量。

洪熙元年,"罕东卫土官那那奏,所属番民桑思塔儿等一千五百人,例纳差发马二百五十匹"。⑤ 似是以每6人纳"差发马"1匹。

---

① 《明经世文编》卷一一五《杨石涂文集·为修复茶马旧制以抚驭番夷安靖地方事》;《明经世文编》卷四六一《苍霞正续集·西番考》;《明史》卷三三〇,第8555页;杜常顺:《略论明代甘青少数民族的"差发马赋"问题》,《民族研究》1990年第5期。
② 《明史》卷八〇,第1949页。
③ 《明史》卷三三〇,第8551页。
④ 《明史》卷三三〇,第8552页。
⑤ 《明宣宗实录》卷〇一,第310—311页;《明史·西域传二·罕东卫》卷三三〇,第8563页。

如以此标准，则安定卫只有三千人；而四卫及巴哇、申中、申藏只有18300人。显然，这是一个不确切的数字。

因为永乐末年的一次军事活动后的招抚情况表明，诸卫地域广袤，人口繁盛。

永乐末，发生了安定卫和曲先卫部众劫杀明朝使者事件，洪熙元年，朝廷派大军报复，引起了安定、曲先，甚至罕东卫的恐慌。

据《明实录》，"永乐末，朝廷遣中官乔来喜、邓成等使西域，道经安定、曲先之地，番寇五千余人邀劫之，掠所齎（赍）赐币，来喜、成皆被害"①。安定、曲先二卫能征集5000余人的部队，可见其人口数量不少。发生了这件事后，朝廷派李英率军征讨，"斩首四百八十余级，生擒七百余，获驼马牛羊十四万有奇。曲先部人闻风远遁"②。

"（宣德元年，1426）大军讨伐曲先时，安定部内及罕东密罗族人悉惊逃。事定，诏指挥陈通等往招，于是罕东复业者二千四百余帐，男妇万七千三百余人，安定部人亦还卫。"③

罕东卫每帐达到了7人之多。按《明史·西域传》及《肃镇华夷志》等记载，东迁诸卫每帐人口从未超过7人。出现这样的情况，可能有如下原因：一是罕东卫居住地自然条件较好，所据之地亦牧亦农（"罕东卫，在赤斤蒙古南，嘉峪关西南，汉燉煌郡地也。"④），平均每户人口数量较纯游牧者为多；二是部分人参与了曲先卫劫杀明使臣的行动，全户逃跑者可能较少，精壮男子逃跑者居多。而招抚时，逃跑者归来复业，因此出现了帐少而人多的情况。

宣德元年，"明廷遣都指挥陈通等往招抚曲先部众，复业者四万二千余帐"⑤。如以每帐均4人计，则达到近18万口；如以每帐均5人计算，则达到了21万。

沙州卫和赤斤卫人口数量相对少一些。

各资料没有沙州卫最初的人口数。只有宣德十年（1435），时沙州卫

---

① 《明实录·明宣宗实录》卷七，第182页。
② 《明实录·明宣宗实录》卷七，第183页。
③ 《明史》卷三三〇，第8563页。
④ 《明史》卷三三〇，第8561页。
⑤ 《明史》卷三三〇，第8554页。

受到罕东卫和"西番"的轮番侵夺，多数人口被剽掠而去，不能自存，其首领率200余人"走附塞下"，后来被安置在苦峪城。①

正统四年，部众130余人逃亡到了哈密，后来哈密卫仅归还80余人。罕东卫据有沙洲，赤斤卫纳其叛亡②，正统十一年（1446），总兵任礼将沙州卫余众1230余人收入塞，"居之甘州"，其卫遂亡。这一千多人的下落，学者有研究，其首领等，被安置在"东昌"，即今山东聊城一带③。但其大部分，应当依存罕东卫和赤斤蒙古卫。

起初，沙州卫人口应不少，永乐八年，"擢困即来都指挥佥事，其僚属进秩者二十人"。④ 则其卫人口不在少数。

弘治八年，许进攻破哈密，曾将哈密协从者800余人携归安置（应该不是全部协从者），则这些人中，有相当一部分属于沙州卫人众⑤。如果加上投靠赤斤卫人众，保守估计，沙洲卫人众最多时应该有3000多人。

赤斤卫最初的人口数为500人，"永乐二年九月，有塔力尼者，自称丞相苦术子，率所部男妇五百余人，自哈剌脱之地来归。诏设赤斤蒙古所，以塔力尼为千户"⑥。

从以上记载可以作出基本判断，明初关西数卫人口数量远比明中叶以后要多。若按每帐平均4人计算，即使明军征讨以后复业的曲先卫人口，也达到了将近18万人。罕东卫人口也超过了17300人，与李英战斗的安定卫士兵光战死和被生擒者达到1000多人。因此，在土鲁番东侵、李英征讨以及亦不剌掠夺前，安定、曲先、罕东等卫的人口应有20多万。这应该是一个比较保守的数字。因为在张雨的《边政考》中，曾记载正德六年"又访得土鲁番有精兵四五千，迄西红帽儿夷虏有五六万，具要往汉人地方来"⑦。虽属夸张，但此时原属于安定卫的"红帽子"人数量应不少，"红帽子"人的大部分后来成了土族之一部，但有一部分后来也融入

---

① 《明史》卷三三〇，第8560—8561页。
② 《明史》卷三三〇，第8561页。
③ 田自成：《裕固族一部族迁徙甘州、山东考》，载钟进文主编《中国裕固族研究集成》，民族出版社2002年版，第106—107页。
④ 《明史》卷三三〇，第8506页。
⑤ 《殊域周咨录》，第435页。
⑥ 《明史》卷三三〇，第8557页。
⑦ （明）张雨：《边政考·西域经略》卷一一，第713页。

了裕固族①，虽是被夸大的传闻，但反映安定卫人数也不在少数。无怪乎明政府给安定卫等一次授指挥、千百户达到58人②。曲先卫一次所授官员人数达到了将近90人："（宣德）十年，擢那那罕都指挥佥事，其僚属进职者八十九人。"③

洪武二十九年陈诚的这次出使诸卫并授官，差可从所授官员数量来判断安定和曲先所属帐口。虽然不详明政府授官的原则，但肯定与管辖人口数量有一定关系。安定卫所授官正好是曲先卫的三分之二，则当时安定卫人口大略也是曲先卫的三分之二。

证之《边政考》谓"红帽子"五六万传言，则安定卫人口最多时，应该有6万之多。

成化十八年（1482），赤斤、罕东可召集胜兵2300人，以均帐5人、每帐召集1人计，二卫尚有2300帐，共计1.15万人。

弘治八年（1495），能在罕东卫召集起3000人的士兵，说明经过多年的恢复，罕东卫人口数有所增长。保守估算，此时罕东卫至少3000帐、15000人。

综合以上，则宣德以前，各卫人数大致如下（见表一）。

表一　　　　　　　　明宣德以前各卫人数情况

卫所	时段	人口	时段	人口	时段	人口
安定卫	洪武二十九年	授官58人			正德六年	5、6万
曲先卫			宣德元年	180000	宣德十年	授官89人
罕东卫	宣德元年	17300	成化	11500	弘治八年	15000
赤斤卫	永乐	500				
沙州卫	弘治间	3000				
阿端卫						

以上数字中不包括阿端卫，各史料中没有阿端卫的人数记载，究其原

---

① 高启安：《"红帽子"考略》，《西北民族研究》1989年第1期；（明）方孔炤：《全边略记》卷五，内蒙古大学出版社2006年版，第176—178、180、185、191、201页。
② 《明史》卷三三〇，第8550页。
③ 《明史》卷三三〇，第8555页。

因，可能是阿端卫人与安定卫人、曲先卫人在一起活动；或者"阿端卫"就是"安定卫"不同时期的翻译。

按《全边略记》记载，成化十八年，罕慎能纠集 8600 人，加上赤斤卫、罕东卫的 2300 人，共约 11000 人的一支军队，以一帐出兵 1 人计，则此时期农牧于敦煌及其周边的各卫人口数至少 50000 人以上。

之所以以关西数卫东迁前或东迁中的人口作为裕固族人口基数资料，是基于这样的考虑：关西数卫遗众东迁，是裕固族形成的最主要成分。

二 嘉靖年间裕固族的人口基本数量

嘉靖年间裕固族的人口基本数量，可从成书于嘉靖二十六年的《边政考》中得出。

《边政考》是时任"甘肃巡按御史"的张雨所著。其基本资料是奉都察院"每三年一次，该巡按御史阅视各镇军马器械，体察将官贤否，同画图具奏，并檄本部查照施行"[1]之命而成。引言自署"嘉靖丁未冬十月既望巡按陕西监察御史张雨"[2]，知完成时间为嘉靖二十六年。书中提及，"猎往遗以溯其初，汇纭议以综其绪，诹众识以剖其贰"[3]，可谓取材丰富。其材料应来自陕西所辖各镇呈缴图册。所以，应是比较可靠的数据。

东迁后，朝廷命令"先将各项人口查验明白，各照所拟地方，分散安插，应给口粮、牛具、地土，查照先年事例，斟酌施行"[4]《殊域周咨录》所载王琼、彭泽审核各部人口情况[5]见表二。

表二　　《殊域周咨录》所载王琼、彭泽审核各部人口情况

住牧地	部落	头目	帐房	人口	备注
肃州东南	左卫都督	日羔剌		53	
黄草坝		帕泥		270	

---

[1] 《边政考》，第 7 页。
[2] 《边政考》，第 5 页。
[3] 《边政考》，第 4 页。
[4] 《殊域周咨录》卷一四《曲先》，第 471 页。
[5] 《殊域周咨录》卷一四《罕东》，第 478 页。

续表

住牧地	部落	头目	帐房	人口	备注
黄草坝		赏卜束		817	
南山黄草坝	右卫都指挥	总牙		936	原住威虏一带
白城山		帖木哥、土巴		5418	
罗家湾		却授尔加		20	
	赤斤蒙古卫			1000余	
			合计	8514	

这次统计人口数量的起因是"帖木哥等哀乞口粮种子"①。因此，所统计仅肃州周边以及肃州南山黄草坝一带安置的部众。而赤斤蒙古卫"七年……乃令游击将军彭濬同抚夷官指挥刘云往审其部，察得蒙古卫都督三员，俱未袭。一员赏卜达儿掌印，故原授职敕书被察台抢去，其子锁南束见收。晓谕敕书一道，其二员敕书收贮都指挥使。三员俱未袭，其原授职敕书被贼抢去，二道唯存其一。都指挥佥事三员，俱未袭，敕书被贼抢去，亦存其一。指挥同知五员，俱未袭，敕书收贮，亦失其一。指挥佥事五员，俱未袭，敕书收贮。正千户二员，俱未袭，敕书收贮，亦失其一。各部下男妇共一千余人"②。这部分后来安置在南山磁石窑一带。

原先20多万人口的诸卫，经历100年（1426—1528）时间，其人口数量发生了如此的锐减，原因是多方面的：

第一，部众内部互相仇杀，人口减少。

"（洪武四年）乃封卜烟帖木儿为安定王，以其部人沙剌等为指挥。"③

"明年（洪武十年），王为沙剌所弑，王子板咱失里复仇，诛沙剌。沙剌部将复杀王子，部内大乱。"④

而在这一百年当中，类似的种族仇杀就没有停止过。仅从《明史》的

---

① 《殊域周咨录》卷一四《罕东》，第478页。
② （明）严从简：《殊域周咨录》卷一四《赤斤蒙古》，第467—468页。
③ 《明史·西域二·安定卫》卷三三〇。
④ 《明史》卷三三〇，第8550页。

记载看，大的冲突和仇杀就有十多次：

"初，安定王之被杀也，其子撒儿只失加为其兄所杀，部众溃散，子亦攀丹流寓灵藏。十一年五月率众入朝，自陈家难，乞授职。帝念其祖率先归附，令袭封安定王，赐印诰。自是朝贡不辍。"①

"初，大军之讨贼也，安定指挥桑哥与罕东卫军同奉调从征。罕东违令不至，其所辖板纳族瞰桑哥军远出，尽掠其部内庐帐畜产。事闻，降敕切责，令速归所掠，违命则发兵进讨。已，进桑哥都指挥佥事。"②

"（正统）九年，那南奔率众掠曲先人畜。朝廷遣官谕还之，不奉命，反劫其行李。"③

"（弘治）十七年率众侵沙州，大掠而去。正德时，蒙古大酋亦不刺、阿尔秃厮侵据青海，纵掠邻境。安定遂残破，部众散亡。"④

"至是阿速势盛，欲兼并右帐，屡相仇杀。琐合者不能支，诉于边将，欲以所部内属。"⑤ "（成化）十年，赏卜塔儿以千骑入肃州境，将与阿年族番人仇杀。"⑥

"初，罕东部人奄章与种族不相能，数仇杀，乃率其众逃居沙州境。"⑦

"（永乐）十年，安定卫奏罕东数为盗，掠去民户三百，复纠西番阻截关隘。"⑧ "（弘治）十七年，瓦剌及安定部人大掠沙州人畜。"⑨

"正德四年，只克部内番族有劫掠邻境者，守臣将剿之。"⑩

仇杀的原因是多方面的，除了争权夺利（丝路贸易之利）外，还由于卫众由两种成分组合而成及各卫间的仇杀。仇杀极大地削弱了诸卫人口数量。

第二，诸卫遗众并非全部东迁。

在大部东迁时，部分卫众或可能留在原地，或依藏族居住。比如，曲

---

① 《明史》卷三三〇，第 8551 页。
② 《明史》卷三三〇，第 8552 页。
③ 《明史》卷三三〇，第 8552 页。
④ 《明史》卷三三〇，第 8553 页。
⑤ 《明史》卷三三〇，第 8557 页。
⑥ 《明史》卷三三〇，第 8558 页。
⑦ 《明史》卷三三〇，第 8564 页。
⑧ 《明史》卷三三〇，第 8562 页。
⑨ 《明史》卷三三〇，第 8566 页。
⑩ 《明史》卷三三〇，第 8566 页。

先卫酋长之子牙兰之兄脱啼就曾"南寻本族"①,说明曲先卫被残破后,部分人向南依附藏族居住,或在原地没有迁徙。近年铁穆尔、赵国鹏等人的田野调查资料也证明了这一点②。

第三,数被掳掠,人口流亡严重。

"番将朵儿只巴叛走沙漠,经安定,大肆杀掠,夺其印去,其众益衰。"③ 此事虽发生在李英、史昭等征讨前,但"大肆杀掠"对安定卫的人口数量造成的影响是致命的。

"正德时,蒙古大酋亦不剌、阿尔秃厮侵据青海,纵掠邻境。安定遂残破,部众散亡。"(《明史》)"正德七年八月,亦不剌等大势,达贼至西海,将安定王逐奔,部下番民杀尽,即将原授职敕书、诰命金印牌并帐房头畜掳去,夺占其地。"④ 部分人也被亦不剌裹胁,随亦不剌等在青海、洮岷一带活动。"嘉靖初,协守甘州副总兵武振疏曰:'查得亦不剌等贰种达贼……前来甘肃地方西宁等处住牧,已经十有三年,其各贼首俱已战没,今其存者,乃其部下弟男子侄人等……其原来真正达子不过三二千人,其余俱系房掠西宁、凉庄迤南及属番罕东、安定、曲先等卫男妇,胁从跟同抢掠。'"⑤

亦不剌、阿尔秃斯南下青海,顺道对关西数卫的掳掠,对于数卫人口的减损是致命的,遗众被裹胁随之行动,不仅各卫部众隶属关系被打乱,而且明政府所颁发的印信多缺失,人口锐减。

第四,在与瓦剌也先以及邻近的野乜克力的冲突中人口消减。

"去岁(弘治六年)秋,土鲁番遣人至只克所,胁令归附,只克不从。又杀野乜克力头目,其部人咸思报怨。"⑥

"十七年,瓦剌及安定部人大掠沙州人畜。只克不能自存,叩嘉峪关

---

① 《殊域周咨录》卷一四《曲先》,第470页。
② 承二君告知,在今青海柴达木河(铁穆尔称之为"尧熬尔河")流域一些地方的牧民,其语言、民间故事及传说历史,与裕固族有相同者;笔者1982年在杨哥田野调查时,也听到有生活在青海的一些人与他们同源的说法。又见铁穆尔散文《尧熬尔河》,载作者散文集《苍天的耳语》,甘肃人民美术出版社2004年版。
③ 《明史》卷三三〇,第8550页。
④ 《殊域周咨录》卷一四《安定、阿端》,第469页。
⑤ 《殊域周咨录》卷一四《罕东》,第475页。
⑥ 《明史》卷三三〇,第8566页。

求济。"①

第五，在由于劫掠明使而受到的惩罚征讨中，部众被杀、散亡。虽经招抚复业，终究不复以前。

第六，在土鲁番发动的宗教战争中，诸卫人口损失巨大：

"部队作战斗动员，并在赛义德汗的儿子阿不都热西提汗的指挥下，尽将五千余户撒里维吾尔人屠杀一光。"② 按高自厚先生估算，每户5人计，则有25000口撒里畏吾儿人在此次宗教战争中被杀③。

第七，自然灾害也是造成人口减少的主要原因。

裕固族民间传说中对此有充分的描写④。

在这些造成诸卫人口锐减的原因当中，天灾是次要原因。最主要的原因是仇杀、土鲁番的侵略和亦不剌等的杀掠、裹胁。这当中，明政府对诸卫政策失当，亦有可检讨之处。明政府放弃对嘉峪关以西丝绸之路的强力保护，而丝路贸易之利的争夺，是造成诸卫相互仇杀的重要起因。

张雨所著《边政考》，是一次对东迁各部遗众最详细的人口统计（见表三）。

表三　　　　　　　　《边政考》所载各遗众人口数

地点	部落	头目	人口	备注
大草滩		千户哈剌那		
回回墓		都指挥仓阿他儿、帖木儿、指挥哈六		
骟马城		指挥总失加		
三颗（棵）树		指挥也先可		
赤斤城		卜速尔加		

---

① 《明史》卷三三〇，第8566页。
② 玉素甫伯克：《伊斯兰教在新疆的传播》，转引自王守礼《新疆伊斯兰教派初探》，《新疆社会科学研究动态》1981年第40期。
③ 高自厚：《撒里畏兀儿东迁和裕固族的形成》，《西北民族研究》1986年试刊号。
④ 高自厚、贺红梅：《裕固族简史》，甘肃人民出版社1983年版，第45页；高启安：《关于裕固族东迁传说的研究》，《甘肃理论学刊》1990年第3期。

续表

地点	部落	头目	人口	备注
苦峪城		都督卜剌有*		
阿丹城		绰儿吉		
瓜州		总卜克		
西阿丹城		榜阿脱火赤、帖阿他儿等		
沙州城		都督只克、卜木儿古**		以上卷八
				以下卷九
高台、白城山	帖木哥族	赏卜尔加、脱兔、总尔加牙		
	土巴族	若先克、绰先克等	6382	
肃州关厢	新哈剌灰	马黑麻打力	252	
红山口	洮军番	普尔咱结思冬	1190	
讨来河磁石窑山口	赤斤蒙古卫	都督锁南束、他力把尔加	1290	
上下古城	赤斤城	革力简失	1506	
威房、金塔寺		总牙	1070	
金塔寺、临城、沿边上下古城	苦峪城	昐卜尔加	778	
	王子庄	川哥儿	89	
	柴城儿	卜木尔吉		
	川边	察黑包	208	
肃州北老鸦窝	骟马城	牙兰	87	
四倾堡	大草滩			
黄草坝山口	哈剌秃	帕泥	312	
榆林坝山口	哈剌秃	南哈儿	181	
干坝山口	哈剌秃	宾索罗	527	
肃州东关	畏吾儿	乩吉字剌	300	
肃州关厢	旧哈剌灰		798	
肃州	沙州都督亲族	都督日羔剌		
永昌黄城儿	剌卜儿	阿三昐阔帖木儿、革课鲁塔儿	1525	
永昌黄城儿	红帽儿族	革儿加把都儿、完卜却受、鲁儿加等	1568	

续表

地点	部落	头目	人口	备注
西宁乞塔真	罕东	板丹、却受尔加、昝受盼	100	
西宁沙塘川	安定	江缠尔加等	20余人	
合计			18183	

＊他文献作"卜剌召"；＊＊他文献作"卜木儿吉"。

由表三可知，有人口记载的部落共有19个，均为东迁各部。

原住牧于嘉峪关以西的部落，均记载在卷八，到卷九时，已迁往关内。可从部落名称、住地以及头目名称作出判断。有19个部落有人数记载，共18183口。其中，在永昌黄城儿和西宁附近的安定王族一部共3213口；在肃州城及周边、肃州南山者，共14970口。这14970口中，属于新旧哈剌灰者为1050口。关于哈剌灰后来是否融入裕固族，或部分融入裕固族，目前学界尚有不同意见①，故不列入。即使如此，则主要属于曲先卫、安定卫、罕东左卫、赤斤蒙古卫遗众为17133口。尚不包括像"大草滩"、"柴城儿"、左卫都督日羔剌所率的亲族，而因和官军冲突逃往永昌的部分，后来有一部分据说又回到了甘州南山②。这样，在完成东迁的一个阶段——从关西迁往关内时，关西余部各部落人口有一万多人，对明代肃州及其周边的安全、安定构成了严重威胁，也使肃州周边的防务和经济感受到了空前的压力。根据《重修肃州新志》等，嘉靖时肃州人口数量只有9963口③，东迁各部的到来，使汉族和少数民族人口的比例形成了倒逼态势，无怪乎肃州官员如临大敌，在处理、安置各东迁少数民族问题上如履薄冰。

从表二、表三也可以看出，在度过了最艰难时刻、被明政府安置在肃州周边及肃州南山后，裕固族人口有一定的恢复。最有代表性的是被安置在高台白城山一带的土巴、帖木哥部分，由原来的5418人，增加到了

---

① 高启安：《明代哈密卫的东迁与裕固族的形成》，《甘肃社会科学》1989年第4期；曾文芳：《明代哈剌灰人的来源、组成和名称诸问题》，《西域研究》2002年第2期；赫志学：《"哈剌灰"考》，《昌吉学院学报》2008年第1期。

② 《肃镇华夷志校注·族类》，第287—288页。

③ 《秦边纪略》卷四，第229页；（清）黄文炜：《重修肃州新志校注》，吴生贵、王世雄等校注，中华书局2008年版，第67页；《肃镇华夷志校注·户口》，第112页。

6382人，增长了964人。虽然我们无法知道张雨的人口统计数字的准确时间，但可以肯定的是，裕固族人口有了一定的增长。这与较为安定的生活、肃州周边优越的自然条件以及明政府的安置政策（量给牛具、种子，为东迁部众专门设置碾磨等）等有一定的关系。

关于帖木哥、土巴和牙兰东归时的人口数字，也是一个必须解开的谜。

据史料记载，土巴、帖木哥部（留在沙州的左卫部众）有5400余人，而一些材料又说这次因避祸而东迁者有一万余人①，有说三千余帐②，有说八千余人者，从上述不同记载分析，当时东迁者的实际数字应当为8000余人，"拥帐三千"当与8000余人合，"万人"的说法只是一个约数。那么，除了土巴、帖木哥5400余人外，应当还有两千多人口。嘉靖皇帝的诏书里对牙兰所率人口有反映："虏酋牙木兰等乃我边逋寇，彼番叛夷。近已投降为名，带来夷类见有二千之数……"③ 这部分部众应即牙兰所率的原曲先卫部众（钱伯泉、吐娜《罕东左卫蒙古人的迁徙及其融入撒里畏兀儿的经过》一文认为"这次东归明朝的，曲先部为一万人，罕东部为五千四百人"。④ 不确）。

因此，嘉靖七年的这一次东迁，共7400人左右，分两部分：帖木哥、土巴所率左卫5400余人；牙兰所率2000余人。

我们知道，牙兰本人后来和亲族数十人被安置到湖广，除了《边政考》和《肃镇华夷志》记载住牧于骗马城的"牙兰"87人⑤外，其大部分应当还在肃州周边，那么，他们到底属于张雨、李应魁所记之哪部分呢？我们分析，应即总牙部和居住于骗马城的"牙兰"部。

骗马城的"牙兰"部首领为"总失加"，"指挥总失加族原系西宁属番，投苦术部下，今（牙）兰族是也。"⑥ 而"西宁属番"，则明显为原属

---

① （清）谷应泰：《明史纪事本末》卷四〇，《丛书集成初编》第3923册，商务印书馆1937年版，第24页。
② （明）严从简：《殊域周咨录》卷一四，第470页。
③ （明）严从简：《殊域周咨录》卷一四，第472页；《明史》卷三二九，卷198；（清）龙文彬：《明会要》卷八〇，哈密卫，中华书局1956年版，第1549页。
④ 钟进文：《中国裕固族研究集成》，民族出版社2002年版，第105页。
⑤ 《边政考》时尚有87人（《边政考》，第630页），而到了修撰《肃镇华夷志》时，已成50余人（《肃镇华夷志校注·族类》，第286页）。
⑥ 《肃镇华夷志校注·属夷内附略》，第276页。

曲先卫部众。当牙兰居住在沙州为土鲁番代管沙州一带诸卫时，原曲先卫人定奉牙兰为首领。

据《肃镇华夷志》记载，总牙被称作"瓜州头目"，安置地在金塔、威房一带，有两千多人口①，而且被称作"西番"，而"西番"的称谓，在当时指称撒里畏吾儿②，"总牙"之父为"总不克"，在《肃镇华夷志》卷四"属夷内附略"中虽言"总牙父名总不克，因避西夷侵掠，正德间投顺肃州地方后，故总牙为头目"。③ 但从安置地、人口数量、族属等分析，应即牙兰所率二千人之属。正德时可能有少部分东迁肃州附近，和属于罕东左卫的日羔剌一样，也是从正德始就有部众东迁肃州，后部分又回到了沙州④。总牙部众大部也应当为嘉靖七年迁来肃州，后被安置在威房、金塔寺一带。

有理由相信，《边政考》所列的这个数字，应该与嘉靖七年王琼安置时核计的人口数量相差不大。据载，嘉靖七年，帖木哥、土巴率5400人从沙洲东迁来肃州，被安置于高台、白城山一带，而此时已增加到了6382人，因此，《边政考》以上的人口数量，当是距成书时间嘉靖二十六年不远的一次人口统计。也是王琼安置时人口核计后一次最完整的统计。

这期间裕固族人口有所恢复的原因，当然和明政府妥善安置有较大关系。据史料记载，这次在王琼主持下的安置，主要有如下措施。

一是核计东迁各部人口："帖木哥等哀乞口粮种子，王琼命抚夷官彭濬往审其部。"⑤

二是划分安置地和生计地："上命总制三边兵部尚书王琼抚处，勅曰：'今特命尔……先将各项人口查验明白，各照所拟地方分散安插，应给口

---

① 《肃镇华夷志校注·内地住牧番夷》："瓜州族头目总牙等，部落帐房二百七十顶，男妇二千三百六十七名口，安插威房、察黑包二城，今头目阿朵尔只、羽章吉，部落帐房四百三十顶，男妇五百名口，安插柳树二、三墩。"
② 高启安：《赤斤蒙古卫、罕东左卫部众内徙、安置与裕固族各部关系探》，《甘肃民族研究》2004年第4期。
③ 《肃镇华夷志校注·族类》，第284页。
④ 高启安：《赤斤蒙古卫、罕东左卫部众内徙、安置与裕固族各部关系探》，《甘肃民族研究》2004年第4期。
⑤ 《殊域周咨录》卷一四《罕东》，第478页。

粮、牛具、地土……'"①

三是量给牛具、种子、口粮、布匹。尚书胡世宁主张"其余愿附久住哈密遗民哈剌灰、畏兀儿及先今来临瓜、沙属番日羔剌等部下人众，每家赏布一疋，头目三人各段一疋……其不愿、不敢归者，俱给牛具种子，听其趁时耕牧"。② 尚书胡世宁议得："仍咨各官查照原勅事理，于彼各夷新分地土、牛具、种子，量为措给；城堡沟池，量为修筑，以安彼生命，以便彼防守。"③ 甚至专为各部建造碾碨，方便粮食加工。

四是挑选精壮，编入边防，给予口粮，客观上缓解了部分生计问题，也使被安置者有了归属感和认同感。"宜于各夷内挑选精壮有马四百名者，俾其子弟统率，分为队伍，听调杀贼。分为四班，每班百名，一季一换。上班之日，每名量给口粮四斗五升，安住城北空堡，令都督日羔剌统领，抚夷官管束。"④

五是检视印信，申明、确立各部头目及管理办法。设置专管官员，名"抚夷官"，"（嘉靖）七年，土鲁番求贡，兵部尚书王琼议招之，又欲抚驭散亡属番以安边境，乃令游击将军同抚夷官指挥刘云往审其部……"⑤

这些措施的实行，对流离失所的东迁各部来说，起到了重大作用，人口在短时间内有了一定的恢复。

三 嘉靖二十八年肃州周边部众的重新安置

嘉靖二十八年（1549），由于环肃州周边的东迁部落和从威虏等处又回到肃州周边的部落对肃州防卫和安定构成的压力，肃州监生李时阳专程到北京投书反映情况，因而，明政府在巡抚杨博的主持下，又对部分部众进行了安置，其安置的情况及核稽的人口数量，《肃镇华夷志》有较详细的记载（见表四）。

---

① 《殊域周咨录》卷一四《曲先》，第471页。
② 《殊域周咨录》卷一四《罕东》，第477页。
③ 《殊域周咨录》卷一四《罕东》，第480页。
④ 《殊域周咨录》卷一四《罕东》，第479页。
⑤ 《殊域周咨录》卷一四《赤斤蒙古》，第457页。

表四　　　　　　　《肃镇华夷志》所载各部落嘉靖
二十八年安置地、人口及头目、族属

部落名称	安置地	帐篷（顶）	人口	头目	原属卫
瓜州城头目总牙部	威房、察黑包二城	270	2367		原罕东卫，后左卫
赤斤头目革力箇失部、柴城儿头目卜木尔吉	威房西空堡	131	605		赤斤
革力箇失弟可洛纵部	旧八里墩	78	395	可洛纵	赤斤
苦峪族	白烟墩南空堡	99	471	朵尔只	赤斤
川边族	王子庄墩堡	27	114	察黑包	赤斤
沙州族	金塔寺城	101	538	日羔剌	罕东左卫
牙兰族	秃儿坝	约10	50		
合计		716	4540		

以上仅是对肃州周边的各部族的重新安置，没有重新安置者，不在此列。从表四看，人口发生了一定的变化。

六个部落共有帐篷716顶，人口数4540人，平均每顶帐篷（每户）达到6.3口人。甚至在威房堡的总牙部每户达到了8.7人（应与该部从事农耕有关）。这样的数字同样表明，裕固族人口处于恢复当中。

需要指出的是，根据《肃镇华夷志》记载，东迁部众被安置到新的地方后，部分已不再住帐，而是构筑城堡，采取定居生活，其生产方式也不仅是牧业经济，而从明政府"量给牛具、籽种"的记载看，农业占有一定的比重[①]。定居生活和优良的草场，使裕固族经济、人口有一定的发展。上表应该是这种发展的结果之一。

四　万历期间肃州周边部众状况

《肃镇华夷志》记载了万历期间裕固族人口的部分数量。这是唯一此期间的人口数字（见表五）。

[①] 高启安、邱惠莉：《明代东迁关西诸卫部众在金塔的安置与流散——以〈肃镇华夷志〉为主》，《河西学院学报》2014年第4期。

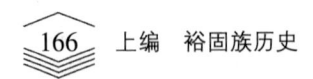

表五　　《肃镇华夷志》所载万历时期裕固族人口情况

名称	头目	牧居地	帐篷（顶）	人口	卫属
日羔剌族	日羔孙羽章卜	金塔寺—中渠乱古小泉庄	270	300	左卫
总牙族（浪咱）	羽章吉、阿朵尔只	柳树二三墩	430	500	曲先卫，依左卫
革力哥失族	帕剌宛冲	卯来泉山口	209	300	赤斤卫
盼卜尔加族（即苦峪族）	阿卜束	煖泉庄	250	300	赤斤
川哥儿族					赤斤
卜木尔加					赤斤
察黑包（川边）		抢尔加奔	120	160	赤斤
把郎族	巴郎—北言秃—绰他尔	肃州石关儿口			赤斤
牙兰族	总失加—？—牙兰—卜牙尔加	兔儿坝			原曲先，依赤斤住
剌尔即（锁纳束弟）族	也赏不塔儿—？—剌尔即—那力结思冬	卯来泉			赤斤
锁纳束族	锁纳束—把都宛中	磁窑口			赤斤
喇嘛宛冲小宛卜	普尔咱、大宛卜绰尔逊都结思冬、麻子结思冬	红山、观音山			原安定卫，依左卫住
帕思帕尔加	赏不束—宾字罗—土尔咱加				原安定卫，依左卫住
帕泥族		主体徙黄城儿			原安定卫，依左卫住
喃哈儿族	蛇眼宛冲				原安定卫，依左卫住
喇嘛番僧哈尔麻结思冬族					

表五反映的是嘉靖二十八年安置后裕固族部分部落人口状况。

从前面各表中，我们发现了一个奇特的现象，就是各部落帐房数与人口数之间比例严重失当。在有记载的帐篷、人口数字中，平均每帐的人口数只有 1.22 口人。很难判断究竟是何原因造成了人口的锐减。

表五中没有出现人口最多的原属左卫、一开始被安置在白城山、高台的帖木哥、土巴部众的身影。我们分析这部分已迁往祁连山中，裕固族和"红帽子"人的冲突可能就发生在此时期。祁连山优越的放牧条件可能是促使这部分人迁徙的重要原因。而上表中帐多人少的首先是统计不准确，人口数出现整数就是证明；其次，是否和明政府可能以户作为救济对象有关？或与征收赋税有关？为了获得更多的救济，出现多报户数的现象。

另，和表四相比，人口出现了剧减。比如，"总牙"部原来有 2000 余人，此时只有 500 人；革力哥失族人口从 1000 人（包括其弟可洛纵部、柴城儿部）只剩了 300 人（此时柴城儿部或从革力哥失部分裂出去，其首领"卜木尔加"应即"卜木尔吉"，但没有人口记载）。

这是各部被安置后为争夺牧场、重新划分势力和迁徙无常的一段时间，除了由于各部落间时常有一些争斗和抢掠外，也不时和明官府发生一些摩擦，这样的争斗、摩擦对于处在人口恢复期的裕固族来说是致命的[①]。

[①]《裕固族民间文学作品选》，民族出版社 1984 年版；《裕固族简史》第四章第三节，甘肃人民出版社 1983 年版；高启安：《裕固族民间文学述论》，《祁连学刊》1990 年增刊（总第 9 期）；《肃镇华夷志》记载："西番头目总牙族不守法度，屡肆抢掠，四夷共忿，中夏切齿，南北诸夷聚兵威房，以制总牙，曾禀本道副使石州张玭，以为夷狄相攻，彼此知俱，于是头目都督乩吉卜剌、国师拜言卜剌同日羔剌等咸至威房，围城声罪，困厄已极。""总牙为头目，狡诈多谋，嗜利无厌，恃强任恶，鼠窃狗盗，夷夏共怒。嘉靖二十九年，被东关厢头目乩吉卜剌、国师拜言卜剌并日羔剌等，共禀本道兵备石州张玭，率领诸夷潜至威房，围城数罪，危困已极，将有逃叛之势，被石州张玭与崔麒议处，令指挥师瑾解围，抚总牙至城，羁留夷厂，病故。今总牙子长曰绰牙，不能为头目，次曰肦东尔加，为头目，年轻而心无定主，性刻而恶不能悛，听岳父朵尔只之计，诱杀革力哥失等夷，以构怨革力哥失等。""朵尔只见满哥虎力等强壮臂力，恐伊老势孤，见婿与革力哥失有隙，遂定计将满哥虎力等十二人诱杀之，令肦束尔加收帐房，其被害诸夷虽归部下，心中无不仇恨朵尔只也，今朵尔只昼则乘马往来，夜则被甲独卧，亦恐其害己也。""怕思怕尔加族亦俺章之遗族，父曰赏卜束，子曰宾孛罗，同锁纳束族投顺肃州，与贼番怕泥声势相倚，常肆掳掠边堡，为害颇多，曾劳大军征战，自宾孛罗叛逃，遇海贼杀死。""怕泥族，亦俺章部属也，中外号曰'贼怕泥'，以其常掠人也。头目恃众为恶，纵肆部落刁枪（抢）。初则劫人米面，继则掠人牛羊，吞利惯变，习以为常。虽羁留其子孙，竟不怀其恩义。先年叛逆，尚从抚处，自嘉靖二十八年，杀清水堡领军百户师彦明，打伤防守指挥姚仲寿，大变之后，俱投西宁黄（皇）城儿地方，闻被海寇路杀。""先年有喃哈儿，兄曰板冲者，恃强为恶，抢掠边堡，分守游击阎恺统兵力战，遂生擒板冲并为恶部属以归，俱伽号而死，将板冲羁留夷厂，病故。"

其次是不断被"北虏"（指瓦剌部众）和"海寇"（指被套部蒙古追杀而游牧、流徙于青海湖周围的亦不剌部众）骚扰，在史料上也有记载①。

另外，部分迁往祁连山中，人口无法统计。

而随着不断的分化组合，生产方式的变化，原先的安置地发生了巨大变化，部落向生产条件较好的地方集中，愈加分散，形成了大小几十个的部落，这种情况在《肃镇华夷志》中有体现（见表六）。

表六　　　　　《肃镇华夷志》"住处"所列各部居住地

安插地	名称	距肃州城距离
东关厢	畏兀儿	国师把的卜剌、都督把都孛罗（管束者）
东关厢	旧哈剌灰	国师把的卜剌、都督把都孛罗（管束者）
东关厢	新哈剌灰	国师把的卜剌、都督把都孛罗（管束者）
东关厢	西番夷人郎头一名	先年沙州夷人（日羔剌部下）
顺城寺	番僧麻子结思冬	在东关厢
大赫寺	番僧哈尔麻结思冬	此寺在城西南隅
清泉寺（又名钟家寺）	逊都结思冬	城东一里
中渠堡	都督羽章卜属番写令他尔族	城东三十里
乱古堆庄	安插属番把歹族	城东南二十里
东小泉庄	安插属番他剌害族	城东三十里
火烧山口	安插属番那力结思冬族	城南一百一十里
红水坝	安插属番把都宛冲族	城南三十里
磁窑山口	安插属番卜木尔加	城东南七十里
兔儿坝	安插属番牙兰族	城西南三十里
柳树二墩	安插属番阿朵尔只族	城东二十里
柳树三墩	安插属番羽章吉族	城东三十里
卯来泉	安插属番帕剌宛冲	城西南七十里

---

① 《肃镇华夷志校注·属夷内附略》，第287—288页。

续表

安插地	名称	距肃州城距离
红山口	安插剌麻属番逊都结思冬大宛卜族	城南六十里
观音山口	安插属番绰日族	城南七十里
干坝口	安插属番蛇眼宛冲土尔咱加族	城东南八十里
黄草坝山口	安插属番绰尔加族	城东南一百五十里
榆林坝山口	安插属番冬喃宛冲族	城东南一百六十里
暖泉庄	安插属番阿卜束族	城北一十五里
老鸦窝庄	安插属番枪尔加奔族	城北一十里
黄草坝庄	安插属番绰他尔族	城西一十里
洞子庄	安插番僧哈尔麻结思冬族	城南一十里
沙河庄	安插番僧麻子结思冬族	城南二十里

表五、表六没有裕固族人口的详细数字，且缺乏已经牧居于祁连山的裕固族的人口数字。

明万历年间，明政府对盘踞在青海的套部蒙古，有一次大的军事、政治行动，这就是万历十九年郑洛对青海的用兵。在这次经略青海的行动中，长期被青海蒙古裹胁的原诸卫部众，脱离蒙古各部，被安置在原住牧地。① 从郑洛在嘉靖十八年谈到"海上"少数民族种落时所列各部可以看到，各蒙古贵族裹胁了不少其他少数民族的部众。其中应有原安定卫部众。"海上之番，其族有七：曰剌卜，曰亦郎古，曰罕东，曰沙麻，曰武宗塔，曰纳部，曰石剌韦物，此皆安定四卫之遗种，而为我祖宗之所附辑者，总名之曰红帽番子。而谓之红帽者，以其衣装类虏也；谓之番子者，以其服属为番也。"② 总数八万余人。郑洛所谓"皆安定四卫之遗种"，大抵没错。只是这些从蒙古部落裹胁中被解放的"四卫遗种"，并非全部属于裕固族。他们由于安置地以及较长时间在青海、今天的天祝藏族自治县

---

① 郑洛：《收复番族疏》，《皇明经世文编》卷四〇四《郑经略奏疏一》，第4378页。
② 郑洛：《敬陈备御海虏事宜以弭后患疏》，《皇明经世文编》卷四〇五，第4400页。

等地游牧，而后来成了保安族、土族的一部分（关于郑洛这次解放的八万人的具体去向，是一个非常复杂的问题，需要专题研究①）只有居住在甘州南山者，属于裕固族。而嘉靖七年以后所裹胁者，当没有肃州周边的安置部落。由于肃州的防务相对较好，蒙古部落活动较少。而迁徙至祁连山的裕固族，则肯定受到了侵扰。"巡抚田乐既破逐海虏，与总督李汶会议，置白旗数百竿，分插边外数百里各水头，令各番从西宁、甘州两路逃归，俱加赏赉，筑堡安插。万历二十四年，据分巡西宁道太仆寺周一径呈称：甘肃坐营官王允中、甘峻堡防守杨国勋报：收过西番老小八百余名口；红崖寺守备刘鸿页、梨园堡守备梅万艮报：收过西番一十四起，头目散番共四千九十一名口，供（俱）系纳马属夷，陆续被虏抢去投归，调至甘州镇城，与总兵王赋业等校场赏赉，安插原坐山场住牧，听其以毡毛牛羊之类换内地米面度食，订期各就近城堡贸易，不许更与虏通。"② 这是"两川大捷"后对各流徙部族的又一次安置。安置的原则是"原坐山场住牧"。其中红崖寺守备、梨园堡守备所报的西番、头目散番等，其中大部分应当为裕固族③。而这些人口数量为4891人。加上肃州周边可统计人口数量，不到一万人。

而《肃镇华夷志》所列万历时期人口，主要是肃州周边的裕固族人口（这与《肃镇华夷志》所述皆为肃镇属地有关），应不是裕固族的全部人口。虽然如此，仍可据此判断出此阶段裕固族人口减少的趋势。

五　清初裕固族人口状况

明末清初在旧王朝覆灭、新王朝建立过程中，裕固族役属于卫拉特蒙古的噶尔丹，为其缴纳"添巴"，噶尔丹不仅派专人坐镇祁连山征收

---

① 高启安：《"红帽子"考略》，《西北民族研究》1989年第1期；高启安：《安定卫的残破与部众迁徙觅踪——兼论安定卫与裕固族形成的关系》，《西北民族大学学报》2004年第1期；高自厚：《明代中后期的撒里畏兀儿》，《西北民族研究》1999年第1期。

② （清）钟赓起：《甘州府志》卷一六《杂纂》，张志纯等校点，甘肃文化出版社1995年版，第772页。

③ 高启安：《"红帽子"考略》，《西北民族研究》1989年第1期；高启安：《安定卫的残破与部众迁徙觅踪——兼论安定卫与裕固族形成的关系》，《西北民族大学学报》2004年第1期；高自厚：《明代中后期的撒里畏兀儿》，《西北民族研究》1999年第1期。

赋税①，且嫁其妹于裕固族罗儿家头领②。直到清政府打败了噶尔丹后，裕固族才在康熙三十六年归入清王朝的管辖。这些，在《秦边纪略》《平定朔漠方略》中均有记载。此时期的人口状况，在上述著作中有模糊记载。

表七　　　　　　《秦边纪略》所列裕固族各部头目、牧地

部落名称	头目名称	牧地	地点
《秦边纪略》称此七个部落为"七族黄番"	虎狼家叶赛	水关口	红崖堡南三十里
	白克代	黑河源	在南四十里
	了刺儿	榆木山	在北四十里
	司千尊	明海子	在西北九十里
	云奔	绰哼口	在南七十里
	黑宣卜	暖泉、新墩子	在南六十里
	乃曼滚卜	石炭关	在南五十里
五个摆眼	尚世嘎	俱在榆木山之青疙瘩	
	阿尔丹		
	右帖木		
	登帖木		
八个家	滚布	哼啰口	
	白头目家	古木涧	
	麦力干头目	牛毛山	
罗尔家	哈舍人	半个山	
	（杨）格家	平顶	
	八代部*	厌愣	
	蒙古弄		

* 《秦边纪略》188 页为"八部代"，189 页为"八代部"。

《秦边纪略》虽然没有记载人口数量，但对部落、牧居地等记载较为详细。《秦边纪略》成书时间为清康熙三十年（1691）③，该书所言裕固族

---

① 《秦边纪略》卷三《甘州南边》，第 189 页："诸番俱纳夷人添巴，故相安无事焉。"
② "厌棱在青疙搭西南三十里，黄番罗儿家族住牧，其目之妻嘎尔旦之妹也。"《秦边纪略》卷三《甘州南边近疆》，第 211 页。
③ 《秦边纪略》校注本"前言"。

牧居状况，是裕固族自万历至康熙三十年之间唯一可见的资料。

康熙三十五年，裕固族正式归入清王朝，人口统计非常详细：

>……访问噶尔丹征赋之西喇古尔番人，俱云在甘州附近地方，是以臣等亲身……往甘州，详查噶尔丹征赋之西喇古尔黄番人，遣副将卫勋、游击张当之、守备王良柱、通事俞嘉心宣谕皇帝仁德，告以剿灭噶尔丹之故。西喇古尔黄番人大头目厄勒者尔顺等、黑番人大头目喇咱噶卜楚等，俱大欢悦，率其下次等众头目来降。计西喇古尔黄番人大小六千七十九口，黑番人大小一千一百六十九口，及噶尔丹下管辖番人坐征赋税之厄鲁特达尔汗寨桑布尔奇、寨桑塞棱丹巴等自十五岁以上一百一十九口，十四岁以下六十口，男妇大小共一百七十九口，亦率之来降。上三项人共七千四百二十七口。①

其中"黑番人"当主要为藏族，即今日肃南藏族前身。

可见，万历到乾隆的一百年里，裕固族人口不但没有增加，反而有所减少。

这期间人口没有增加的原因应该和沉重的赋税以及被裹胁在噶尔丹和清政府的战争当中有关。此期间裕固族不仅要向噶尔丹缴纳赋税，还要向青海的寺院缴纳赋税。

"查该番目等祖上系康熙三十五年噶尔丹胁从添巴，缘噶尔旦剿灭，属番穷苦，久遭荼毒，抚绥、白道人、塔弄闻召即至，倾心归诚，于康熙三十七年经川陕总督关赫奏请奉旨，安插落业至今，共八十年。该番目等俱系承袭世职。"②

据《秦边纪略》："今寺（高按：马蹄寺）有喇嘛高僧，其名曰摆布哈，自乌斯藏来者，取黄番、黑番添巴，以转输于乌斯藏之达赖喇嘛。"③

"昔土鲁番侵瓜沙，瓜沙之夷内附，中国矜恤之，各有分地，在肃州

---

① （清）《平定朔漠方略》卷三〇，台湾商务印书馆《景印文渊阁四库全书》第 355 册，第 283 页。

② （清）钟赓起撰，张志纯等校点：《甘州府志》卷八《番贡》，甘肃文化出版社 1995 年版，第 285 页。

③ 《秦边纪略》卷三《甘州南边》，第 183 页。

间谓之黄鞑子,平顶其一族也,今黄番之纳添巴运输金山云。"① 在裕固族派有专门征收赋税的官吏。

据裕固族民间传说:"裕固族人民也因反对清政府强迫裕固人留满人式的辫子,进行过反清斗争,遭到清政府派兵镇压。"②

《重修肃州新志》所载裕固族人口数量见表八(《重修肃州新志·属夷》)。③

表八　　　　　　　　　　裕固族人口数量

居住地	称谓	头目		人口（户）		族属	备注
临城三墩	黄番	头目安成印	52	纳粮	41	裕固族	
				放牧充伍	11		
临城铧尖	黄番	头目安福德	86	纳粮	59	裕固族	
				放牧充伍	27		
临城河北坝	黄番	头目王命安	65	纳粮	52	裕固族	
				放牧	13		
城东坝头墩	黄番	头目赵忠义	39	纳粮	29	裕固族	
				放牧充伍	10		
临城河北野狐沟	黄番	头目薛德	51	纳粮	42	裕固族	
				放牧	9		
城西黄草坝	黄番	头目薛耀	78	纳粮	63	裕固族	
				放牧充伍	15		
临城小泉儿	黄番	四头目	41	纳粮	35	裕固族	
				放牧	6		
城东黄泥堡	黄番	头目嘎丈	49	纳粮	41	裕固族	
				放牧	8		
南山丰乐川河东三山口	黑番	历任世袭总头目蛇眼宛卜,内总头目一,小头目四	98		67	藏族	包括以下四个山口,但纳粮、牧放户数不符
					31		

---

① 《秦边纪略》卷三《甘州南边近疆》,第203页。
② 高自厚:《裕固族简史》,甘肃人民出版社1983年版,第48页。
③ (清)黄文炜修撰,吴生贵等校注:《重修肃州新志校注》,中华书局2008年版,第305—309页。

续表

居住地	称谓	头目	人口（户）		族属	备注
黄草坝山口内		河东小头目喳叶喳目索莲	23		?	
黄草坝山口内		河西小头目班绰尔莲	20		?	
儒林坝山口		小头目索南丹金	21		?	
干坝山口		小头目丹臻	39		?	
南山丰乐川河西六山口		历任世袭总头目冠带宛卜普茶，小头目六	216	94	藏族	包括以下六个山口
				122		
起龙山口		小头目阿思冬管布什	40		藏族	
观音山口		小头目部塔汉哈	31		藏族	
红山口		总头目冠带宛卜	36		藏族	
野韭萍山口		小头目黑鼠儿嘎念丹巴	39		藏族	
磁窑东山口		小头目麻茶小道士	35		藏族	
磁窑西山口		小头目一，名蒙古额思克	35		藏族	
卯来泉山口		历传世袭总头目，名双羔子，辖小头目十一	124	纳粮 97	裕固族	
				放牧 27		
泉儿沟		总头目双羔子	13		裕固族	
干坝沟口		小头目哆有才	19		裕固族	

续表

居住地	称谓	头目	人口（户）	族属	备注
骟马沟		小头目贾益伏	12	裕固族	
大火烧沟		小头目端住	9	裕固族	
小火烧沟		小头目强荣卓板目	11	裕固族	
羊蹄沟		小头目殷卓卜藏	9	裕固族	
脑皮沟		小头目千盆族	11	裕固族	
上下坝庄口		小头目延加屯烈	4	裕固族	
松打板沟		小头目薛天才	11	裕固族	
大直沟		小头目乔究	9	裕固族	
柴枣沟		小头目羽领巴娄子	10	裕固族	
三岔沟		小头目达尔吉	6	裕固族	
总计			899		

表八中，除去藏族 314 户外，可统计的裕固族人口为 585 户。需要说明的是，这些人又分两部分：一部分从事农业，另一部分从事牧业。农业人口被称为"纳粮番民"，为 459 户，无土地耕种而放牧者或称为"充伍食粮番民"，或称为"放牧为生番民"，为 126 户。

干坝、儒林坝、黄草坝三山口共 101 户，507 人，户均 5 人。若按此推断，585 户，以每户平均 5 人计算，共 2925 人左右。

其从事畜牧业部分，按丁口纳马："黄番，本师剌国。今在肃镇界者有七族，设有正副头目，部给守备、千、把总职衔札付，在红崖、梨园、龙寿南古城、洪水之南，依水草而居，岁贡马一百一十三匹，汇纳梨园堡都司收牧，以作甘、肃两镇添补营马之用。"①

从表八可以看出，环肃州周边的裕固族已经主要以经营农业为主了，从事畜牧业者只占到四分之一强。显然，定居农业稳定的收入，继续改变着裕固族人的生产方式。本来，从事农业以及清初政局稳定，应该有利于人口的增长，为何从康熙三十五年（1696）到乾隆二年（1737）三十年间，环肃州周边裕固族人口不升反降呢？

我们分析，首先，是一部分原属裕固族、较早从事农业者，在申报户口及统计时已经不被认为是裕固族了。这些可能占了大多数。其次，可能有一部分继续向祁连山中迁徙，不受肃州管辖了。

表九　《重修肃州新志》之高台县志，镇夷、清水堡营所管有部分裕固族

居住地	称谓	头目	户	人口	族属	赋税
高台红崖营所属	黄番	正头目诺布吝前、副头目鸟（乌？）路儿加			裕固族	纳马13
	一族黄番	正头目魏正囊素、副头目大申布			裕固族	纳马10
	一族黑番	正头目撒儿巴、副头目板的升			藏族	纳马2匹
镇夷、清水堡营	属夷三族	总头目佘年他剌奔		9	?	纳粮
干坝口		佘年小头目专古他（今改名宗思嘎）	47	239	?	纳粮
茹（儒）林坝口		贺儿小头目锁南旦振	9	43	?	纳粮
黄草坝口		东纳小头目	45	225	?	纳粮

表九中内容，应即表八中不同管辖区的统计。如"茹林坝口"居牧之部族头目，一为"索南丹金"，一为"锁南旦振"，显系同一人。但时间可能有先后。其两部落"黄番"纳马23匹，按每20丁纳马1匹计算，为460丁。如以每户2丁计，当有230户、1150口人左右。

从表九中看，该营所管干坝口、茹林坝口、黄草坝口者，不明族属，但其中有裕固族。如，"贺儿"，应即"霍儿"，是藏族人对北方民族的称

---

① （清）黄文炜修撰，吴生贵、王世雄等校注：《重修肃州新志校注》，第309页。

谓，应为裕固族。至少头目为裕固族。由于长期共同生活，两族通婚也较多，难以判定是藏族还是裕固族。

从表八、表九所列看，当时裕固族的赋税分为三种："种田纳粮"部分，肯定不会再缴纳"茶马"；"充伍食粮"者也不会纳粮、纳马；只有"放牧为生"部分，缴纳茶马。而此部分，如果除去23匹茶马，尚有90匹马，由谁来缴纳？而表八中真正放牧的人口只有126户。问题出在哪儿呢？

问题出在东五族当时由甘州管辖，没有被列入《重修肃州新志》当中。因此，必须加上甘州所辖部分。

因此，乾隆二年时裕固族的人口应由三部分组成：肃州周边纳粮、充伍、放牧部分，为585户，约2925口；西二族[①]，其丁为460，根据《甘州府志》所载丁口比例，丁占40%左右，计算出约为1100口（与上揭计算出的1150口接近）；东五族，纳马90匹，其丁为1800，人口约为4500口。三者相加，人口约为8525人。

如果加上藏族头目所管辖的个别裕固族人口，当时裕固族人口比8000人稍多一些。说明从康熙三十五年（1696）到乾隆二年（1737）的41年间，裕固族人口增加了近2000人。增长了近三分之一。

这里还有一个问题，就是康熙三十五年统计的裕固族人数，是否包括肃州周边以农为主的裕固族部分？从图纳等人的奏折中所言"俱云在甘州附近地方"看，似乎不包括早在明嘉靖、万历时就已经定居务农的酒泉附近的部分裕固族。不然，41年时间，战乱不断，祁连山中的裕固族仍颠沛流离，人口不会增长如此快。

《甘州府志》所载裕固族人口状况见表十。

表十　　**清乾隆四十四年（1779）刻本《甘州府志》**[②]
所记裕固族各部牧地、头目情况

部落名称	正副头目名称	牧地	人口	茶马（匹）
滚卜八个家	滚卜	波啰口		
大头目家	正：端都札什，副：薛令札什	牛心滩	1053	15

[①]（清）黄文炜：《高台县志·属夷》所载诺布咨前和魏正囊素部落；张志纯等校点：《高台县志辑校》，甘肃人民出版社1998年版，第124页。

[②]（清）钟赓起撰，张志纯等校点：《甘州府志》卷八《番贡》，第383—284页。

续表

部落名称	正副头目名称	牧地	人口	茶马（匹）
五个家	正：善巴，副：薛尔加什	思曼处	1566	23
杨哥家	正：纳卷缺吉，副：班第乌藏师	大牛毛山	1689	23
八个家	正：簪巴嘎，副：尔旦木架	本木尔干	992	12
罗儿家	正：贡格，副：洋喇什嘎	半个山	837	9
合计			6137	82

这只是隶属于甘州府的东五族人口及纳马情况。

按，《甘州府志》修撰时间，正是裕固族归清政府80余年、《重修肃州新志》登记人口42年后裕固族东部人口数量。

就东五族而言，40余年人口数量基本没有增长。

《裕固族通史》曾就《甘州府志》（东五族）和《重修肃州新志》（西二族以及酒泉周边农业人口）所载（西二族约2500口人；临城三墩、临城铧尖、临城河北坝、城东头坝、临城河北野狐沟、城西黄草坝、临城小泉儿、城东黄泥堡），推算出在清乾隆年间，裕固族人口有12000多人。①说明该书也主张康熙三十五年投顺清朝、图纳等人统计的人口数量不包括西二族和从事农业的肃州周边裕固族人口。

六　清末裕固族人口状况

《甘州府志》修撰之后的110年间，再没有关于裕固族人口的记录。记载清末裕固族人口的唯一著作是陶保廉的《辛卯侍行记》。《辛卯侍行记》记述的时间是光绪辛卯年（1891）。

表十一　《辛卯侍行记》卷5所记"黄番五族"牧地及人口②

部落名称	人口	牧居地	距梨园营
大头目家	男女160余口	牛心滩	130里

---

① 高自厚、贺红梅：《裕固族通史》，甘肃人民出版社2003年版，第91页。
② （清）陶保廉著，刘满点校：《辛卯侍行记》卷五，甘肃人民出版社2002年版，第295、300页。

续表

部落名称	人口	牧居地	距梨园营
羊嘎家	男女400余口	牛毛山	100里
五第个家	百余口	思蔓处	100里
八个家	百余口		190里
罗儿家	百余口	海牙沟	200里
西喇古尔黄番二族	600余口	红崖堡管	西北距肃州190里
合计	1400余口		

表十一是1891年陶保廉考察时东部裕固族的人口状况。到此时，东部裕固族人口下降到900人左右，仅为原来的七分之一。而这个时期，居住在肃州周边的裕固族，除了黄泥堡及明花地区外，其他地方则被同化。

《清史稿》卷一三四《兵志·五》："抚彝通判辖西喇古儿黄番五族，唐乌特黑番三族，八族设正副头目，给守备、千总职衔，番民俱充兵伍。高台县唐乌特黑番一族，每壮丁一，纳马一匹入营，西喇古儿黄番二族，隶红崖营。"[①]

《甘肃新通志》卷四二："西喇古儿八族设正副头目，给守备、千总、把总职衔劄付，岁贡马一百一十三匹，会纳梨园堡都司收牧，其民户或种田、或牧畜，亦有充伍者。番民俱充兵伍。"

理论上，以每20丁纳马1匹记（《辛卯侍行记》第300页："每年按壮丁二十名纳马一匹。"），计丁口为2260人，如以每户两丁计算，约为一千余户，不到6000人口。这只是梨园堡都司管辖部分的数据。笔者认为，此纳马113匹只是以前的规定，并不能反映当时的人口数量。实际上，当时居牧于祁连山中的裕固族人口数量呈现急剧下降的趋势，根本达不到6000余人。

"外吾子一支，居住肃州东五十里之黄泥堡，户三十六，人口约四百余名，原为黄番二部，尚耕种，纳粮于酒泉县府，早与黄番脱离了关系，现隶酒泉三区，人称外吾子，即维吾尔转音。"[②]

"据说，酒泉的南乡北乡、嘉峪区等地过去也有很多裕固族，由于历

[①] 《清史稿》，中华书局1977年版，第3977页。
[②] 蒙藏委员会调查室编：《祁连山北麓调查报告》，蒙藏委员会调查室编印1942年版。

代反动统治阶级的民族歧视压迫政策下被强迫同化了,现在都成为汉族。"[1] 这一条材料说明了从《边政考》《肃镇华夷志》《重修肃州新志》到《甘肃全省新通志》,所记载的居住于酒泉城周围经营农业的部众,除了黄泥堡及迁到双海子的一部分外,有相当一部分在与汉族长期的共同生活中被同化了。

《祁连山北麓调查报告》(1942) 所载当时牧居于祁连山北麓裕固族人口为 585 户、2869 口。各部落人口如表十二所示。[2]

表十二

部落名称	户数	人口数
西海子	42	182
东海子	65	194
五个家	28	103
罗儿家	38	182
四个马家	11	63
大头目家	53	212
东八个家	94	483
杨各家	47	229
西八个家	79	479
亚那朵家	47	235
虎那朵家	37	248
曼台部落*	28	200 余
合计	569 余	2810 余

*曼台部落人口数,根据高自厚、贺红梅《裕固族通史》补,第 100 页。此表之总数与上揭引第 3 页 "585 户" "2869 口" 数字不合,少 16 户、69 人。不知为何?

结　语

这样,我们对明初、明中叶裕固族形成期到 1949 年前裕固族的人口数

---

[1] 甘肃省编写组:《裕固族、东乡族、保安族社会历史调查》,甘肃人民出版社 1987 年版。
[2] 蒙藏委员会调查室编:《祁连山北麓调查报告》,1942 年。

就有了一个大致的阶段性量变数据。

表十三　　　　　　　　裕固族人口变化情况

大致时间	材料来源	大致人口数 肃州	大致人口数 甘州	备注
宣德（1426—1435）前	《明史》《殊域周咨录》等	20余万		
成化十八年（1482）	《全边略记》	5万—6万		
嘉靖二十六年（1547）	《边政考》等	18183		
嘉靖二十八年（1549）	《肃镇华夷志》	4454		（仅肃州周边）
万历十九年（1591）	《收复番族疏》	82700余（在青海被招抚之原安定四卫部众）		此8万余人之去向，殊为复杂。只有一部分人后来融入裕固族
万历二十四年（1596）	《甘州府志》		4891	只甘州管辖者
康熙三十五年（1696）	《平定朔漠方略》		6079	这些人口中，可能不包括属于肃州管辖的肃州周边及黄泥堡、明花地区牧居的部众
乾隆二年（1737）	《重修肃州新志》	2925+1150=4075		不包括属于甘州者
乾隆四十四年（1779）	《甘州府志》等		6137	这些人口中，不包括属于肃州管辖的肃州周边及黄泥堡、明花地区牧居的部众。《裕固族通史》谓，两处相加，约12000口
1891年	《辛卯侍行记》	1400余		东五族、西二族
1942年	《祁连山北麓调查报告》	2800余		

由于从洪武八年（1375）设卫到嘉靖七年（1528）安置的150余年间，各卫统属关系不断发生变化①，为准确统计各卫人口增加了困难。

---

① 《明史》卷三三〇，第8554页："永乐四年，安定指挥哈三、散即思、三即等奏：'安定、曲先本二卫，合后为一……乞仍分为二，复先朝旧制。'"后遭残破，各卫部众统属关系被打乱，相互依附、聚合离散情况增多。

本文所言"裕固族人口量变",主要以裕固族作为一个民族共同体出现后的人口发展作为研究的时间界限,因此势必对裕固族共同体形成的大致时间做出回答。对此问题,学界迄今未有定论,观点迭出。笔者同意高自厚、贺红梅关于东迁为裕固族形成的标志的观点①,进一步认为明政府的安置,应为裕固族形成民族共同体的大致时间,而有明一代,东迁各部曾数次迁徙、残破、往返、安置,究竟以何时的安置为准？如欲划定一个明确的共同体形成时间,应以明代嘉靖七年（1528）王琼安置为准,在这之前幽王家族及安定王、西宁王的统治,以及元亡后诸卫的设立、残破、东迁、遗众数次安置,为民族共同体的形成、认同创造了条件。

原载《河西学院学报》2017年第3期

---

① 高自厚、贺红梅:《裕固族通史》,甘肃人民出版社2003年版,第二章第七节。

裕固族童蒙教育最早的倡导者和推行者
——明肃州兵备副使张愚事迹略考

在2016年的裕固族历史文化研讨会上，笔者二人提交了一篇名为《裕固族学校教育发端一瞥——从〈肃镇华夷志〉一条史料说开去》的论文，谈到了裕固族最早的学校教育。但该文对裕固族最早教育的倡导者和推动者张愚本人，却未稍加关注。笔者认为，张愚其人，作为当时的一位干才能吏，其所倡导的延揽裕固族儿童入学开蒙进行正规教育，不仅具有非凡的政治眼光，而且比起其他肃州官吏视东迁部众如"犬羊"的狭隘、歧视来，其举动无疑具有一视同仁和民族平等的进步思想。且在其任上，组织修撰被称为"裕固族专史"的《肃镇华夷志》，虽然因升任而未竟，然其所创制的特殊体例，专列"属夷内附略"，"沿革"中附列"番夷附"以及该志收录《西域土地人物略》，使《肃镇华夷志》成为最系统、最详细的关西数卫东迁及裕固族形成期的生动资料，也使《肃镇华夷志》成为河西地区最重要的明代地方志史料。

因此，有必要对张愚的生平事迹加以论述，以彰显其在裕固族教育乃至保存裕固族东迁、安置及形成历史资料上的功绩。

有关张愚创修《肃镇华夷志》，保存了珍贵的裕固族早期资料，其开启始功，笔者在《肃镇华夷志校注·前言》中已有详细论说。本文钩稽资料，略陈张愚生平及在肃州任上倡导并督促裕固族儿童就学的事迹。敬请方家指正。

张愚，本志"宦籍"有载："张愚，直隶天津人，进士，嘉靖二十一年任。"①

---

① 《肃镇华夷志校注·宦籍》，第222页。

没有透露更多。但在其家乡天津及他处文献中，却留下了关于他的一些事迹。

清代天津著名诗人华鼎元所著《津门征献诗》，不仅有华诗作对张愚的简评，且辑录张愚的事迹多条。

《张抚军愚》：

生平政绩著延绥，应育羊公堕泪碑。

勋业文章鲜征据，楼东难访懋功祠。

《卫志》：愚，军生，嘉靖辛卯科举人，壬辰科进士，除户部主事。赋性刚方，莅政明敏，巡抚延绥，严饬戎务，钦赐蟒玉，五十三岁卒于官。赐谕祭。父凤，官生，赠山西按察司佥事。荫子元性，官生，祀延绥名宦，祀天津乡贤，家有懋功祠在天津鼓楼东大街南。

《县志》：愚，户部主事，历升督察院右副都御史，巡抚延绥，以劳瘵卒于官。

《畿辅通志》：愚，嘉靖进士，巡抚延绥，莅政明敏，边民辑服。

《延绥镇志》：巡抚延绥都御史之官，自有明始也。嘉靖时，张愚任之。

《赤城县志》：分巡口北兵备道张愚，天津左卫籍，进士，嘉靖十六年以佥事任。

《大学提名碑录》：天津左卫，军籍，嘉靖十一年壬辰科二甲第四十六名进士。

《津门诗抄稿》：愚，字若斋，著有《蕴古书屋诗文集》，《思归》诗云：

投老惟耽物外情，青山原有旧时盟。才疏谋国无长策，学薄持身耻近名。

贫剩蠹余书百卷，家遥蝶梦月三更。水云何日梅花外，结个茅庵了一生。

《缄斋杂识》：忆往时，天津北门内有黄甲联芳坊，为若斋抚军立者，今废。若斋仕宦在嘉靖年间，其文章勋业必有昭人耳目者，然代远年湮，实难征采。崇祯时，徐公光启重修天津卫学记，所谓津门先达策高第仕为国华，竖为国祯，如世庙时建制府中丞之蘫者，勋名烂然史册,盖指若斋与刘仁甫耳。愚,《通志》作遇。①

《新校天津卫志》卷三"名宦":"巡抚延绥督察院右副都御史张愚(入延绥名宦)。"②

根据诸资料所记,张愚曾著有《蕴古书屋诗文集》,但已佚失不存,其诗《思归》也谓"贫剩蠹余书百卷",除此之外,据说还有《浙西海防稿》③,但《天津县新志》明确说,该书为刘焘所撰④。即便如此,关于张愚的事迹,史料所载也无多。正如华鼎元诗中所言"勋业文章鲜征据";《缄斋杂识》也说其"文章勋业实难征采"。

《天津卫志》谓张愚为"军生",需要稍加解释。

明初,一批最早跟随朱元璋打天下并立有军功者,就职于各个卫所,担任低级军官,他们的职位可以世袭,他们的子弟被称为"军生"。如张愚本籍为山东诸城,到天津卫已历五世,到他这一代,终于考中进士,由世代武人家族转化为以科考入仕。从以上材料可知,他的父亲张凤"官生"者,正是世袭某卫职,官职不高。张愚死后,才追赠其父"山西按察司佥事"。

多条资料指张愚字若斋,但坊间有谓"字子明、一字若斋,号东居"者⑤,按中国文人字号方式,其字"子明"正确,"若斋"和"东居"

---

① (清)华鼎元:《津门征献诗》卷三,《清代诗文集汇编》第717册,上海古籍出版社2010年版,第703—704页。"羊公堕泪碑":西晋名臣羊祜,出镇襄阳时,尝登岘山,有生命短促,勋业恐湮灭无闻之感慨。其死后,襄阳百姓建庙立碑,岁时祭祀,游人感其政声,无不堕泪,故后人将其碑称之为"堕泪碑"。华鼎元用此典故,感慨张愚政绩卓著,应建"堕泪碑"供后人凭吊。

② (清)薛柱斗纂修:《新校天津卫志》,台北:成文出版社1968年版,第153页。其父名张凤,"张凤以子愚赠山西按察司佥事"。(第154页)。

③ 张德全:《明代海防文献研究》,硕士学位论文,黑龙江大学,2012年。"59.《浙西海防稿》,明张遇撰,《浙江通志》录"。

④ 《中国地方志集成·天津府县志辑·天津县新志》卷二十三之一,上海书店出版社、巴蜀书社、江苏古籍出版社2004年版,第526页:"《浙西海防稿》刘焘撰。焘字丕冒,有传。是书见《浙江通志》。嘉靖间,尝因寇警起,焘副使兵备浙西。焘精奇门风角之术,即至郡,按图视险,选将募兵,屡告大捷。乃汇辑当时军书为一编,梓以行世。"从已知张愚经历看,他与"浙西"没有交际,而刘焘本人则任过浙西,故该书作者应为刘焘。

⑤ "碑产山客"的博客《明代诸城籍军功家族考略》,http://blog.sina.com.cn/u/5673893387。"张愚,字子明,一字若斋,号东居,天津左卫籍,嘉靖十年举人,次年中进士,授户部主事,历任员外郎、山西佥事、参议、陕西副使、右参政、升都察院右副都御史、巡抚延绥,著有《蕴古书屋诗文集》。"

应为其号。"东居"之号，后文徐光启所撰《重修张大中丞公墓碑记》可证。

有关张愚在延绥巡抚任上的事迹，《天津县新志》收录有徐光启撰写的《重修张大中丞公墓碑记》，载之稍详：

《重修张大中丞公墓碑记》：
赐同进士出身，光禄大夫，礼部尚书，东阁大学士徐光启撰文
赐同进士出身，光禄大夫，礼部尚书，东阁大学士钱象坤篆额
赐同进士出身，资善大夫，礼部尚书兼任侍读学士李康先书丹
（阙）之先出山东青州诸城县，迁天津者五世，至都御史大夫东居公而张始大，（阙）皇帝庚戌（高按：嘉靖二十九年，公元1550年，鞑靼部俺答汗率兵绕过大同，直下通州，进逼北京，大肆抄掠，史称"庚戌之变"）时虏入古北口，所杀掠以数万计，京师大震，而三大营尽老弱不足以军；公时初巡抚延绥，尽拔其麾下精骑及□一万入卫，而时简练召募以补之，于是各路援兵俱至，虏薄都城无所得，遂巡出塞去，九鼎以安。（阙）履任仅六阅月，遂晋副都御史，巡抚延绥如故。公至延绥一年，身附循其士卒，所指授方略，激昂大义，益刍饷，禁侵渔，砺□峙储，与死士相劳苦，如备兵延绥时，军中感愤乐战，有投石超距之气，皆愿得一当虏，而公特严防御，以伺叵测，不欲（阙）功。所修筑城堡，墩台四千六百所，恃有备以无患，每遇虏入寇，出拒战，斩首辄百许级，所获器械、名马以数千计，时套（阙）入犯辄不利，乃相戒曰："张太师在，我何为自贻伊戚！"于是，督府及部使者上功格，（阙）宝钞、飞鱼锦嘉劳之。未及满秩而卒。奇谋秘画，多不传于世，礼官为请，（阙）祭一坛，录其子元性入太学，以旌戎功，盖异数也。公即卒于任，而元性与诸子俱少，旅榇言归，间关数千里，沐风烟（阙），扶服至瀛，夫人季为襄大事，嘉靖甲寅（高按：即嘉靖三十三年，公元1554年）十二月二十七，葬于杨柳青之原。东西六十一步，南北六十三步，亥堂枕丙（阙）步，有飨台以便祭扫，又前十六步有（阙）之外，二十四步为墓门，门以内五步左右为亭者四，一碑，（阙）表一，碑墓记，而左右所列翁仲石物等如常仪。基图弘厂，木石壮丽，松柏森蔚，风烟杳霭，真

巨观也。历年即远，公（阙）孙各附葬于后，凡三封，皆枕丙趾壬如礼，而门以外去数十步，为飨堂五楹，以春秋子姓聚集，治牲醪芬苾，荐（阙）私，虽本支百世，勿引之矣。岁久圮荒，所在皆是。于是，公元曾孙鲲翼，怅然悲之，恐祀事之弗虔，先公之怨恫（阙）间，顿复旧观，征不佞为记而勒石，以垂永远，鲲翼之能缵戎祖考，振举废坠，余于是乎观孝矣。因为铭曰：

□□赖之，家有凤毛，丘墓焉依，桓桓中丞，节镇西土，天骄来威，以笃明祐，上帝飙召，骑尾而升。王命三锡，贲尔幽（阙）。

□□□□，丕显亦世，司农司皋，秦晋攸苴。宜尔子孙，振振绳绳。春霜秋露，是尝是丞。

（阙）壬申六月上浣之吉

仝督修曾孙太学生张延年勒石①

碑文记述了张愚在延绥巡抚任上的事迹，其中重要的一项即嘉靖二十九年（1550）发兵一万保卫北京，因而晋升右副都御史。

《天津县新志》卷二十一之一"人物一"所载稍详细：

张愚（张鹍翼）：张愚，字若斋，左卫军生举。嘉靖十年乡试，明年联捷成进士，授户部主事，出为山西按察司佥事，分巡口北道，擢督察院佥都御史，巡抚延绥，二十九年，虏入古北口，所杀掠以数万计，京师大震，三大营老弱不足成军，愚简精锐入卫，于是各路援师并至，虏骑既薄都城，旋撤去，录功晋右副都御史，巡抚延绥如故。愚拊循士卒，备益刍糗，所修筑城堡墩台四千六百所，每虏入寇，辄斩首百余级，获名马器械无算，申严号令，套贼不敢内犯，天子嘉其勋，赐蟒玉。年五十三以劳瘁卒官，赐祭荫祀祠，寻祀乡贤祠。著有《蕴古书屋诗文集》。子元性承荫。张鹍翼急公好义，尝捐金修筑炮台。其时卫城岁久荒圮，复捐砖灰葺而薪之（按张愚墓碑载，愚曾孙鲲翼尝重修愚墓，事在崇祯五年。《旧志》载鹍翼捐筑炮台，其事应在崇祯十二年，年代相符，姓名相似，鹍翼疑即鲲翼，旧

---

① 《中国地方志集成·天津府县志辑·民国天津县新志》，第602—603页。

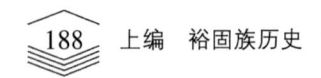

志传写偶误耳。附此待考)。①

诸条材料没有透露张愚生卒年，坊间谓张愚生于1500年，即弘治十三年，卒于1552年，即嘉靖三十一年②。或许有可信记载，遗憾的是笔者尚未找到。如坊间所谓可靠，则张愚因去世在延绥任上，还乡及营造墓地等需要时间，葬于第三年的1554年，即嘉靖三十三年的可能性较大。

除此之外，山东、山西、陕西等地方志上，有一些关于张愚的零星记载，亦可见张愚历职干练、有担当。

《山东通志》卷二十五"职官"："户部分司"目下，曾有"张愚，天津左卫人"。

按"户部分司"为户部在地方的下设机构，山东的户部分司"凡四：一督临清仓；一督德州仓，永乐间设；一水次监兑。弘治间设，隆庆间裁；一督临清钞关，宣德间设，成化间裁，弘治间复设。定例差委本部主事。历任年份旧志从略"③。

张愚初任户部，应该到山东分司任过一段时间分司主事，因而被地方志所记。

《山西通志》卷七十八"职官"："张愚，进士，嘉靖时任佥事，迁按察使。山东诸城人。"④

张愚原为山东诸城人，到天津卫已历五世，但当时他可能有时写自己的祖籍。

《陕西通志》卷十六："文安堡，在县西三十里（府志），明嘉靖丙午（高按：即嘉靖二十五年，公元1546），参政张愚委知县王世相、金栋相机筑门二，上各竖房（县志）。"⑤

文安堡地处延安东北部，距延川县15公里，是防守延川县的门户之一，也正是张愚任职管辖范围，文安堡的增修，与张愚有关。

---

① 《中国地方志集成·天津府县志辑·民国天津县新志》，第331页。
② 考试博物馆的博客《天津古代科举名人选》，http://blog.sina.com.cn/ksbwg。
③ （清）杜诏等编纂：《山东通志》卷二五《职官一》，《景印文渊阁四库全书》第540册，第526页。
④ （清）储大文等编纂：《山西通志》卷七八，《景印文渊阁四库全书》第544册，第696页。
⑤ （清）沈青崖等编纂：《陕西通志》卷一六《关梁一·延川县》，《景印文渊阁四库全书》第551册，第830页。

《陕西通志》卷十七："宁川堡，在县西三十里，一名柳家坪大川，平坦路通安定（县志）；石嘴岔堡，在县北七十里，民屯杂居，同绥德路（县志）；田家堡在县北一百里，民屯杂居，路通绥德。以上三堡。俱嘉靖中城堡道张愚建议筑（县志）。"①

此条资料记载，"宁川堡""石嘴堡""田家堡"是通往绥德的要道，张愚主张在三地筑堡。但"城堡道"三字费解。按《延绥镇志》有"城堡厅"职官，与"榆林道""神木道""靖边道"等并列，谓"城堡厅，明中失其年数者，则有邵世禄（河津人）……"②则张愚可能任过城堡厅首长，故《县志》谓"城堡道"。

《陕西通志》卷三十五："三十年七月，延绥镇巡等官张愚等言：本镇自开国以来，未经开市，法宜慎。始且东西相距千五百里，无边墙为限，虽定边稍有边墙，而地多平漠，惟花马池界在延宁二镇之中，有边墙三百余里，可以为据，宜合二镇，同此立市，限以日期，先后互易，总督大臣用防秋例驻此，以便调度两镇，抚镇各带兵马，分布防御，仍乞比照大同事例，给发帑银充用。从之。发银四万，令总督会同镇巡官酌议停当，如大同例行。"③

这是嘉靖三十年，明政府与套部蒙古达成互市协议后，就相关开市交易，张愚所上奏折的一部分，反映了张愚的担心和采取的措施。嘉靖帝览奏后同意，并拨银4万两以整修花马池到延宁间三百余里的边墙（长城）。已然透露出一位长期镇守边防将领的远见卓识。

由此，我们对张愚的从政经历略述如下。

张愚，祖籍山东诸城，迁至天津卫已历五世，以"军生"身份，于嘉靖十年（1531）考中举人（23岁），翌年连捷中举（1532，24岁），以壬辰科二甲第四十六名考中进士，任职户部，不久可能任户部山东分司。《天津县新志》说其"授户部主事，出为山西按察司佥事，分巡口北道，擢督察院佥都御史，巡抚延绥"，则在户部任后，升职到了陕西，任"参政"或"城堡道"，后又升任山西按察司佥事，分巡口北道，其任职肃州

---

① （清）沈青崖等编纂：《陕西通志》卷一六《关梁一·清涧县》，第906页。
② （清）谭吉璁等纂修：《延绥镇志》卷三《官师志》，台北：成文出版社有限公司影印1970年版，第56页。
③ （清）沈青崖等编纂：《陕西通志》卷三十五《边防》，第553册，第78页。

兵备道副使是嘉靖二十一年（1542），升迁任职他处是嘉靖二十三年或二十四年（1544 或 1545），可能升任督察院佥都御史，巡抚延绥；嘉靖二十九年（1550）因拱卫京师有功而升任右副都御史，仍巡抚延绥，嘉靖三十一年（1552）卒于任上，嘉靖三十三年（1554）入葬。

然而，诸资料对于张愚在肃州任上的三年只字未提，许多事迹无载。其实，张愚在肃州任上，不仅修缮肃镇公廨、军防设施，整饬兵防诸项，倡导并亲力亲为修撰地方志，为我们留下了体例别具一格的《肃镇华夷志》，其事迹具体而繁，表现了一位封建时代干才能吏的识见、才能和作为。尤其是关于督促裕固族儿童入学接受教育的举动，也与其他官吏的愚民政策有显著区别。因此，张愚应是裕固族儿童最早学校教育的倡导者和积极推行者。

据《肃镇华夷志·学校》记载：

> 易曰：观乎人文，以化成天下。则人文系于风俗，亦莅政之不可缓者。肃镇为西裔（夷）极边之地，连引长城，控制夷房，设峪关以限内外，列戍卫以严捍御，干戈咸扬而文教尚未丕变，顾上之人振铎何如耳。曩徐公建学之后，继武陟李公作新之，长垣侯公增置之，天津张公又作养之，以至今日，又增新学校，肇建泮宫，士承训诲，蜚英扬藻，人人自奋，文教渐兴，而科目尚有待也。然当崇尚佛教之地而儒化渐兴，亦彬彬礼乐之风矣。

由上述资料可知，延揽裕固族学童就学，启始于张愚。其"作养之"一句，透露或者可能由张愚或肃州公廨出资培养。

> 及后节被西夷、北虏侵掠，军没于战，丁补于伍，番夷内附，如西番日羔剌、畏兀儿、哈剌灰皆关西远夷、哈密夷族，俱近居肃州焉。胡俗杂乱，人无定业。虽稍温裕，犹囚首田亩，不衣冠而处焉。暨天津张公愚校士训蒙，四境之外，习学者勉其杂徭。于是，民方慕习文教，知敬师长，内外童蒙，从学者几至数百。又令夷童亦诵儒书，而夷俗少变。殆觉可观。
>
> 社学城东北隅，乃巡抚陈九畴建，面西正厅三间，南北对面斋房

各三间，厅后又为宅舍二间，其木植。因肃州城西汉回子同西域回夷夜聚晓散，指为礼拜，俱谋不道，后因事发，遂拆礼拜寺为之，仍择年长学行生员二人教训之。嘉靖二十二年，副使天津张愚选童生几百人以作养之。嘉靖二十八年学被火焚，今城中社学已废，惟存地址而已。嘉靖二十三年，天津张愚令各堡选择童生，命生员贫寒者各堡训蒙，以作养之，但军民贫苦，顶派粮差，今已久废，惟临水有之。

张愚莅任肃州兵备道副使的时间为嘉靖二十一年到二十三年或二十四年间①，任期虽短，但根据《肃镇华夷志》记载，在不到三年的任期内，他主持重修肃州卫指挥使司、肃州仓、军器局，整饬草料场，重建阅武街、增置宣圣庙等，乃是一位对肃州建置民风有重大贡献的能吏。②

由于《肃镇华夷志》关于当时学校教育记载得过于简略，我们只能根据所记及当时的状况，作一些猜度。

虽然《肃镇华夷志》记载"嘉靖二十二年，副使天津张愚选童生几百人以作养之"。但其中大部分应为地方官员和富商子弟，裕固族的童蒙生应主要是各部落头领的子弟，数量应该不是很多。由于学校招收童蒙生很困难，"嘉靖二十三年，天津张愚令各堡选择童生，命生员贫寒者各堡训

---

① 《肃镇华夷志·宦籍》所记有两种意见，嘉靖二十三年，肃州兵备副使为刘瑜（《肃镇华夷志校注》，第222页），但《肃镇华夷志·公署》又有"嘉靖二十四年副使天津张愚见七所颓坏不堪，重修"记载（《肃镇华夷志校注》，第132页）。怀疑"二十四年"应为"二十二年"之误。

② 肃州卫指挥使司　经历司列于左，知事列于右，卫镇抚七千户所并监俱附在城西隅。洪武二十九年指挥裴成创建。嘉靖二十四年副使天津张愚见七所颓坏不堪，重修，可居。旧卫今指挥梅济是也，因展城，故建于此。
　　肃州仓　城西北隅。……嘉靖十四年副使侯秩重修，嘉靖二十四年副使天津张愚又重修。
　　草场　城东北隅。弘治十六年都御史刘璋建。嘉靖二十二年天津张愚内穿数井，以防火灾，今亦无水。
　　军器局　城北隅，嘉靖二十二年天津张愚重修。
　　阅武街　对修文坊，旧为忠节坊，嘉靖十年被火灾，副使天津张愚重建阅武坊，以对南门（《肃镇华夷志·公署》，第132—134页）。
　　宣圣庙在明伦堂前。成化三年都御史徐廷璋建，嘉靖二十二年天津张愚增置笾、豆、铜爵。嘉靖二十八年火灾，祭器颇损（《肃镇华夷志校注·祠祀》，第144页）。

蒙，以作养之"。这是招收不到童蒙生后，张愚派遣那些贫寒生活困难无以为生的生员前往各堡开塾训蒙。笔者以为，这时，可能裕固族儿童选择接受教育的更多一些。一方面说明张愚极力主张边鄙肃州教育为开启民智、"化成天下"的长久大计；另一方面也是根据实际情况采取的因陋就简的教育方式。

但关于裕固族子弟经过教育，究竟有无成才者，在当时裕固族发展史上起过什么作用，除"夷俗少变，殆觉可观"的评价外，由于史料无载，不敢妄说。

但有资料说明当时裕固族的某些人粗通汉文。

"今总牙子长曰绰牙，不能为头目，次曰朌束尔加，为头目，年轻而心无定主，性刻而恶不能悛，听岳父朵尔只之计，诱杀革力哥失等夷，以构怨革力哥失等，具状赴兵备陈其学处投告，令抚夷官通抚治朌束尔加妄杀平人之罪。""具状"者，手持状纸也。说明革力哥失部落的某人，或粗通汉字，甚至可能会写状纸。因此《肃镇华夷志》的作者感慨："诸夷相攻，近年方见具状赴诉。先年乱劫相攻，不听调抚，任意东西，岂闻有具状陈情以俯首庭下也。"

关于总牙子朌束尔加诱杀革力哥失部落的满哥虎力，《华夷志》曰："察黑包死，子曰满哥虎力，继为头目，近被朵尔只与朌束尔加谋杀。"则很可能是在本志修撰（万历四十四年）前不久，因此谓"近"，则距离嘉靖二十三年已然数十年，个别裕固族头目子弟可能受过教育，粗通文墨。

而居住在肃州城内的"郎头"，则很有可能识文断字。

"日羔剌部下小头目曰郎头者，今住东关厢，凡其小官、性格、上司法度无不备记，以传闻四夷，地方官司细务机密事情，方才区处，未曾发觉，四夷大小尽知。诸夷有言曰：'郎头是番眼睛，迁速儿是日羔剌的耳朵。我们不是郎头在城里作主张，都督日羔剌晓的甚么？'郎头，乃沙州番也，今通四夷语。"

《肃镇华夷志》有一则资料，可证裕固族人对文化知识和教育的渴望："若段匹梭布，亦视物以偿，大约与市价，在夷为贵耳。如段一匹，可值价三两，算与各夷，可作五两，梭布一匹，可值价三钱者，易羊一只，可值五钱。"显然，这是明显的不公平交易，其实质原因则是裕固族人没有文化知识而受到价格歧视。

今天，祖国大家庭一员的裕固族，享受着和其他民族同等的教育权利，且裕固族人的教育水平甚至高于周边的汉族县份（以万人中大学生和硕士研究生、博士研究生比例计）。但我们不应忘记最早的裕固族学校教育，也不应忘记曾经倡导并推行裕固族儿童入学开蒙的张愚。

原载《河西学院学报》2019 年第 4 期

裕固族学校教育发端一瞥
——从《肃镇华夷志》一条史料说开去

《肃镇华夷志》可谓裕固族最早的专志。对裕固族研究而言，该志的宝贵史料多矣。有关裕固族子弟的教育，在其中也有零星记载，这应该是裕固族作为民族共同体、生活在肃州周边，接受最早的学校教育的宝贵资料。因此，笔者在《肃镇华夷志·前言》中，说了这样几句话：

> 在卷二"学校"中，记载了肃州卫和镇夷所明代教育从无到有的发展历程，而于校址的建设尤为详备。当时的地方官员倡导、督促东迁各少数民族部众子弟入学接受教育的资料尤其珍贵："又令夷童亦诵儒书，而夷俗少变。"（卷二）它多少改变了大汉族主义一直推行的愚民和奴役少数民族政策，在裕固族发展史、民族教育实践上，都有重要的意义。①

今再申前言，稍加敷陈。
《肃镇华夷志》卷二《风俗》一节中，有这样一段话：

> 自明朝扫逐胡元，宋国公冯胜统兵河西，奄有华夏，始迁四方人以实其郡，习尚错杂，靡有定趋。成化以前，耕无百亩，商多悬磬，婚丧仅足成礼，卒伍苦于板筑。厥后，闲旷之地皆成沃壤，中产之家颇畜孳牧，虽较前稍稍富庶，而文教犹未兴。自河南武陟李公端澄教化维新，阅武暇日，卒伍之家，诱习诗书，民稍知礼法，渐释嚣争。及后节被西夷、北虏侵掠，军没于战，丁补于伍，番夷内附，如西番

---

① 《肃镇华夷志校注·前言》，第11页。

日羔剌、畏兀儿、哈剌灰皆关西远夷、哈密夷族，俱近居肃州焉。胡俗杂乱，人无定业。虽稍温裕，犹囚首田亩，不衣冠而处焉。暨天津张公愚校士训蒙，四境之外，习学者勉其杂徭。于是，民方慕习文教，知敬师长，内外童蒙，从学者几至数百。又令夷童亦诵儒书，而夷俗少变。殆觉可观。至于今婚冈亲迎，丧用浮屠，病延巫祝，礼未别嫌，习俗相沿。间阎阡陌之间，虽难尽除其陋习，而富庶之家，率尚廉节，上下各有等，男女不同席，虽边鄙伏处天末，而转移化导之后，亦庶几与内郡同风矣。①

此段话，虽然是对肃州有明以来文教状况的概括和总结，但其中涉及居住于肃州及其周边的来自关西八卫的维吾尔、哈剌灰，以及安定卫遗族的日羔剌等部落，在肃州政府倡导的"教化维新"中，裕固族子弟应该是其中不可缺少的力量。

自冯胜驱逐蒙元势力于河西后，原居住于河西的豳王家族部众四散，翻越祁连山逃向青海草原，待形势稳定后，逐渐向明政府表示归附。明政府先后设立关西八卫以为藩屏。对待内迁的关西各卫，肃州政府和执政者认识到"人文系于风俗，亦苾政之不可缓者"②，采取了羁縻、"转移导化"的政策，因此，在设立学校教育时，予裕固族及其他东迁部落子弟以同样的政策和待遇，吸纳他们入学受教育，虽出于化解矛盾、教化蒙昧的措施，也多少体现了一视同仁和民族平等的进步思想，与后来李应魁认为安置各部"今虽输款向化，作我藩篱，而笼犬羊于卧榻，揖寇盗于门庭"③、不可教化的认识有天壤之别。

从上述史料看，地方官员热心教育事业，除了官员捐俸办教育外，可能在肃之商人也有捐纳银钱支持教育的举动，因此，教育经费相对充裕，在校生员有许多优厚条件。"习学者勉其杂徭"，"从学者几至数百"，从元末明初动荡后，生业凋敝、人口不繁④、肃州及其周边经济尚在恢复的现

---

① 《肃镇华夷志校注·风俗》，第99页。
② 《肃镇华夷志校注·学校》，第139页。
③ 《肃镇华夷志校注·序》，第1页。
④ 《肃镇华夷志校注·人口》：肃州卫"万历中，户五千三百五十二，口七千九百八十六"。第112页。

实看，这是个不小的数字和成就。

虽然，《肃镇华夷志》没有记载入学的裕固族和其他部族生员究竟有多少名，但至少属于安定卫王族系统的日羔剌部落，肯定有输送生员入校学习的举动。

三十多年前，高启安在杨哥收集到一则民间故事。属于动物故事中聪明的动物以智慧帮助弱小动物战胜强大、愚蠢动物类型。但其中所反映的却是裕固族教育落后、不识文字、被官吏欺骗的社会现实。

羊、狼和聪明的兔子：母子二羊，去拉萨朝拜。途遇一狼，欲食之。母羊求免，言待还愿回来，情愿充食。狼思良久，应允。

二羊朝毕回来，于路悲哭，引来了兔子。问为何这般哭泣，羊告之以故。兔言不必害怕、悲伤。我且随去，保你们平安。羊答应，心实不信。

路遇一帐篷底子（牧民春夏、秋冬之际需转移草场，原下过帐篷的地方，谓之"帐篷底子"），兔子令羊捡起牧民丢弃的破褐单；路过另一帐房底子，兔子又令羊捡起一张包过茶叶的纸。

羊不解其意，仍照办。

行不远，果见狼等于路口，东张西望，见羊至，大喜。兔子令羊铺好褐单，自己要过茶叶纸，高坐于褐单之上，大声念道："官府派下一百张狼皮的差数，缴了九十九张，尚差一张，前面一狼，莫非前来交差?!"狼闻此言，扭头就跑。半道遇熊，熊问：狼兄为何这般慌张狼狈？狼告知官府派差，尚差一张狼皮、羊领着兔子到处捉拿之事。熊言受骗，愿与狼一同前去，共进美餐。狼畏惧不前，言到时你逃去，我如何办？熊言，这好办，遂取绳将自己和狼拴在了一起，前来寻找羊和兔子。兔子见状，复念道："官府派下来一百张狼皮的差数，现缴了九十九张，尚差一张。敢是熊兄前来交差乎？"狼一听，大呼上当，掉头便跑，遂拉倒了熊，直到力竭方至。熊被拉得龇牙咧嘴，直呻吟。狼言：还笑呢，要不是跑得快，怕是皮已经被扒掉了。①

---

① 《甘肃党校报》1989年12月15日第4版，高启安收集，流传地：肃南裕固族自治县杨哥乡。

虽然无法断定故事产生的时代，但故事原型产生得应该很早[1]，故事的社会背景却是裕固族人由于不识字，任由朝廷下派官员摊派税收，而没有能力辨别真实的社会现实，由此给故事赋予了新的生命力和价值，使其流传。可见，在教育落后的裕固族东迁各部中，这种受骗被蒙蔽的事例不少。

因此，肃州设学，地方官员鼓励裕固族子弟就学，不仅体现了地方官员的远见卓识，也迎合了有见识的裕固族部落首领的意愿。

但当时肃州城内，设有"儒学""酒泉书院"和"社学"三种形式，裕固族子弟究竟就学于哪种学校，或曰哪种学习方式呢？

应该是"社学"。

按，当时肃州"儒学"，设立在"城东南隅"[2]，成化三年由都御史徐廷璋始建。而肃州卫"社学"，则在"城东北隅"，由巡抚陈九畴始建：

> 社学　城东北隅，乃巡抚陈九畴建，面西正厅三间，南北对面斋房各三间，厅后又为宅舍二间，其木植。因肃州城西汉回子同西域回夷夜聚晓散，指为礼拜，俱谋不道，后因事发，遂拆礼拜寺为之，仍择年长学行生员二人教训之。嘉靖二十二年，副使天津张愚选童生几百人以作养之。嘉靖二十八年学被火焚，今城中社学已废，惟存地址而已。嘉靖二十三年，天津张愚令各堡选择童生，命生员贫寒者各堡训蒙，以作养之，但军民贫苦，顶派粮差，今已久废，惟临水有之。

关于明代社学的设立和讲授内容，《明史》有记载。

洪武八年"丁亥，诏天下立社学"。[3]

"社学，自洪武八年延师以教民间子弟，兼读御制大诰及本朝律令，正统时许补儒学生员，弘治十七年令各府州县建立社学，选择明师，民间幼童十五以下者送入读书，讲习冠婚丧祭之礼。"[4]

---

① 此类故事甚多，如《老虎、猴子和山羊》等，被艾伯华列入"老虎和鹿"故事类型。见[德]艾伯华著《中国民间故事类型》，王燕生、周祖生译，商务印书馆1999年版，第12页。
② 《肃镇华夷志校注·学校》，第139页。
③ 《明史》卷二，第30页。
④ 《明史》卷六九，第1690页。

由此，张愚之推动设立社学，延揽农家子弟和东迁安置各部子弟入学受教育，不唯其人热心教育，亦在于执行国家方略。

延揽裕固族子弟入社学的倡导者，从"暨天津张公愚校士训蒙，四境之外，习学者勉其杂徭。于是，民方慕习文教，知敬师长，内外童蒙，从学者几至数百。又令夷童亦诵儒书，而夷俗少变"的口气看，应为张愚。张愚，字若斋，明天津左卫军籍。嘉靖十年（1531）举人，嘉靖十一年进士，授户部主事。出为山西按察司佥事，分巡口北道。擢都察院佥都御史，巡抚延绥。嘉靖二十一年任肃州兵备副使，嘉靖二十三年离任。

延揽裕固族子弟入学的举动，起始时间应为"嘉靖二十二年"（1543），盖此时，距离嘉靖七年王琼安置已有十几年时间，各部住牧地相对安定，张愚"选童生几百人作养之"，嘉靖二十三年，又"令各堡选择童生，命生员贫寒者各堡训蒙，以作养之"，应该有住牧于肃州周边的裕固族子弟就学。万历时，只有临水的社学尚在坚持，而临水一带，靠近裕固族住牧地。当然，由于裕固族子弟的学校教育仍处于初始阶段，只能就学于"社学"，其实就是蒙学。

但到嘉靖二十八年，情况又发生了变化。王琼安置后，经过二十年，诸部"交相往返，掳掠行人……为地方害。监生李时阳至京陈情，安插各夷……不许散乱往返"①。原先住牧地又发生了变化，这次安置的背景是，因为安置各部在二十多年的时间内，又陆续迁居到了肃州周边，不时与肃州居民发生矛盾，对肃州的安全构成了威胁。因此，肃州监生李时阳专程到北京陈情，于是，"嘉靖二十八年，巡抚杨博奏修筑肃州迤北百四五十里新旧城堡七处，徙环城诸夷于彼住牧"②。此时，可能张愚所制定的吸纳裕固族子弟入学的政策被废止；虽然万历初年，这些被杨博重新安置的部众，又陆续回到了肃州周边，但由于地方官吏的短视，裕固族子弟失去了就学的机会。

虽然，吸纳裕固族子弟入学接受教育持续时间并不长，也可能处于时续时断的状况，对裕固族子弟而言，更多的文化教育，可能属于寺院宗教

---

① 《肃镇华夷志校注·族类》，第283页。
② 《肃镇华夷志校注·附内地住牧番夷》，第57页。

教育，但无论如何，嘉靖期间肃州城内，由张愚倡导的延揽裕固族子弟入学，应该为裕固族最早的学校正规教育。

原载《河西学院学报》2019 年第 6 期

中编
裕固族民间文学与民俗

裕固族民间文学述论

裕固族是甘肃特有的少数民族之一。它有自己独特的语言和风俗习惯；古老、悠久的历史给这个民族留下了十分宝贵的文学遗产；漫漫历史长河中无数变乱、迁徙、融合，又给他们留下了悲壮的史诗和各种传说；巍峨的雪峰和祁连山宽厚的怀抱，孕育和保存了数不清的歌谣、故事和谜语。这些具有民族特色的民间文学作品，表现了裕固族人对美好生活的热烈追求和向往，反映了裕固族人的生活、宗教信仰、风俗习惯和内心世界，成为他们生活中不可缺少的一个组成部分。像裕固族这样人数较少、没有文字的民族，其口头文学对于保存民族文化遗产，反映本民族的历史、精神生活、内心世界的特点，尤其显得重要。本文拟对1949年后专业工作者搜集发表和笔者自己搜集掌握的裕固族民间文学作品做一客观概述，并适当加以评论，以求在裕固族民间文学的研究上起抛砖引玉的作用。

一 神话、史诗和叙事诗

（一）神话

神话是人类与自然斗争的原始性幻想故事，是最早反映人类生活的文学形式。每一个历史悠久、文化古老的民族，都有自己的神话。在裕固族民间文学中，神话所占分量不多，且表现得断续和零碎。目前已发表的有《莫拉》和《火种》（又名《三头妖与勇敢的青年》《射箭驱妖》）。[1] 前者讲的是裕固族来到祁连山下后，有个雪妖作怪。一个名叫莫拉的小伙子在

---

[1] 参见安建均、安清萍等选编《裕固族民间文学作品选》，民族出版社1984年版。

百灵鸟等鸟类的帮助下寻找太阳神,向太阳神借来了神宝葫芦,烧死了雪妖,而他却忘了"收宝咒",为了扑灭大火,他扑到了葫芦口上,变成了一座红石山。故事产生的特定现实基础即是祁连山严酷的自然条件和裕固族境内的红石山等。裕固族来到祁连山后,曾不止一次地遇到过暴风雪,给他们的生命财产造成了严重损失,神话即是裕固族人为适应环境与暴风雪斗争的真实写照。

《火种》是一个关于寻求和保存火种的故事。妖精是火种的所有者,人类的火必须向妖精去借,而妖精借机吸人的血。有一对年轻的夫妇,妻子熄灭了火,向妖精去借,妖精就吸她的血,丈夫知道后,与妖精比箭,最终射死了妖精,自己也被妖精射死了。这个故事最后将裕固族结婚仪式上新郎向新娘射三支箭的风俗与之联系了起来。这个故事产生的现实依据同样是严酷的自然条件和草原过去单个牧居点的火种之重要。它与裕固族对火的种种禁忌有某种内在的关系(如不准用脚踩火等)。

此外,笔者也曾搜集到一些裕固族的神话故事[①]。

有一则故事说裕固族历史上有一个很有名的人,名字叫"恰威到",他立志要上天上去看个究竟。他一直走到了天与地的交界处,发现天边是红铜做的,地边是黄铜做的,天边地边几乎连在了一起。他到了后,天地忽然开了,他便上了天,看见天上的人都系腰带,但腰带系在腋下,他们把他当作鬼,将他绑在了一个用草编成的牛上,从天上扔了下来,因天地距离很近,他没有被摔死。因为他勇敢,族人便推举他做了头目,他便是姓安的人。这个故事流传在杨哥,显系一个神话的片段,奇怪的是,它也与"安姓做头目"联系了起来。这则神话反映了裕固族先民对天地的幻想解释,反映了草原游牧民族"天似穹庐"的观念,寄托了他们了解大自然的奥秘和征服大自然的愿望。

还有一个故事讲的是裕固族到祁连山后,其头目华尔加奴汗曾和盖塞尔(格萨尔)汗比武。两人比赛抛石头,华尔加奴汗用"好老畏"[②]将石头抛到了半山腰,而盖塞尔则将石头抛到了山顶。据说在今肃南县大河区就有二人比武用的巨石。这个故事也充满了神话色彩。与盖塞尔汗有关的

---

① 本文所引作品除注明外,均为笔者搜集,尚未发表。
② "好劳畏",又称"撂抛子",裕固族人用的一种抛石工具,用皮子和毛绳组成,皮子约巴掌大小,用来盛石;毛绳两根,各1米多拴于皮子两端。

神话在裕固族还有不少，后面还将提到，这和裕固族长期与藏族接壤甚至生活在一起有极大的关系。

裕固族有着古老、悠久的历史，并且由多种成分融合而成，其神话来源也应当是多渠道的，数量也不止以上几例。如能深入搜求，必能搜集到更多的神话故事。

(二) 史诗

裕固族婚礼上，有一个非常隆重的仪式，就是请人说《沙特》。《沙特》用诗的语言，诵说了天地山川草木人兽等的产生和婚礼的起源等，无疑是裕固族的创世史诗。其主要内容如下。

一是关于天地、山川、草木、人兽的产生、起源。

很早很早以前，
世界还不是现在的样子，
天地在像大海一样的宇宙中若隐若现，
大地上没有草木，
只是光秃秃白茫茫的沙滩；
天上也没有日月星辰，
只是空空洞洞像一片汪洋。
在上不接天、下不沾地，
混混沌沌的空间，
浮现出了一个金癞蛤蟆。
金癞蛤蟆的身上，
长着八十八根柱子，
有八十四根已稳定下来了，
还有四根没有稳定下来，
在空中摇摆不定，
这是为什么呢？

人们去问神仙，经过好多曲折，才知道是因为"天上没有日月星辰，没有云彩，山崖上缺少松柏，山坡上没有灌木，天上没有雨水，地上没有河流"。这又如何办呢？去问天上的达兰旦巴汗，他回答："天有两只眼睛，地有两只眼睛，若要事情成，天地要做亲，天上汗王的月亮王子要娶地上汗王的太阳公主。"经过说媒、要彩礼等情节，太阳和月亮成婚，双方带来了他们的家产，变成了万物。

> 夜空里没有星星怎么办呢？
> 蓝天里没有云彩怎么办呢？
> 大地上没有流水怎么办呢？
> 山坡上没有草木怎么办呢？
> 黄黄的月亮王子来了，
> 他带来了所有的家产，
> 有无数的金银财宝，
> 还有广阔的草原；
> 绿绿的太阳公主来了，
> 她带来了所有的家产，
> 从天上扔下来七样子珍珠玛瑙，
> 变成了灿烂的星星；
> 在天上拉起了一条五色的彩带，
> 变成了斑斓的云彩……

接着，就有了森林、灌木、花草，有了泉水、河流，有了各种动物，有了人，人有了姓，八十八根柱子全部稳定住了，八十八根柱子上，生活着八十八个部落。

二是汗王和头人结亲时讲彩礼的情况。彩礼的数量从天上的星星、地上的草根、姑娘的头发根一直讨价还价到五百件、三百件、一百头鹿、五十头鹿，最后因姑娘有十二根辫子，彩礼的数量被定为十二件。客人的数量及男方在半路上接亲时拿的酒的数量，也经过了这样讨价还价的程序才最后敲定。

三是"沙特"，即四种（一说是六种，加黑牦牛和白绵羊）动物的"沙特"的（白狮子、白象、青龙、老虎）不同一般，然后按分配给主宾的十二份羊肉和分配给新郎新娘的羊干棒骨的名称和地位，分别叙述了各自的象征意义。

四是裕固族的东迁，主要写裕固族如何来到祁连山，如何赶跑了"红帽子"，占据了祁连山等内容。

史诗反映了裕固族初民对日月山川、草木人兽、部落来历的复杂、神秘的幻想解释和对婚姻习俗来历的解释。史诗不像裕固族其他叙诗事那样，采用间说间唱的形式，而通篇都是诵说，结尾押韵，有一些语言、词汇很古老，诵说者也不知其确切含义。如题目"沙特"一词，其词义就不明确（关于史诗的详细情况，笔者将另撰文详谈，此处不再赘述）。

遗憾的是尚未有人对此系统地加以搜集整理。以上介绍的只是笔者搜集的一部分。据说史诗能朗诵约两个小时，而笔者搜集的，只有七百余行，从情节发展来看，缺漏尚多。

《沙特》无疑是裕固族最重要的民间文学作品，也是裕固族珍贵的历史文化遗产，在我国北方各民族较少创世史诗的情况下，裕固族的这部创世史诗就显得格外重要，它在裕固族民间文学、历史、族源、神话、语言、民俗研究上有着非常高的价值。从笔者掌握的情况来看，这部史诗已部分失传，少数掌握片段的人已近垂暮之年。我们希望有关部门组织人力尽快抢救，莫让这一灿烂珍珠在我们手中失传。

除此之外，著名的英雄史诗还有《俄郎盖塞》，叙述很早以前，地上有许多妖怪，兴风作浪，搅得人不得安宁。有兄弟二人，兄名阿克哥里干，弟名阿克桥登，二人共有一个妻子，二人的妹妹名叫蒙格阿扎。哥俩对妹妹十分不好。有一天，妹妹去河边背水时，拾到了金线碗子，就含到了嘴里，回家后告诉了哥哥。哥哥让取出来看看，但嘴一张，碗却掉进了肚里，于是妹妹的肚子一天天大了，哥哥们说这是妖怪作祟，就借机在"三九"天分了家，只给妹妹分了一匹老骒马、九只老山羊、一条老母狗，并且将妹妹送到了一个高山顶上，搭了一个草窝便回去了。到家后，哥俩祭天求雪，要冻死妹妹。大雪下了七天七夜。哥俩寻思妹妹早冻死了，到山上一看，妹妹生下的孩子站在门口；老马下了驹；母狗生了崽，草屋的四周开满了鲜花。哥俩回家后，宰了一只羊，拿了一匹布，一袋酥油来看外甥。外甥将全羊吃到了嘴里，一只羊连牙缝还未塞满；一匹布还不够缠手指头；一袋酥油连手心都未遮住。舅舅认定这是妖怪，于是派来一只乌鸦吃外甥，外甥让母亲做了一张弓，射死了乌鸦。他就是英雄俄郎盖塞。

后来，俄郎盖塞南征北战，杀灭了无数妖怪，自己做了汗王。这是一个英雄史诗，其神话色彩很浓。和许多民族的英雄史诗一样，英雄出世必有一番苦难的遭遇和经历。所不同的是俄郎盖塞所遇到的敌人来自他的母舅，反映了母权制向父权制的过渡过程中在财产继承权问题上的尖锐斗争。这个英雄史诗显然是藏族《格萨尔王传》在裕固族中的流传。"盖赛"即"格萨尔"之音变。裕固族的相当一部分人早在东迁前就与藏族生活在一起，现在居住地紧靠藏族，又信仰喇嘛教，受藏族文化影响很大，《格萨尔王传》在裕固族中流传就不足为怪了（有一传说肃南境内马蹄寺的"马蹄"印，即为格萨尔王的马所踏）。但也很明显的不是原来的《格萨尔王传》，它经过了裕固族民间艺人的加工和再创作，已经成了裕固族人的《俄郎盖塞》了。

（三）叙事诗

在裕固族民间文学宝库中，叙事诗《黄黛琛》[①]《萨那玛珂》《尧熬尔来自西州哈卓》[②] 占有重要的地位。无论其思想性还是艺术性，都达到了一个很高的水平，堪称是裕固族民间文学中的珍品。

《尧熬尔来自西州哈卓》可以说是一个产生得较晚的叙事诗。它与裕固族的东迁有着直接的关系。其中大部分内容还以故事形式流传。无论东西部，都有相似的传说。是说裕固族东迁前，曾遇到了强大敌人的攻击，在整个部落生死存亡之际，部落长下令杀掉全部老人以利轻装转移，其他人都遵命将老人杀死，只有一姓安的小伙子偷偷地将老人装在了牛皮袋内（一说箱子内）。部落转移到茫茫沙漠时，因缺水全体人又有被渴死的危险，面对严峻的形势，部落长下令谁要能找到水，谁便做部落头领。安姓小伙子偷偷地问了老人，老人告诉儿子，将犏牛放开，任其所行，看到其刨地，则底下必定有水。安姓小伙子依其言，果然找到了水，拯救了全部落。部落长问其故，安姓小伙子以实相告，部落长不但不以违令处死他，反下令从此废除杀死老人的做法，还让安姓人做了头目。这个叙事诗在东部裕固族是属于《沙特》的一部分内容而流传的。就叙事诗故事内容而

[①] 见安建均、安清萍等选编《裕固族民间文学作品选》，民族出版社1984年版。

[②] 见《裕固族民间文学作品选》，从其内容看，应属于英雄史诗，但因在《沙特》中有其内容，故在此处列入"叙事诗"类。

言，这是一个"弃老"传说。值得注意的是类似的故事在布里亚特蒙古①、卫拉特蒙古②都有流传，情节几乎相同。

我们知道，"弃老""弃小"的习俗源于人类的早期生活。那时社会生产力低下，每日猎取和采集的食物极其有限，有时在发生部落战争和自然灾害时，老少就成了部落的负担，要顾及他们，势必危及整个部落的生存。于是在这种情况下，只有抛弃老人和儿童；有时为了不致被俘虏，还要将他们杀死。这在当时是合乎道德的。许多民族都有"弃老"或"弃小"的民间传说，有些民族甚至至今仍有贵壮贱老的习俗。

从目前掌握的资料来看，裕固族定居祁连山一带，最早不超过明中叶。那时，裕固族的母体——蒙古和回鹘人早已脱离了蒙昧，进入了生产力较发达的文明时代，不可能发生像叙事诗中的那种弃老事件。这个故事产生的时间只会更早，其在北方许多民族中都有流传就说明了这一点。至于和明代裕固族东迁联系起来，只能是民间文学在流传过程中对历史事实的一种附会和变异。因为明代的东迁，不仅直接促成了裕固族作为一个民族共同体的形成，在裕固族的历史上有着重要的印记，而且东迁持续时间之长和艰险困苦，也在裕固族中留有深刻的印象。叙事诗将古老的传说和严酷的历史现实巧妙地结合起来，真实、艺术地再现了当时的生活现实，使这一民间文学作品成为唯一口耳相传的裕固族历史。值得一提的是，这个叙事诗仍有全面搜集、科学整理的必要。

《萨那玛珂》和《黄黛琛》以其深刻的思想内容和别致的艺术形式，广泛流传在西部裕固族当中，成为广大牧民最喜爱的民间叙事诗。

《萨那玛珂》产生的历史背景也是裕固族的东迁。关于萨那玛珂的身份，有几种说法③，其中之一说萨那玛珂原是裕固族一个部落头领的妻子。裕固族东迁到肃州城（酒泉）时，由于饥寒交迫，有一些抢掠行径，与肃州城的居民发生了冲突。萨那玛珂的丈夫被捕入狱，由萨那玛珂继续率领大家为生存而斗争。这时候，另一个部落的头领勾结肃州官员，乘萨那玛

---

① 《布里亚特蒙古民间故事集》（郝苏民、谢守邦编译）中《可汗的命令和老人的智慧》一则（中国民间文艺出版社1984年版）。

② 王琦：《卫拉特蒙古族丧葬习俗溯源》，《甘肃民族研究》1982年第3期。

③ 《裕固族民间文学作品选》中的《萨尔阿玛珂》；《裕固族简史》（甘肃人民出版社1983年版）中第四章第三节。

珂不备，抓走了她，并用残酷的手段折磨死了这位勇敢、刚烈的妇女。故事在流传过程中，经过民间的加工和再创作，萨那玛珂被塑造成了为裕固族人谋利益的视死如归的女英雄形象。无论从故事的情节还是从音乐的旋律来看，诗的基调都显得悲壮、苍凉、低沉，这种气氛和主调，与故事产生的时代，即裕固族艰难困苦的东迁有着直接的关系。

和《萨那玛珂》一样，《黄黛琛》也是一个悲剧性的故事，所不同的是，它所叙述的是一个爱情悲剧。作品叙述了美丽善良的黄黛琛和青年牧民苏尔丹像草原上的天鹅一样真诚地相爱着。就像许多其他民族的民间故事一样，黄黛琛的美貌，也给她带来了不幸——头人也看中了她，于是，一对青年男女为反抗婚姻不自由最终一死而为忠贞的爱情殉葬的悲剧就这样产生了。这就使作品具有了鲜明的思想性。作品的背景是封建社会。尽管草原上有着传统、质朴、自由的谈情说爱的风俗习惯，但以头人为代表的封建恶势力总是竭力扼杀这种自由的风习和对自由的追求，这就是黄苏爱情历史的社会根源。作品的意义还在于对忠贞爱情的热情讴歌。爱情是人类一切美好感情中最崇高的感情之一，古往今来，各民族都有数不清的作品歌颂它、赞美它，人们往往把自己对美的追求物化为对爱情的追求，因此为爱情而死就被升华到了崇高的精神境界，这一类作品也就具有了强大的生命力而在民间长久、广泛地流传。像汉族的《梁山伯与祝英台》《孟姜女》，回族的《马五哥与尕豆妹》，等等。

应该注意的是两部叙事诗的艺术形式较为特别：叙述故事情节用散文，而在抒情时却采用歌唱的形式，有点像歌剧，也类似于汉族的戏剧。抒情部分即歌唱的部分曲调优美动听，歌词押韵整齐，对仗工整，辞藻华丽，表现力很强。以《萨那玛珂》为例，诗中"逃跑""被抓""回忆""誓愿"等几个部分，采用顺叙、倒叙等艺术手法，各部分犹如歌剧之各幕，环环相扣，中心突出。当头人抓住了萨那玛珂后，诗中唱道：

蓝天里的黑乌鸦给了你警告，
可你没有意识到；
黑山里的青羊给了你警告，
可你也没有意识到。
有名的萨那玛珂呀，

为什么落到了这种地步?

萨那玛珂逃跑后,头目率人继续追寻,她到处藏身,可还是被发现抓住了。萨那玛珂唱道:

流水的河汊里去藏身,
被放羊的看见了;
狭窄的沟坎里去藏身,
被放马的看见了;
深深的弧圈里去藏身,
又被放牛娃子看见了。
没想到今天落到了这个地步。

头目抓住萨那玛珂后,用绳子捆住了她。她又唱道:

头目你气势不要太凶狠,
把捆绑的绳子松一松;
头目你不要满脸杀气腾腾,
把捆绑的绳子松一松。

但头目对萨那玛珂的要求没予理睬,她丢掉了幻想,愤怒地唱道:

头目你把绳子再往紧捆,
有名的萨那玛珂绝不向你低头;
头目你把绳子再往紧捆,
有名的萨那玛珂绝不向你认输。

这种间说间唱的叙事诗形式只在西部裕固族流传,在东部裕固族还不曾见到。有些学者认为这是受藏族《格萨尔王传》形式的影响所致,[①] 尚

[①] 《裕固族民间文学初探》,《民间文学》1981 年第 7 期。

不能完全令人信服，仍有进一步探索的必要。无论如何，这种较为成熟的艺术形式的出现和存在，不仅在裕固族文化发展史上有重要的地位，有较大的学术价值，而且也说明裕固族文学艺术的发展已达到了一个很高的水平。

二 丰富多彩的民间故事

裕固族民间文学宝库中，有很大一部分是民间故事。这些故事内容广泛，取材丰富，与裕固族人的生活密切相关，反映了他们善恶美丑的标准和对美好生活的憧憬与向往，具有鲜明的民族艺术特色。粗略统计一下，已发表二十余篇，尚有一大批待整理发表。这些故事中，有关于裕固族历史及风物的传说故事，有关于西路军转战祁连山时裕固族牧民掩护红军的革命历史故事；有妙趣横生、富于哲理的动物寓言故事，也有裕固族日常生活的世俗故事等。

（一）历史及风物传说故事

除了我们前面所举的《尧熬尔来自西州哈卓》外，东迁和与之有关的传说故事还有许多。这些故事，以其具有一定的历史真实性而具有珍贵的历史意义，在裕固族人的心目中占有很重要的地位。有些传说令他们自豪，是他们对后代进行历史教育的材料之一。这一类故事有《东迁的传说》《和"红帽子"人打仗的传说》《圈地划界》，等等。

《东迁的传说》其基本情节和《尧熬尔来自西州哈卓》略同，只是杀死老人的方法不一样。说部落长下令杀掉全体老人后转移，大家将用羊肉、羊油拌好的炒面装入羊的肥肠里，硬让老人吃，噎死了老人。只有安家人没有这样办，后来因了这个老人的智慧，拯救了全部落。为了纪念老人，除了让安姓人做头领外，还是将这个老人杀了，用他的肉缝制了许多"洪哭开勒"（xuyK'uk'rL，香包子），分赠给众人，以示纪念。

另有一说法，说裕固族东迁是跟着乌鸦来的。在转移过程中，安姓小伙子问老人，哪儿才是裕固族的安身之地。老人说跟上乌鸦走吧！哪儿乌鸦、喜鹊多，那儿就是尧熬尔安身的地方；哪儿芨芨草多，那儿就能生活。于是，裕固族朝着祁连山的方向走。到了黑河，水深浪急，冲走了一些人畜，没法过来。人们又问老人，老人说等到冬天吧！冬天到了，黑河结了冰，才过了河，来到了祁连山。

裕固族来到祁连山时，这一带由"红帽子"人（"啥玛拉埃特"）占据着。红帽子人请裕固族头领做客，用夹着砂糖的煎饼来招待。而裕固族人在回请红帽子人时，却在煎饼中放了石头，红帽子人认为裕固族人心肠狠毒，不好相处，双方才搞恶了关系。裕固族人头戴山羊皮帽，嘴叼旱烟锅，红帽子人认为他们头戴舒畔（山羊的另一种叫法），口中喷火，了不得。当时红帽子人手中有火枪，安姓老人就让大家在山羊角上绑上草把，蘸上酥油，夜晚点着，红帽子人以为那是火枪捻子，就被吓跑了。以后，裕固族人和红帽子人打了几仗，占据了祁连山。

裕固族人到了祁连山后，尚无地界。官家指定了一块巨石，说谁能将此石背动，他所走过的地方，以后就是裕固族的地界。其他人都背不动，只有安姓小伙子能背动。他背上巨石沿着祁连山、双海子等地转了一圈，圈下了裕固族的地界。

除以上外，还有一些类似的传说。这些故事、传说，无疑是裕固族英雄史诗的雏形，对于研究裕固族族源、迁徙历史、与其他民族的关系和北方诸民族民间文学的流变规律等，具有一定的参考价值。

(二) 革命历史传说

气壮山河的红军西路军转战河西及祁连山的斗争，不仅在裕固族撒下了革命的火种，而且产生了具有传奇色彩的民间故事。其中有大家熟悉的《红女人》《屈大哥走延安》《小班弟》《红军泉》，等等。这些故事深情地表达了受苦受难的裕固族牧民和红军天然的阶级感情和血肉联系，丰富了裕固族民间文学宝库，具有崭新的主题，在裕固族文学史上，占有光辉的一页。

(三) 生活故事

生活故事在裕固族民间故事中所占数量最多，内容涉及裕固族人生活的各个方面，反映了裕固族人的道德、宗教、生活习俗及真善美与假丑恶的斗争，表达了人们美好的愿望和对生活的态度。这类故事有已发表的《兄弟两个》《神箭手射雁》《珍珠鹿》《贡尔建和尖珂萨》《金银姐妹与木头姑娘》《天鹅琴》,等等,未发表的有《摔跤手的故事》《聪明的小伙子》,等等。

任何民族的民间文学,总少不了以爱情为题材的作品。已搜集到的裕固族民间故事中,也不乏以婚姻爱情为主线的故事,生动地表达了裕固族青年男女对爱情坚贞不屈的追求。《珍珠鹿》叙述了一对自己争取到婚姻自由的男女青年由幸福到不幸的悲剧。玛尔建是一富人家的姑娘,爱上了穷人家的小伙子萨卡,但父母却将她许于另一富人家。玛尔建经过斗争,迫使父母收回成命,答应了姑娘的要求,按照部落习俗,同意由萨卡带领玛尔建逃走。在另一个部落中,夫妻俩用自己勤劳的双手和智慧帮助人们学会了织褐子,自己也过上了幸福的生活。可好景不长,萨卡在一次打猎中,为追受伤的黄羊而迷路,流浪到了千里之外的异族部落。为了回家,他沿路乞讨,跟随一神奇的珍珠鹿,找到了自己的家。但就像幸运总伴随着不幸一样,一直等待萨卡的玛尔建却因高兴而死。萨卡只好又走上了辛酸的道路。这类故事没有最终的大团圆,悲剧的结尾似乎暗示着人对自己命运的不可把握,从中可以看出宗教的巨大影响。

《摔跤手的故事》是一个复仇故事,类似汉族的《铸剑》,所不同的是遗腹子复了仇。内容叙述了一个年老的摔跤手由于争强好胜,去异地和著名的石娄加花、铁木耳加花兄弟俩摔跤,被兄弟俩摔死。他离家时妻子已怀孕,后来生了双胞胎,取名习盖阿里玛、代阿里玛。稍大后逼母说出无父真相,然后去复仇。终将石娄加花、铁木耳加花兄弟俩摔死,为父报了仇。和其他民族的英雄一样,这个故事中成功或失败者,总有某种先兆或预示:老摔跤手前去寻找石娄加花和铁木耳加花时,一路上碰到牧马人、牧羊人、牧牛人,牧人们表示,只要他抓住公马、公羊、公牛,就可以杀了来招待他,可他没法抓到;到了铁木耳兄弟帐篷前,又被牧羊狗挡住,进帐篷时,推不开老阿妈堵门的石头,从帐篷底下钻进去后,又抽不动铁木耳兄弟俩的烟锅子,拿不动他们用的茶碗……这一切,已预示着他的失败。而他的两个儿子则一路上抓马、逮牛、杀羊、踢狗,拨开了石头,捏碎了茶碗,吸裂了烟锅,最终摔死了石娄加花和铁木耳加花而凯旋。

值得一提的是,这个故事和《萨那玛珂》为裕固族古代的丧葬习俗提供了一条线索。老摔跤手被铁木耳兄弟俩摔死后,其尸体被挂在了树上。铁木耳兄弟俩被摔死后,也挂在了树上。萨那玛珂被害死后,装入牛皮袋，挂在了树上。这使我们想到古代一些北方民族和现在的鄂伦春、鄂温克等原属于古代"森林中人"的民族的"风葬"习俗（也有人称为"树葬"）（如"契丹本……东胡种……风格与突厥大抵略同，死不墓，以马车载尸入山，置于树颠"）（《新唐书》卷219《契丹传》）。另据《黄史》记载："也先被蒙古之布库素尔森之子巴图擒杀，肆诸库克汗山坡之树上。"（《蒙古史研究》1987年第2期）对探讨裕固族丧葬习俗的演变有一定的参考价值。

另一种故事描写人和恶魔莽古斯的斗争，所占数量也较多。莽古斯在东部裕固族语中叫作"玛恩格斯"，是我国北方民族民间故事中对恶魔的称呼，它是大自然和人类一切丑恶、凶残的化身，总跟善良的人们作对，而人们同大自然和恶势力的斗争也形象地体现在同莽古斯的斗争中。这类故事除上面举过的《三头妖与勇敢的青年》外，还有《聪明的小伙子》等。《聪明的小伙子》讲的是一个大胡子老人在泉边饮马时，被玛恩格斯抓住了胡子，无奈只好将儿子许于它。小伙子运用自己的智慧，在八条腿的神马和喜鹊、老鹰、乌鸦等的帮助下，历经磨难，最终战胜了玛恩格斯，顺利地回到了父亲身边。在这个故事中，莽古斯的形象是一个老太婆。这一类故事的特点是诙谐、幽默、妙趣横生，情节跌宕起伏，内中有许多有关裕固族的服饰行止等习俗的描写，生活味较浓。

(四) 动物故事

以某种动物为作品主人公的故事，在各民族民间故事中占有相当的数量，在生产方式以畜牧业为主的裕固族中，这样的故事就更多了。动物故事所歌颂、贬斥的都是某种动物，但实际上表现的是人们对美丑善恶的态度，有些故事往往蕴含着某种道理，用来启迪人们，不少故事充满了生活哲理，有些则表达了裕固族人诙谐、幽默的乐观情趣和对生活的信心，闪耀着裕固族人的智慧，是裕固族人生活经验和知识的结晶，具有浓郁的民族风格。这类故事有《牧人、兔子和狐狸》《狗的传说》《羊、狼和聪明的兔子》《狡猾的兔子》《兔子和熊》《兔子和癞蛤蟆比高低》《兔子的尾巴为何长不了》，等等。

《狗的传说》是一个有趣的故事。说人不能用脚踢狗（东部裕固族有这样的禁忌），这是因为狗的岁数原来比人大。很早以前，麦子从根到梢都是麦穗,有一天,因为人们浪费粮食,老天震怒,下了一场冰雹,庄稼都被打掉了,只有狗嘴里含了一截麦穗头,拯救了人类。从此,麦穗头就只有现在这样长了。当时人的寿数比狗少,狗又将自己的寿数减下添给了人,因此狗对人类有功。这个故事笔者搜集于杨哥乡,因此笔者怀疑它本属于藏族或来源于其他农业民族。

在汉族的动物故事中,狐狸总是作为狡猾、聪明的动物而成为作品主人公的。令人大感不解的是,在裕固族的动物故事中,集聪明、狡猾、机灵于一身的故事主人公却是兔子。在《羊、狼和聪明的兔子》中,兔子又是一位机智的解危扶困的英雄。从前有母子二羊去拉萨朝拜,半路遇狼,羊央求先不要吃她,待朝拜回来,了却了心愿后再吃,狼同意。回来时,羊大哭,哭声引来了兔子,兔子问明了原委,愿救羊于狼口,它令羊在路上捡起牧民搬帐房时遗留下来的破褐单子和包茶叶的纸。狼果然等在路口,兔子见状,令羊铺好褐单,它高坐于上,手拿包装纸,煞有介事地念道:"官府派下来一百张狼皮的差数,现只缴了九十九张,尚差一张。"狼一听,被吓跑了,半道遇熊,问为何神色慌张?狼告之以故,熊言受骗,愿与狼一同前去,狼不敢,熊用绳把自己和狼连了起来,一齐前来,兔子复念道:"官府派下一百张狼皮,尚差一张,熊为何才送狼至?"狼一听,拉起熊就跑。最后,二者都被拖得半死不活。这个故事后面的情节曾见于许多民族的民间故事。而这儿智者是兔子,它运用自己的智慧战胜了凶残的狼。这个故事与裕固族人生活习俗、宗教信仰有极大的关系。裕固族人信仰喇嘛教,去拉萨朝拜是信徒们的平生愿望,就连凶恶的狼也同意羊了却了心愿回来后再吃,符合一般听众的心理。兔子凭借一废纸战胜狼,除了反映兔子的聪明外,它的生活依据则是封建社会官府压榨裕固族牧民、苛捐杂税多如牛毛,而裕固族人因缺少文化、任意受愚弄欺骗的社会现实。《裕固族简史》就记载,1949 年前因裕固族文化水平较低,备受官府和地方官吏、商人的欺骗。

这个故事似乎在向人们昭示着这样一个真理:智慧、正义总能战胜邪恶和凶残。

三 歌谣

裕固族是个爱歌善舞的民族。宽广的草原不仅孕育了他们快乐、豪爽、奔放的性格，特殊的生产方式和历史传统，也造就了他们爱歌唱的习俗。他们的歌谣种类齐全、数量众多，从另一个侧面反映了这个民族的精神风貌。

(一) 劳动歌

劳动歌无疑是激发产生于生产劳动中，起协调劳动动作、鼓舞情绪的作用，也是一种对劳动态度的表现方式。裕固族因其生产方式的不同，其劳动歌具有牧业劳动的特色。主要有《擀毡歌》《垛草歌》《割草歌》《捻线歌》《织褐子歌》《学步歌》《奶牛歌》《奶羊歌》，等等。这些歌又分为两种不同的情况：一种是有词、有曲；另一种以音乐为主，其歌词往往是一些数字或衬词，如《催眠歌》《擀毡歌》等。这些歌产生于裕固族人的生产实践中，与他们的劳动生活密切相关，节奏鲜明，旋律优美，内容健康，为大家所喜爱，是裕固族人生活现实的真实描写和劳动态度的写照。

(二) 仪式歌

裕固族的仪式歌可谓多矣，分为歌唱和诵说两部分。其歌唱部分主要为婚礼仪式歌，如《戴头面歌》《送别歌》《哭嫁歌》《迎客歌》《沉香树》《银鬃马》等，都是在姑娘婚礼的整个仪式过程中唱的，内容除表现姑娘对亲人，对家乡的留恋外，还有送亲者及其他"娘家人"对姑娘的劝导和教育。这类歌不仅西部裕固族有，东部裕固族也有，是裕固族婚礼的一个组成部分和不可缺少的内容，在裕固族民间音乐中占有很重要的地位。

诵说部分，因其内容大多是赞美称颂当事人、主人或某个东西的，故笔者称之为"仪式赞辞"。主要在喜庆仪式上诵说，在裕固族民歌中具有特殊地位。它分为人生仪礼赞辞和生活仪式赞辞两种。人生仪礼赞辞主要在剃头礼、成人礼和结婚仪礼上诵说。在这些仪式上的赞辞称为"好来也日"，即"祝愿的话"，有"剃头赞辞""戴头面赞辞""勒系腰赞辞""扬茶赞辞"等；生活仪式赞辞主要在第一次给马剪鬃毛、剪羊毛、扎新房子等仪式上诵说。主要有"剪鬃毛赞辞""扎房子赞辞"等。两种赞辞的内容都是祝愿当事人或主人的贤惠、漂亮、心灵、手巧、威武、雄壮、生活富裕等。如在婚礼上有一个新娘扬茶的仪式：当新娘手拿勺子在预先煮好的一锅奶茶中搅动几下、高扬几下时，旁边即有人高声朗诵：

扬不完的茶水和青海湖水一样地多，
两亲家的关系和青海湖水一样地平静；
削不完的黄酥油和黄草坡一样地高，
两亲家如同黄草坡一样地有名望；
削不完的白油如同雪山一样，
两亲家的关系如同雪山一样地纯洁。

在艺术上，这些赞辞多采用比喻、象征、夸张的手法，语言精练、生动、表现力丰富。

（三）其他歌

除了劳动歌和各种仪式歌外，裕固族还流传有牧歌、情歌和其他内容的民歌，如《十二相生》《裕固族姑娘就是我》《一个和尚去西藏》《达赖喇嘛》《初八的月亮》《红枣榴马》，等等。这些歌多方面、多角度地反映了裕固族人的社会生活和内心世界，在裕固族民歌中的价值不容忽视。

四　谜语和格言

谜语是表现一个民族智慧和形象表现力的语言艺术。裕固族是一个有着丰富谜语的民族。可惜目前尚未有人详加搜集整理。笔者在东部裕固族搜集到数十条谜语。这些谜语反映了这个民族对事物高度的形象概括力和细致的观察力，带有本民族生产、生活的显著特色。如"你吃了，你喝了，你的尾巴越来越干了——勺子"。裕固族喜喝奶茶，熬奶茶时需用带木把的勺子搅动，经过长时间的烟熏火燎，勺把越来越焦黄，谜面恰如其分地紧扣勺子的这些特点，显得生动、具体。

再如，"走时腿是骨头的，住下时腿是木头的——帐房"。牧民搬迁时需用牲畜将帐篷驮上。这条谜语最形象地概括了游牧民族的生活特点。

还有如"不滴的水，无烟的火，无话的喇嘛——净水碗、酥油灯、菩萨像""玛尼玛尼一根线，穿着一百零八个蛋——素珠"等，反映了裕固族人生活的另一个侧面。

其他如"胖人开门，一百人出门——羊拉屎""医生背着药箱子走进了森林——鹿""点头晃脑转羊圈，迈着八字步转帐篷——喜鹊、乌鸦"等，都逼真地描绘了牧业生产或牧区特有的现象，只有亲身体验过祁连山牧区的生活，你才能感觉到这些谜语是多贴切、多生动形象和富有生活情趣，表现了裕固族人对事物的观察能力和语言表达能力。

格言是一个民族斗争经验的总结和智慧的结晶。裕固族的格言不仅数量多，而且哲理深邃，含蓄隽永，是他们千百年来于大自然的斗争中和社会生活中的经验总结，闪耀着智慧的火花。

如"持好心的人让你哭，持坏心的人让你笑"，揭示了生活中的一种现象，与"忠言逆耳利于行"有异曲同工之妙。

"没有不消融的雪，历史不会停留在一个地方"，比喻恰当，富于哲理。

"吃别人的别撑坏肚子，给别人干活不要偷懒"，则寓教育于谐趣之中，简洁、生动。

这些都反映了这个民族严肃的生活态度和对生产、生活经验的总结。

和其他民间文学形式比较起来，有关裕固族谜语、格言、谚语、俗语等形式的搜集几乎没人做过。今后在搜集整理过程中，应当对此加以重视。

裕固族是一个古老的、历史上曾融合了多种民族成分的民族，因此，其民间文学无论从形式上还是从内容上，都显得斑斓纷呈、多彩多姿。自新中国成立以来，许多民间文学工作者（包括本民族民间文学工作者）深入牧区，辛勤工作，在这块"富矿"上采撷了不少珍品，搜集发表了许多民间故事、歌谣、叙事诗等，为保存和弘扬优秀文化传统做了大量的工作，但也应看到，在整个搜集整理裕固族民间文学作品中还存在一些问题，有些问题甚至很严重。其中某些问题不只是在裕固族中有，而是属于整个民族民间文学。其一，对民族民间文学的认识和重视不够，只注重民族历史、风俗习惯的调查研究，很少有人专门从事此项工作，许多珍贵的作品没能及时抢救出来，有些甚至已濒临失传。如上面所说的《沙特》。其二，缺少发表民间文学的园地。全国性的园地只有《民间文学》一家，远远满足不了需求，有些省虽有一些，但也是以发表本省的民间文学作品为主，原来的群众文艺性刊物，近年来都改变了编辑方针，多登载传奇、武打等方面的内容，民间文学作品不受青睐，许多人手头搜集的作品发不出去。据笔者所掌握的情况，裕固族流传的民间文学作品中，发表出来的只是少数，可以说还不能反映其全貌。其三，在裕固族民间文学作品的搜集整理过程中也存在一些问题，主要是搜集整理的非科学性。一些民间文学工作者缺乏科学的态度和应有的专业知识，所整理的作品发表出来简直面目全非，严重失真，个人创作的成分很大，使许多作品不仅失去了原样发表的机会，而且给科学研究带来了极大的困难和极为不良的影响。

企望在一篇文章中对整个裕固族民间文学作品详加介绍和论述是不可能的。本文仅就已发表的和自己掌握的情况概括言之。不足之处，敬请读者指正。

笔者在搜集整理裕固族民间文学作品过程中，曾得到了安建华、安国新、高子金、苏建国、安立刚、高凌峻、兰知诚、安玉玲、铁木尔等裕固族同志的大力协助，在此谨致谢意。

原载《祁连学刊》1990 年增刊第 2 期

裕固族民间文学作品

一 摔跤手的故事

从前,有一个摔跤手,名叫"元老地"(音译)。他摔遍天下无敌手,称霸整个草原。渐渐地,摔跤手老了,但他仍不服老。

这时候,草原上出现了两个摔跤手,是兄弟两人,名叫铁穆尔加花、石娄加花。所有的摔跤手都败在了他们手下,草原上传遍了他们的名声。

"元老地"很不服气,他不能容忍比他厉害的摔跤手,决心前去和二人交手,一决胜负。家人说他老了,劝他别去。他说:我能把黄泡牛双手举到河的对岸,这两人算什么?

临走时,"元老地"的妻子已怀有身孕。他家的母马也怀着驹。"元老地"对妻子说:若生两男,就叫"习盖阿力玛"(大苹果)和"代阿力玛"(小苹果);若生两驹,就叫"太阳玉顶子"和"月亮玉顶子"。安顿完后,"元老地"就出发了。

路上,他遇到了一个放牛的牧人。"元老地"和牧牛人讨要吃的。牧人说:我的牛群中有一头黑泡牛,最大最肥,但我无法抓到它。如果你能抓住,我就杀了款待你。"元老地"费尽了力气,也没有抓住黑泡牛。只好吃了一头流产的牛犊。

他走啊走,天黑时,碰到了一个牧羊人。"元老地"和牧羊人讨要吃的。牧羊人说:我的羊群中有一只白羝羊,最大最肥。如果你能抓住它,我杀了款待你。"元老地"费尽力气,也没有抓住白羝羊,只好吃了一只死羊羔子。

他走啊走,天黑时,碰到了一个牧马人。"元老地"和牧马人讨要吃的。牧马人说：我的马群中有一匹马儿，最大最肥。如果你能抓住它，我杀了款待你。"元老地"费尽了力气，也没有抓住马儿，只好吃了一个死马驹子。

这一天，他走到了铁穆尔加花和石娄加花的帐篷前。他家的狗挡在帐篷前，"元老地"无法进入帐篷。铁穆尔加花和石娄加花的妈问媳妇：你看看来的摔跤手厉害不？媳妇说，听狗咬的情况，不怎么样。于是，婆婆安排媳妇用一万斤重的黑石头将门顶住。"元老地"好不容易来到帐篷前叫门。婆婆说：你要有力气，就推开石头进来；要进不来，就从帐篷底下爬进来。"元老地"使尽了吃奶的力气，也没有推开石头，只好从帐篷底下爬了进来。婆婆递给他儿子的烟锅子，"元老地"脸都憋得红红的，就是咂不着，吸不动；婆婆又用儿子平时用的木碗，给他冲了奶茶，"元老地"甚至端不动。正在这时，铁穆尔加花和石娄加花打猎回来了。他们俩一人腰里别着鹿，一人指甲缝里夹着青羊。

还没有正式摔跤，"元老地"就被石娄加花一脚踢到了半空中，掉下来后，还没容挣扎，铁穆尔加花踩上一脚，又将"元老地"踏进了土里，拽出来已经死了。然后他们将"元老地"的尸体挂在了树上。

再说"元老地"的妻子十月怀胎，果然生下了一对双胞胎，马也生下了一对小马驹。妻子按照丈夫的嘱咐，分别给他们起名字叫"大苹果""小苹果"；一对马驹叫作"太阳玉顶子"和"月亮玉顶子"。

在玩耍时，两个孩子常常受其他孩子的欺负，骂他们是"没有父亲的杂种"。而母亲因为他们还小，不敢告诉实情。

一天，母亲在炒青稞，儿子又受同伴的辱骂，回到家后跟母亲要刚炒的青稞，在妈妈递青稞的时候，他用力攥住母亲的手，然后问母亲，为何没有父亲？母亲被烫受不住，只得告诉儿子实情：他们的父亲被铁穆尔加花和石娄加花摔死了。大苹果和小苹果听了后，决心为父亲报仇。他们二人到马群中各抓了一匹马，大苹果抓了"太阳玉顶子"，小苹果抓了"月亮玉顶子"，就要前去。母亲怎么拦也拦不住。只得收拾行李，让两个儿子出发了。

路上，他们遇到了放牛的牧人，和牧牛人讨要吃的。牧人说：我的牛群中有一头黑泡牛，最大最肥，但我无法抓到它。如果你们能抓住，我就杀了款待你。他们毫不费力就抓住了黑泡牛，牧牛人宰杀后热情地招待了他们，并将牛皮做成了"康成"（摔跤服），送给了他们。

他们走啊走，又碰到了牧羊人，和牧羊人讨要吃的。牧羊人说：我的羊群中有一只白羝羊，最大最肥。如果你们能抓住它，我就杀了款待你们。二人毫不费力就抓住了白羝羊，牧羊人宰杀后热情地招待了他们，并将羊皮做成了袖筒送给了他们。

他们走啊走，又碰到了牧马人，和牧马人讨要吃的。牧马人说：我的马群中有一匹马儿，最大最肥。如果你们能抓住它，我就杀了款待你。二人毫不费力地就抓住了马儿，牧羊人宰杀后热情地招待了他们，并将马皮做成了马后鞦，送给了他们。

这一天，他们走到了铁穆尔加花和石娄加花的帐篷前，铁穆尔加花和石娄加花的母亲放出了恶狗。狗看见他们两人后，叫都没敢叫一声，就钻到了帐篷底下。

婆婆指使媳妇用一万斤重的黑石头堵住了帐篷门。大苹果、小苹果用力一踢，就踢碎了石头，进了帐篷。老婆婆拿来了铁穆尔加花和石娄加花的烟锅子，让他们抽烟，他们用力一吸，就吸裂了烟管；老婆婆又用木碗倒上了奶茶，大苹果和小苹果用手一捏，就捏碎了木碗。这时候，铁穆尔加花和石娄加花打猎回来了，双方约定第二天摔跤。

第二天，由大苹果对铁穆尔加花，小苹果对石娄加花。大苹果一脚将铁穆尔加花踢到了天上，跌下来后就摔死了；小苹果一脚将石娄加花踩到了土里边，拽出来也死了。他们将二人的尸体挂在了树上，骑着马儿凯旋了。

二　帐篷的来历

从前，有一个老人，长着一脸的大胡子。他有五匹马，其中有一匹叫"代阿力玛"（小李子或苹果）的马，长着八条腿。

有一天，他去泉边饮马。但无论怎样，"代阿力玛"都不喝，其他马也不敢到泉边喝水。老人很生气，他说，你们不喝，我来喝。他到了泉边，刚要喝水，从泉眼里出来一个"玛恩格斯（莽古斯）"，一下子抓住了他的大胡子。老人求饶，对"玛恩格斯"说，请你饶过我，我的这五匹马，你随便挑一匹。"玛恩格斯"说，我什么都不要，就要你的小儿子。

老人没有办法，只好答应了"玛恩格斯"的要求，说，儿子不在这儿，明天搬房子的时候，我把儿子的金锁（阿拉坦什给）和银锁（绵因什给）埋在锅叉石的后面，走到半路，我让他来取，到时你就把他收下。"玛恩格斯"同意，放开了老人。

第二天，老人搬房子走了。走到半路，儿子发现金锁和银锁没有带在身上。他问：爸爸，见没见我的金锁和银锁。老人说：我看见在锅叉石的后面。儿子要去取。问父亲，我骑哪匹马？父亲说：你拿上马鞔子甩一下，哪匹马到跟前来，你就骑哪匹马。小儿子拿上鞔子在马前面一甩，果然那匹长着八条腿的花马来到了他的跟前。小伙子就骑上马去寻找金锁和银锁。

走到帐篷底子跟前一看，"玛恩格斯"正在织毯子，银锁和金锁分别挂在它的前胸和后背。他对"玛恩格斯"说：娘，娘，你弯一下腰时很好看。"玛恩格斯"听了小伙子的话，弯了一下腰，小伙子乘机摘走了金锁。他又对"玛恩格斯"说：娘，娘，你挺一下胸时也好看。"玛恩格斯"又挺了一下胸，他又摘走了银锁。但"玛恩格斯"不让小伙子走。晚上睡觉时，马不停地在帐房的钢绳上磨蹭，蹭得钢绳"蹦""蹦"地响。小伙子对"玛恩格斯"说：娘，娘，我把马赶到前面的山坡上，它就不蹭钢绳了。"玛恩格斯"说：赶到山坡上就回来。小伙子将马赶到了山坡上。刚睡下不久，马又蹭得钢绳"蹦""蹦"地响。小伙子对"玛恩格斯"说：娘，娘，前面山坡太近了，马又回来了，我把他赶到山坡后面去。"玛恩格斯"说：赶到山坡后面就回来。睡下不一会儿，马又蹭得钢绳"蹦""蹦"地响。小伙子对"玛恩格斯"说，后面山坡还是有点近，我把它赶到山嘴子后面去。"玛恩格斯"说：去吧，这次赶远点，快点回来。

出了帐篷，小伙子就骑上马跑了。

"玛恩格斯"左等右等，不见小伙子回来，这才知道他跑了。就追了上来。小伙子骑着马，路过一个帐房底子，马对小伙子说，你在灶火中拿上些灰。他下马照着做了；跑啊跑，到了另一个帐房底子上，马又对小伙子说，你下来拿上些冰。他又下马装了些冰块；跑啊跑，又到了一个帐房底子，马又嘱咐小伙子拿上一截木棍，小伙子下马拿了一截木棍。"玛恩格斯"跑得飞快，很快就追上来了。马对小伙子说：你将灰撒下去。小伙子就将柴灰撒了下去，柴灰迷住了"玛恩格斯"的眼睛，它看不见路，只好停下来清理。一会儿,"玛恩格斯"又追了上来,马对小伙子说,你将冰扔下去。小伙子就将冰扔了下去。"玛恩格斯"没有提防,滑了一个大跟头,疼得直叫唤。马又跑了一段。"玛恩格斯"很快又追了上来。马又吩咐小伙子将木棍扔了下去,木棍变成了一片森林,挡住了"玛恩格斯"的追路。他们又跑了一程。一会儿,"玛恩格斯"绕过森林,又追了上来,并照着马蹄子上砍了一刀。马腿瘸了,跑不动了,小伙子只好上了树。"玛恩格斯"上不去树,就拔下了虎牙挖树根。这时,来了一只花喜鹊,对"玛恩格斯"说:娘,娘,山崖下正在摆席,请你去吃,我替你挖。"玛恩格斯"相信了喜鹊的话,就将一根虎牙递给喜鹊,到山崖下去了。喜鹊将虎牙扔进了水里,虎牙被水冲走了,它用翅膀驮来水,浇在树根下,结成了冰。"玛恩格斯"到山崖下一看,什么都没有,知道受了骗,气狠狠地回来,拔下另一根虎牙继续挖。这时,又飞来一只乌鸦,对"玛恩格斯"说:娘,娘,山崖背后正在摆宴席,请你去吃,我来替你挖。"玛恩格斯"说:刚才来了一个骗子,这又来了一个骗子。乌鸦问:刚才来的长什么样?"玛恩格斯"说:是一个长着花羽毛的。乌鸦说:颜色是花的,心也是花的,就没有实话。你看我的外表是黑的,心是白的,不会骗人。"玛恩格斯"相信了乌鸦的话,就将一根虎牙递给了乌鸦,走了。乌鸦将虎牙扔在了水里,虎牙被水冲走了,然后又用翅膀驮来水,浇在树根下,结成了厚厚的冰。"玛恩格斯"到山崖后面一看,什么都没有,知道又受骗了,气得回来拔下第三根虎牙继续挖。这时,飞来了一只骨叉鹰,对"玛恩格斯"说:娘,娘,山根下正在摆宴席,请你去吃,我来替你挖。"玛恩格斯"说,刚才来了两个骗子,骗得我好苦,这又来了一个骗子。骨叉鹰问:刚才来的两个长什么样?"玛恩格斯"说:一个长着花色的羽毛,一个长着黑色的羽毛。骨叉鹰说:花色羽毛者心花,黑色羽毛者心黑。我外表如和尚,我的心也像和尚(骨叉鹰是一种专吃腐尸的鹰,头顶和脖子上没有羽毛,身上的羽毛为黄色),不会骗人。"玛恩格斯"相信了骨叉鹰的话,将虎牙递给骨叉鹰,又走了。骨叉鹰将虎牙扔进了水里,被水冲走了,它又用翅膀驮来水,浇在了树根上。"玛恩格斯"白跑了一趟,气急败坏,回来后拔下最后一根虎牙,继续挖。由于冰冻得很厚,"玛恩格斯"挖了一会,连一个树根都没有挖断,就累死了。

小伙子下了树,骑上马准备回家去,却找不到回家的路。小伙子非常害怕。这时，马对他说，我们不能在外边过夜，你把我杀了，用我的八条腿做柱子，用我的皮做帐子，用我的肉和骨头做家具，我们就住在这儿吧。小伙子怎么也不忍心。马对他说，你看看我的头上有一只虱子，痒得很，你给我看看。小伙子一看，说，没有虱子，只有一条红蛆。马说，对了，就是它，你把它掐死。小伙子就将红蛆掐死了。谁知，红蛆是马的命根子，红蛆一死，马也死了。小伙子非常难过。但还是按照马说的，将马的八条腿砍下，做成了帐篷柱子，用马的皮做成了帐篷，用马的肉和骨头做成了家具。肚子饿了后，就在马的膝盖处刮了些肉，生火烧着吃了，然后就睡下了。第二天早上起来一看，原来睡在自家的帐篷里，八条腿的马也活着，只是腿有些瘸。他就问父亲是怎么回事，父亲告诉他，昨晚你把膝盖骨上的肉烧着吃了。

这就是裕固族帐篷的来历。

三　恶作剧的兔子

野泡牛在山顶上吃草，兔子坐在自家洞口对牛唱道：

你正面向我站，站着很好看，猎人来正面，一枪穿透你的心肝。

野泡牛非常气愤，侧过了身。兔子又唱道：

你侧身向我站，站着很好看，猎人来侧面，一枪打穿你的心肝。

野泡牛大怒，跑到洞口狠狠地朝兔子顶去，而兔子早钻进了洞里。由于用力过猛，牛角被顶折，插到了洞里，牛流血而死。

兔子出来找到了放羊的，对他说：我打死了一头牛，在我家门口，你赶快回家赶牛驮牛肉，我替你放羊。牧羊者说：你不会放羊。兔子说：羊谁不会放？我放羊时喊"拉——呵——呵——呵"，羊就会听我的。牧人相信了兔子的话，回去赶牛去了。兔子找到了狼，对狼说：我打死了一头牛，在我家门口。牧人回家赶牛驮牛肉去了，他的羊没有人看，你赶快去把他的羊吃了。狼去咬死了羊。兔子跑了。牧羊者回来一看，羊都被狼咬死了，便认为他走了后来了狼，吃了兔子和羊，非常悲伤。兔子又对狼说：山下有一个寺院，寺院里住着一个和尚，你去把和尚吃了，拿上他的铃、鼓，和尚有一个"康成"（牛皮靴子），你穿上，将带子系紧，然后到放羊者那里，给他念经去。放羊的会热情招待你。狼就照办了。放羊的一看狼穿着靴子，跑不动，就将狼打死。而兔子则拿着鼓、铃铛跑了。他跑到鸟窝旁，又是摇铃，又是打鼓，惊动了小鸟，小鸟从窝里掉下来摔死了。他又跑到一个房子前，对女主人说：前面一个地方摆席，请你去吃席。女主人说，我去没有人看孩子。兔子说，我给你看孩子。女主人说：你不会看孩子。兔子说：哄孩子谁不会？我唱"拜——拜——拜——拜"，孩子就会听。女主人就放心地去了。兔子将孩子哄睡着后放在了炕上，用被子盖住。女主人没有吃到席，回来后，看到没有孩子，锅里有肉。问兔子，锅里煮的什么？兔子说：孩子已经被我杀了，煮在锅里。女主人大怒。兔子说，你拿手磨把我砸死吧。兔子在耳朵里装满了柴灰，女主人拿起手磨，来砸兔子，兔子从她面前跑过，耳朵里的灰扬了出来，迷了女主人的眼睛，手磨砸在了自己的孩子上，把孩子砸死了。兔子却跑了。他坐在自家的洞口唱道：

我没有杀死你的儿，你的儿是你砸死的。我没有杀死你的儿，你的儿是你砸死的。

四　兔子和熊

兔子与熊都生了孩子，而且住在一起。一天，兔子与熊出去找吃的，熊未能找到。先回到了家里，就杀死了小兔给孩子充当早饭。为了掩盖真相，熊趁兔子还没有回来，就赶紧又出去了，装作还没有回来的样子。临走时，他对孩子们说：兔子非常狡猾，你们不要上他的当。他让你们跳火坑，你们不要听他的；他让你们跳崖，你们也不要听他的。小熊答应，熊就出去了。

兔子回来一看，只有小熊，小兔都不见了。他明白了一切。但装作不知道的样子。对小熊说：我们玩搭桥游戏，好不好？小熊一听，既不是跳火坑，也不是跳崖，就说，很好。兔子对小熊说，你们在旁边看着，我来搭建。兔子找来了草、细柳条等材料，很快在河上搭建起了一座桥。兔子说：为了安全，我先试试。兔子轻轻一跳一跳，就过了桥。然后在对岸喊道：很安全，你们也过来。小熊过到河中间，由于太重，踩断了桥，掉进了河里，淹死了。然后他跑到熊回家的路上，一边吃茴香，一边等熊。熊回来后，看见兔子在吃东西，闻起来很香。就问兔子：你吃的啥，闻起来很香。兔子说：我挖了我的一只眼睛，味道还可以。熊说：既然眼睛如此香，你把我的眼睛也挖下来，我尝尝。兔子说：挖眼睛很疼，你忍受不了。熊说：没关系，你能忍受，我也能忍受。兔子就把熊的一只眼睛挖了下来，扔了，将茴香喂到了熊嘴里。熊说：果然香，就是香。兔子说：既然香，就把另一只也吃了吧。熊说，两只眼睛都没有了，怎么走路？兔子说：娘，这个无妨，我来领你走路。于是，就将熊的另一只眼睛也挖了下来。然后，兔子领着瞎眼的熊到一个山崖上。山崖上风很大。兔子问熊，娘，冷不？熊说：果然有些冷。兔子说：娘，你等着，我捡些柴生个火。兔子生了火，熊烤了一阵儿，不冷了。兔子又领着熊到了另一个更高的山崖上。山崖上风更大，熊冻得直发抖。兔子问：娘，冷不？熊说：冷，太冷了。兔子说：我们再生火烤一会。于是兔子在崖边生了火，让熊背朝山崖坐着烤火。兔子拿了一根着火的木棍烧熊的肋骨。熊毛被火烧得嘶嘶响。熊问，是什么在响？兔子说：娘，你太靠近火了，火烧着你的毛了，往后坐一下。熊就往后坐了坐。一会儿，兔子又拿木棍烧熊的肋骨，熊被火烧得生疼，问兔子，我的肋骨有点疼。兔子说，娘，你坐得还是近，火烧着你的肋骨了，你往后再坐一坐。这一次，熊使劲往后一坐，结果从山崖上掉了下去。中途，熊一口咬住了一块突出的石头，正在挣扎。兔子一看，急忙喊：娘！娘！熊只能用鼻子哼哼，不敢张嘴。兔子说：你是娘，你就答应；你不是娘，就不要答应。兔子又大声喊了一声"娘——"，熊"啊"的一声，掉下了山摔死了。兔子报了仇。

五　兔子和青蛙比高低

兔子对青蛙说：我们比一比。青蛙说：比什么？兔子说：比爬山。青蛙想了想，就答应了。兔子说，明天早上就比赛，看谁先登上对面的山头。青蛙知道比不过兔子，就想了一个主意，晚上，他将两个儿子一个埋在半山腰，一个埋在了山顶，对半山腰的儿子说：明天比赛时，兔子到了半山腰，肯定要喊"青蛙"，你就答应。又对山顶的儿子说，明天兔子到了山顶后，肯定要喊"青蛙"，他一喊"青蛙"，你就答应，这样，他非比输不可。他一输，就不敢从山顶上过，转过山头就羞跑了。

第二天，兔子和青蛙开始爬山。兔子把青蛙落下一大截，到了半山腰，他朝着山下喊了一声"青蛙"，谁知半山腰青蛙答应了。兔子吃了一惊。赶快向山头爬去。快到山头时，他想，这一下肯定把青蛙甩到了后面，就大声喊了一声"青——蛙——"，谁知山头上青蛙答应一声"啊——"，兔子一听，青蛙已经到了山顶，它羞得无地自容，不敢再见青蛙，就没有爬到山顶，转过山头跑了。所以现在兔子翻山头时，总是不直接翻山头，而是从侧面转过。

六　兔子的尾巴为何长不了

以前，兔子的尾巴也很长。是因为跟人打赌，尾巴变短了。

兔子非常聪明狡猾，常常自吹，说我胆子特别大。人就对兔子说：你聪明，我抬住磨，你敢从磨盘底下钻过吗？兔子说：那有什么？于是，人抬起磨盘，兔子看见人不注意，迅速从磨盘底下钻过去，人赶快放下磨盘，却只压着了他的尾巴，把他的长尾巴压断了，只剩下一截短尾巴了。以后，兔子的尾巴就变短了。

七　羊、狼和聪明的兔子

母子二羊，去拉萨朝拜。途遇一狼，欲食之。母羊求兔，言待还愿回来，情愿充食。狼思良久，应允。

二羊朝毕回来，于路悲哭，引来了兔子。问为何这般哭泣，羊告之以故。兔言不必害怕、悲伤。我且随去，保你们平安。羊答应，心实不信。

路遇一帐篷底子（牧民春夏、秋冬之际需转移草场，原下过帐篷的地方，谓之帐篷底子），兔子令羊捡起牧民丢弃的破褐单。路过另一帐房底子，兔子又令羊捡起一张包过茶叶的纸。

羊不解其意，仍照办。

行不远，果见狼等于路口，东张西望，见羊至，大喜。兔子令羊铺好褐单，自己要过茶叶纸，高坐于褐单之上，大声念道："官府派下一百张狼皮的差数，缴了九十九张，尚差一张，前面一狼，莫非前来交差?!"狼闻此言，扭头就跑。半道遇熊，熊问：狼兄为何这般慌张狼狈？狼告知官府派差，尚差一张狼皮，羊领着兔子到处捉拿之事。熊言受骗，愿与狼一同前去，共进美餐。狼畏惧不前，言到时你逃去，我如何办？熊言，这好办，遂取绳将自己和狼拴在了一起，前来寻找羊和兔子。兔子见状，复念道："官府派下来一百张狼皮的差数，现缴了九十九张，尚差一张。敢是熊兄前来交差乎？"狼一听，大呼上当，掉头便跑，遂拉倒了熊，直到力竭方至。熊被拉得龇牙咧嘴，直呻吟。狼言：还笑呢，要不是跑得快，怕是皮已经被扒掉了。

八　谜语和格言

（一）谜语

1. 你吃了，你喝了，你的尾巴越来越干了——勺子
2. 白马勒的黑肚带——冰上撒土
3. 抓住只有一把，放开草原上装不下——眼睛
4. 没有脖子的骆驼可以伸到拉萨——路
5. 一个老头，不提胡子不知数——称
6. 黑牛卧着里，红牛舔着里——锅灶、着火
7. 一只牛角，上落一个青鸟——斧头
8. 走时腿是骨头的，住下时腿是木头的——帐篷
9. 胖人开门，一百个人出门——羊拉屎
10. 医生背着药箱进了森林——麝子
11. 山后头有一个兔子窝——脑后的"争嘴窝"
12. 围滩的是白的，羊是黑的，放羊的是歌手——读经书
13. 身如拇指粗，却穿百层衣——野葱
14. 路上一个银鞭杆——蛇
15. 玛尼玛尼一根线，穿着一百单八个蛋——素珠
16. 不滴的水，无烟的火，无话的喇嘛——净水碗、酥油灯、墙上的菩萨

17. 点头晃脑转羊圈，迈着八字步转帐篷——乌鸦、喜鹊

（二）格言

好心的人让你哭，坏心的人让你笑

没有不消融的雪，没有不变的历史

吃别人的别撑坏肚子，给别人干活不要偷懒

九 史诗

（对男客）：主家请来让我说沙特

我笨嘴拙舌不会说

沙特还是你们来说吧！

男客：多人里找的你

少人里挑的你

还是由你来说吧

（对女客）：主家请来让我说沙特

我笨嘴拙舌不会说

沙特还是你们来说吧！

女客：多人里找的你

少人里挑的你

还是由你来说吧！

（对舅舅）：主家请来让我说沙特

我笨嘴拙舌不会说

沙特还是由舅舅来说吧！

（舅舅）：多人里找的你

少人里挑的你

还是由你来说吧！

很早很早以前，

世界还不是现在的样子

天地在像大海一样的宇宙中若隐若现。

大地上没有草木
只是光秃秃、白茫茫的沙滩
天上没有日月星辰
只是空空洞洞像一片汪洋
在上不接天、下不着地
混混沌沌的空间
浮现出了一个金癞蛤蟆
金癞蛤蟆的身上
生长着八十八根柱子
每根柱子上
都生长着山水、草木等等万物
这八十八根柱子中
有八十四根已经稳定下来
还有四根没有稳定下来
在空中摇摆不定
这是为什么呢？
人们去问一个叫"就总召玛"的神仙
"就总召玛"说我也不知道
这要去问天上的四个"塞地"。
于是去问天上的塞地
塞地说我们也不知道
这要去找四个"莫力根"
于是，又去问四个"莫力根"
莫力根说我们也不知道
这件事要去问"就总扎恩"
于是，找到了"就总扎恩"。
"就总扎恩"说道：
"天格里"（腾格里）有一本用金子写成的书
上面有世间的一切真谛
也有对未来的预知
它会告诉你这件事的原委

于是，就总召玛从"天格里"取回了经书

经推算是因为

蓝天里没有白云

夜空里没有星星

山坡上没有灌木

山崖上没有森林

天上不下雨

地上没有水

没有星星怎么办？

没有白云怎么办？

没有灌木怎么办？

没有森林怎么办？

没有雨水怎么办？

没有河流怎么办？

去问奥鲁桑汗

奥鲁桑汗去问天上的达兰丹巴汗

达兰丹巴汗说

天有两只眼

地有两只眼

若要事情成

天地要结亲。

天上汗王的儿子，

要娶地上汗王的公主

这样，夜空中才会有星星

蓝天里才会有白云

天上才会降雨水

地上才会长出森林

山坡上才会有各种灌木

森林里才会有各种花草

未稳定的四根柱子才会稳定。

"天地没来由

如何结成亲？"
"天地要结亲
少不了说媒人。"
"媒人何处找
媒人何处寻？"
"骑着黑花马，
嘴长花舌头
往来会办事
做媒人最合适。"
于是，请了两个骑黑花马、长花舌头的人
做天地结亲的媒人。
代表天王的儿子
向地上汗王的女儿求婚。
媒人向地上的汗王说道：
"为了让天地合亲
为了使万物生长
为了使大自然美丽多姿
你的公主应该嫁到天上去。"
地上的汗王说道：
"这儿是女儿生长的地方，
女儿也热爱她的故乡。
我们金银财宝堆积如山
我们吃的穿的样样俱全。
女儿是我们的心肝肉，
我们舍不得她离开身边。
但女儿大了总要出嫁，
要出嫁还是嫁给天王的儿子"
汗王答道："为了天地共存
女儿不出嫁不行。
但生儿育女不容易
拿些财礼才合适。"

"多少财礼才合适？
多少财礼才可成婚？"
"天上的星星有多少，
就给多少财礼；
地上的草根有多少，
就给多少财礼；
姑娘的头发有多少根，
就给多少财礼。"
"生儿育女的确不易，
拿些财礼也是应该的，
汗王说的这些话都没错。
我们准备的金子可以用升来量，
我们准备的银子可以用斗来装，
我们准备的金银财宝可以用骆驼来驮
我们准备的织锦绸缎、氆氇、平绒，
颜色也已配好，花色也已配对
你所要的财礼我们都能办到。
但这是世间第一个婚礼
以后有汗王和汗王结亲的
也有汗王和当官的结亲的
有有钱人和有钱人结亲的
也有有钱人和没钱人结亲的
有头目和头目结亲的，
也有头目和百姓结亲的
你们之间这样做可以
以后的人们将如何办理？"
"以后的人们就按照各自的情况
由媒人和主家共同协商。
有钱的人金子、银子升载斗量也可以，
没钱的人给骆驼、马匹、牛羊也可以，
实在拿不出的，给些小东西也可以。"

于是，就这样商量好了财礼的数量。
地上的汗王的姑娘，
许配给了天上汗王的儿子。
媒人又问：
"那你们还有什么要求？
姑娘如何出嫁呢？"
"姑娘是我们的心肝肉
一定要有人去送亲。"
"母亲的心肝肉如何送呢？
送亲的客人多少才行呢？"
"天上的星星有多少
就得有多少送亲的人，
地上的草根有多少，
就得有多少送亲的人；
姑娘的头发有多少，
就得有多少送亲的人。"
"生儿育女的确不易，
你说的这些话都是对的，
我们已经准备了宽敞的地方
准备接待喜客和伴娘；
我们准备了酒海肉山，
用来招待来客和伴娘。
你提的要求我们都能办到。
但这是人世间第一个婚礼
以后的婚礼也要照此办理
以后有汗王和汗王结亲的
也有汗王跟做官的结亲的
有有钱人和有钱人结亲的，
也有有钱人和没钱人结亲的
有头目和头目结亲的，
也有头目和百姓结亲的

你们之间这样做能办到,
以后的人们将如何办理?"
"以后的人们就按照各自的情况
由媒人和主家共同协商
有钱的人家多来些送亲的和伴娘,
无钱的也可以少来些送亲的和伴娘。"
就这样商量好了送亲者的数量。

"那你们还有什么要求?
摆席时要请多少客人呢?"
"女儿是我们的心肝肉
一定要请尊贵的客人参加婚礼。
有威望的客人要请八十八个
其他的客人也是越多越好
天上的星星有多少
就得请多少客人,
地上的草根有多少,
就得请多少客人;
姑娘的头发有多少,
就得请多少客人。"
"你说的这些话都是对的,
我们准备了酒海肉山,
我们已经准备了宽敞的地方
用来接待尊贵的客人。
你提的要求我们都能办到。
但这是人世间第一个婚礼
以后的婚礼也要照此办理
以后有汗王和汗王结亲的
也有汗王跟做官的结亲的
有有钱人和有钱人结亲的,
也有有钱人和没钱人结亲的

有头目和头目结亲的，
也有头目和百姓结亲的
你们之间这样做能办到，
以后的人们将如何办理？"
"以后的人们就按照各自的情况
由媒人和主家共同协商
有钱的人家可以多请些客人，
没钱的人家可以少请些客人。"
就这样商量好了客人的数量。

"那你们还有什么要求？
如何摆席招待客人呢？"
"女儿是我们的心肝肉，
生儿育女确实不易。
待客时要用九种粮食
待客时还要跳舞唱歌
像玻璃一样明亮、声音像海螺一样洪亮的客人要十万个
使远处的人听了羡慕
使近处的人看了自豪。"
"你说的这些话都是对的，
我们已准备了山珍海味，
我们已经准备了宽敞的地方
你提的要求我们都能办到。
但这是人世间第一个婚礼
以后的婚礼也要照此办理
以后有汗王和汗王结亲的
也有汗王跟做官的结亲的
有有钱人和有钱人结亲的，
也有有钱人和没钱人结亲的
有头目和头目结亲的，
也有头目和百姓结亲的

你们之间这样做能办到，
以后的人们将如何办理？"
"以后的人们就按照各自的情况
由媒人和主家共同协商
有钱的人家可以多摆些酒席，
没钱的人家可以少摆些酒席。"
就这样商量好了摆席的规模。

夜空里没有星星怎么办呢？
蓝天里没有彩云怎么办呢？
山坡上没有草木花朵怎么办呢？
大地上没有河流怎么办呢？
黄黄的像月亮一样的小伙子来了
他带来了所有的家产
有无数的金银财宝
还有广阔的草原；
绿绿的像太阳一样的姑娘来了
她带来了所有的家产
从天上扔下了七样子珍珠玛瑙
变成了灿烂的星星
在天上挂起了一条五色的彩带
变成了美丽斑斓的云彩
于是，太阳、月亮、星星、云彩都有了
天和地结了亲
天红了半边
天上布满了云彩
降下了雨水
山上有了森林
坡上有了灌木
林中开满了各种花朵
流淌着清澈的小溪

干涸的河里有了流水
流水中漂浮着三根金线
大地上出现了各种动物
出现了人
人有了姓
分为蓝、常、高等，
没有稳定的四根柱子也稳定了
八十八根柱子全稳定了
八十八根柱子上，生活着八十八个部落，
每根柱子上，都生活着一个部落。

有了人兽草木等等万物后，
就开始摆席，
用了九样子粮食
用白绸子铺成了道路
用哈达作为交换的礼物
请来了七个部落的人
请来了九个姓的人
像太阳一样的姑娘，
嫁给了像月亮一样的小伙
像太阳一样的姑娘不愿住在婆家
人们问罗日旦干巴怎么办？
他说，我多少个问题都回答了
这个问题却无法回答
要回答这个问题
除非问知事的老人
于是，去问知事的老人
老人说，
玉石一样的羊肉分为十二份子，
十二份子肉按尊卑贵贱分送来客
用哈达包上白羊的干棒骨，

送给姑娘
再请能说会道者说"沙特",
姑娘就会住在婆家

但是没有"沙特"怎么办呢?
人们希望有沙特
有一天,马上驮来了沙特,
骆驼上驮来了沙特
人们吹着海螺去迎接
骆驼上驮的沙特两边一样重,
共有一万斤,
马上驮的沙特两边一样重,共有一千斤,
于是,在婚礼上诵说了沙特
姑娘收下了白羊的干棒骨和哈达
从此住在了婆家。

天和地结了亲,
人间的汗王和头人也要结亲
汗王和头人如何结亲呢?
"天和地如何结亲,
汗王和头人就如何结亲。"
于是,请了两个骑黑花马、
长着花舌头的人去做媒,
到头人家去说亲
媒人问头人
"你的姑娘可出嫁?
要嫁就嫁给汗王的儿子吧。"
会给你许多彩礼。
先给你哈达和酒
再给你牛羊马匹
头人说

姑娘大了自然要出嫁
这是天和地定下的规矩
可以嫁给汗王的儿子
但生儿育女不容易
一定要给够彩礼
"多少彩礼才合适，
多少彩礼才可成婚？"
"就按天和地定的规矩办理
天上的星星有多少，
就给多少财礼；
地上的草根有多少，
就给多少财礼；
姑娘的头发有多少根，
就给多少财礼。"
"生儿育女不容易，
你说的都是对的
彩礼是天地间定下的规矩
应该照办才是对的
但那么多的彩礼，
只有天上才办得到
人间无法做到
你能否少点？"
"像星星一样多的彩礼办不到
像草根一样多的彩礼办不到
像姑娘头发一样多的彩礼办不到
你们是汗王家，
不给也无法
但起码要给五百件彩礼。"
"彩礼是天地间定下的规矩
应该照办才是对的
但以后有头人跟百姓结亲的

有富人和穷人结亲的
五百件彩礼如何拿得起？"
"五百件彩礼其实不多
你们是汗王家的
不给也没有办法
但起码也应该拿三百件彩礼
即使是汗王家的
也不能再少了。"
"三百件彩礼仍然太多
请你再少点。"
"三百件彩礼实在不多。
你们是汗王家
不给也无法
但起码应该拿一百头鹿的彩礼。"
"一百头鹿的彩礼也还是太多
请再少点。"
"一百头鹿的彩礼再不能少了
你们是汗王家
不给也无法
那就给五十头鹿的彩礼。"
"五十头鹿的彩礼仍然多，
请再减一下。"
"五十头鹿的彩礼还嫌多
你们是汗王家，不给也无法
那么姑娘有十二根辫子，
就给十二件彩礼吧。"
"十二根辫子的彩礼怎么要法
十二根辫子的彩礼怎么个给法？"
"水的源头是山泉，
人的根子是舅家
舅舅是骨头的主

舅舅的恩情要报答
一定要给舅舅一匹左鬃的枣骝马
马的体态要端正
前胸宽阔后臀大
上坡时肚带不松
下坡时后鞦不滑动。
姑娘长大了
有父亲的养育之恩
父亲的恩情要报答
父亲要一匹铁青的骟马
马的体态要端正
前胸宽阔后臀大
上坡时肚带不松
下坡时后鞦不滑动。
姑娘是母亲身上的肉
哺育之恩要报答
一定要给母亲一头有四个乳头的白色犏乳牛。
姑娘长大了,
兄妹情谊深,
哥哥一定要给一匹红色的骏马。
其他的人,按亲疏远近
给以适当的礼物就行。"
就这样,商定了彩礼的种类。

如何举行婚礼呢?
婚礼上来多少客人呢?
请客时如何摆席呢?
"天地间怎样摆席,
人世间就怎样摆席
一定要用九样子粮食
一定要请七个部落的乡亲

一定要请九个姓的人
娘家还要来八百个送亲的人。"

"生儿育女不容易
一定要请众人参加婚礼。
天上的星星有多少,
就请多少客人。
地上的草根有多少,
就请多少客人。
姑娘的头发有多少根
就请多少客人。"
"生儿育女不容易
你说的都是对的。
但天上能盛下那么多的客人
人世间是办不到的。
就请减一下来客的数量。"
"那就请五百个客人,再去一个伴娘。"
"五百个客人太多了,
我们请不起
请再减一下来客的数量。"
"五百个客人已经不多
你们权势大
我们也无法
但起码要请一百个客人,再去一个伴娘。
即使是汗王家,
不请客也不行。"

"一百个客人太多了
我们还是请不起。"
"一百个客人还嫌多
你们是汗王家

我们也无法
但起码要去五十个客人
再去一个伴娘。
即使是汗王家
也不能再少了。"
"五十个客人还是多
我们仍然请不起
请再减一减。"
"五十个客人还嫌多
你们是汗王家
我们也无法。
那么,姑娘有十二根辫子
就去十二个客人
外加一个伴娘。
即使是汗王家
不请客可不行。"
于是,定下了送亲者的数量。
如何迎亲呢?
要准备五百斤接风酒
还要一百个人半路上迎接。
"五百斤酒太多了
我们拿不出
请给减一减。"
"五百斤酒实在不多。
你们是汗王家,
我们也无法
那么,就拿三百斤酒吧。"
"三百斤仍然嫌多
请再减一减"
"三百斤仍然嫌多。"
"三百斤酒还嫌多,

你们是汗王家，不拿也无法
那么，就拿一百斤吧。"
"一百斤还是嫌多，
请再减一减。"
"一百斤实在不多
你们是汗王家，
不拿也无法
那就拿五十斤吧
即使是汗王家
也不能再少了。"
"五十斤还是多
请再减一减吧。"
"五十斤还嫌多
你们权势大
不拿也无法
那么，姑娘有十二根辫子
就拿十二斤吧
即使权势大，
也得把酒拿。"
就这样，商量好了半路迎接和接风酒的数量。

就这样，天和地结成了亲家
汗王和头人结成了亲家
这些亲事，都是媒人的功劳。
使碰不到一块的两座山，碰到了一起
使不是亲戚的两家，
成了亲戚。
然后说四个有威望的动物的沙特
说白象的沙特也行，
白象是有名望的
四面八方都知道它的威名

说海中的青龙的沙特也行，
青龙是有名望的
四面八方都知道它的威名。
说雪山上的白狮子也行
它的鬃毛绿光闪闪
白狮子是有名望的
四面八方都知道它的威名。
说黑松林深处的老虎的沙特也行
老虎是有名望的
四面八方都知道它的威名。
说黑牦牛的沙特也行
黑牦牛毛是黑的，奶是白的
它也是有名望的
四面八方都知道它的威名。
说白绵羊的沙特也行
白绵羊是有名望的，
四面八方都知道它的宝贵。

这十二份肉，
你先从哪份说起？
这干棒骨虽然最小
但要先从它说起。
将它交到新郎新娘的手中
表示夫妻双方爱得牢靠
婚姻幸福美满。
干棒骨有三层肉
这是为什么？
这表示新郎新娘身披三层绸缎
表示两家人三代富裕
干棒骨的大头为什么这么粗，
它表示两亲家从此亲密无间

干棒骨的细头子是扁的四棱子，上面有黄黄的油
这是为什么？
四棱四方的帐篷，
它表示金子一样的沙特
家中的用具是用金子做的，
夫妻俩安居乐业。
干棒骨的粗头是三棱子，
颜色是青灰色的
这是为什么？
它表示像银子一样的沙特
它表示三样子牲畜像花朵一样在草原上繁衍
走的路是用银子铺成的。
干棒骨的骨髓像蜜一样甘甜
这是为什么？
它表示小两口离不开金黄的酥油和曲拉
夫妻恩爱像蜜一样甘甜。
羊的骨头像海里的浪花一样洁白
这是为什么？
它表示女儿、女婿一辈子受人尊敬。
不断地听到像海螺一样赞美的声音。

后背子肉最嫩最软
把它定为一份子肉
送给舅舅和头人
以示尊贵的地位
胸叉定为一份子肉
脖子带上两根肋骨
把它定为一份子肉
左边的肩胛骨定为一份子肉
右边的肩胛骨定为一份子肉
中间的六根肋骨定为一份子肉

后边的四根肋骨定为一份子肉

左后腿黑髓骨定为一份子肉

右后腿黑髓骨定为一份子肉

左大腿定为一份子肉

右大腿定为一份子肉

每个客人按照尊卑大小

都分得一份子肉

表示对客人的殷勤款待。

这羊头虽不属于一份子肉

但把它送给老人最合适。

从西至哈支走了

路上老虎吃人

不知什么人放了一把火

地上都烧成了灰

走时老人不能带

用羊油闷死了老人

后来来到了八字敦山口

红帽子人占据着祁连山

尧敖尔在山口摆放了许多石头

像蹲在山口的老虎

头上戴着羊皮帽

嘴里叼着长烟锅

红帽子人以为我们是妖怪

不敢和我们作对

被吓跑了

我们占据了祁连山

西至泰来盖脑（八字敦脑）

东至八宝山

以后属于甘州管辖。

分为七个部落

有了大头目

每年上缴二十四匹官马。

讲述者：

杨哥乡：高社旦　常运才　常安堂

红石窝乡：苏安世　（尕里昂）（根据尕里昂录音讲述）　安立华（根据录音）

东滩乡：常然吉　北滩乡：兰知诚

翻译：

杨哥乡：安建华

红石窝乡：安里刚　苏建国　高凌俊等

裕固族珍贵的文化遗产
——裕固族创世史诗的调查和介绍

裕固族不仅有自己丰富的歌谣、叙事诗、故事、谚语、谜语等民间文学形式，还有一部鲜为人知的创世纪史诗——《沙特》。遗憾的是目前还没有人对此加以系统的搜集、整理。其片段虽曾见诸刊物，但未能引起人们的重视，致使这部裕固族珍贵的文化遗产濒临绝地。

在这儿我们将调查到的《沙特》的有关情况加以介绍和简单论述，希望能引起有关方面的注意和重视。

一

1983年，我们一行三人，前往肃南裕固族自治县实习，调查裕固族风俗习惯，来到了当时的自治县康乐公社（现为杨哥乡），在为期一个多月的调查中，发现了这部史诗。

杨哥乡辖杨哥、寺大隆两个牧业村，位于县城东南八十多里的祁连山腹地，山大沟深，交通不便，是全县最偏僻、闭塞的乡之一。牧民属东部裕固族，讲阿尔泰语系的东部裕固族语（也称作"恩格尔"语），原属裕固族七部之一的杨哥家。

史诗的讲述者为杨哥村的高社旦（男，当时73岁，今已故），寺大隆村的常运才（男，67岁）、常安堂（男，68岁）等人。当时对高社旦讲述部分进行了录音，并请人作了翻译。

1988年，笔者又前往自治县康乐区区公所所在地红石窝乡及皇城区的东滩、北滩两乡，专程搜集史诗的流传、保存情况。红石窝乡一带是原大头目家的牧居地，牧民均属于讲"恩格尔"语的东部裕固族；皇城区的一部分居民也是从杨哥、康乐等地迁移过去的东部裕固族人，两地也有史诗的片段流传。史诗的讲述者为红石窝乡的苏安世（男，79岁）、尕里昂（女，90岁，最后一个大头目的妻子，已去世）、安立华（男，49岁）（这三人中有一人去世，另二人去了夏季牧场，我们只复制并翻译了他们于1983年诵说史诗的录音材料），东滩乡的常然吉（女，八十九岁，尕里昂妹）、北滩乡的兰知诚（男，57岁）等。可惜的是，他们都不能完整地诵说史诗。据我们了解，目前已无人能完整地背诵史诗，知道史诗片段的人也不多了，史诗实际上已处于正在失传的境地。

由于我们不懂东部裕固语，这给搜集、翻译带来了很大的困难。虽然临时请了翻译，但因史诗本身有许多古老的词汇，诵说者和翻译者也不知其确切的含义，只能根据全句意思意译。而不同的诵说者，讲述时语句段落的多寡、顺序也不一样，甚至一些内容相互矛盾，加大了整理的困难。

二

史诗在"恩格尔"语中称为"沙特"［ṣate］。关于"沙特"一词，我们询问了不少裕固族人，无人能知道它的确切含义，总的来说大抵有三种说法：一是"传说""历史"之意；二是"公平""平衡""公道话"的意思；三是认为可能是一种记载传说或某种规定的书的名字。因为史诗中有"有一天，马上驮来了沙特，骆驼上驮来了沙特，人们吹着海螺去迎接，骆驼上驮的沙特两边一样重，共有一万斤……"这样的内容。既然能驮，必是实体，非书而不能其他了，也说明不是"传说""公平"等抽象含义。另外，"恩格尔"语中的"台阶""梯子"，其音也读作"沙特"。从《沙特》叙述人类、万物、婚姻起始产生的顺序和关于彩礼数量、请客数量、酒的数量在谈判中不断递减的情况看，似乎也可以附和。总之，"沙特"的含义是一个值得探讨的问题。

在形式上，《沙特》不像裕固族著名的叙事诗《萨那玛珂》《黄黛琛》那样采用散韵结合、边说边唱的叙事方法，而通篇都是诵说，音节长短不一，结尾押韵，语调优美，顿挫有致，语言精练，概括力强，诗意浓厚，符合史诗的形式特点。

我们搜集的部分主要有以下几个内容。

第一部分是关于山川、草木、人兽的起源。

很早很早以前，
世界还不是现在的样子，
天地在像大海一样宇宙中若隐若现，
大地上没有草木，
只有光秃秃、白茫茫的沙滩；
天上也没有日月星辰，
只是空空洞洞像一片汪洋。
在上不接天、下不沾地，
混混沌沌的空间，
浮现出了一个金癞蛤蟆，
金癞蛤蟆的身上，
长着八十八根柱子，
这八十八根柱子，
有八十四根已稳定下来了，
还有四根没有稳定下来，
在空中摇摆不定，
这是为什么呢？

人们去问神仙，神仙又让去问天上的四个"塞地"，"塞地"说要找四个"莫力根"，"莫力根"也回答不出，最后问一个叫作"就总扎恩"的神仙，他说在"结格里"（据说是印度；另一说法为"天格里"，即"天"）有一本用金子做成的书，上面有世间的一切真谛。于是取回了书，才知道四根柱子没有稳定下来是因为"天上没有日月星辰，没有云彩；山崖上缺少松柏，山坡上没有灌木，天上没有雨水，地上没有河流"。人们又去问奥鲁桑汗（竹子王），汗王说要问天上的"达兰旦巴"汗。达兰旦巴回答："天有两只眼睛，地有两只眼睛，若要事情成，天地要做亲。天上汗王的月亮王子要娶地上汗王的太阳公主。天上才能降下雨水，地上才能长出松柏，山坡上才能生长出各种各样的灌木，灌木中才能开放各种各样的花朵，森林中才能有各种各样的动物，未稳定的四根柱子才能稳定住。"

第二部分叙述了天地间媒人说亲、与女方讨价还价、谈判彩礼、送亲人、摆宴席时请客人的数量和万物生成的情况。

> 夜空里没有星星怎么办呢?
> 蓝天里没有云彩怎么办呢?
> 大地上没有流水怎么办呢?
> 山坡上没有草木怎么办呢?
> 黄黄的月亮王子来了,
> 他带来了所有的家产,
> 有无数的金银财宝,
> 还有广阔的草原;
> 绿绿的太阳公主来了,
> 她带来了所有的家产,
> 从天上扔下来七样子珍珠玛瑙,
> 变成了灿烂的星星,
> 在天上拉起一条五色的彩带,
> 变成了斑斓的云彩。
> 于是太阳、月亮、星星、云彩都有了,
> 天和地结成了亲,
> 天红了半边。

然后是汗王和头人结亲时讲彩礼的情况。彩礼的数量从天上的星星、地上的草原、姑娘的头发根一样多,一直讨价还价到五百件、三百件、一百头鹿、五十头鹿,最后因姑娘有十二根辫子,因此彩礼绝不能少于这个数量,双方才敲定。客人的数量也从天上的星星、地上的草根、姑娘的头发根一样多逐步降为五百个、一百个、五十个,最后也因姑娘的辫子为十二根,客人也才定为十二个。男方半路上接亲时拿的酒的数量,也经过了这样的程序的谈判,定为十二斤[①]。史诗的相当篇幅,即是用来叙述双方

---

① 陈宗振、雷选春:《裕固族的婚礼》,《民间文学》1982 年第 7 期。

讨价还价的情况。

第三部分内容是说"沙特",即说四种(有一说法是六种,加黑牦牛和白绵羊)动物的"沙特":白狮子、白象、青龙、老虎,颂扬了四种动物的非同一般。第四个内容是按分配给主宾的十二份羊肉的不同名称和分配给新郎新娘的羊干棒骨,分别叙述各自的象征意义。

这些内容显然不是史诗的全部。据1949年前听过《沙特》的裕固族老人讲,史诗朗诵的时间在两到三小时之间,而我们搜集到的部分,却只能朗诵约二十分钟。可以肯定,有相当一部分内容失传或脱漏了。那么,失传或脱漏部分的内容是些什么呢?

从已搜集的内容看,《沙特》在情节上还不连贯、不完整,部分地方含混不清,情节间的过渡显得突兀、不吻合。如关于人类的起源,只说月亮王子与太阳公主成亲时,带来了他们的家产,因而有了云彩、有了雨水,山上长出了灌木、森林,有了人兽,而没有人类具体产生的情节,很快就到了婚礼的过程。此处显然有脱漏。1949年前听过《沙特》的许多老人,听了所录的这部分,也认为缺漏太多,没有人如何产生、牲畜如何产生、怎样生活、人和畜怎样分开、锅碗怎样产生、裕固族七氏族的来历、大头目的来历、裕固族如何来到祁连山等内容。据常然吉老人说:她以前听过的部分,有人是猴子变来的内容,还有裕固族来到祁连山,赶跑了"红帽子"人[①]的内容;高社旦老人也曾说过:《沙特》还有裕固族来到祁连山后,在划地界时,官家指定了一个大石头,说谁能把此石头背动,他所走过的地方,以后就是裕固族的地界,其他人都背不动,只有姓安的小伙子能背动,他背上后,沿着祁连山和双海子等地转了一圈,圈下了裕固族的地界这样一些内容。另有一位老人说:裕固族来到祁连山不久,八字墩一带流行瘟疫,牲畜都死光了,只有上八字墩剩一头小公牛,下八字墩剩一头小母牛,人们靠打猎为生。后来,两头牛到了一块儿,才繁殖起来。这些内容也属于《沙特》。将这些情况做一综合分析,我们认为,《沙特》至少应有以下内容:一是关于天地山川草木人兽的产生,应该比现有的篇幅要长、要详细;二是关于婚礼的起源及过程(这部分是迄今为止最完整的);三是关于裕固族七部的来历及东迁、大头目的产生及来到祁连

---

① 高启安:《红帽子考略》,《西北民族研究》1989年第1期。

山的情况。从我们所知的情况分析，这后一部分仍在流传，它很可能就是《说着唱着才知道》①，至少和它内容相似。我们在杨哥搜集到一段，正是东迁与占据祁连山的内容：

> 从西支哈支走了，
> 路上老虎吃人，
> 不知什么人放了火，
> 地上都烧成了灰，
> 走时老人不能带，
> 用羊油闷死了他们。
> 后来来到了八字墩山口，
> "红帽子"人占据着祁连山，
> 尧敖尔在山口摆了许多石头，
> 像老虎一样，
> 尧敖尔头戴羊皮帽，
> 嘴叼长烟锅，
> 口中像喷火，
> 吓跑了"红帽子"人，
> 占据了祁连山。

显然，关于东迁与占据祁连山这部分内容，对整个《沙特》来说，是史诗流传过程中被不断丰富的结果。由于距现代时间较近，又容易被独立开来诵说，故在流传中二者分开了。

三

各民族的创世纪史诗，一般都在重大的节日或婚丧仪式上，由专门的艺人或巫师来吟诵。裕固族的《沙特》也只能在婚礼仪式上演说。演说

---

① 见《中国少数民族文学作品选》编辑委员会《中国少数民族文学作品选》，上海文艺出版社1981年版。

《沙特》者虽非职业艺人，但一般都是能说会道、博闻强记、熟悉本民族历史、有一定社会威望的男性，为主家所恭请。由于1949年前各部落人数较少，演说《沙特》者常常就是固定的几个人，这使演说《沙特》者逐渐成了一种固定的角色。高社旦本人以前并没有在婚礼上演说过《沙特》，只是在别人演说时，他记住了一部分；苏安世只是在近些年，才在婚礼上演说。

裕固族婚礼有"正式"和"非正式"两种形式①。东部裕固族人1949年前实行一种"勒系腰"婚，即姑娘长到十五岁或十七岁（奇数）时，如果没有男子来提亲，则在举行成人礼的同时，举行勒系腰婚礼。具体仪式是在帐篷旁新托一顶小帐篷，择吉日请来亲戚、喇嘛、头人，由两个已婚妇女给姑娘戴头面。头面名叫"凯恩拜什"，用珍珠、玛瑙、银子等装饰而成，分为三部分：前胸戴两片，后面系一片。先将女子的十二根小辫编为三大根，前面两根，后面一根，然后将头面系于辫子上。头面戴好后，标志着姑娘已成人，从此有了社交的权利。勒系腰婚礼就是将戴了头面的女子的腰带（俗称系腰）勒系于舅舅尚未婚娶的儿子腰上，同时将对方的腰带也系在姑娘腰上。勒系腰只是一种仪式，并不意味着姑娘就必须嫁给舅表兄弟，而是一种古老的舅表婚制的记忆或遗留。勒系腰仪式完了后，就开始款待来客。待客时，将一只羊分为十二份子，按尊贵大小摆在客人面前，此时，全体站立，说《沙特》者手端放有煮熟羊后腿的干棒骨和少量小米的盘子，一边喝酒，一边滔滔不绝地朗诵《沙特》。这便是所谓的"非正式"婚姻。而在"正式"婚姻中，是将女子娶回男家，招待客人时，才由奉请的人朗诵《沙特》，其具体仪式与上面所叙相同。

四

裕固族是个由多种（至少两种）成分组成的一个民族共同体。而由于在东迁前和东迁过程中（这种过程持续了很长时间）就跟藏族生活在一起，东迁后，居于祁连山中，其西、南、东边都生活着藏族，其生活习俗、民间文学等不能不受到藏族文化的影响。

---

① 高启安：《裕固族解放前的婚俗》，《西北民族学院学报》1986年第2期。

首先是语言。裕固族操两种语言，西部裕固族语属阿尔泰语系突厥语族，与今维吾尔语相近。我们调查的地方，则属于东部裕固族语，《沙特》完全用东部裕固族语讲述。据说在西部裕固族语区，也流传有《沙特》的片段。但据一些老人讲，在 1949 年前也是用"恩格尔"语演说的。因此，史诗似乎不会来自西部裕固族。

也有人说，《沙特》可能属于藏族，因为《沙特》中出现的几个人的名称属于佛教典籍中的神。我们尚未查对是否真是这样，但即使是这样，这种说法也不足为凭。佛教文化很早就传入了西域和蒙古地区，在蒙古族民间文学和神话中就可以找到佛教文化的影子。《沙特》中出现佛教神名，不能就说史诗属藏族。而且《沙特》中有一个人称"莫力根"，即"莫日根"，是北方各民族民间文学作品中智慧者的形象，这又作何解释呢？靠近裕固族居住的藏族，其婚俗与裕固族虽有部分相似之处（据说要彩礼过程相似），但由于《沙特》通篇都用"恩格尔"语演说，有些词汇很古老，而且史诗本身有一部分内容非裕固族莫属（比如东迁及占领祁连山部分）。因此我们认为如果说受藏族的影响还可能，但不可能源于藏族。

另据兰知诚说，1953 年，他在今康乐区的白银乡，听到过蒙古族的"罗日旦平巴"，和裕固族的《沙特》有相似之处。白银乡是个蒙古族自治乡，居民属于卫拉特蒙古族。由此看来，似乎《沙特》来自蒙古族，特别是卫拉特蒙古族的可能性更大些。但迄今为止，笔者尚未见到发表的蒙古族民间文学或神话作品有诸如此类的内容。

鉴于裕固族现今居住的地区历史上曾经居住过月氏、匈奴、吐谷浑、藏、回纥等多种少数民族，因此，《沙特》的族属应该经过深入的研究才能确定。

初步考察一下《沙特》内容，不难发现，史诗对于研究裕固族族源、裕固族历史、裕固族人的宗教观念、哲学思想、语言、风俗习惯都有极大的参考价值，其在裕固族口头文学中的地位更不能低估。它是裕固族人民宝贵的精神财富和文化遗产。我们希望有关方面组织专门人员，拨出经费，深入草原，全面搜集，将尚未消失的部分尽快抢救出来。

原载《民族文学研究》1990 年第 3 期

关于裕固族东迁传说的研究

裕固族的东迁，直接促成了该民族共同心理素质和共同体的形成，在它的历史上有着划时代的意义。东迁的艰难险苦，在裕固族人心目中留下了深深的印迹，并产生了为数不少的传说、故事和叙事诗。这些关于东迁的传说故事和叙事诗在整个裕固族民间文学作品中有着很重要的地位。整理和研究关于裕固族东迁的传说，不仅是研究裕固族民间文学首要的、必不可少的工作，而且对于裕固族历史文化、民族共同心理素质形成轨迹的研究，都有极大的参考价值。

有关裕固族东迁的民间文学作品，目前尚未有人系统整理和研究过，已见发表的有《说着唱着才知道》[1]《尧熬尔来自西州哈卓》[2]《西志——哈至》[3]《裕固族东迁的故事》[4]《姓安的来历》[5]等，其他未发表或未正式发表的有《萨那玛珂》[6]《东迁的传说》《和"红帽子"人打仗的传说》《和盖塞尔比武占地》《圈地划界》[7]，等等。这些作品，无论是叙事诗，还是传说、故事，都从文学的角度集中地反映了裕固族人从"西志——哈至"东迁，到达祁连山，并经过奋斗占据祁连山这一段历史，以其有一定

---

[1] 《中国少数民族文学作品选》编辑委员会：《中国少数民族文学作品选》，上海文艺出版社1981年版。

[2] 白斯坦口述，才让丹珍整理：《尧熬尔来自西州哈卓》，《陇苗》1981年第4期。该作品基本上是一个创作体。我们在这儿提到它是因为其主要情节如"找水""寻方向""来到肃州城下"等大体真实。

[3] 杜亚雄整理：《西志——哈至》，《民间文学》1982年第7期。

[4] 《甘肃日报》1980年12月16日。

[5] 白斯坦口述，才让丹珍整理：《姓安的来历》，《陇苗》1982年第11期。

[6] 属民间说唱叙事诗。与《陇苗》1982年11期发表的《萨那儿玛珂》名称同而内容不同，为作者搜集。

[7] 未著名发表者均为作者搜集。

的真实性而具有珍贵的历史意义。

《尧熬尔来自西州哈卓》是一首叙事诗。叙述裕固族东迁前，曾遇到了强大敌人的攻击，在整个部落生死存亡之际，部落长下令杀掉全部老人和孩子后转移。其他人遵命将老人和孩子装在牛皮袋内埋入沙坑，只有一姑娘偷偷地将自己的父亲藏在骆驼羔皮袋内，驮在骆驼上和整个部落一起转移。当敌人追来时，老人让姑娘告诉部落长，将短刀插在乏弱的牛马后腿上，牛马四散奔逃，再将剩余牛马的蹄掌倒挂、人的鞋倒穿，使追兵无法辨认裕固族转移的方向，因而摆脱了敌兵的追击。部落转移到沙漠中时，因缺水全体又有被渴死的危险。面对严峻的形势，老人又告诉女儿，将"泡牛"（公牛）放在队伍前引路，如其停止不前，并用蹄刨地，则地下必定有水。部落长照着姑娘的说法，果然找到了水，拯救了全部落。在裕固族迷失方向时，又是老人告诉女儿，只要跟着银雀鸟，就会找到方向。最后，裕固族来到了肃州（酒泉）城下，经过向明朝政府请求，被安置于祁连山一带。

叙事诗《西志——哈至》可以说是《尧熬尔来自西州哈卓》的同种异体，但没有杀死老人的情节。当部落长决定其他人突围、把老人弃留在沙滩上时，老人说："带我们一起走吧，也许老年人的智慧能挽救民族的危亡。大家觉得她的话有道理，就把老人装在箱子里让骆驼驮上。"没有杀死老人这一情节，说明在流传过程中，"杀死老人"这一做法已与现代的道德观念格格不入，为人们所难以接受了（《裕固族东迁的故事》只说一路上老人经受不住颠簸而死，同样由于这种道德观念）。另外不同的一点是诗中的老人不是位男性，而是位瞎眼老奶奶。

关于裕固族因何而从"西志——哈至"东迁，综合各种传说，有以下几种：一说是遇到了异族的攻击；一说是自然灾害；一说是因为宗教的压迫。其中异族的攻击和宗教的压迫又有联系。可以说几种说法都有一定的历史根据。"在若干年前，'西至哈支'地方遭受到很大的风灾，把附近的沙山卷起来，将人们的房屋、牲畜都掩盖住了。最使他们难过的是，用黄金建筑的经堂也淹没在沙山之下了。他们再也无法生活下去，便商定举族东迁。"[①] "离开西知哈支的原因是受了外国人的压迫。在老家的地方曾经

[①] 《裕固族简史》编写组：《裕固族简史》，甘肃人民出版社1983年版。

有一个长时间的斗争，斗争不过就举族迁移。""离开哈什喀尔的原因，是裕固族先人们当时感到生活困难，又因宗教上发生冲突，我们原来信仰佛教，别的宗教（即伊斯兰教）压迫得我们站不住脚，裕固族便开始东迁。"①

裕固族的东迁持续了很长一段时间，并不是一次完成的。这一点，许多学者已有论述。既然是这样，那么，东迁的原因也不会就是一种。首先，古代的游牧民族，逐水草而居，居无定所，是其主要的生产方式，也是其主要的生活方式。可以说，不停地迁徙，正是其生存、发展的首要条件，并由此而产生了独特的游牧文化。裕固族的先民均属游牧民族，历史上南来北往、东逐西杀，因战乱、因天灾、因人祸不知有过多少次举族大迁徙。这些迁徙不会对裕固族的民间文学没有影响。这一点，我们在后面将要论述到。

其次，从目前所知的情况来看，明代关西八卫的内迁与裕固族的形成有直接关系，而各卫内徙的原因却不尽相同。如安定卫、曲先卫的残破和内徙，是由于套部蒙古亦不剌、阿尔秃斯的侵据青海；而罕东卫先遭亦不剌等的残破，后又遭吐鲁番的压迫，最终内徙；其他如罕东左卫、赤斤蒙古卫、哈密卫的内徙均与信仰伊斯兰教的吐鲁番内侵有关。② 不仅各卫内迁原因不同，就连同一卫，几次迁徙的原因也不一样。传说中的裕固族安姓祖先"奄章"，先在罕东卫时，"与种族不相能，数仇杀，乃率其众逃居沙州境"（同上）。后来，又在吐鲁番的攻击下，内徙肃州。东迁的传说中关于东迁原因有好几种说法，正是当时各卫不同迁徙原因的反映。

在杀死老人这一点上，几个传说和叙事诗基本一致，即在部落存亡之际，部落长下令杀死全部老人，以利轻装转移。就此看来，实际上是一个"弃老"的传说故事。类似的故事在布里亚特蒙古、③ 卫拉特蒙古④和锡伯族中都有流传。⑤

"弃老""弃小"的习俗源于人类的早期生活。那时社会生产力低下，

---

① 《裕固族社会历史情况调查——裕固族来自西知哈支的传说（初稿）》。
② 《明史》卷三三〇，第8559—8560页。高启安：《明代哈密卫东迁与裕固族的形成》，《甘肃社会科学》1989年第4期。
③ 郝苏民、薛守邦：《布里亚特蒙古民间故事集》，中国民间文艺出版社1984年版。
④ 王琦：《卫拉特蒙古丧葬习俗溯源》，《甘肃民族研究》1982年第3期。
⑤ 忠录：《老人为什么受尊敬》，《民间文学》1985年第9期。

每日猎取和采集的食物很有限,在发生部落战争和自然灾害时,老少就成了部落的负担,要顾及他们,势必危及整个部落的生存,在这种情况下,只有抛弃老人和儿童。有时为了避免争夺食物或做俘虏,还要将他们杀死。这在当时是合乎道德的。许多民族有关于"弃老""弃小"的民间传说。我国史料上有关一些民族"贵壮贱老"的记载比比皆是,都反映了原始初民的这种道德习俗和观念。

裕固族从关(嘉峪关)西东迁至祁连山一带,至早不会超过明代。那时,裕固族的母体——回鹘和蒙古族早已脱离了蒙昧时代,进入了生产力较为发达的文明时代,不可能发生像传说叙事诗中的那种大规模残杀老人的"弃老"事件。这个故事的原型产生的时间只能更早,其在北方许多民族中都有流传就说明了这一点。如果我们详细加以对比,就会发现无论是裕固族中,还是在其他民族中流传的故事,其基本情节大体一致(见表一)。

表一　　　　　　　　　裕固族与其他氏族故事对比

	裕固族				卫拉特蒙古	布里亚特蒙古	锡伯族
故事名称	尧熬尔来自西州哈卓	裕固族东迁的故事	西志——哈至	东迁的传说	传说	可汗的命令和老人的智慧	老人为什么受尊敬
迁徙原因	因挑起和异族的冲突	异族入侵	自然灾害和异族冲突	自然灾害和异族冲突	某次战斗转移	到一个牧场辽阔、生活富裕的国家去	未迁徙。因干旱蚊虫成灾,用老人、幼童做牺牲
杀死老人(和孩子)的方式	将老人和孩子用牛皮袋埋入沙坑	老人受不了长途跋涉死去	未杀死	用羊油、羊血炒面喂死	用羊尾肥肉喂昏后用绳子勒死	杀死(未说杀之方式)	捆住幼童供蚊虫,将老人抛下山沟
隐藏老人的方式	女儿将父亲装入骆驼羔皮袋内驮在骆驼上	儿子将父亲装入土布拉*驮在牦牛上	将瞎眼老奶奶装入木箱驮在骆驼上	儿子将父亲装入土布拉驮在牦牛上	儿子将父亲隐于筐笼,驮于马背	装于大皮口袋,驮于马上	儿子将父亲藏进地窖里

续表

	裕固族				卫拉特蒙古	布里亚特蒙古	锡伯族
用何种牲畜找水	泡牛（公牛）	泡牛	公牛	犏牛	老马	三岁奶牛	神仙、乌鸦
其他运用智慧的情节	摆脱追兵	钻石取火	摆脱追兵	跟着乌鸦、喜鹊向东方		大海中找金碗	智救幼童，并救己
（同上）	跟着银雀鸟找到了路	迎着太阳升起的方向走	跟着银翅鸟向东方			取回火种	
（同上）			辨认鞋帮				
结果	废除"弃老""弃小"制	推选安姓人做头目	形成了敬老习俗	安姓人做头目，但仍杀死老人，分其肉做香包子纪念	废除"弃老"制，儿子受赏	废除"弃老"制	废除"弃老""弃小"制

＊裕固族语对于"褡裢"的叫法。

从表一的对比来看，可以肯定四者是同源的变异体。其不相同处，则正好说明民间文学的变异性。如关于用何种牲畜找到了水，在布里亚特蒙古的故事中是奶牛，卫拉特蒙古的故事中是马，而在裕固族的故事中则是公牛或犏牛。我们知道，犏牛为牦牛和黄牛杂交而生，而牦牛生活在海拔较高的凉爽山区或高原，在裕固族东迁的沙漠中，不应有牦牛，更不用说犏牛了。犏牛的说法来自自治县的康乐区，那儿，多牦牛和犏牛，故有此说。

再如用何种牲畜驮老人，裕固族内有两种说法：一是牦牛，这种说法也来自东部裕固族；二是骆驼，这种说法来自多骆驼的自治县明花区。这说明，故事在流传过程中，尽管有其传承性的一面，原型不变，但其情节，或多或少要发生一些变化，各民族都按照自己的审美要求、情趣改造它，以便向真实生活靠拢，更符合听众的心理。如果不同的地区、不同的民族流传得完全一样，那反倒不合情理了。故事原型的主要情节是迁徙过程中找水，它产生在中国北方的草原上，那里有无数的沙漠，干旱少雨。

水对那里游牧的民族来说，有着非常重要的意义。古往今来，在这片土地上游牧的民族，没有一个未发生过像故事中那样缺水的事，这就是故事产生并流传的主要原因。而这样的故事，很难想象会产生在江南水乡。

我们说有关东迁故事的原型只能更早，并不是说它和裕固族在明代的东迁没有关系。恰恰相反，正是明代的东迁，才使这个故事更加丰富，离现实生活更近，更富有传奇色彩。故事巧妙地将古老的传说和严酷的现实结合起来，真实、艺术地再现了那段历史，使这一民间传说具有了新的艺术生命力而长传不衰。

脍炙人口的《萨那玛珂》也与东迁有关，主要流传在西部裕固族。萨那玛珂原是一个部落首领的妻子。裕固族东迁到肃州附近时，因缺衣少食、饥寒交迫，不免有一些抢掠行为，与肃州城的居民发生了冲突，萨那玛珂的丈夫被捕入狱，由萨那玛珂继续率领大家为生存而斗争。这时候，另一个部落的头领勾结肃州的官员，乘萨那玛珂不备，抓走了她，并用残酷的手段折磨死了这位勇敢、刚烈和不屈的妇女。

明代嘉靖、万历年间，肃州及其周围有不少原哈密卫、罕东左卫、赤斤蒙古卫部众，他们不时与肃州的官兵发生冲突。据《肃镇华夷志》记载："新旧哈剌灰头目乩吉卜剌族……虽居关厢，交通四夷。先年未筑夷厂，各街杂居，违法多端，被兵备副使天津张愚笞背游街，虽少畏服，实非心格也。"[①]"都督头目日羔剌族，乃罕东左卫都督奄章之后，亦达类也。先年都督乞台投顺肃州，安插金塔寺、白城山一带地方……交相往返、掳掠行人。若帕泥、总牙、蛇眼之属，仿效为恶，为地方害。"（同上）这样的记载颇多。说明了《萨那玛珂》产生的历史背景。故事在民间流传过程中，经过不断加工和再创作，萨那玛珂被塑造成了一个为裕固族人谋幸福、视死如归的杰出女英雄形象。

《东迁的传说》搜集于杨哥。说裕固族以前有文字，东迁时将经书驮在羊背上，过河时被河水冲走了，从此，丢失了文字。当部落长下令杀掉全体老人后转移时，人们把用羊血、羊油拌好的炒面装入羊的肥肠内，硬让老人们吃，因而噎死了他们。只有安家人没有这样做。后来因了这个老

---

① 《肃镇华夷志》又名《肃镇志》，李应魁修于万历四十四年（1616），见《肃镇华夷志校注》，第283页。

人的智慧，找到了水，拯救了全部落。为了纪念老人的功劳，部落长下令杀死了他，将他的肉分给众人，缝在香包子（东部裕固族语［xugkukərl］"洪哭开勒"）内，让人们戴在胸前，永世纪念。并让安家人世代做头目。

这个故事的结局与其他东迁的传说大不一样，令人迷惑不解。老人用自己的智慧拯救了全部落，却仍要被杀死，似乎不合情理。实际上又是一种灵魂观念所反映的古老习俗。有些民族认为，人的灵魂是附着在肉体上的，一旦肉体衰弱了，灵魂也会跟着衰弱。最好的办法是在其即将衰弱时杀死他，将灵魂转交给新的人。如古代白尼罗河的西卢克族中就流行这样的风俗："神王初露体力衰弱或年老的迹象就被处死。"① 而保存死者（或亲属，或敌人）身份的某一部分（发、骨等），以继承死者的勇敢、智慧的观念，则流行于许多民族。这个传说中杀死老人、让其他人保存其身体的一部分，似乎正是让人们继承、保存他杰出的智慧。其情节当然也不会产生在明代东迁时，它产生的时间也只能更早。

另有一传说，裕固族东迁是跟着乌鸦来的。在转移过程中，安姓小伙子问老人，哪儿才是裕固族的安身之地？老人说，跟上乌鸦走吧！哪儿乌鸦、喜鹊多，哪儿就是裕固族安身的地方；哪儿芨芨草多，哪儿就能生活。于是跟着乌鸦、迎着太阳，向祁连山走来。到了黑河，因水深浪急、渡河时冲走了一些人畜，无法渡过。安姓小伙子又问老人如何才能渡过，老人说，等到冬天吧。冬天到了，黑河结了冰，裕固族人安全地渡过了河，来到了祁连山。因为老人的智慧，大家就推选安姓小伙子世代做头目。这儿的"乌鸦""喜鹊"，也就是其他传说中的"银翅鸟""银雀鸟"。

《和"红帽子"人打仗的传说》主要流行于东部裕固族。说裕固族人来到祁连山时（今天的康乐、红湾寺、杨哥一带由"红帽子"人占据着）。他们请远道而来的裕固族头领做客，用夹着砂糖的煎饼（酥油煎饼为裕固族人招待贵客之食物）招待。而裕固族人在回请"红帽子"人时，却在煎饼中放了石头。"红帽子"人认为裕固族人心肠狠毒，不好相处，双方发生了冲突。裕固族人头戴山羊皮帽、嘴叼旱烟锅，"红帽子"人认为他们头顶"辞䍁"、口吐火星，不得了。当时"红帽子"人有火枪，还是安姓

---

① ［英］詹·乔·弗雷泽：《金枝》，徐育新、汪培基、张泽石译，大众文艺出版社1998年版，第396页。

老人教大家在山羊角上绑上草把、蘸上酥油，晚上点着，以充火枪捻子。"红帽子"人认为裕固族火枪比他们多，就被吓跑了。这个传说记录了裕固族人来到祁连山时，与先期到来的"红帽子"人的冲突。笔者已有专文论述①，兹不赘述。

《圈地划界》叙述裕固族占据祁连山后，尚无地界，官家指定了一块大石头，说你们谁能将此石背动，他所走过的地方，以后就是裕固族的地界。其他人都背不动，唯有安姓小伙子轻轻地背了起来。他背着石头沿着祁连山、双海子等地转了一圈，圈下了裕固族的地界。这个颇具神话特色的传说，同样有一定的历史根据。明政府对陆续进关的关西诸卫部众先后进行过几次安置，如正统十一年安置沙州卫遗众喃哥等二百余户一千二百三十余人居甘州②；嘉靖七年，总督王琼将流落到肃州一带的原罕东左卫、赤斤蒙古卫部众分别安置于高台、白城山、肃州南山、肃州迤北的威虏、金塔寺等地。据《肃镇华夷志》记载，安置于高台、白城山的日羔剌部，至嘉靖二十八年，巡抚杨博又主持过一次安置。大抵当时部落较多、居徙无常，各部落间时常发生冲突。因此，圈定地界成为安置的一个重要内容。明政府曾在洪武年间为肃州迤东、庄浪以西的阿吉等二十九族"立石定界"。成化中，总兵王玺又重新在这些地方主持过立石定界③。虽然尚未见到嘉靖及以后为东迁的各部重新定界的文字记载，但可以肯定，或明末，或清初一定为东迁的各部定过界。这种"立石定界"，从文学的角度加以夸张、神化，就变成了"背石定界"。

《和盖塞尔比武占地》讲的是裕固族到祁连山后，其头目华尔加奴汗曾和藏族的盖塞尔（格萨尔）汗为争夺草场而比武。两人比赛抛石头，华尔加奴汗用"好劳畏"将石头抛到了半山腰，而盖塞尔汗则将石头抛到了山顶。据说在今肃南县大河区就有当年二人比武用过的巨石。这个具有神话色彩的故事的意义在于它反映了裕固族与藏族的关系，以及藏族民间文学对临近的裕固族的影响。

考察以上所举的东迁故事，就会发现这样一个现象，即裕固族的东迁

---

① 高启安：《"红帽子"考略》，《西北民族研究》1989 年第 1 期。
② 《明史》卷三三〇，第 8559—8560 页；高启安：《明代哈密卫东迁与裕固族的形成》，《社会科学》1989 年第 4 期。
③ 《明史》卷一七四《王玺传》，第 4641—4643 页。

与其安姓世代做头目密切相关。关于如何"天下头目都姓安",限于篇幅,不再论述,容撰文另探。

就文学本身而言,我们认为在这些传说、叙事诗中安姓为何做头目的内容,无疑是正在形成中的,或者说是一个雏形的裕固族英雄史诗。英雄史诗主要以民族英雄的斗争故事为题材,反映民族间频繁的战争和民族大迁徙,它所体现的是全民族的命运,是当时全部族人民的思想和意志。如果将东迁的传说贯穿起来;它的主线就是裕固族惊天地、泣鬼神的东迁,其主要的英雄人物就是安姓老人与其子。老人一路上智退追兵,寻找水源,指明方向,巧过黑河,计败"红帽子",而其子则勇藏父亲,背石圈地,与盖塞尔比武,晋见皇帝(或肃州官员)等,他们超乎常人的智慧和勇敢,他们为拯救民族而建立的丰功伟绩,不正说明他们是裕固族的民族英雄吗?描写这些英雄的文学作品,不就是一部英雄史诗吗?可以这样说,没有安姓做头目的内容,就没有裕固族东迁的传说。

之所以说它是个英雄史诗的雏形,是因为它还未一以贯之,还显得较零乱,缺少像别的英雄史诗那样固定的格式和演唱方式。裕固族有一部创世史诗,叫《沙特》①。许多听过演唱的人都说其后半部分即是关于东迁的内容,其他传说中的内容在其中都有。惜乎前半部分笔者搜集得较多,而后半部分则搜集得较少(或许其后半部分即是《西志——哈至》也未可知)。即使这样,像《西志——哈至》也已初步具有了英雄史诗的特点,只是英雄形象还不丰满,叙述得还过于简略。据笔者了解,以诗的形式流传的东迁故事显然没有以故事形式流传得广泛。为什么还未形成完整的、高质量的英雄史诗来,恐怕和裕固族人数少、文化还不发达有关。

综上所述,关于裕固族东迁的传说,既是裕固族明代艰苦卓绝东迁历史的艺术再现,同时又继承了中国北方诸民族中"弃老""弃小"的古老传说,是一部裕固族英雄史诗的雏形,它是裕固族珍贵的历史文化遗产。

原载《甘肃理论学刊》1990 年第 3 期

---

① 高启安:《裕固族最珍贵的文化遗产——介绍一部裕固族创世史诗》,《民族文学研究》1990 年第 3 期。

裕固族 1949 年前的婚俗

裕固族是祖国大家庭中有着独特习俗的一个少数民族，而婚姻习俗更是特别。1949 年前的婚姻习俗，保存了一些较为古老的婚姻形态。

一个民族现存的婚姻形态，按恩格斯的记法，是一块活的"社会化石"，调查和研究这些遗留的婚姻习俗，对于研究这个民族的历史、社会形态，有着重大的意义。

本文根据笔者的调查所得和前人的调查资料，对裕固族 1949 年前尚遗留的婚姻习俗做初步的探讨。

一

原始婚姻形态的一个显著特点，是姑舅表婚制。由于两个或两个以上的氏族集团世代通婚，这种姑舅表婚就作为一种共同的"章程"，被规定了下来，即舅表亲、姑表亲有婚娶的优先权。这种现象在汉族的一些地区和其他少数民族中都有存在，裕固族则表现得更为突出和特别。

东部裕固族[①]人 1949 年前实行一种"勒系腰"婚[②]，即姑娘长到十五岁或十七岁时（奇数），如果没有男子来提亲，在举行成人礼的同时，举行"勒系腰"婚礼，具体仪式是：在帐篷旁边扎一顶小白帐篷，择吉日请来亲戚、喇嘛、头人，先由两个已婚妇女给姑娘戴"头面"，就是将姑娘

---

① 裕固族按语言的不同（某些风俗习惯也不同），又分为东、西部。西部裕固族的语言属于阿尔泰语系突厥语族；东部裕固族的语言属于阿尔泰语系蒙古语族，按照史料记载和民间传说，裕固族是元末明初从新疆迁过来的一支少数民族。

② 系腰即腰带，裕固族男女都有一条一丈二尺长、一尺宽的绸子腰带。这种婚姻形式的最大特点是男女交换腰带，故称为勒系腰婚。

的十二根小辫子辫为两根，然后在辫子上挂上"头面"。"头面"名叫"凯恩拜什"［cɛnpɛʂ］，用珍珠、玛瑙、银子等装饰而成，分为三部分，前面两部分，后面一部分。头面一戴，标志着姑娘已成人，从此有了社交的权利。头面戴好后，开始勒系腰，就是将戴了头面姑娘的腰带（俗称系腰），系在姑姑或舅舅尚未婚娶的儿子腰上，同时将男方的腰带也系于姑娘腰上。勒系腰时一人高喊："××家姑娘的系腰勒给××家了!"以示让人知晓。勒系腰婚不管其姑姑家和舅舅家的男孩子年龄大小，是僧是俗，有的甚至是两三岁的小孩。如果没有尚未婚娶的，则将系腰系给已经有妻子的姑表兄弟或舅表兄弟。舅舅姑姑无儿子，才可以勒系于第三家。勒系腰仪式第二天，姑娘从白帐篷内搬回与父母同住。从此，就可与其他男子自由交往。生下孩子，必须姓被勒系腰家的姓。

　　妻子，东部裕固族称为"部斯给"［posicei］，意思是"没有腰带者"。就是将自己的腰带系给了男人，从而失去了腰带。这里，"没有腰带"这一特征，作为对妻子的称呼，最能形象地说明勒系腰婚的特点。

　　最初，这种姑表、舅表兄弟婚姻的优先权，是作为规章被大家所遵守的，勒系腰只不过是婚姻仪式中的一个内容而已。久之，出现了对姑舅表婚的"背叛"，女子可以与姑舅表兄弟以外的男子结婚。这样，姑舅表优先的婚配权利，就只剩下一个外壳和形式了。

　　西部裕固族有一种颇类似于勒系腰婚的"立帐房杆子"婚。其仪式是：姑娘十五岁或十七岁，在举行成人礼戴头面的前一天，将头面挂在帐篷（帐篷也叫帐房）的杆子上，戴头面后，将姑娘的腰带也挂在帐房杆子上。这是一种"信号"，标志着姑娘有了与男子交往的权利。男子看到"信号"，就可以上门过夜，生了孩子也是合法的，不受舆论的指责。

　　"戴头以后，即可与别的男子同居，生儿养女不受非议。如果男女感情好，或者长期居住的，所生子女称男子为'爸爸'（尧呼尔语'谷雨'——'叔父'的意思，但非父亲——原注）；感情较疏和临时性的，称'舅舅'。帐房戴头的妇女，有的是与一个固定的男子生活到老，也有中途感情发生问题而离散后与另外男子居住的；也有男子中道遗弃了女方的。同居的男子必须帮助女家劳动，否则就不受欢迎，尤其不受女方父母的欢迎，严重的则不能继续维持原来的同居生活。一般在刚立了帐房杆子的时期，关系特别混乱，今天这个，明天那个，还有同时几个男子一块儿来的（据说有几个男子约定同时来的），甚至产生打架斗殴……"①

无论勒系腰婚或立帐房杆子婚，男女双方都有很大程度上的性自由，双方没有为对方保持贞操的义务，"父母对此类事情也不过问，更不受社会上的非议"②。

这种婚姻形式的特点之一是男子必须到女子那儿过婚姻生活，从妻居。但上门居的关系又不稳固，初期常常表现为类似于云南永宁纳西族的"阿注"婚的形式。

姑娘勒系腰后一般有三个发展方向。其一，姑娘长期在家，临时性地同不止一个男子同居。男子在同居期间，帮女家干活，但不能"白头到老"，有孩子后仍然住在娘家。待孩子长大后，或与父母长期同住，或从父母处分得一部分财产，诸如帐篷、牲畜、草场、炊具等，与儿女一块生活，当一辈子"老姑娘"。其二，在与交往的男子中，有感情较好者，可以招赘上门，与父母生活。若父母有人赡养，则几年后，以女方的名义从娘家分得一些财产，分居另过。过去老人一般都与女儿在一起度过晚年，就是现在，即使有儿子，许多老人也喜欢住在女儿家，这恐怕也是古老的婚姻形态以女方为主形成的一种习惯。其三，如果姑娘与某位来往的男子相好，男子表示可以娶她时，则男子需向被勒系腰家缴一头牛或一匹马，"赎回"姑娘的腰带，方可与之结婚。第三种结局说明了出让姑表、舅表婚配优先权是有条件的，也说明这种婚姻习俗已经具有了恩格斯所说的那种"买卖婚姻"的萌芽。

裕固族婚俗中还有一种被称为"正式"的婚姻形式，这是真正的"明媒正娶"。男方要请媒人到女方家去求婚，待女方应允后，男方要付出为数不少的彩礼。在东部，最起码给姑娘的父亲和舅舅每人一匹马，给母亲一头犏母牛，西部地区所要的彩礼就更多了。但在1949年前，这种婚姻并非他们主要的婚姻形式，在所有的事实婚姻中所占比例很小，大多数是那种被称为"非正式"的勒系腰婚和立帐房杆子婚。我们所调查的康乐乡过去正式结婚的就更少了，有一个五十多岁的老人告诉我们，他在1949年前

---

① 中国科学院民族研究所甘肃少数民族社会历史调查组编：《裕固族专题调查报告·裕固族婚姻情况》。

② 中国科学院民族研究所甘肃少数民族社会历史调查组编：《裕固族专题调查报告·裕固族婚姻情况》。

仅看到过一两次。有人认为"过重的财礼和婚姻过程中的庞大开支，是过去裕固族中多数人不举行婚礼的一个主要原因"。"社会上多数人不能结婚的原因，主要是经济问题。①"这种说法实际上忽视了古老婚俗在偏僻的牧区仍然起着巨大作用的事实。从婚姻史上看，勒系腰婚和立帐房杆子婚，倒是更古老、更正式的婚姻形式。

二

舅权，从来就被认为是母权制的一种反映。无论汉族还是其他少数民族，都不同程度地存在舅舅为大的意识，在裕固族，舅权则表现得更为突出。

舅舅，东部裕固族称为"大嘎"［taca］，西部裕固族称为"大更"［tacn］，这是从一个突厥语词汇演变而来的词，意思是"有影响力的人""有权威的人"。除了我们上面提到的舅舅之子有娶姑女的优先权外，在其他事务中，舅舅的地位高于一般人，发挥着显著的作用。有"舅家的猫大于老虎"的说法。在节日或婚事的宴会上，舅舅和喇嘛、头人一道被安排在上首，献上只有给最尊贵的人才献的羊背子。② 姑娘结婚时有一个仪式，请一个人说"沙特"［sat'1］③，在讲到女方要的彩礼时，朗诵道：

> 姑娘长大成人，
> 有父亲的养育之恩，
> 也有舅舅的深恩，
> 还有母亲的哺育之恩，
> 这三项恩情要报答。
> 父亲要一匹铁青的骟马……
> 舅舅要一匹左鬃的红骟马……

---

① 中国科学院民族研究所甘肃少数民族社会历史调查组编：《裕固族专题调查报告·裕固族婚姻情况》。

② 羊的臀部。裕固族人将整羊分为十二部分，其中羊背子最为尊贵，下面所说的干棒骨也是其中的一部分。

③ 裕固族叙事诗。"沙特"即"历史"之意。内容讲婚礼的起源、结婚的仪式，中间还有裕固族东迁的传说，神话色彩很浓。有待于全面搜集整理。

母亲要一头产奶的犏母牛……

在这里,舅舅不仅和父母亲一样有要财礼的权利,而且条件更为苛刻(左鬓的骟马一般少见);孩子三岁时要举行剃头仪式,舅舅先动第一剪,然后才由其他人轮流剪;姑娘许亲,得和舅舅商量。还有丧葬、分家诸事项中,舅舅起着很大的作用。

裕固族有一首出嫁歌,由新娘在出嫁的路上唱。歌中唱道:

栽着沉香树的地方,
是我童年的故乡;
路经扎过帐篷的地方,
就把我的舅舅思想;
上到高山顶上,
回头把家乡瞭望……

这首歌中,首先被怀念的是舅舅,其次还有哥哥、弟弟、母亲,唯独没有父亲。这恐怕是"知其母不知其父"的古老婚俗和母权制的一种反映。

父权制战胜母权制并不是一件容易的事,必得有一段痛苦的经历。我国许多少数民族出嫁姑娘"不落夫家"的习俗,就反映了母权不让位于父权和对父权的反抗。裕固族虽然没有"不落夫家"的习俗,但我们从他们的婚俗中仍然可以看出一些蛛丝马迹。

东部裕固族娶亲时,新郎不去,新娘由娘家人送来。当送到男方帐篷前时,男方家先给送亲的队伍敬酒、敬茶,而且挑选两个精干利索的小伙子,一个埋伏起来,另一个给送亲的领队人敬茶。敬茶时,领队人故意将马鞭子伸向茶桶,就在伸向茶桶的同时,敬茶者一脚将茶桶踢翻在马前,与埋伏者一齐上前,抓住马笼或马缰,任骑者挥鞭抽打,绝不能撒手,将马拉至帐篷前的毯子边。到了这时,领队者只好下马,其他人也才可以跟着下马。而要是抓不住领队者的坐骑或负痛放手,领队者夺路而逃,那么其他人则跟着逃回,男方如果追不回来,只好拿上酒、哈达上门赔情,重新商定婚期,女方还可以借此索要更多的彩礼,严重者被认为不吉利,婚

事只好告吹。另外,"沙特"在讲到天的女儿太阳要嫁给地的儿子时,有这么一段:

> 太阳姑娘不愿住在婆家,
> 众人问天怎么办?
> 天答道:
> "用哈达包上白羊的干棒骨,
> 再拿上酒,
> 给姑娘说些好话,
> 姑娘就会住下。"
> 于是照着这样做了,
> 姑娘从此就住在婆家了。

这两条材料,说明裕固族以前有"不落夫家"的习俗,反映了母权制与父权制的斗争。可见,"母权制的被推翻,乃是女性的具有世界历史意义的失败"① 并不是一件简单容易的事。

三

除此之外,裕固族还有一些与原始婚制有关的习俗。

原始婚制的其中一个特点是氏族的外婚制,即禁止在一个氏族集团内部通婚,男子必须找外集团的女子为妻;女子也只能以外集团的男子为夫。因此,这种婚姻形式是一个氏族集团的男子同另一个氏族集团的女子相互婚配。历史上这种记载也不少,突厥"父、兄、伯、叔死,子、弟及侄等妻其后母、世叔母②",羌"父、子、伯、叔、兄、弟死者,即以继母、世叔母及嫂、弟妇等为妻"③。这正是氏族外婚制初期的一个特点。

裕固族也有这种婚姻制的遗留。康乐乡杨哥村裕固族属于杨哥家④,

---

① 恩格斯:《家庭、私有制和国家的起源》,人民出版社1972年版,第54页。
② (唐) 李延寿:《北史》卷九九,中华书局1974年版,第3288页。
③ (唐) 李延寿:《北史》卷九六,第3190页。
④ 裕固族分为好多部落,杨哥家即为其中一个部落的名称。

有几个大姓，严格实行族外婚制，同姓不能通婚，但大姓向通婚者对辈分的要求却不严格。1949年前常有姊妹分嫁叔侄、表叔娶表侄女的现象存在。

从东部裕固族称谓上也可以发现这种族外婚的特点。妻子称丈夫家的所有成员、丈夫称妻子家所有成员时，在称呼前面都冠以"尕登"[catn—]一词，就是"外面""外边"的意思。这种称谓正是氏族外婚制的产物。

兄弟共妻和多妻现象，也是一种原始婚制残余。裕固族流传着一个颇类于《格萨尔王传》的民间叙事诗，叫《俄郎盖赛》①，其中英雄俄郎盖赛的两个舅舅，就和一个妻子生活。我们在调查中也发现了一例两兄弟共娶一个妻子的现象，当然是1949年前的婚姻事实。像这种情况，都是哥哥先娶了妻子，而后弟弟也加入了婚姻关系，最终成为共妻的事实。所生子女称先加入婚姻关系的男子为"阿加"，称后来加入婚姻关系的男子为"代阿加"，就是"小父亲"的意思。这种兄弟共妻现象在1949年前不止一家，不受社会非议。这种习俗也与裕固族1949年前生活习惯有关。裕固族1949年前以帐篷为家，牧民生活贫困，一般家中只有一顶帐篷，全家共盖一条毡衫②，客观条件造成了这种婚姻关系。

"某种或长或短时期内的成对配偶制，在群婚制度下，或者更早的时候，就已经发生了：一个男子在许多妻子中有一个主妻（还不能称为爱妻），而他对于这个女子来说，也是她的许多丈夫中的一个主夫。"③恩格斯揭示了对偶婚制的主要特点。毫无疑问，裕固族1949年前的勒系腰婚和立帐房杆子婚俗，是一种典型的对偶婚姻家庭制残余。如果说刚勒系腰和立帐房杆子后一段时间内，上门求偶的男子较多，还带有伙婚制特色的话，以后关系相对稳固下来，只有一个男子上门"从妻居"（尽管在时间上或长或短），夫妇的结合不甚牢固，双方都不是独占，都没有为对方保持贞操的义务，他们仍然与其他男子来往，离异频繁、随便，这种情况正好反映了对偶婚制家庭"本身还很脆弱，还很不稳定""婚姻可以根据夫

---

① 也称作《楞森钱》或《楞盖塞利加奥》《阿速斯盖》，据裕固族人讲，就是《格萨尔王传》，但其内容又带有本民族特色，有待于搜集整理。
② 裕固族人过去用作被子，用羊毛制成，大而松软。
③ 恩格斯：《家庭、私有制和国家的起源》，第43页。

妇任何一方的意愿而解除"① 的特色。

裕固族1949年前之所以还保留这些古老的婚姻习俗,是与他们自古就从事畜牧业是有关的。东迁后,他们游牧于祁连山中,生产方式没有改变,居住偏僻,客观条件起到了保存这些古老婚姻习俗的作用。

原载《西北民族学院学报》(哲学社会科学版) 1986 年第 2 期

---

① 恩格斯:《家庭、私有制和国家的起源》,第45页。

裕固族东部地区丧葬习俗述略

一个民族或一个地区的风俗习惯，反映了这个民族或地区一定历史时期的生产力、科学发展水平和人们的道德情操，体现了他们传统的精神文化和心理状态，具有很强的民族性和区域性。因此，它是民俗学的一个主要的组成部分，它往往成为区别不同民族、不同文化和地域的重要因素。而一个民族的丧葬习俗，作为风俗的主要组成部分，则突出反映了该民族的原始宗教观念和传统心理状态。调查并忠实记录一个民族的丧葬习俗，是民族学、民俗学的一项重要任务，对于研究这个民族的形成族源、迁移历史及古老的宗教观念等，都具有很大的意义。

1983年和1988年，笔者两次前往肃南裕固族自治县的杨哥乡、红石窝乡等地，对主要居住于康乐区、操东部裕固语的裕固族人的丧葬习俗做了详细调查。本文意在将此调查作为一份资料保存下来，也为研究者提供一些参考。

一　宗教信仰对丧葬的影响

裕固族人最早的宗教信仰是萨满教。公元6世纪，摩尼教从波斯传入西域各国，在各民族中广为流传，甚至深入我国内地。元代以后，喇嘛教成为蒙古人的国教，裕固族又转而信仰喇嘛教。在长期的历史发展过程中，几种宗教相互融合、渗透，形成了今天裕固族人以喇嘛教为主，但同时又夹杂着一些萨满教和摩尼教的信仰习俗。

例如，在1949年前，裕固族人往往在马群、牛群、羊群中指定神马、神牛和神羊，规定不能宰杀，用它来充当畜群的保护神，这种神畜有时还可以起保护人的作用；对于"罕点格耳天可罕"的崇拜和对"毛神爷"、石磨神等的供奉，就属于一种万物有灵观念的反映和对自然的崇拜。

喇嘛教、萨满教和摩尼教三者的相互糅合，更多地表现在裕固族人的灵魂观上。

他们认为：万物都是有灵的。人则有三魂：转生魂——可以转生为人或动物；守护尸骨魂——死后一直守护自己的尸骨和葬地；转游魂——死后在阴间飘荡、游移。人之死，泯灭的只不过是肉体，而灵魂则永存。另有一种说法，人只有一个灵魂。这些不一致的说法，正好反映了所受各宗教的影响不同。宇宙有上中下三界：上界诸神居住；下界为罪孽深重者居住，也就是地狱；中间一层为人类居住。天有三十三层，地有十八层。人死后，可据其在阳世间的不同表现，或升天，或转生，或入地，或变牛做马，或为鬼蜮，等等。

生前侍奉佛法，念经行善，因此而功德圆满者，死后，其灵魂就可以脱离尸身，升入西天极乐世界；功德不够者，可借尸身肉体，再转生为人，继续修行；稍有罪者，下世变作牛马，供人使役；罪孽深重者，则依其罪，入地狱中某一层，刀砍斧剁，油烹火烧，予以惩罚，再根据其悔罪程度，或升阶而上，或继续下降；另有冤死、缢死、夭折者，其魂既不能升天，也不能转生，而成为屈鬼游魂，聚集不散，飘忽无定。他们仇恨、嫉妒阳世间一切人，时常想作祟。

这些宗教观念，影响东部裕固人的风俗习惯，自始至终贯穿于丧葬仪式之中。

二　天葬

1949年以前，天葬是东部裕固人主要的丧葬形式。除了喇嘛头人死后用火葬外，无论正常死亡或非正常死亡，不分性别年龄，均实行天葬。

天葬，概括言之，就是将死者的尸体运到远离牧民帐篷的偏僻地方，让鹰隼撕食净光。裕固族人称吃尸的鹰为神鹰。认为鹰吃了尸体后，死者的灵魂便随着鹰的高飞而升上了天。死者灵魂升天，是人们理想的归宿。

天葬仪式分为下面几个阶段：

收尸。人死后，马上找人分头骑马去请寺院的喇嘛、通知亲戚和邻居。请喇嘛时，备好死者生前坐骑，牵到寺院，交给前来主持葬礼的喇嘛，意为由喇嘛转交死者，实际上成了寺院和喇嘛的财产。

喇嘛到后，便开始念经。念经的同时，由死者的男性亲属收尸。先将死者身上穿的衣服脱光，然后将尸体双腿并拢，使两膝紧靠、膝盖顶于下膊上，双手交叉于胸前，或握拳，或以掌托腮，脚后跟紧贴于臀部，或曲状，然后用毛绳捆扎停当。整个尸身如同母体内屈肢胎儿之形状，再将尸体缠裹以白布。

据说一般的死者，其灵魂是升不了天堂的，捆作胎儿状，是希望死者能尽快地投生到母体内，转生到人间。这是佛教灵魂不灭和生死轮回观念的反映。

停尸。尸体捆包好后，在居住帐篷左侧另扎一白帐篷（用白布做成，小而简易，故名），内置青石板，将尸体从门口抬入，面朝上首，头枕石块，侧身放置于石板之上。裕固族人以左为上、为大，故男性尸身左边着地、女尸右边着地卧。帐篷上首供奉佛像、经文，故死者面朝上首，以表示死死生生面朝佛、心朝佛。

为了防止死者内脏秽气从口鼻中出来，还要用和好的面盖住口鼻耳眼等处，并在尸前挂一帐幔，遮住死者，帐前点一酥油灯，不断添油，不使其熄灭。

停尸期间，要选择葬地。葬地由喇嘛根据佛经规定选择，一般选在山之阳，要保证鹰隼在三天内吃光尸体。葬地的好坏，关系到死者灵魂的归宿和子孙的祸福，因此很重要，类似汉族请阴阳先生挑选风水宝地。选择葬地备受重视，要给喇嘛马、银钱等重礼，所给越丰厚，说明主家心越诚、对死者越孝敬。

停尸期间，一般不允许亲属号啕大哭，以不哭为好，说哭泣会使死者灵魂对亲人恋恋不舍，不愿离去，这将延误死者迅速升天或转生。另外，死者亲属的泪水，在阴间会变作滂沱大雨阻住死者升天或转生的道路。

停尸时间，根据死者属相加以推算，一般不能超过三天，大多在两天内发丧，夏天尤其如此。

送葬。一定要在太阳出来前进行完毕。如葬地近，尸体用人抬；葬地远，则用牛驮。

送葬那天，人们早早起来，将帐篷后面拨开一个角子（如死者系男性，则拨去左边一角；女性则拨去右边一角），将尸体从角子下抬出，头朝前驮于牛鞍之上。

送葬者一般为二人，至多三人，均为死者男性亲属。一人在前拉牛，一人后面赶牛、扶尸。

出发时除了有时喇嘛吹几声唢呐外，要求静寂、禁止哭声。一路上不准高声说话，不准朝后看，不能走得太快，也不能停下来。如果无意中停下来或朝后看，就会被认为是死者留恋亲人和家，这也是不吉利的。

另一种形式是用人抬，参加者较多，但每次只有四人抬，前后各二人。不能叫累，累了会有人自动替换。天葬所选地点一般较远，这样可保证鹰吃时不受人畜惊吓，故多用牛驮，人抬的方法极少。

无论牛驮、人抬，过河时都要象征性地撒些银钱，意为买路。据说阴间有许多冤魂，这天聚于河边，寻求施舍，不慷慨施舍，则不予通过（也有人说是向河神买路）。

到达目的地后，解下尸体，将捆尸绳和裹布就地埋掉，男尸左边着地，女尸右边着地，在尸体周围和身上撒几把青稞，再用炒面粉将死者的头发遮住，这是为了使鹰在高空盘旋时，不至于将尸体视为活物。

这些事做完后，就可赶牛回家。此时天刚亮。

吃尸鹰有两种：一种当地叫黑鹰，只吃肉；另一种叫骨叉鹰，体形较大，能将尸骨全部吃下，所以天葬后一般什么都不剩。

三　火葬

火葬就是将尸体运到喇嘛选好的地方，用火烧化。

火葬在1949年前已有，盛行于1958年后。目前是这个地区主要的丧葬形式。

火葬在人们心目中的地位较高，更为庄严神圣。但因它本不是东部裕固人的丧葬形式，且花费大，因此过去只有喇嘛、头人死了才实行火葬。1949年后牧区牧畜大量增加，人口的繁衍及定居放牧，吃尸鹰越来越少，政府对于火葬的提倡及西部裕固人的影响，都促进了火葬对于天葬的替代。

火葬的收尸、停尸及送葬等与天葬相同，葬地由喇嘛或老人选定，有少数家族有自己的火葬场地。

烧化尸体所用的木柴在火葬的头一天准备好，柴为干松枝和柏树枝。尸体运到后，就横一层、纵一层将柴木垒成塔状，约一人高，中间留有通风空隙，然后将尸体置于塔上，男左女右呈侧卧（也有蹲或匍匐状的），上面再垒些柴。过去喇嘛死后，都要在砌成的塔中烧化，以表明死者生前的地位和修养。喇嘛的葬法，直接影响了裕固族人的火葬。

一切准备好后，在柴垛上浇上事先熔化的酥油，就可以点火了。

点火者，其属相不能与死者属相相克，有时也由主持葬礼的喇嘛来点，点火后不再加柴，只将青稞、炒面等祭品向火中撒一些。

大火熊熊燃烧着，喇嘛和念经者面向火堆，盘腿而坐，手捻念珠，高声念诵，祝愿死者早日升天或转生，其他人则站在火堆前，看着无情的大火将尸体烧得越来越少……

火化需要一到二小时。待火熄灭后，再生火烧一些祭品，整个火葬就结束了。

三天后，亲属来到火葬地，将骨灰收起，装在布袋中，如火葬场就是所选"宝"地，就将骨灰就地埋葬；若火葬场并非好地方，则另选地方掩埋，上面放上白石头。

与丧葬有关的一些讲究和禁忌。

无论天葬还是火葬，对死者生前穿过的衣服，有几种处理方法：一种是埋掉，一种是烧掉，还有一种说法是送给别人，行善积德。有些牧民生前缝有寿衣，但死后并不穿，而是送给喇嘛，由喇嘛"转交"死者，在这里，喇嘛作为活人与死者之间交通的桥梁，起着和萨满教的"萨满"同样的作用。

从葬地回来的路上，一律不准朝后看，在离帐篷较远的路口上，家里人准备好一堆柏树枝和洗脸水。先用柏树枝拍打一下牛身，将牛放开，然后用柏树枝拍打参加送葬者身体，洗洗手脸，将柏枝点燃，熏熏用过的东西。有些还要到围葬台去烧柏树枝，放食品祭祀，请求保护神保佑。

这些仪式的主要目的是清除可能从葬地带来的邪气和污秽。

在葬后的49天内，亲属要戴孝。其方法是在帽子上缝一指宽的一条白布。每天还要念经。念经前，捡来白石头，用嘴吹或用奶茶喷一次，在葬后第3天、第7天、第21天和第49天这几个时间里，前往葬处去祭祀时带上，放在死者葬处。

49 天内，死者亲属不能杀生，男子不剃头，女子不梳头，驮过尸体的牛不能赶回家，不能使役，丧葬用过的东西也放在离帐篷较远的地方，不准使用。

酥油灯自人死时点起，不断地添油，49 天内不使其熄灭。

第 49 天的这一天，一直燃着的酥油灯不再添油，令其自行熄灭；亲戚邻居不请自来，带着礼物，主人热情地迎入帐篷，敬以茶食，主人轮流给客人敬一次酒，并准备了手抓肉。客人走后，死者亲属带上食物和白石头，到葬地去祭奠一次，烧化食物，放上白石头。

1949 年后几十年来，康乐区一带的东部裕固人在丧葬习俗上经历着大的变革，不仅天葬逐渐变为火葬，甚至受汉族的影响，一些地方出现了土葬。在丧葬仪礼细节上也改变了不少，还在继续变化中，目前已见不到过去相当流行的天葬形式了。由此可见，民间习俗随着社会的进步，也在不断演变中，虽然这种演变是缓慢的。

原载《丝路论坛》（甘）1988 年第 2 期

裕固族人的剪头仪式

剪头，是裕固族人的第一个人生仪礼，类似汉族婴儿的"洗三"。但裕固族人的剪头仪式不是在出生三天后，而是要到三周岁以后才能举行。

过去，因裕固族人生活条件恶劣，婴儿成活率很低，剪头仪式的举行，有保佑婴儿长命百岁之意。幼儿三岁时，孩子的父母请来亲戚、朋友、左邻右舍，宰羊摆酒，如这一天不是孩子生日，也必须请喇嘛选择吉日方能举行。

孩子的舅舅在剪头仪式上充当着及其重要的角色，非到不可，并有丰厚的礼物送给外甥，或小牛，或小羊。其他来客也视亲疏远近适当送礼。

仪式开始时，舅舅被请到帐篷的最上首，其次才是头人和年长者，男左女右，一次围成一圈。先在幼儿的头上抹上用酥油拌好的炒面，头顶中央开一洞，让长长的头发从中伸出，然后父母怀抱孩子，先来到舅舅跟前，让舅舅动第一剪（若舅舅多，则先由大舅动剪），头人及年长者按地位高低、辈分大小、年龄之长幼依次动剪，每人一剪刀，直到剪完。每人在动剪前，要高声吟诵一句祝福的话，东部裕固语为"好来也日"，意为祝愿的话或吉利的话。一人吟诵，众人和之。不会诵说者，可请人代说。祝福词多为颂扬、祝愿之语，不押韵，虽为即兴朗诵，但内容大同小异，有一定范围，和其他仪礼（如戴头面、勒系腰、扎帐篷）仪式上的颂词内容大体相似，用象征、夸张的手法颂扬孩子的聪明，主人家的富裕和对当事人的祝福。

头发剪完后，要将所剪头发用绿色的绸子包起来，放在帐篷中所供的佛像后面，意为由菩萨保佑孩子。

原载《兰州晚报》1989年2月25日第5版

裕固族的几种仪礼及其赞辞

每一个民族，都有其独特的文化传统和心理素质，并表现在他们的语言、风俗习惯、音乐、绘画、民间传说及日常生活的各个细节中。每一种独特的民俗现象，便是这个民族的一面镜子，我们从中可以窥见这个民族不同于其他民族的鲜明特色。裕固族特有的几种仪礼及其赞辞，就是这个民族特有的民俗现象之一。裕固族有许多喜庆的仪式，在这些仪式上有一个内容，就是由来客或能说会道的民间歌手根据仪式内容，即兴诵说祝福语，可将其称为赞辞。赞辞主要分为人生仪礼赞辞、生活仪式赞辞和其他一些仪式上的赞辞等。

过去，裕固族人一生的仪礼主要为两次，一次是第一次剪头，另一次为成人礼。在这些仪式上说的赞辞，东部裕固族语叫作"好来也日"，意思是祝愿的话或吉利的话。

剪头为裕固族人生的第一个仪礼，非常受重视。过去，裕固族人生活条件恶劣，婴儿存活率极低，剪头仪式的举行，有保婴幼儿长命百岁之意。幼儿三周岁时，孩子的父母请来亲戚、朋友、左邻右舍，宰羊摆酒，为孩子举行剪头仪式。有时不是孩子生日，也必须请喇嘛择吉日才能举行。孩子的舅舅在剪头仪式上是最重要的客人，非到不可，并有丰厚的礼物送给外甥，或小牛，或小羊。其他来客也视亲疏远近适当送礼。

仪式开始时，舅舅被请到帐篷内尊位就座，其次才是头人和年长者，男左女右，依次坐定。先在幼儿头上抹上用酥油拌好的炒面，头顶中间留一孔，头发从孔中伸出，由父母怀抱孩子，来到舅舅跟前，让舅舅动第一剪，然后按来客地位、辈分、年龄依次动剪，每人一剪刀，直到剪完。赞辞即在动剪前诵说。持剪者说一句，众人和之。不会诵说者，可请人代说。赞辞多为颂扬祝福之语，主要内容如下：

年好！月好！日子好！时辰好！
左半个头为什么用铁剪刀剪？
那意思是说他将来像铁一样坚硬、顽强！（众和），吉祥如意啊（东部裕固族语为"拜什涛唤"）！
右半个头为什么用银剪刀剪？
那意思是说他以后走的路是用银子铺成的！
家中的用具是用银子做成的！
（众人和）吉祥如意啊！
面前为什么放着七样子粮食？
它象征着六字真言"唵吗呢叭咪哄"（六字真言在裕固族语中念七个音节）！
（众人和）吉祥如意啊！

剪完后，要将所剪头发用绿色的绸子包起来，放在帐篷中所供的佛像后面，意为由菩萨保佑孩子。

宴会开始后，要将所煮羊肉的羊背子（羊后背）献给最尊贵的客人，也即舅舅，谓之抬羊背子。这是裕固族比较隆重的、特殊的一种待客方式，就是将一只全羊，依次分割节解，煮熟后分别敬献给不同身份者的特殊的待客方式，常用于剪头仪式和戴头面仪式上。羊背子最尊贵，只能送给舅舅，羊头不算份子，送来客中的头人。客人吃不完者，可以带走。有条件之家，要做大米饭，在饭上浇酥油，放砂糖，吃饭时尽量不使米粒掉在地上，如掉在地上，将视为不吉利。

成人礼是裕固族的另一个主要人生礼仪，在裕固族人一生中有着重要的地位和作用，它是裕固族社会通过此种仪式对一个人进入成人阶段的承认。成人礼的举行，不仅标志着此人进入生理的成熟期，而且也标志着更广泛的社会生活的开始。

成人身份的确立，是人生一个阶段的结束和另一个阶段的开始，从此，社会所赋予成人的社交、婚恋、生产等权利和义务他（她）都享有。裕固族的成人札，就是女子戴头面仪式。裕固族过去认为，女子戴头面后，才"在人数里搁下了"。"成人"这个词，其本义就是"成了人"的意思。这种仪式已见于记载，但许多人只将其作为婚姻习俗的一个内容，没有注意到它应该是裕固族女子的成人礼。

戴头面仪式,概括言之,就是过去姑娘长到十五岁或十七岁时(一定要奇数),在大帐篷旁边扎一顶小帐篷,择吉日请来亲戚、喇嘛、头人、邻舍等,在隆重的仪式中给姑娘戴上用珍珠、玛瑙、金银、水晶石等装饰而成的头面。头面,东部裕固族语称为"凯恩拜什",分为三部分,前胸挂两部分,后背挂一部分,宽十几厘米,长一米左右。裕固族的传统习俗认为,妇女跟男子相比,在生理上有五处不同,头面上镶嵌装饰的五样东西珍珠、玛瑙、金、银、水晶石即代表它们。有了这五样东西,妇女才变得跟男人一样了。

具体的戴头面仪式是先由两个已婚妇女将姑娘的十二根辫子改辫为三根,然后将头面分前后系挂于辫子上。一边戴头面,一边诵说赞辞:

> 年好!月好!日子好!时辰好!
> 用铁梳子梳头,
> 你的命就像铁一样牢固、坚硬;
> 用银梳子梳头,
> 你走的路就像银子铺成的一样;
> 你的志向像天空一样高远、阔大,
> 一万个人中你也是拔尖的!
> 头面上为什么压着八层子绿布?
> 它象征着八辈子人的幸福;
> 头面上为什么要镶嵌金银珍宝?
> 它象征着以后生活幸福、不缺金银,
> 头面上为什么要放五样粮食、五种糖果?
> 它表示以后生活富裕,可用它们招待客人。
> ……

姑娘戴头面后,标志着已成人,从此有了社交的权利。

婚姻仪礼,最早由成人仪礼演变而来。在裕固族中,成人礼仪式仍然扮演或者具有婚姻仪礼的双重角色。

以前,裕固族姑娘在15岁或17岁时如没有人提亲,则在举行戴头面仪式的同时，举行另一个仪式：将准备好的一条绿色腰带（宽约45厘米、长3米多，一般用绸做成，俗称系腰、缠带），系在姑姑或舅舅未婚的儿子腰上，同时将男方的腰带也系于姑娘腰上，勒系腰时一人高喊："××家姑娘的腰带勒给××家了！"这种仪式被称为"勒系腰"。被勒系腰的男方，必须是舅表兄弟或姑表兄弟，不管其年龄大小，是僧是俗。舅姑无子，才可将腰带系于第三家子。勒系腰后，姑娘有了社交的权利，不受舆论的谴责。生了孩子，必须姓被勒系腰家的姓。我们称这种婚姻习俗为"勒系腰"婚。

东部裕固族语称妻子为"部斯给"，意思是"没有腰带者"。可见，这种勒系腰婚俗是早期裕固族主要的婚礼仪式，并由此产生了"部斯给"这个词，也反映了早期表婚制的鲜明特点。系腰勒系于姑舅表兄弟而可与其他男子交往成婚，说明随着民族的发展与进步，形式与内容已分离，但仍保存对古老婚制的记忆。

在勒系腰仪式上，同样有为男子祝福的赞辞：

系腰上有四个角，这是什么意思？
这表示四种有名的动物：白象、青龙、狮子、老虎！
系腰为什么是绿色的呢？
这是因为狮子的鬃毛是绿色的。
表示新郎像狮子一样抖开鬃毛，八面威风！
这系腰为什么一头重、一头轻？
重的一头表示青龙的尾巴，
那意思是说新郎像青龙一样八面威风！
轻的一头表示大象的尾巴，
那是说新郎像大象一样凶猛、八面威风！
系腰下面有五个穗子，这是什么意思？
它表示老虎的五个爪子，
那意思是说新郎像老虎一样，
走起路来八面威风！
系腰上放了五种粮食，这是什么意思？
那是说以后生活富裕，

可用五种粮食招待客人!
系腰上放了五种糖果,这是什么意思?
那是说以后生活幸福,
永远不缺这些东西!
……

无论男子勒系腰,还是女子戴头面仪式,现在都已成为婚礼的一个重要内容或者说一部分了。只是戴头面仪式的内容与以前有所不同,就是女子结婚的年龄打破了过去必须是十五岁或十七岁的严格界线,已执行国家《婚姻法》规定的年龄了。从这里也正好显示出裕固族的戴头面仪式所具有的双重功能。

裕固族婚礼隆重热烈,在仪式上必须抬羊背子,还要说《沙特》,说《宝寿》[②]。

婚礼高潮结束后,还有一个仪式,就是新娘的扬茶仪式。这是为了使新娘熟悉家庭环境,体现她作为新家庭成员的角色。在婚礼上预先熬好一锅茶,新娘手持勺子,在锅中搅动几下,将茶水高扬几次,这时,旁边的人大声朗诵:

扬不完的茶水和青海湖水一样的多,
两亲家的关系和青海湖水一样的平静;
削不完的黄酥油和黄草坡一样的高,
两亲家如同黄草坡一样有名望;
削不完的白油如同雪山一样,
两亲家的关系如同雪山一样纯洁。

有些赞辞还热情地赞颂姑娘心灵手巧和待客热情。这种仪式与汉族新娘在结婚的次日,要从新房出来,拾起预先放倒的扫帚和耙,用扫帚在院子内随便扫几下,在厨房内要切几刀事先擀好的面,并将煮沸的开水扬几下,以表示她的勤劳和已是家庭成员的仪式如出一辙。

除了人生仪礼外,裕固族还有一些仪礼,不仅别致,而且同样有赞辞。裕固族是个游牧民族,随水草迁徙,居无定所,住毡帐,扎帐篷较频繁，在长期的实践中积累了相当多的经验，在住地的选择上，也有一些禁忌和讲究。尤其是新缝制一顶帐篷，同样是牧民生活中的一件大事。因此，扎新帐篷同样受重视，也要请客、祝贺，朗诵赞辞：

  年好！月好！日子好！时辰好！
  我们的生活欣欣向荣；
  扎起来了新的花房子，
  房子中的铺盖像山崖一样高；
  垒了一层又一层，
  房子中的用具是用金子做成的，
  走的路是用银子铺成的。
  牲畜像河水、雨水一样多，
  你的生活水平像雪山一样高，
  在富裕的人里面也是拔尖的，
  你骑的马是大骟马，骑在马上很威风，
  七颗大米如同经里的"唵吗呢叭咪哄"。
  ……　……

  牧民喜爱自己的牲畜，犹如农民对自己的土地一样。他们对马的感情更不一般，马是他们的亲密伙伴，他们生活中的一切都离不开马。这种对马的特殊感情，体现在对马的饲养和装饰上。

  裕固族人在马驹一周岁时，要举行第一次剪鬃仪式。择日请来亲戚邻居，在一个小盘上放上拌好的炒面和酥油，主要请来客中的操剪能手剪第一剪。他先在鬃毛上抹上酥油，然后动剪。第一绺鬃毛必须拿回帐篷，献给神灵，其他人按长幼大小先后动剪，直到剪完。

  上面我们所记录的仪礼及赞辞，只是属于裕固族的喜庆仪式，在这些仪式上才有赞辞，其他如丧葬等仪礼上是没有赞辞的。赞辞多为即席吟诵，内容虽大同小异，有固定的范围和形式，但也要看吟诵者的记忆力、口才和应变能力，看他发挥得如何。

  在艺术上，裕固族无论人生礼仪赞辞还是生活礼仪赞辞，多采用比喻、象征、夸张等手法，颂扬或祝愿主人生活蒸蒸日上、幸福美满。其艺术特色可以说与中国传统的艺术手法赋比兴暗合。如歌颂主人公，则先从主人公的饰物如腰带、头面上的装饰物起兴，来比喻主人公的勇敢、幸福；从仪式上所用工具来起兴，象征主人公如同工具的质料一样坚硬、顽强、贵重；在歌颂或祝愿主人公富有时，则往往采用铺陈、夸张的手法，从其用具、走的路、食品的多样化和稀有、朋友多等方面来说明，收到了很好的艺术效果，也与喜庆仪式的气氛很相宜。形式上采用问答、众人应和的方式，同样增强了仪式的热烈气氛。

赞辞虽不是韵文，但语言简练、生动，表现力丰富，完全是诗化的句子。其表现形式与《沙特》末尾部分很相似。

裕固族有着丰富的民间文学和独特的风俗习惯。这种仪礼赞辞即是众多民间文学形式中的一朵奇葩。由于裕固族没有文字，这一类民间文学形式，保留了许多较为古老的表现力丰富的语言词汇，搜集整理这些仪式及赞辞，不仅可以继承和发扬优秀的民族文化传统，为研究民族民俗学、民间文学提供珍贵的资料，也可以为裕固族语言、历史的研究提供有价值的参考。

原载《社科纵横》1991 年第 5 期

裕固族早期饮食文化研究
——以《肃镇华夷志》为主

裕固族是中国西部人口较少的民族之一,主要牧居在祁连山以及河西走廊的明花、黄泥堡等地,有一万多人。其族源主要为回鹘人和蒙古人。

有关裕固族的饮食,有若干材料零星公布①。但由于史料缺乏,裕固族早期饮食状况不甚了了,研究者难以就裕固族饮食状况做全面深入的探讨。所幸明代地方志《肃镇华夷志》②列有"风俗"一节,其中记载了一些当时各部落的饮食状况,虽不甚详,亦可据此一窥其早期食俗之点滴。

根据《肃镇华夷志》所载,裕固族的前身东迁各卫部落进入敦煌及肃州周边后,曾选择农耕生产,过着半农半牧的生活。由于生产方式的改变,也影响了他们的饮食习俗。《肃镇华夷志》记载了他们"作牛羊乳汁以伴饭""嗜酒重肉""好耕牧""务孳牧""耕不耘耨""食酥酒茶,当作卤酒,留意孳牧""杀羊泡卤酒""食则先供于上,如杀羊泡卤酒,则以筒吸酒""肉则以抬背为敬,带血而食""酒以底为佳,分等而饮""酒筒有三孔,一孔近底,一孔居中,一孔稍上,先淋一碗,以奉所亲所尊,后方请饮"等习俗,反映了裕固族在明末时期的饮食习俗。其中"杀羊泡酒"和"抬背为敬"的习俗,起源甚早,有古老的文化传承内涵。对此,笔者已专文研究③,而《肃镇华夷志》所载东迁各部饮食原料、饮食结构、饮

---

① 甘肃省编辑组:《裕固族社会历史调查》"裕固族的习俗"(二)"饮食",甘肃民族出版社1987年版,第39页;《裕固族简史》编写组:《裕固族简史》"饮食",甘肃人民出版社1983年版,第89—90页;郭正英:《裕固族饮食文化写意》,载《中国裕固族研究集成》,甘肃民族出版社2002年版,第607—612页。

② 《肃镇华夷志校注·风俗》,第99页。

③ 高启安:《裕固族"杀羊泡酒"觅踪——丝绸之路饮食文化考察之一》,《中国饮食文化》2009年第1期。

食习俗等宝贵资料，结合后世大量的社会调查资料，差可勾勒明清之际裕固族人饮食生活的大致状况。

一 明代关西各部落饮食状况

生产方式对生活方式具有决定性的影响。裕固族各部从原来生活地陆续东迁至沙州、苦峪、王子庄、柴城儿、回回墓及肃州城周边等地后，其生产方式发生了一定的变化，部分部落已经过着半农半牧的生活。这从《明史》《殊域周咨录》以及《肃镇华夷志》数次记载明政府救济种子、牛具以恢复生产、解决东迁各部生活问题的史料中可以看出。

> 宣德元年，困即来以岁荒人困，遣使贷谷种百石，秋成还官。帝曰："番人即吾人，何贷为？"命即予之。遂遣中官掌福使其地，赍彩币。七年，又奏旱灾，敕于肃州，授粮五百石。[1]

"困即来"为永乐二年（1404）内附蒙古部落酋长，沙州卫指挥使，时秩佥事，可证居住在沙州的部落已经接受农耕。

明代沙州即敦煌，敦煌历来就是典型的绿洲农业区。晚唐五代时期，其牧区多在西同——阿利川、紫亭、苦水下游以及戈壁滩中的零散畜牧区[2]，非为敦煌城周边。据史料记载，元军占领敦煌后，曾将当地原住民迁往酒泉、张掖等地，敦煌原有土地则为占领者所有或实行屯田[3]。

明军攻下河西、驱逐残元势力出河西、弃置嘉峪关以西后，各部落承认明的统治，部分又回迁到原来居住地，沙州的农业可能有一定的恢复。因此，后来沙州建卫后出现农业生产的记载，就不奇怪了。"明年又为哈密所侵，且惧瓦剌见逼，不能自立。乃率部众二百余人走附塞下，陈饥窘状。诏边臣发粟济之，且令议所处置。边臣请移之苦峪，从之。自是不复

---

[1] 《明史》卷三三〇《西域传》，第 8560 页。
[2] 相关研究见郑炳林《唐五代敦煌畜牧业区域研究》，《敦煌学辑刊》1996 年第 2 期；乜小红《试论唐五代宋初敦煌畜牧区域的分布》，《敦煌研究》2002 年第 2 期。
[3] 《元史·地理志》云：瓜州"至元十四年复立，二十八年（1291）徙居民于肃州，但名存而已"，中华书局 1976 年点校本，第 1451 页。《元史·世祖本纪》亦载，至元二十五年（1288），"沙州、瓜州民徙甘州，诏于甘肃两界划地使耕，无力者给以牛具农器"。第 366 页。

还沙州，但遥领其众而已。"① "（罕东卫）赏卜儿加嗣职，奏乞斋粮、茶布，命悉予之。"② "甘肃守臣言：'北寇屡犯沙州（罕东左卫），杀掠人畜。又值岁饥，人思流窜。已发粟五百石，令布种，仍乞人给月粮振之。'"③

"五百石"作种子，数量可观，可见当时农业生产具有一定规模。

"都督佥事王玺等于赤斤、苦峪筑城，复立哈密卫。令罕慎居之，且赐以布帛米粮，分给土田及牛具谷种。"④

"帖木哥等哀乞口粮种子。"⑤ "彭濬及分巡西宁副使李淮共议得：'帖木哥等原系我朝设立罕东左卫属番，为哈密羽翼，甘肃藩篱。续因哈密忠顺王丧败，土鲁蕃侵犯沙州，各夷力不能支，悉众来投。即其顺而或逆之迹，探其往而复来之心，盖思念我朝恩威乃其真诚，屈于土鲁蕃为所使者，殆非得已。况土鲁蕃年例索其子女牛畜来寇，就其刍粮马匹需求，扰害殆无宁岁。先年投我，来则给之粮赏安插，去则给之锅铧牛种，畏彼怀我，斯亦至情。'"⑥

"尚书胡世宁议得：'所奏区处停当，相应依拟，但帖木哥等各夷既无生理，众难存活，若无城卫，虏来势难坚守，不无又为彼掠，以为寇助。合无仍咨各官查照原敕事理，于彼各夷新分地土牛具种子，量为措给，城堡沟池，量为修筑，以安彼生命，以便彼防守。虏来坚壁，绝彼粮援，为我犄角，不为无益。待后哈密委果兴复，成立国势，能界限回达交侵，足为瓜、沙等处捍蔽，另行审情度势，议奏遣归本土。'"⑦《肃镇华夷志》也记载："巡抚蒲阪杨博、兵备肃庵王仪议添防守，筑修威虏城以安属夷，置买农器，散给以资其食，不许散乱往返，以严夷夏之防，委为筹边要务。"⑧

帖木哥系罕东左卫首领，该部落后来成为裕固族"杨哥家""罗儿家"

---

① 《明史》卷三三〇，第8560—8561页。
② 《明史》卷三三〇，第8563页。
③ 《明史》卷三三〇，第8565页。
④ （明）严从简：《殊域周咨录·西戎》，中华书局1993年版，第467页。
⑤ 《殊域周咨录·西戎》，第478页。
⑥ 《殊域周咨录·西戎》，第478—479页。
⑦ 《殊域周咨录·西戎》，第480页。
⑧ 《肃镇华夷志校注·族类》，第283页。

和"五个家"①。

可见，原沙州卫、罕东卫、罕东左卫、赤斤卫部众在东迁过程中，都过着农牧相间的生活；后来随同哈密忠顺王族迁居在苦峪的哈密卫部众，则以农耕为主。

由于沙州、苦峪等地均为传统农耕区域，诸卫迁徙该地后，也逐渐开始农耕，其生产和生活方式发生了一定的变化。

以上史料说明，裕固族并非一直处于游牧生活中，至少在其形成过程中，有一段时间过着农牧相间的生活，而各部落的状况也不尽相同。

饮食文化具有传承性，虽然生产方式发生了一定的变化，但各部落仍保留有他们固有的生活习惯。

《肃镇华夷志》在记载当时环肃州耕牧各部落的风俗习惯时，有涉及饮食的寥寥数语："曰新哈剌灰者，又他失巴力城之达虏也，以其后归附肃州，故以先来者为旧哈剌灰，而后来者为新哈剌灰。初到似达虏之性，今亦不食猪肉，与回回同俗焉。今皆寄居酒泉东关厢内，存亡相继，裔孽渐多，耕牧为生，间充行伍，欲西之心虽未萌动，而永怀之图尚难保终，狂悍之性虽曰少抑，而人伦礼法终属夷种。此关厢属夷之大略也。"②

新旧哈剌灰虽属同部落，但新哈剌灰由于在吐鲁番统治下的哈密生活过一段时间，改信伊斯兰教，故有是语。史载："畏兀儿俗：男发垂髫，女首加帽，畜牧为业，饮食颇同于华夏，婚媾不忌乎五服，迩年渐事耕牧，将知礼法焉。""畏兀儿"原属哈密卫部众，因受吐鲁番的侵逼，东迁至肃州。"饮食颇同于华夏"一句，是对生活在肃州城内及其周边、从哈密迁徙来的维吾尔族饮食的描述。由于生产方式上的相同，其饮食习惯大致与当地生活的汉族相同。

"哈剌灰俗：重杀好饮，服饰礼节与西夷相同，赖牛羊乳汁以资食，借孳牧之息以生利，近年颇事耕牧，渐释狂悍之性矣。"

"哈剌灰"人原是生活在哈密周边的蒙古人部落，因受吐鲁番的侵逼压迫，随当地部分维吾尔人迁徙至肃州城及其周边，他们因选择了农耕生产方式，生活习惯有所改变，所以明人有此描述。

---

① 高启安：《赤斤蒙古卫、罕东左卫部众内徙、安置与裕固族各部关系探》，《甘肃民族研究》2004 年第 4 期。

② 《肃镇华夷志校注·族类》，第 283 页。

关于哈密卫东迁部众与裕固族形成的关系，笔者曾撰文探讨，认为其中一部分融入了裕固族当中①。

> 熟达风俗：男垂髻，女辫发，作牛羊乳汁以伴饭，重饮食，贵兵器，野处以毡帐为房，嫁娶以孳畜为礼，衣以皮服为常，结盟以食金血为信，贵壮贱弱，忌疾长疹，丧不哀（缞）麻，耕不耘耨。②

"熟达"是当地人对早期迁徙到肃州一带的东迁蒙古族部落的称谓。③"耕不耘耨"说明他们虽已有农耕方式，尚处于粗放耕作过程中。"作牛羊乳汁以伴饭，重饮食""结盟以食金血为信"，透露出他们仍保留了蒙古族的一些饮食习惯，但受汉族影响，出现了两种饮食习惯融合的现象。其中"作牛羊乳以伴饭"最能说明东迁部落农牧相间生产方式对饮食的影响。

> 西番风俗：男间削发，女皆垂辫，凡居处嫁娶饮食衣服，与北番不异，但诸番崇信释教，深惧咒诅，磨金写经，有疾念经禳救，不事耕稼，多借山产之利以易食，欺孤贫，任富壮，夏秋则依山谷，春冬则居川野，所谓怀恩重财者。④

"西番"是对安定卫、罕东左卫原属回鹘人部分的称谓⑤。衣服饮食与北番不异的描述，则说明在蒙古人的长期统治中，他们的饮食习惯也渐与之相似，在当地汉人眼里，已经无法区别。"不事耕稼"，则是对东迁后居牧于肃州南山一带部落的描述。由于他们被安置于适宜放牧的山区，仍然继续着传统的游牧生活。

> 好尚：诸番好尚大抵皆同，嗜酒重肉，内外不异，若哈剌灰、畏兀儿，则好耕牧，北房则惯骑射，务畜牧，好置铠甲，女则亦好胭

---

① 高启安：《明代哈密卫的东迁与裕固族的形成》，《甘肃社会科学》1989年第4期。
② 《肃镇华夷志校注》，第290页。
③ 高启安：《赤斤蒙古卫、罕东左卫部众内徙、安置与裕固族各部关系探》，《甘肃民族研究》2004年第4期。
④ 《肃镇华夷志校注·属夷内附略·风俗》，第290页。
⑤ 高启安：《安定卫的残破与部众迁徙觅踪》，《西北民族大学学报》2000年第4期。

粉，衣喜红绿，发辫以铜叶、海巴、怪石之属，垂而饰之。南番之属则好念经、食酥酒茶，当作卤酒，留意畜牧，近年以绒毛线效织氍，亦织腰带，但较之中国，其纹不斜，其线不维，其心所好尚也。①

此"南番"指住牧于肃州南山一带的东迁各部落。②

由《肃镇华夷志》记载可知，明末清初裕固族饮食和其他北方游牧民族大体相同，主要依赖所放牧的牛羊，就饮食原料而言，牛羊提供乳品、肉食。米、面、调味料以及茶叶等，则主要从交换而来。居住于肃州周边的部落"食则足于田亩"，与南山、白城山等地的部落，在饮食风俗上已经有较大的区别：

> 如东关厢寄住各夷，若哈剌灰、畏兀儿之属，食则足于田亩，衣则足于孳畜，凡遇进贡之年，各夷买京师茶斤段匹，运至肃州，与南北番夷交易，相换马匹牛羊以为利。如茶五包，约重三斤，易羊一只，值六钱。以段匹易麦，仍照市价，以为多寡。犏牛一只，价值三两五钱，亦如之。若段匹梭布，亦视物以偿，大约与市价，在夷为贵耳。如段一匹，可值价三两，算与各夷，可作五两，梭布一匹，可值价三钱者，易羊一只，可值五钱，其他如绒毛之类，视粟之贵贱耳。若麦粮每斗值银一钱，可买绒毛三斤，若麦粮每钱止籴五升，可买绒毛五斤。有口袋毛毯、毡衫绒带、直纹驼氍之类，以易布麦。冬则射猎卖瓜鸡、松鸡、青羊、黄羊、狐兔之类，夏则羊壮，又打酥油为利。冬则每斤值米六升，夏秋每斤则值米仅四升耳。西番货利止于数类。其彼之所爱而为贵者，段匹铜锅兵器之属为上耳。所以铜铁货利者为禁，而不定其价也。③

所饲养的羊、牛、骆驼（主要为生活在平原地区的部落食用）为其主要的肉食来源，打猎所获的青羊、黄羊、旱獭、山鸡、野兔等，在裕固族

---

① 《肃镇华夷志校注》，第 290 页。
② 高启安：《赤斤蒙古卫、罕东左卫部众内徙、安置与裕固族各部关系探》，《甘肃民族研究》2004 年第 4 期。
③ 《肃镇华夷志校注·属夷内附略·货利》，第 293 页。

人的肉食组成中也占有很重要的地位。

"瓜鸡"即石鸡（Alectorismagna），河西一带叫"嘎啦鸡"，也叫"呱啦鸡"。"瓜鸡"体形比鸽子略大，形态与鸡近似，不善于飞翔，遇到危险的时候才能短距离由高处飞往低处，因其叫声"嘎啦嘎啦"，被称为"嘎啦鸡"。

松鸡：又叫林鸡、黑嘴松鸡、榔子鸡等，属于鸡形目松鸡科（Tetraoparvirostris）。

青羊：偶蹄目牛科岩羊属（Pseudois），喜攀登岩峰。又名石羊。

黄羊：偶蹄目、牛科原羚属（Procapragutturosa）。

这些都是祁连山区或草原地带常见的野生动物。

二 食原料构成

东迁以及形成民族共同体，大体牧居于相对固定的地区（可划分为高山牧区，戈壁草原牧区、酒泉黄泥堡农区），由于地理、气候以及生产方式的原因，裕固族的饮食生活也随之发生了一些变化。

酒泉黄泥堡的裕固族定居后，以农业生产为主，周边为汉族，受其生活习俗的影响，饮食习俗逐渐同于当地汉族。

牧居于戈壁草原的裕固族（主要为明花区的亚拉格家、贺郎格家）虽与祁连山中的裕固族一样，主要为牧业生产方式，但其饮食已与之稍有区别。如山区以饲养牦牛为主，而平原除饲养牛羊（牛则以黄牛为主）外，还饲养骆驼。牧养品种的不同，也使食原料的选择发生了一些变化。

祁连山区的各部落因受藏族饮食风俗的影响，在食物名称、烹饪方式以及饮食礼仪上，表现出一些藏族饮食风俗影响的特点（东迁前一些部落即生活在与藏族接壤的地区）。如糌粑的吃法等，这与同为游牧民族的蒙古族吃炒米已经有所不同。

其肉食、乳品则取之于饲养的牛羊以及骆驼。

乳制品主要为三类：酥油，曲拉（干酪）和鲜奶。鲜奶的饮用方式几乎均以奶茶的形式，即烧开茶水（所谓砖茶、茯茶，即压制成像方砖一样的茶块）后，调入适量的新鲜奶（以牛奶为主），牧人每日随时起火烧煮饮用。

酥油一般打制的时间为夏秋。夏秋为牛产乳最多的时候，而这时由于在高海拔草场放牧，放牧的人数反倒减少，因此，有富余的牛奶可以制作酥油，酥油的副产品即"曲拉"。夏天的新鲜奶也可制成酸奶饮用。

裕固族的"曲拉"主要为脱脂或半脱脂，略带黄色，食用方式是在炒面茶中调放若干，待茶喝尽时坚硬的曲拉也因浸泡而柔软，可细嚼食之。

从《肃镇华夷志》看，所需面粉、米、青稞等粮食，主要用牛羊、肉食、皮毛以及富余的酥油从临近汉族地区换取（1949年后由政府供给）。《肃镇华夷志》还记载部落首领曾以酥油为礼物送当时的肃州参将周尚文，周只尝一指。[①]

除猎取野生动物以作食料补充外，采集的食物主要有草原菌类、沙葱、野韭、野葱、野蒜等。

三　烹饪方式及饮食品种

有关裕固族的食物品种和烹饪方式，调查材料多有公布。本文结合《肃镇华夷志》记载，择其要者简述之。

肉食的加工方法主要为烹煮。这是裕固族最主要的肉食烹饪方法，即西部所谓的"手抓"。这也是很古老的游牧民族烹煮肉的形式。上食的形式也一如史料记载，用大盘以盛。笔者在肃南县博物馆见到收藏的一具早期的食盘，用一块完整的木料雕凿而成，长方形，与新疆等地出土，以及嘉峪关魏晋墓出土画像砖、敦煌壁画中上食的食盘形状相似。食用时每人一把小刀（裕固族男性每人斜挎一把小刀），用以切割、剃肉。这种小刀曾伴随着北方游牧民族从远古走向今天，在古代东至朝鲜半岛，西至西亚草原，大量出土于各地不同时代的游牧民族墓葬当中，既是用来割食的餐具，也是防身用的武器。

血及五脏（下水），过去多弃之不用，间有食用者，则制作成血肠食之，将脂肪、心、肺、肝等切碎，灌入大肠中，加盐等调味料，煮熟食用。内脏还有一种食法，即将内脏等切碎后，外裹羊肚油，比肠稍粗，名之曰"脂裹肝"，在锅中煮熟后切成圆柱体，上盘食之。

---

① 《肃镇华夷志校注·属夷内附略》，第277页。

储藏肉的方式有两种。一种为熏肉。到秋末，将宰杀的牛羊的里脊肉切成条块，悬在帐篷的横杆上，由于帐篷中每日都生火做饭、取暖，肉风干的速度较快，一般作为旅途或外出的食品。另外，祁连山牧区春夏季节较少宰杀牲畜，所需肉食主要以秋冬季节宰杀储备的肉食为主。祁连山冬季气温较低，宰杀的冻肉可以存放相当长的时间。

面食，主要有揪面片、烧烤饼、酥油摊饼、炸食和饺子，部分地区也做拉面吃。饺子以肉馅为主，或羊肉，或牛肉，比起汉族地区，个大肉多。需要说明的是，裕固族剁饺子馅时和汉族地区有较大的区别，实际上不是"剁"，而是用两把尖刀交叉划割，无论使用的工具还是切割方式，都具有典型的游牧特点。面食品种的增多显然是近代生活影响所致。

烧烤饼叫"烧壳子"，这是一种用鏊子烘烤的发面烤饼，起源甚早，在唐五代时期的敦煌就是主食之一，"烧壳子"一词，也是甘肃、青海一带对此烧饼的称谓之一，又叫"焗锅子""火鏊子"等。

炸食，现在统称为馓子。所不同的是，裕固族的馓子要在其中加酥油。

酥油煎饼，是裕固族最精美的食物，现原料除酥油外，还要加白糖，在煎的过程中，掺加酥油，所以香甜酥软，只有最尊贵的客人光临才制作。笔者有幸享受过一回这样的礼遇。裕固族有一则传说，说裕固族刚到祁连山时，当时祁连山被"红帽子"人占据，"红帽子"人和裕固族人谈判，做酥油煎饼招待裕固族人，而裕固族人在回请红帽子人时，却在煎饼中放进了石头，于是，红帽子人认为无法与裕固族人共事，双方发生了冲突。经过几次战争，裕固族人将红帽子人赶出了祁连山[①]，正说明酥油煎饼很早就是裕固族人的美食。

裕固族人也食用粟米（小米）、黍米（黄米）。前述"牛羊乳伴饭"之"饭"，应即河西一带汉族的粟米饭或黍米饭。因当时明政府救济的粮食为粟，所以，一段时间内，裕固族人也受临近汉族的影响，食用粟米饭或粟米稀饭。

酥油炒面是裕固族人的日常食物之一。裕固族人有一日"三茶一饭"之说。过去一般一日只做一餐饭，其他均食炒面茶。炒面不同于汉族地

---

① 高启安：《关于裕固族东迁传说的研究》，《甘肃理论学刊》1990年第3期。

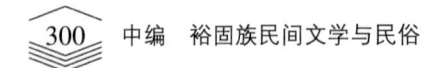

区，其原料为青稞，磨得较粗，不隔除麸皮。

关于食的方面，裕固族有一些禁忌。

自家的锅不能借给别人；过去宰杀牲畜不用刀子，而是捂死；不吃鱼；不能宰杀指定的神牛、神羊、神马；狩猎时不打大鹰（猎鹰不是为了获取肉食，而是为了用鹰骨制作烟杆）、不打刚长鹿茸的鹿，不打一上一下鹿角的鹿；不打脸上有白色印记的野兽；不吃马、驴、狗等尖嘴圆蹄及带爪的动物。虽如此，但裕固族民间传说《摔跤手的故事》《八条腿的马》等民间故事中，有食用马肉的情节[①]，说明裕固族东迁后，可能受藏族不食用尖嘴圆蹄动物和鱼类等观念影响，也有此禁忌。腊月初八，吃素。客人来时要烧新茶，不能倒旧茶。打猎所获之鹿、獐子、哈拉者，不能拿到家里吃，只能在外边吃等。

有关裕固族饮食，在一些民间文学作品中也有反映，颇能说明其特点。如：裕固族东迁传说中有一个情节，在东迁之前杀死老人的方法上，其中的一个说法是用羊油、羊血拌炒面，将老人噎死。说明当时羊油拌炒面也是裕固族人的食物之一[②]。

谜语"身如拇指粗，却穿百层衣——野葱"。则采集的野葱是牧人的常食。

"你吃了，你喝了，你的尾巴越来越干了——勺子。"由于终日烧茶，需要不断在茶锅中搅动，而牧区的燃料多为柴火或牛粪，火焰有时冲上锅沿，久之，勺子木把被烧焦，故有这样的谜语。

在《兔子和熊》的故事中，兔子吃茴香，熊闻到香味后问兔子吃的什么，兔子欺骗熊说是自己的眼睛，于是熊挖下了自己的眼睛吃了[③]。茴香（Foeniculumvulgare）即"莳萝"，作为丝绸之路传入的香料之一，很有名。虽然在裕固族进行民族调查时未听说煮肉或其他烹饪中添加此料，但说明裕固族人对此很熟悉。

以上食俗，主要是笔者二十多年前的调查资料，但相信许多也是裕固族早期的习俗。

[①] 高启安：《裕固族民间文学述论》，《祁连学刊》1990年第2期。
[②] 高启安：《关于裕固族东迁传说的研究》，《甘肃理论学刊》1990年第3期。
[③] 以上故事系笔者1983年搜集于肃南裕固族杨哥乡。又见高启安《裕固族民间文学述论》。

四　宴饮

有关宴饮《肃镇华夷志》记载简略，但透过这些点滴资料，亦可勾勒出当时东迁各部在什么情况下举办宴饮、宴饮的程式、宴饮的食物，等等。有些史料颇为珍贵。

结盟时要举办宴会。"结盟以食金血为信。"① 此条资料为"熟达风俗"，亦即部落中属于蒙古后裔的部分。刑牲结盟是中国古老的方式，不唯存在于少数民族当中，亦存在于汉族中，历史上多有记载。但结盟时"食金血为信"，则透露了一个重要的历史资讯，即北方民族结盟仪式中要食"金血"，"金血"者，字面意思应为金子和血。资料虽然说是"食"，但我们理解应为"饮金血酒"。

《汉书·匈奴传》曾记载了汉使和匈奴盟誓的过程：

> 明年，汉遣车骑都尉韩昌、光禄大夫张猛送呼韩邪单于侍子，求问吉等，因赦其罪，勿令自疑。昌、猛见单于民众益盛，塞下禽兽尽，单于足以自卫，不畏郅支。闻其大臣多劝单于北归者，恐北去后难约束，昌、猛即与为盟约曰："自今以来，汉与匈奴合为一家，世世毋得相诈相攻。有窃盗者，相报，行其诛，偿其物。有寇，发兵相助。汉与匈奴敢先背约者，受天不祥。令其世世子孙尽如盟。"昌、猛与单于及大臣俱登匈奴诺水东山，刑白马，单于以径路刀金留犁挠酒，以老上单于所破月氏王头为饮器者共饮血盟。②

"单于以径路刀金留犁挠酒"一句，因缺乏盟誓过程的具体实例，历来有不同理解。如应劭曰："径路，匈奴宝刀也。金，契金也。留犁，饭匕也。挠，和也。契金著酒中，挠搅饮之。"师古曰："契，刻。挠，搅也，音呼高反。"③ 颜师古解"契"为"刻"，如无金于酒中，则无须"挠"。因此，这其实是盟誓的一个重要内容，以金的物理特性来示意信

---

① 《肃镇华夷志校注·风俗》，第99页。
② 《汉书》卷九四《匈奴传》，中华书局1962年版，第3801页。
③ 《汉书》卷九四《匈奴传》，第3801页。

用不变。因此，裕固族的"食金血为信"其实就是这种古老习俗的遗存。

日本学者江上波夫则断作"径路刀，金留犁"①。此条资料可证应劭的说法是对的。就是北方民族完整的盟誓是牺牲，将牲血和金置于酒中饮用。而金子需要用刀刮成很薄的金箔，才可以不对人体造成伤害。一如今日日本的金箔酒。

头目（酋长）断事时，当事人要举办宴饮以招待，但因费用极大，有时宁可放弃申诉：

> 诸番有恃强为恶，欺凌老弱者，被害之人自觉穷窘含忍，以兵相持，不敢赴头目伸（申）诉，以其先设羊酒在前，后食间方断事，因无羊酒，故不告耳。若有盗其牛马头畜，夺其妻妾子女者，被害之番亦无词状，赴大头目帐房前，浅跪一膝，用首承额，以作跪拜之状，立于其侧，历诉情词，指画行迹，头目坐面（而）点头，告状番夷，各回住所，明日杀羊一只，泡酒一缸，抬于头目帐房面前，请大小头目聚饮，方呼犯罪之番。当面审问，诸番或强词不服，头目令其顶经，杀狗饮血，谓之天断，亦不再审，但诸夷大小事务，宁含忍自屈，不肯顶经饮血。②

称之为"天断"的"顶经饮血"，虽非饮食内容，但因裕固族禁食狗肉，所以饮狗血就成了赌誓的重要内容。笔者臆测，藏族早期有犬崇拜，此条或受藏族习惯的影响。

婚礼中的宴饮，"女家亦有送饭酒席，不过杀羊泡酒而已"。③

宴会及饮酒方式，《肃镇华夷志》载之甚详：

> 南北诸番，亦尝有礼，然以事亲之礼，言之拜则先母而后父，食亦厚母而薄父。坐则知侧，行不知随。以事上之礼言之，见头目则一

---

① ［日］江上波夫：《匈奴の社会と文化・径路刀と师比》，《江上波夫文化史论集》，1999年，第225页。
② 《肃镇华夷志校注・属夷内附略・风俗》，第292页。
③ 《肃镇华夷志校注・属夷内附略・风俗》，第292页。

膝浅跪，以首略俯，以手承之，则为叩头，坐则蹲踞于侧，食则先供于上，如杀羊泡卤酒，则以筒吸酒，内（肉）则以抬背为敬，带血而食，酒以底为佳，分等而饮，如欲敬其所亲，则不论其长幼，即以背肉供之。酒筒有三孔，一孔近底，一孔居中，一孔稍上，先淋一碗，以奉所亲所尊，后方请饮，但番语欠身，亦不揖让，把筒者因人而插，如上等人饮，则取下孔筒；中等人饮，则取中孔筒；下等从人饮，则取上孔筒，交酒有声为止，周而复始，仍亦如之，待三遍同饮，或拍手歌舞，或抟弄胡琴，诸夷见酒，十人九好。①

由此看来，东迁各部宴饮最隆重者，为"杀羊泡酒"，即所谓"全羊宴"。其中最重要的是按照座客尊卑敬献不同的部位，而将"羊背子"（羊之骶骨部分）敬献最尊贵者，笔者称之为"以背为尊""抬背为敬"。

所谓"泡酒"，又称为"芦酒"（"卤"或为"芦"之误），即一种肉酒。这是流行在北方游牧民族的一种酿酒、饮酒方式，后传入中原，被称为"羊羔酒"。笔者均已有专论。

宴饮中间载歌载舞，在今天的裕固族中仍然盛行。

其他起名、剃发、戴头面、勒系腰时都要举办宴饮活动，大多都要敬献羊背子。②

《肃镇华夷志》记载的明末时期，正是裕固族从纯游牧生产方式到农耕生产方式的转变时期。后来部分部落又放弃了在肃州周边（包括王子庄、回回墓、金塔寺、高台白城山一带）的农耕（不全是农耕，《肃镇华夷志》称作"耕牧"）生产方式，迁入适宜畜牧业的祁连山中。而留在黄泥堡以及放牧条件相对比较好的明花地区的部分，则相对安定。因此，迁入祁连山内，除了游牧条件要优于高台白城子等地外，固有的生产、生活方式不易改变也是一个重要的原因。

对比今天的裕固族饮食生活，《肃镇华夷志》所记的许多重要内容已不存或有较大改变，如"杀羊泡芦酒"，今天已消失，许多裕固族老人都已经不知，更遑论"食金血为信"。随着牧业生产方式的改变和现代生活

---

① 《肃镇华夷志校注·属夷内附略·风俗》，第291页。
② 高启安：《裕固族的几种仪礼及其赞辞》，《社科纵横》1991年第5期。

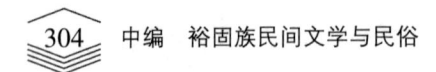

方式的浸润，食原料多样化，食方式趋向现代化，许多饮食习俗只是残存于记忆当中。

原载《敦煌研究》2010年第1期

裕固族"以背为敬"食俗研究

生活在祁连山的裕固族是具有古老游牧历史背景的中国少数民族之一，所保留的饮食习俗在北方游牧民族饮食文化中具有代表性的意义。其中"抬羊背子"的习俗殊为特别，不仅史料有载，而且至今仍存，也有若干田野调查资料零星公布。而北方其他有游牧背景的民族都有相类的习俗表明，这是一种产生很早、流传甚广的饮食习俗。虽然有一些研究文章探讨了其产生的时代和所表现的文化人类学意义，但都局限在某一个民族当中，缺乏将之作为整个北方游牧民族大背景下的独特习俗加以研究（有关文章见注）。本文以裕固族中的该习俗为个案，试就其内容、形式及在其他民族中的表现一申孔见，幸望方家指正。

一 裕固族"抬羊背子"的史料及田野调查

"抬羊背子"是裕固族最隆重的待客方式，也称作"献羊背子"，这是现在裕固族人的说法。在《肃镇华夷志》中写作"肉则以抬背为敬，带血而食；酒以底为佳，分等而饮；如欲敬其所亲，则不论其长幼，即以背肉供之"[①]。在重大喜庆活动和招待重要客人时才有。如果从《肃镇华夷志》算起（明代嘉靖到万历年间），至少流行了四五百年，至今不衰。

是知当时东迁之各部落流行"抬羊背子"的敬客饮食习俗。

"抬羊背子"亦称"献羊背子"，虽是今天的说法，但《肃镇华夷志》的时代以"抬背"称之，则表明该词在明代即用来表达这种敬客习俗。甘

---

① 《肃镇华夷志校注·属夷内附略·风俗》，第291页。

肃河西汉族方言中，称"献礼"为"抬"。比如，"献彩礼"，也叫"拿彩礼"，也可称"抬礼"；由各人凑份子出钱，亦可说"大家抬"。"抬羊背子"或"献羊背子"应该是汉族人对该习俗的准确概括。

"羊背子"，应该是一个汉语表达的词。裕固族东部语称为"Ucha"，从蒙古族、撒拉族也用该词来称谓羊之该部分看，"羊背子"应是汉语根据其义翻译而来。因目前所知该习俗在各族中共同的称谓即"Ucha"（东部裕固语仍发音"Ucha"；西部裕固语今天变为"熬抓""aozhua"；蒙古族中写作汉语词"乌查""Ucha"；撒拉族写作汉语词"吾吉"），指羊的仙骨（荐骨）部分。"Ucha"一词用来指称羊之仙骨部分，通行于北方许多游牧民族。

裕固族的"抬羊背子"，即是将一只宰杀后的羊，除去内脏和头蹄，按照规定节解为十二份子，待煮熟后分别献给不同身份、辈分、年龄的亲戚或来宾的饮食习俗。裕固族东部"抬羊背子"仪式中羊的具体部位和节解法如下。

第一部分，即"羊背子"，为羊之仙骨连同尾巴部分，不带肋骨，需敬献给来客中最尊贵者［见图一（因裕固族目今所饲养的羊均经改良，其尾很小，不似原来土种羊，尾巴较大）、图二］；

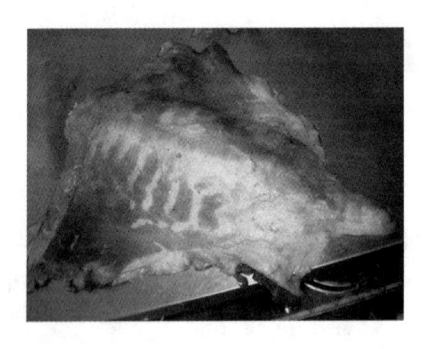

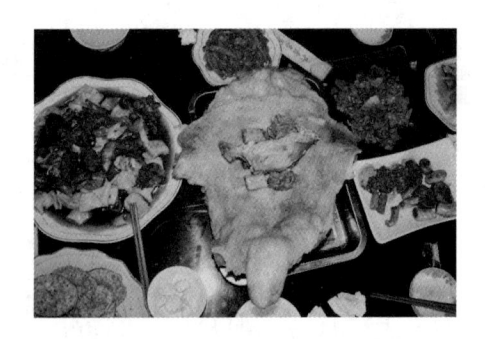

图一　　　　　　　　　　　图二

第二部分，羊之胸骨，敬献给第二位尊贵者（也有一种说法：此部分要敬献给来客中最尊贵的女性，如果头人的妻子在场，则此部分须敬献给她）（见图三）；

裕固族"以背为敬"食俗研究　307

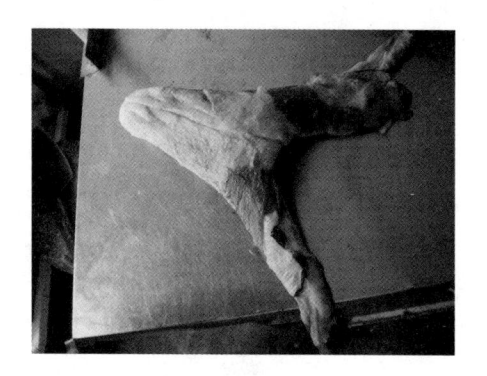

图三

第二、四部分，左右肩胛骨部分，须将肩胛骨扇形之脆骨部分剔除（见图四、图五）；

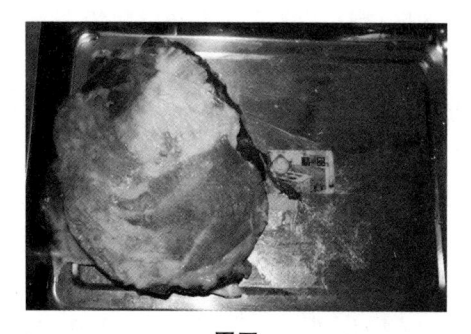

图四　　　　　　　　　图五

第三、五、六部分，腕骨部分；

第七、八部分，左右大腿骨部分；

第九、十部分，为左右胫骨；

第十一、十二，为左右前胫骨部分，俗称"干棒骨"，属于来客中地位最低者（见图六）。

分解后即可下锅烹煮。羊之血、五脏等，制作成灌肠（面肠或血肠）和"脂裹干"①（"干"或疑为"肝"？），和分解后的肉一起下锅，先于份子肉捞出待客。

---

① 指一种将羊之内脏除肠肚外的心、肝、肺等剁碎，放入羊血调料和适量炒面搅拌，然后用羊肚脂肪缠裹、蒸熟的一种食物。"脂裹干"显然为汉化的一个词。

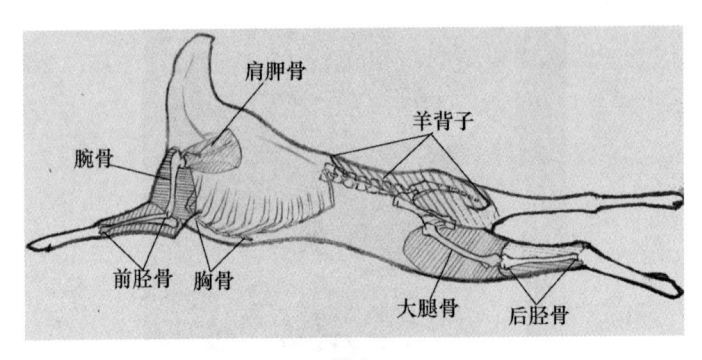

图六

羊之头、脖颈不属于份子。肋骨部分，则搭配在每份上面。基本上每份上面搭配左右各一根肋骨，连脊椎。

节解的顺序，先切割第二份子，即胸骨；然后分解前腿之第三至第六部分、第十一部分、第十二部分。余下的顺序是分解羊背子和后腿第七至第十部分。十二份分割完毕后，再分割肋骨、脖颈等。分割的要求是必须从骨节中间分割，不得将骨头剁碎，以保持骨头的完整性。①

裕固族的"抬羊背子"完全是一种等级饮食制，头背子要敬献给最尊贵的人，比如头人、舅舅或重要的客人，其余部分按地位、身份高低顺序，依次分送给不同的饮食活动参加者，甚至可以带走。

---

① 此为笔者在肃南裕固族调查所得。操刀分解者为原康乐乡杨哥村村长、现居住在县城、57岁（2008年）的安学明。安学明原"杨哥家"（裕固族部落之一），讲与蒙古语相近的东部裕固语，关于分割羊背子，他讲曾受到老人的指点并多次在仪式上操作过。关于部位和分解顺序，裕固族各部有一些不同之处。高自厚、贺红梅《裕固族通史》有如下记载："所谓献羊背子，就是根据客人的身份，敬献不同部位的羊肉。裕固族家庭遇喜庆大事，亲朋好友要前来庆贺。主人给客人献羊背子，以示尊敬。裕固族把一只羊按不同部位分成十二等份，叫羊背子，按客人的辈分，社会地位依次敬献。羊背子下锅煮到肉不流血时即捞出，按份装盘，把已经煮熟的肉肠和脂裹干切好，在每份羊背子上面放一些。羊背子献给客人后客人只吃上面的肉肠和脂裹干，羊背子是送给客人带回家的礼品。

羊背子的具体分法是：头背子：羊尾椎骨带尾巴，裕固语称为'熬抓'；二背子：羊胸叉，裕固语称为'待司'；三背子：胸部最前面左右五对肋骨，中间脊骨相连，裕固语称为'库尔吉'；四背子：胸前后两对肋骨，中间脊骨相连，裕固语称为'可共给熬抓'；五背子，胸部中间六根肋骨，带脊骨，裕固语称为'阿勒得依给阿勒嘎'；六背子：胸部中间六根肋骨，不带脊骨，裕固语称为'阿勒得依给'；七背子，右后腿最上面靠近尾骨一截，裕固语称为'草里牙尼'；八背子：左后腿最上面靠近后尾骨一截，裕固语称为'熬门牙尼'；九背子：左后腿中间一截，裕固语称为'草里熬得格'；十背子：右后腿中间一截，裕固语称为'熬门熬得格'；十一背子，左前腿肋骨板一截，裕固语称为'草里药苏尼'；十二背子：右前腿肋板骨一截，裕固语称为'熬门药苏尼'。"甘肃人民出版社2003年版，第176—177页。

其实，除了"头背子"与羊之背有关外，其他"二背子""三背子"直到"十二背子"的说法，其实皆与羊之"背"无关，只是反映这种献食仪式以"羊背子"为代表。

裕固族学者贺卫光对此有如下表述：

> 献羊背：将一只羊的肉分为十二份或十三份，然后献给每位客人。每一份都有固定的部位和名称及相应的社会地位含义，如最好的为"臀尖"，其次为"胸叉"，依次类推，按照每位客人的年龄、身份、地位等献上标志不同意义的"羊背子"。这一习俗从一个侧面反映了裕固族社会中的等级秩序及等级观念的存在。①

但"如欲敬其所亲，则不论其长幼，即以背肉供之"，则与现在的方式稍有不同，或《肃镇华夷志》记载有误。

在婚礼上敬献羊背子时，还要诵说祝词②。

由《肃镇华夷志》记载可知，这种习俗早在关西诸卫时代就流行在各部落当中。

关于分等级而食的饮食风俗，在各民族当中都以不同形式存在，这是阶级社会等级制度在饮食上的反映，如汉族的排座次、古代宫廷宴饮时按照官职大小区别供食、客馆招待客人按职官大小区分等级等。即使现在，按照不同规格招待客人仍是这一制度下若隐若现的反映。

献"羊背子"的敬客习俗，无疑是裕固族最重要，也是最具有历史文化传统和研究价值的饮食活动。那么，这种"以背为敬"的饮食习俗，是裕固族独有的呢，还是在其他民族中也存在呢？

二 蒙古、撒拉等民族中的献羊背子习俗

实际上，在重要的宴庆活动中"抬羊背子"方式还存在于其他游牧民族当中。

---

① 贺卫光：《裕固族民俗文化研究》，民族出版社2000年版，第6页。
② 高启安：《裕固族的几种礼仪及赞词》，《社科纵横》1991年第5期；陈宗振、雷选春：《裕固族的婚礼》，《民间文学》1982年第7期。

蒙古族也叫"抬羊背子",即所谓的"乌查"(又写作"乌叉")宴会。

有关蒙古族"献羊背子"的待客方式,田野调查资料已不少。清人王树枏《新疆礼俗志》记载蒙古族习俗时谓:"壻(婿)至妇家,以馈熟羊头及臗骨为敬。"①

《说文解字》:臗,臀骨也,本作髋。说明"髋"正是"羊背子"。但王树枏所记女婿有享受羊背子之优先权,颇有意味。

> 蒙古以西为贵,客至让于西,递哈达,上乌叉,客让不敢受,主人固让而后受。
>
> 递哈达者,古人束帛相见之义,所谓礼失而求诸野。上乌叉者,蒙古人敬客,宰羊一,略烹既供客前,客切一块,先敬"脑包",主客始对食。其切羊皆有法,不紊乱。如客不知此礼,主人代敬脑包。脑包者,佛也。全羊谓之"乌叉",此宾礼也。②

偶尔有贵客来访,或者婚礼、丧葬等重大活动时,要用"羊背子"(Ucha)来招待。"羊背子"是对来客的最高礼遇。在这种场合,准备的饭菜也和汉人一样,盛山珍海味,举办盛大的宴席。蒙地一带因气候寒冷而嗜酒、嗜烟者较多,十岁以上儿童腰间必别烟管(gansa),流行抽山西产的烟叶。另外,因嗜酒者相当多,晚上一直饮到大醉,酒醉者如果多,主人就很高兴,益发款待供应酒,之所以如此,是夸饰其宴会的盛大。上"羊背子",如前所述,流行在全蒙古族中,是最尊敬、最上等的招待。其做法是将一只羊先从背部第七根肋骨的后方到尾部的前方切割,然后切割四肢、头蹄、脖颈、铲骨,连尾巴入锅煮。煮"羊背子"须文火,这样煮出的好吃,煮之太过变硬就不好吃了。煮好后,盛在铜盘中,端上放在宾客前,主宾手持餐刀,在羊背上切十字型,然后才由厨师下刀,将羊背左右三切取,跪而敬于客人。客人在食前须尝厨师切的一两块肉,尝味结束后,才开始一同用餐刀割食。以上是其料理法和食事法。③

---

① (清)王树枏纂:《新疆礼俗志》,陶庐丛书,聚珍仿宋印书局印刷,第7页。
② 丁世良等主编:《中国地方志民俗资料汇编·华北卷》,据《归绥县志》"礼仪民俗",民国二十三年(1934)铅印本,书目文献出版社1989年影印本,第755页。
③ 《绥远蒙古族生活和习俗》,内藤潮邦据《绥远通志稿》摘译,[日]东亚研究所1943年印刷,第22—23页。

其中"铲骨"即羊背子。

羊背子，蒙古族款待尊贵客人的佳肴。蒙古语叫"乌查"，其做法、吃法都比较讲究。据有关史料记载："食羊背子为蒙古人最敬之食品。全羊由背上第七根肋骨至尾部割为一段，再割四肢、头、胫、胛入锅，其煮之火候，约为食时许，即达脆嫩之度，煮过久则肉老不堪食矣。用大铜盘盛之以奉客，客执刀画羊背子上十字形，礼也。然后庖人操刀，先由背上左右，各割取三条，跪而敬之客。客食前，亦必尝庖人二条。然后用刀割食之。此其做法与食法也。"现在礼节已简化，但对于光临蒙古包的客人来说，"羊背子"仍是主人飨客的珍品。平时祭祀或婚嫁喜事和老人过寿，蒙古人也多有这种宴席。①

卫拉特蒙古"专门用带尾的荐骨招待人，叫作'乌查宴'，它是卫拉特蒙古历史悠久而十分隆重的宴席，只有在喜庆大典佳节良辰招待贵宾时享用。羊胸骨专门用于招待女宾客，可称羊胸席"。②

20世纪初成书的《蒙古风俗鉴》谓：

蒙古人吃的布呼力和稀饭，被称头等饭。这以外的面饭，不算最好的饭。不论多大的宴请，都要以布呼力为先。三牲布呼力是牛、羊、猪三种牲口的武查（译者注：武查指白条肉的后半身），这叫三个布呼力。现在，蒙古地方办喜事有两种宴席：蒙古宴席讲上几个布呼力；汉族宴席讲上几个大碗、几个小碗。③

虽然译者的注释不确切，但"Ucha"受到尊崇则明白无疑。
《肃北蒙古人》一书记载尤为详尽：

肃北蒙古人祖传的"布克勒秀斯"（全羊）是敬神、待客的荤食，也是尊贵的食品之一。《蒙古秘史》就记载着成吉思汗用全羊祭天或

---

① 文精主编：《蒙古族大辞典》，内蒙古人民出版社2004年版，第1036页。
② 马大正：《卫拉特蒙古史纲》，新疆人民出版社2006年版，第670页。
③ 罗布桑却丹著，赵景阳翻译：《蒙古风俗鉴》，辽宁民族出版社1988年版，第16页。

设宴待客的事。所以这里的蒙古人用全羊"秀斯"祭敖包、置办婚礼、剪胎发礼及寿礼，还有用"秀斯"招待贵客等习俗。"秀斯"有"布克勒秀斯"和"乌查秀斯"（羊背尾）两种。全羊"秀斯"在大型的婚礼、过年、尊贵的客人莅临都要摆放，"乌查秀斯"在小型的宴会上食用。过去除了祭敖包、对神佛供奉和那达慕会等大型集会上使用外，要给旗王爷、胡雄章京、活佛高僧及祖宗们敬献，一般人享受不到待遇。如今这两种"秀斯"成为喜庆佳节招待贵客的高规格礼仪，广泛流行于肃北城乡。

全羊"秀斯"由羊头、四肢、腰椎和胸叉等五大件肉组成。一只羊肉按上述一一卸块，然后（羊头单独燖毛，单独煮半熟）下入锅中煮半熟，再捞出来按羊卧着的姿势平摆在案板上，腰椎部分连着尾巴，上面放置羊头（羊头面朝上方，口鼻以及羊角抹上酥油）、胸叉摆"秀斯"时不放。当一种宴席到献"秀斯"的仪式时，主人或宴席主持人（达末·勒）手拿瓶，嘴上放酥油的一瓶酒，向客人宣布献"秀斯"，宾客中最长者把羊头取下放在上方，献"秀斯"的二人将"秀斯"抬起来，在包内顺转一周后拿出去再卸开下入锅内，煮熟后上盘入席。

全羊"秀斯"盛盘上桌，有一定讲究。羊"乌查"（连尾巴）必须摆放到蒙古包右上座前的宾客前面茶几上。在这个盘中除"乌查"以外，跟随的有肩胛、骶骨、股骨、腰椎肉以及若干长肋条肉。必须还有一节胸椎肉（叫黑胸椎）放在"乌查"的上面，胸叉肉要盛盘摆在儿媳辈的妇女（哪怕是年纪很大的）前面茶几上，同盘中可放肋条等其他块肉。羊头不盛盘，留下来自己食用。在任何一种宴席上，摆放全羊"秀斯"或摆放"乌查"时，肩胛软骨、短肋骨（最末一根）、胸骨柄、跟骨肉以及脖颈肉忌入盘。①

学者也多有提及。一些田野调查资料显示，蒙古族是节解为七份或九份，不包括羊胸骨。"制作此宴一般要选取鲜嫩肥美及大尾的整羊，按传统习惯，将其卸为7大块，即四条腿，带尾脊背（羊背子因此而得名），

---

① 查干扣主编：《肃北蒙古人》，民族出版社2005年版，第177页。

上半个羊头，一段脊椎共 7 块。""取整羯绵羊，卸成九块，即四肢、两件四条长肋、羊背连尾巴、胸椎、羊头。"①

据《中国元代习俗史》："羊背子，蒙古族民间传统菜肴。元代称'挈设'，而后来称'乌叉之宴'。……'挈设'，可能指'羊背子'，但'羊背子'的含义又包括马背和鹅胸等。羊背子做法：取肥羊一只，杀死去头、皮、腿和内脏，从腰窝往前第四肋骨处切断椎骨。将羊背分成两截，再把后部肋骨分开，展平留羊尾，这部分称'五叉（ucha）'。同时将前各骨关节连肉分开，不得用刀砍骨，压在后部五叉下面，用白水煮至七八成熟，即可按原样摆入一大铜盘中。羊背子宴为节日、婚礼、款待贵客的大宴，其繁杂礼节，自不待言。"②

"挈设"应即"乌叉"（ucha）元音"u"弱化后的读音汉字记录。

元末明初人叶子奇撰《草木子》，记载了蒙古人的宴饮程序，其中说到"挈设"，并提到"羊背皮"：

> 筵席则排桌五蔬五果五按酒。置壶瓶、台盏、马盂于别桌，于两楹之间。把盏则三跪。谓举盏至尊者，前半跪，退三步，执台全跪。俟尊者饮毕，起，进前接盏，又半跪；平交则平礼；尊者赐卑者，进接盏半跪，退三步全跪饮。其尊者从人相齐同跪，接盏退，盏不敢复还尊者。汤食非五则七，割挈设而散。酒行无算。
>
> 挈设，盖茶饭中之体荐也，胡语言"挈设"。上宾则用羊背皮马背皮之类，其余宾用前手后手之类。或鹅则用胸于上宾，余宾多寡随分。
>
> 北方有诈马筵席，最具筵之盛也。诸王公贵戚子弟，竞以衣马华侈相高。③

叶子奇所说"上宾则用羊背皮马背皮之类，其余宾用前手后手之类"

---

① 侯景文、王素婵：《鄂尔多斯蒙古族饮食》，载《中华食苑》第八集，中国社会科学出版社 1996 年版，第 249—261 页；陈育宁、汤晓芳：《鄂尔多斯蒙古族饮食习俗》，载《中华食苑》第六集，中国社会科学出版社 1996 年版，第 327—340 页；瑅瑶那木吉拉：《中国元代习俗史》，载史仲文、胡晓林主编《中国全史（14）》，人民出版社 1994 年版，第 59 页。

② （明）叶子奇：《草木子》卷三下，元明史料笔记丛刊，中华书局 1959 年版，第 68 页。

③ （宋）洪皓：《松漠纪闻》卷二，国学文库本，民国二十二年（1933）重印，第 33 页。

殊难理解。而"羊背皮"这一肴馔的记载,又见自《松漠纪闻》,出于契丹人当中:"凡宰羊,但食其肉,贵人享重客,闲兼皮以进,必指而夸曰:此潜羊也。"

"潜羊"《满洲源流考》写作"全羊"。①

以"羊背皮"为待客上品的史料还见诸《霏雪录》:

客省大使哈喇璋善啖,右丞潘公尝邀早饭,荡北羊背皮一,烧鹅一,东阳酒一坛,饼子一箸,先割羊鹅肉,卷饼食尽,却以余蘸下酒,饮尽,又以煎鱼一巨豢,吃水饭二器。至正(阙)间,于官舍坐逝。时天气甚炽,浴敛坐龛中三日,容色如生,观者啧啧。②

元代重要的食疗著作《饮膳正要》也记载有"羊背皮":

盏蒸:补中益气。挦羊背皮或羊肉(三脚子,卸成事件)、草果(五个)、良姜(二钱)、陈皮(二钱,去白小椒二钱),上件用杏泥一斤,松黄二合,生姜汁二合同炒,葱、盐五味调匀,入盏内蒸令软熟,对经卷儿食之。③

蒙古人统治时期盛行的这种以羊背子为最尊贵肉食部分的习俗,在元杂剧中也有反映:

"越调·寨儿令":呆小姐,悔难叠,正撞着有钱的壁虱侩。屎屹螂推车,饿老鸱拿蛇,甚的是羊背皮马腰截。屁则声乐器刁决,颏厮财礼全别。精屁眼打响铁,披芦藤把狗儿牵者,大拜门将风月担儿赊。④

----

① (清)阿桂等编著:《钦定满洲源流考》卷二〇,朝鲜群书别集第七集,朝鲜古书刊行会,大正五年六月,第451页。

② (明)镏绩:《霏雪录》卷上,文渊阁四库全书本,台湾商务印书馆1983—1986年版,第866—674页。

③ (元)忽思慧:《饮膳正要》卷一《聚珍异馔》,上海古籍出版社1990年版,第69—70页。

④ 隋树森编:《全元散曲》(下册),中华书局1964年版,第1428页。

《绣襦记》"醉太平"：

> 我在莺花市上打围高。叫化些马打郎羊背皮通行钞。叫化些赤金白银珍珠玛瑙。叫化些双凤斜飞白玉搔。叫化些八宝妆成镶嵌绦。叫化一个十七十八女妖娆。①

元李士瞻《与周宗道》书中有"羊背皮二枚，胡桃四百颗，少为贤昆仲之献，容纳是荷"②句，说明当时还将"羊背皮"作为礼物赠送。

受元代宴饮制度的影响，明宫廷饮食宴饮制度仍然以"羊背皮"为上桌不可或缺的内容，《明会典》和《礼部志稿》有详细记载，现不惮冗长，引述《明会典》如下：

> 驾幸太学筵宴：弘治元年，上桌按酒五般，果子五般，大银锭、大油酥、宝妆、凤鸭、小点心，棒子骨，汤三品，菜四色，大馒头，<u>羊背皮</u>，酒五锺；中桌：按酒五般，果子五般，茶食五般，煠鱼，小点心，大馒头，菜四色，羊脚子饭，汤三品，酒五锺。③
>
> 三年，上桌：按酒五般，果子五般，宝妆茶食五般，凤鸭一只，小馒头三楪，小银锭笑靥二楪，棒子骨二块，<u>羊背皮一个</u>，花头二个，汤五品，菜四色，大馒头一分，米糕二楪，添换羊肉一楪，酒七锺；上中桌：宝妆、茶食、按酒、果子各五般，凤鸭一只，小馒头三楪，小银锭笑靥二楪，煠鱼二楪，羊脚子饭二块，花头二个，汤五品，菜四色，大馒头二分，添换羊肉一楪，酒七锺；中桌：茶食、按酒果子各五般，甘露饼一楪，小馒头二楪，小银锭笑靥二楪，煠鱼二楪，牛肉饭二块，花头二个，汤五品，菜四色，大馒头二分，添换羊肉一楪，酒七锺。④
>
> 天顺元年，上桌：高顶茶食，云子麻叶、大银锭，油酥八个，棒子

---

① （明）薛近兖：《锈襦记》，北京大学图书馆编辑，学苑出版社2003年版，第353页。
② 李士瞻：《经济文集与周宗道》卷三，王云五主编"四库全书珍本"十一集，第173册，第7页。
③ [日]山根幸夫解题：《正德大明会典》卷一〇三，汲古书院1989年版，第404页。
④ 《正德大明会典》卷一〇三，第405页。

骨二块，凤鹅一只，小银锭笑靥二楪，茶食果子、按酒各五般，米糕二楪，小馒头三楪，菜四色，花头二个，汤三品，大馒头一分，羊背皮一个，添换小馒头一楪，按酒一般，茶食一楪，酒七锺；中桌：宝妆、茶食、云子麻叶二楪，甘露饼四个，鲊鱼二块，大银锭油酥八个，小银锭笑靥二楪，果子、按酒各五般，菜四色，花头二个，汤三品，马肉饭一块，大馒头一分，添换小馒头一楪，羊肉一楪，茶食一楪，酒七锺。①

只有"上桌"才可以享用"羊背皮"，可见"羊背皮"地位之崇高。民间偶有以羊背皮为尊贵食物的记载：

　　[鬼爷爷]又一日，失去熟羊背皮。一帖云：我借用了，明日当还。次日，一大绵羊自外走入，如此等甚多，不可枚举。②
　　(正月)二十五日，雨中入嘉兴城学中，见鲍仲孚、马新仲二先生。马先生赠羊背皮、官酒二瓶，与诸进士共享，作古诗三首。③

明代的戏剧中也有反映。朱有炖《新编宣平巷刘金儿复落娼》第一折：

　　[混江龙]：担着个女娘名器，迎新送旧觅衣食。止不过茶房赶趁，酒肆追陪。陷了些根脚兔羔儿新子弟，抬了些大馒头羊背皮好筵席。④

元代学习汉语的教科书《老乞大》中，列了数种羊的部位，其中也有羊背皮。⑤那么，"羊背皮"究竟为何物，如此受人尊崇？

---

① 《正德大明会典》卷一〇三，第409页。
② (元)陶宗仪：《南村辍耕录》卷二三，元明史料笔记丛刊，中华书局1959年版，第286页。
③ (明)郑真：《荥阳外史集》卷九七，上海商务印书馆1935年版，王云五主编：《四库全书珍本·初集·集部别集类》第25册，第19页。
④ (明)朱有炖：《新编宣平巷刘金儿复落娼》卷一，上海涵芬楼印行，东京大学东洋文化研究所所藏双红堂文库全文印象数据库，第1页。
⑤ 汪维辉编：《朝鲜时代汉语教科书丛刊·老乞大谚解》，第1—91页："这肉都煮熟了，脖项骨、背皮、肋扇、前膊、后腿、胸子，却怎么不见一个后腿？"(35a，4行)，中华书局2005年版。元代汉语本《老乞大》写作"背臂"，见[韩]庆北大学校出版部《古典丛书9·元代汉语本〈老乞大〉》2000年影印本，第59页。

除上举《草木子》外,明人田艺蘅《留青日札》对此作了更详细的解释:

> 今酒席中之"羊背皮",所谓荐体,在元谓之"挈设",上宾用之。或用马背皮,余宾用前手、后手;鹅则敬胸,今俗敬首,在北人则否也。若贵戚之家,有名曰割牲者,以数十金骏马,奚人当堂呈过,一庖丁持利刀,飞取其臀肉一衡而献之,以夸豪奢也。①

原来,所谓"羊背皮",正是我们讨论的"羊背子"。各地名称不一,但细审,均应为"ucha"一音的不同汉字写法。可见北方游牧民族"以背为敬"的饮食习俗,不仅影响到了中原民间,也影响到了明代宫廷。

至此,对唐人留下的一份宝贵的"烧尾食单"及其中的"羊皮花丝"就要作新的理解,即"烧尾宴"实际上是以"羊背子"为代表的宴饮的称谓,其"烧尾"之义即以敬献羊背子给尊贵者的宴饮之称谓也。对此,笔者有专文研究。②

撒拉族人当中也流行敬献"羊背子"的习俗,称为"吾吉",应即"ucha"之音变。但主要应用在婚礼仪式上:"撒拉族'羊肉份子''羊背子'早先并不随意登场,只是在庄重严肃的婚礼中'羊背子'才被主人视为高贵的形式送给娘家人,或在神圣的伊斯兰教庆典中'羊背份子'才被各家主人给阿訇及德高望重的老人。"③

三 "以背为敬"考察

将动物各部分肢体分尊卑等级,以"背子"为最尊贵的部分,可称为"以背为敬",其饮食观念可称为"以背为尊"。那么,为何要将"背子"部分视为最尊贵的部分、"抬背为敬"呢?

---

① (明)田艺蘅撰,朱碧莲点校:《留青日札》卷二十六,上海古籍出版社1992年版,第495页。
② 高启安:《释"烧尾"——一个唐代名宴称谓的文化人类学解读》,《唐研究》第十六卷,2010年。
③ 马成俊、马伟:《百年撒拉族研究文集》,青海人民出版社2004年版,第812页;马伟:《撒拉族婚礼的文化特征、功能及价值》,《青海民族学院学报》2008年第1期。

《撒拉族"羊背子"习俗透视》一文认为撒拉族的该习俗产生在西突厥的乌古斯汗时期:"乌古斯共有六子,分别是共、爱、玉力都斯、阔阔、达合、丁吉思。撒鲁儿即为达合四子中的长子。"

"乌古斯去世后,他的长子共继位,火者为谋臣、宰相和执政官。火者告诉共汗,为不使其子孙们为争夺土地、权利和财富而内乱,趁早为他们每一支授某种动物,作为他们的汪浑(图腾)。除此之外,火者又明确规定:在节日庆典分食时,每个分支所得的一份,应当是动物身上不同部位的肉,以免他们为了享食而彼此争吵。艾萨克鲁儿人为首的达合四个儿子的汪浑为山羊,分配的肉部位为山羊的背部,即'吾吉',这和撒拉族现在的称呼完全相同。而其它五位汗王后裔以猛禽为汪浑,分食肉的部分也是猛禽的某一部分。从这里也可以看出,撒鲁儿四兄弟在其他堂兄弟中的高贵地位。"①

诸多文章认为该习俗在蒙古族流行是因为成吉思汗设全羊宴大享功臣。"据《蒙古秘史》记载:'成吉思汗定天下,大享功臣,设全羊名为乌查之宴'。"②

迄今,根据田野调查和文献记载,有如下解释。

其一,是以羊背子象征全羊。《松漠纪闻》和《满洲源流考》即有此说法。蒙古族也以全羊宴来表示最高规格的宴会或款待。诸家在论述蒙古族的隆重宴会时,往往举成吉思汗宴享功臣,以敬献全羊来体现最高的礼仪和对客人的尊敬。

以部分来表示全羊虽然有一定道理,但为何以此部分代表全羊?虽然有资料反映蒙古族祭祀或全羊宴会中,有切割羊头和羊尾之肉敬献神灵的仪式③,或可象征敬献全羊,但在裕固族中,十二份并不包含羊头,后世

---

① 郝苏民主编:《甘青特有民族文化形态研究》,民族出版社1999年版,第122页;张春秀:《撒拉族"羊背子"习俗透视》,《青海民族学院学报》2001年第1期。

② 陈育宁、汤晓芳:《鄂尔多斯蒙古族饮食习俗》,载《中华食苑》第六集,中国社会科学出版社1996年版,第327—340页。但笔者查阅各版本之《蒙古秘史》,未找到有关用"ucha"之宴的记载。

③ "贵人官长止其家,情礼稠叠,屠羊飨客,必请视之,颔而后杀。食则先割头尾肉献佛,乃飨客。"[(清)王树枏纂:《新疆礼俗志》,陶庐丛书,聚珍仿宋印书局印刷,第7页]"食则先割头尾肉献佛,乃饷客。"(徐珂:《清稗类钞·饮食类》"新疆蒙人之宴会",中华书局1986年版,第13册,第6275页)

的"羊背皮"也不包含羊头。

这种观念仍然无法解释为何以羊背子部分来代表全羊。笔者在新疆调查时了解到,哈萨克人以羊头为最尊。因此,以"背子"代表全羊的说法有矛盾之处。

其二,是羊背子部分比较大,肉多,如带尾的话,就更多,因此要献给最尊贵的人。

撒拉族人的"羊背子"较大,"包括两根肋骨在内并沿羊后腿自然肌理取下的部分"①。据说占到一只羊的五分之二,在婚礼上要敬献给双方的舅舅。但各资料没有说是否包含羊尾。蒙古族和裕固族的羊背子亦带尾。

为了证明此点,我们在现场作了称量。在宰杀后总重量为25公斤的羯羊(宰杀剥皮后除去头蹄内脏后余下的部分)中,羊背子部分为3.84公斤(目今裕固族羊之品种,已经为改良之羊,尾巴较小),二背子胸骨部分为0.98公斤,其他第三到第十部分,与第二部分差别不大,为0.96公斤到0.92公斤之间,第十一、第十二部分,为0.68公斤(均不包括搭配的肋骨部分)。以不切割完整骨头衡量,"羊背子"部分确实属于肉最多的部分,在十二部分中,羊背子也属于带脂肪最多的部分(古人以肉肥为美味)。但此说也有不可理解处。如果按肉之多少、肥瘦原则来分配,何不在搭配或切割时来处理?且第二部分由于带骨较多,包含的肉其实要少于第三、第四部分。蒙古族的份子中甚至不包羊胸骨。另外,并非所有的人都喜欢后臀部分的肉。

居住在甘肃的东乡族,将鸡的后臀作为最好的部分,要分送给最尊贵的客人食用。这种观念应与"羊臀"最尊贵的观念有一定关系。而在汉族地区,羊臀及鸡臀,并不属于最好吃的部分,一些地区甚至认为鸡臀不好而将其丢弃。甚至在藏族地区,也有以尾骨部分为最尊贵的习俗。

日本著名作家井上靖先生在松潘草原上,了解到藏族也有以羊尾为最尊贵、敬献客人的习俗:"最后只剩了尾巴。所剩的尾巴的解体法,也表示对客人的敬意,这是以前的传统。"②虽然这里说的是羊尾巴,但相信和蒙古等北方民族以羊背子为最尊贵部分的习俗有联系。据撒拉族人自己讲,

---

① 张春秀:《撒拉族"羊背子"习俗透视》,《青海民族学院学报》2001年第1期。
② 日中共同取材NHK、井上靖执笔:《大黄河》,第246页:"最後に尻尾だけが残った。この尻尾を残す解体法も、客人に敬意を払う昔からの伝統であるという。"日本放送出版協会,1986年。

撒拉族献"羊背子"的习俗也受到了藏族的影响。①

而根据上揭《草木子》和《留青日扎》的记载，不独"羊背子"，马的后臀部也被认为是最尊贵的部分；而鹅的胸脯被认为尊贵。新疆出土的早期墓葬当中，甚至有以牛、马以及山羊的荐骨殉葬的实例②。当然马和牛最好吃的部分并不是后臀部，山羊的后臀部肉并不多。因此，数说都不能完全令人信服，视动物该部分为最尊贵的观念必有别的原因。

其三，是此仪式属于"荐体"。上举叶子奇的《草木子》和田艺衡的《留青日扎》即这样认为。而中国古代将此部分名之为"荐骨"，其源于早期以此部分荐献神明。

"荐体"又叫"体荐"。《左传·宣公十六年》："原襄公相礼，殽烝。武季私问其故。王闻之，召武子曰：'季氏！而弗闻乎？王享有体荐，宴有折俎。公当享，卿当宴。王室之礼也。'"杨伯峻注曰："古代祭祀、宴会，杀牲以置于俎（载牲之器）曰烝。烝者，升也。谓升之于俎也。若将整个牲体置于俎上，并不煮熟，曰全烝，唯祭天用之。若将半个牲体置于俎，曰房烝，亦曰体荐。若节解其牲体，连肉带骨置之于俎，则曰殽烝，亦曰折俎。……享有体荐者，设宴杀牲，徒具形式，而宾主并不饮食之。……宴则以折俎，相与共食也。"③则"体荐"为以牲之半体享于王，以示节俭。由于中国史籍很早就已不明确为何以此部分为"荐体"，所以，史籍阙载，此部位虽有"荐骨"之名，却看不到具体祭祀仪式上有记载。"抬羊背子"并非以羊之半敬献，与"殽烝"亦即"折俎"相似。但"体荐""殽烝"等仪式，是中原已经很程序化的祭祀、饮食礼仪，以"荐骨"充任"荐体"，则说明与北方游牧民族有着共同的观念，且我们另文中已举早期游牧民族的墓葬实例。因此，"荐体"一说，应该可信。即古人，特别是游牧民族认为动物之尾骨（又称为"荐骨""仙骨"或"铲骨"）部分为动物肢体最尊贵者，因此，要敬献最尊贵的来宾。

原载《河西学院学报》2013 年第 3 期

---

① 马秀芬：《撒拉族婚礼》，《驼泉》2007 年第 3 期。
② 高启安：《裕固族"以背为尊"溯源》，载钟进文、巴战龙主编《中国裕固族研究》第一辑，中央民族大学出版社 2011 年版。
③ 杨伯峻：《春秋左传注》二，中华书局 1981 年版，第 769—770 页。

裕固族"以背为尊"溯源

笔者在《裕固族"以背为敬"食俗研究》一文中概述了裕固、撒拉、蒙古等民族中流行的"以背为敬"的饮食习俗以及在元明时期的流行，认为"以背为敬"并非该部位肉肥美，而是与人类视此部分为尊贵之骨有关。[①] 那么，此风俗究竟起源于何时？为何视此部分为神圣之骨呢？笔者愿申己见，求方家指正。

一 新疆古代墓葬中殉葬动物背尾骨实例

俄国著名学者拉德罗夫认为，"以背为敬"这种习俗早期流行在突厥系的游牧民族当中。

拉德罗夫释"ucha"为："（动物以及人的）尾部、荐骨、背部，在古代突厥人中，动物这个部分的肉被视为珍贵的食物，用以供大汗和贵人。西伯利亚的许多墓葬中，人们在死者身旁发现了动物的脊背骨。证明所有古代突厥系种族将背部和荐骨视为神圣的食物。在阿尔泰人那里将羊的尾部作为给求婚者的赠物，也称作'ucha'。"[②] 而新疆地区的考古发现不仅证明了该事实，且时代更早。

新疆尼勒克县奇仁托海墓葬发掘报告数次提到约公元前5世纪的该墓地有随葬羊骨，且多为骶骨和椎骨，如：

M11："墓室底部葬一人，一次葬，葬式为仰身直肢，头西脚东，为一成年男性个体，其头一侧随葬羊椎骨。"

[①] 高启安：《裕固族"以背为敬"食俗研究》，《河西学院学报》2013年第3期。
[②] ［俄］W. Radloff：《突厥语方言辞典》（『Опытъ словаря тюркскихъ Hap чiй』）（『Versuch eines Wörterbuches der Türk-Dialecte』），第一卷，第二册，第1721—1727页，Иэдвовосточной литры，1963年。承蒙高田时雄先生从俄文版翻译这段史料，谨致谢意。

M39："墓室底部葬一人，一次葬，葬式为仰身直肢，头西脚东，为一成年女性个体，其头右上侧随葬一件陶罐和几节羊椎骨。"

M47："墓室底部葬一人，一次葬，葬式为仰身直肢，头西脚东，为一成年男性个体，在其右手旁随葬羊椎骨，一把残铁刀。"

M74："墓室底部葬一人，一次葬，葬式为仰身直肢，头西脚东，为一成年女性个体，其头右侧随葬羊的椎骨和骶骨。"其他 M79、M129、M143、M7、M130、M27、M51、M62、M69 等均有这种状况[①]。无烦一一列举。

鄯善县苏贝希古墓群中也有羊荐骨随葬，而且是山羊荐骨（见图一）[②]。

图一

其他察吾乎沟口古墓群[③]、洛浦县山普拉古墓群[④]、察布查尔县索墩布拉克古墓群、石河子南山古墓群等都有数量不等的随葬羊尾椎骨和脊椎骨现象（见图二至图五）[⑤]。

[①] 新疆文物考古研究所：《伊犁州尼勒克县奇仁托海墓地发掘简报》，《新疆文物》2004 年第 3 期，第 60—87 页。

[②] 新疆文物考古研究所、吐鲁番地区博物馆：《鄯善县苏贝希墓群三号墓地》，《新疆文物》1994 年第 2 期。图引自《新疆维吾尔自治区丝路考古珍品》第 22 图，上海译文出版社 1998 年版。

[③] 新疆文物考古研究所：《新疆和静县察吾乎沟口四号墓地 1986 年发掘简报》，《新疆文物》1987 年第 1 期；新疆文物考古研究所、和静县文化馆：《和静察吾乎沟三号墓地发掘简报》，《新疆文物》1990 年第 1 期。

[④] 新疆维吾尔自治区博物馆：《洛浦县山普拉古墓发掘报告》，《新疆文物》1989 年第 2 期。

[⑤] 四图分别引自新疆文物考古研究所《鄯善县苏贝希墓群三号墓地》，《新疆文物》1994 年第 2 期，图版；新疆文物考古所《鄯善苏贝希一号墓地发掘简报》，《新疆文物》1993 年第 1 期，封三图版。

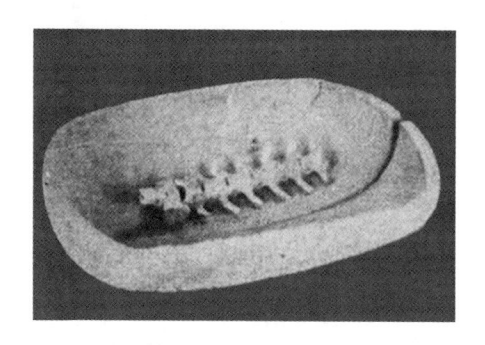

图二　鄯善苏贝希三号墓葬 M6：1 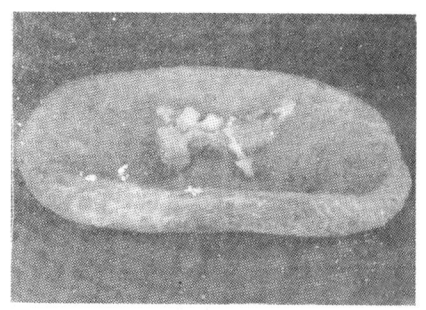　　　图三　鄯善苏贝希三号墓葬 M7：4

图四　鄯善苏贝希三号墓葬 M6：13 　　图五　鄯善苏贝希一号墓地 M12：6

乌鲁木齐市柴窝堡林场Ⅱ号点墓葬在发掘简报墓葬登记表所列全部14个墓坑中，就有6个墓坑中随葬羊尾骨。其中一个墓坑有两具①。部分示意图如图六至图九②。

考古报告也认为，"多数墓中随葬羊尾骨，应为当时带肉的羊尾留下的骨殖"，"多数墓中随葬羊尾骨，已成为一种习俗"。

鄯善苏贝希墓葬中亦有羊尾骨③（见图十）。

---

① 新疆文物考古研究所、乌鲁木齐市文物保护管理所：《乌鲁木齐市柴窝堡林场Ⅱ号点墓葬》，《新疆文物》1999年第3—4期，第29页"墓葬登记表"。
② 图二至图四截取自新疆文物考古研究所、乌鲁木齐文物保护管理所《乌鲁木齐柴窝堡林场Ⅱ号点墓葬》，《新疆文物》1999年第3—4期。
③ 新疆考古文物研究所：《鄯善苏贝希墓群一号墓地发掘简报》，《新疆文物》1993年第4期，第2页，插图十。

中编　裕固族民间文学与民俗

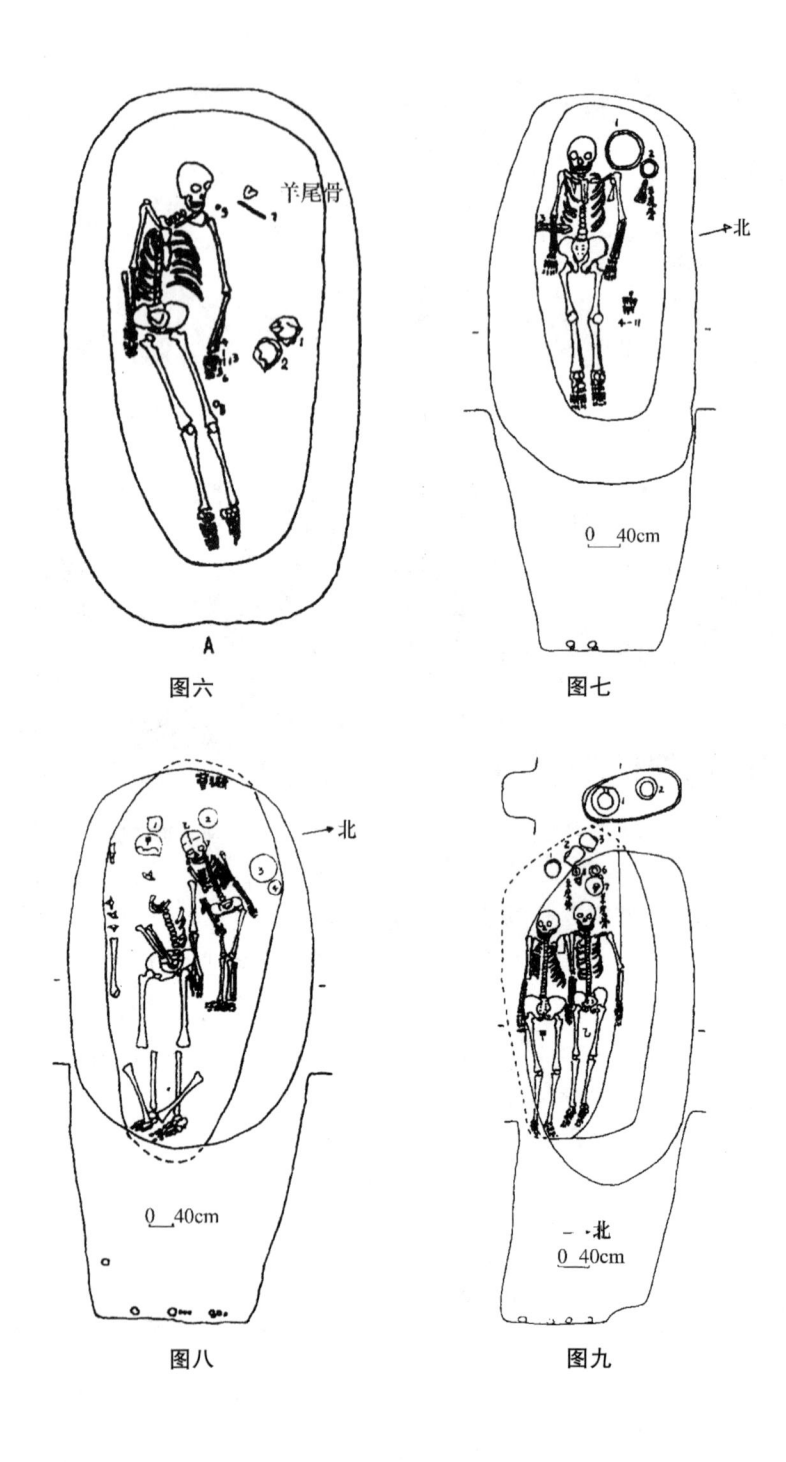

图六

图七

图八

图九

裕固族"以背为尊"溯源

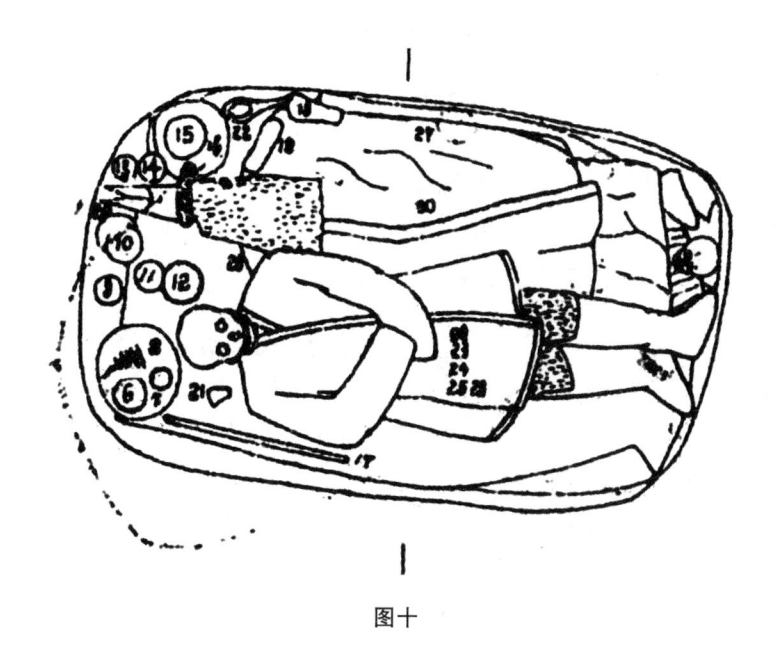

图十

甚至已定居农耕的楼兰居民也有这样的习俗。如平台墓地 MA7 墓,其中一尸体左肩部有一羊椎骨①(见图十一)。

另一尸体头前有四具羊头骨。孤台墓地出土的椭圆盘、圆盘中均有羊头骨和羊其他部位的骨头。②大部分羊尾椎骨或脊椎骨均盛放在木盘当中,或置于死者头部左侧,或左手旁。显然,这不仅仅具有食物的意义。需要说明的是,墓葬中也有随葬羊的其他部位的情况,如羊头、羊腿等,还有个别是全羊、半羊的实例,但羊椎骨、荐骨(骶骨)所占比例较多,且出现在墓葬中的位置较特别,多在左肩部(尼勒克县奇仁托海墓葬报告称亦有在尸骨右侧的现象)。这种情况正好反映了死者社会地位之不同。在察布查尔县索墩布拉克古墓群第 26 号墓葬中甚至有牛尾椎骨③,柴窝堡墓葬

---

① 侯灿:《楼兰城郊古墓群发掘简报》,载《高昌楼兰研究论集》,新疆人民出版社 1990 年版,第 334—355 页插图。
② 侯灿:《楼兰城郊古墓群发掘简报》,载《高昌楼兰研究论集》,第 334—356 页。
③ 新疆文物考古研究所:《察布查尔县索墩布拉克古墓群》,《新疆文物》1995 年第 2 期。登记表:26 号墓,二次葬,男性,20 岁左右,牛骶骨一块;27 号墓,二次葬,女性,25 岁左右,牛牙床、牛骶骨、猪距骨各一块;29 号墓,二次葬,女性,25 岁左右,陶片,牛脊椎骨(第 19 页)。

图十一

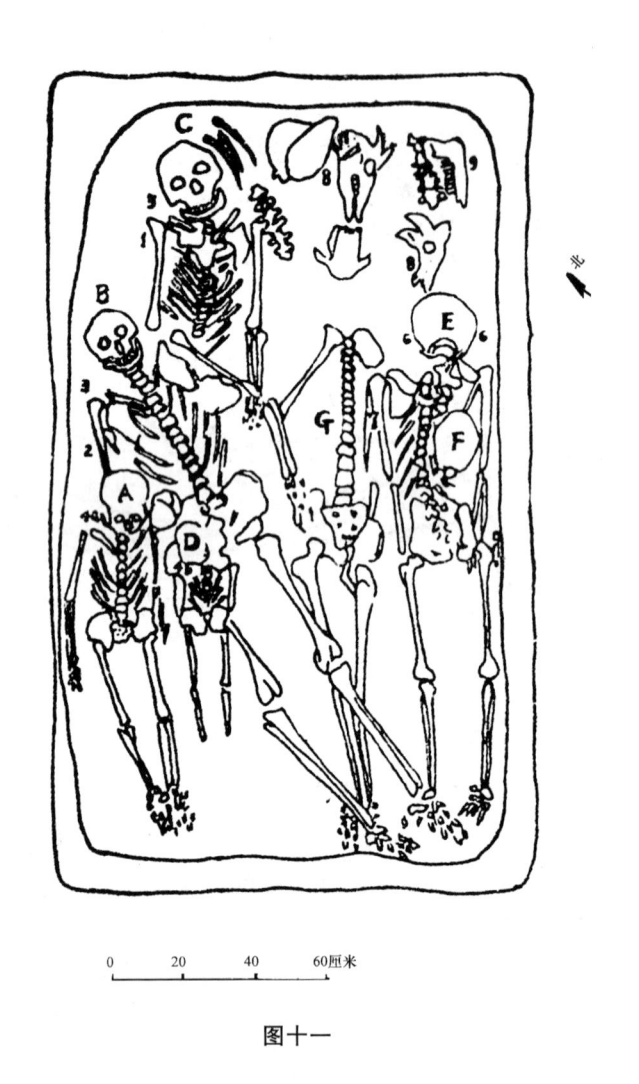

中还发现殉葬的马的荐骨（骶骨）①，与羊椎骨及荐骨一样，我们认为同样反映了该部分地位尊贵的观念。可以做这样的猜想：头部左侧出现动物尾椎骨的死者，应该是部落中地位较高者。这些墓葬的时代在公元前5世纪到前4世纪之间，据研究，可能是活跃在广阔的亚欧草原的塞人墓葬（见发掘各考古简报）。凡尸体旁有牛、马、羊荐骨（骶骨）的墓主，可视为

---

① "此外，还有羊骨和马骶骨，分别出土于 M1 的封堆和墓室中。"（新疆文物考古研究所：《1993 年乌鲁木齐柴窝铺堡墓葬发掘报告》，《新疆文物》1998 年第 3 期）

生前社会地位尊崇者。

新疆各古墓葬，以尾椎骨殉葬的事例更多。但由于发掘者尚未意识到以其随葬的特殊意义，许多考古报告对此现象的描述过于简略，多以"羊骨"概称，或略去不录，且视作随葬食物，无法知道更多的详情。

因此，"以背为尊"的观念及习俗，既不源于蒙古族，也不是突厥系族专有，而是起源于更早的游牧民族，即从公元前5世纪算起，持续了两千年到三千年，后来相继活动在亚洲草原的游牧民族承袭了这一习俗和观念，流传至今。

二 史籍中相关资料的分析

如果我们注意裕固、蒙古等民族"抬羊背子"仪式的重要环节和用具的话，也许会对此认识更清晰一些。

"抬背为敬"仪式的重要程序是将煮熟的肉，盛放在大盘中，置放在客人面前。关于这种大盘，不仅许多田野资料都有披露，且在新疆古墓中屡有发现。[①]

而古代汉籍对这种羊肉的烹饪和分配方式，最早可上溯至汉代的"羌煮"和"貊盘"。

"貊盘"是汉代羌胡等北方少数民族待客的一种重要用具，它与敬客习俗密切相关，就是将煮熟的羊肉盛放在一种盘子当中，供客人食用。

《东观汉记》载："羌胡见客，炙肉未熟，人人长跪前割之，血流指间，进之于（窦）固，固辄啖之，不秽贱之，是以爱之如父母也。"[②] 这条资料虽然记载的是"炙肉"，但"进之于固"透露出用盘盛而敬客的习俗。后来，中原汉族地区受其影响，也盛行"貊盘"。

晋干宝《搜神记》卷七："胡床、貊盘，翟之器也；羌煮、貊炙，翟之食也。自太始以来，中国尚之。贵人富室，必畜其器，吉享嘉宾，皆以

[①] 见苏贝希墓葬之 M6：1M7：4M6：13 图。新疆文物考古研究所、吐鲁番地区博物馆：《鄯善苏贝希墓群三号墓地》，《新疆文物》1994 年第 2 期，图版三。

[②] （汉）刘珍等撰，吴树平校注：《东观汉记校注》卷一二（上册），中州古籍出版社 1987 年版，第 414 页。

为先。"①《宋书·五行志一》："晋武帝泰始后,中国相尚用胡床、貊盘,及为羌煮、貊炙。贵人富室,必置其器,吉享嘉会,皆此为先。"② 透露出魏晋南北朝时期,中原士人烹煮羊肉以待客的习俗发生了大的变化,这种变化就是将煮好的羊肉盛于"貊盘"而置放于客人面前。由于"貊盘"较大,盛放的肉较多,势必影响到食物的分配方式和人们的进食方式——需像游牧民族一样围在一起进食。

关于"貊盘",笔者将有专文考证,此处不赘。③

这使我们不得不重新审视早期匈奴人"贵壮贱老""壮者食肥美,老者食其余"的饮食制度。④

据《史记·匈奴列传》:匈奴"自君王以下,咸食畜肉,衣其皮革,被旃裘。壮者食肥美,老者食其余。贵壮健,贱老弱"。⑤ 投降匈奴的汉人中行说有一段著名的阐释："匈奴明以战攻为事,其老弱不能斗,故以其肥美饮食壮健者,盖以自为守卫,如此父子各得久相保,何以言匈奴轻老也?"⑥ 这说明,在匈奴时期,游牧民族即已奉行一种等级饮食制。至于将羊分为"肥美"和"其余",这或者是汉族人看到的表象,其实如后世"抬羊背子"一样,该习俗可能有更深刻的象征和文化人类学意义。在已发掘的匈奴人墓葬当中,"墓葬中常见的动物骨骼,动物种类有绵羊、山羊、牛、猪、狗等家畜,在 12 座墓葬中也发现鱼的骨骼。最常见的是绵羊的胸部或尾部,也有其他的部位。猪、狗的骨骼比较少见。发掘者认为这些动物骨骼最初应该是作为肉类食品随葬的,它们或者和陶器一起放在头箱里,或者放在死者头部的外侧"⑦,"在少数随葬品较丰富的墓葬中还发

---

① (晋)干宝:《搜神记》卷七,中华书局 1979 年版,第 94 页。
② 《宋书·五行志一》,中华书局校点本,三册,第 887 页。
③ 参考笔者《"貊盘"考——兼论游牧肉食方式对中原的影响》一文。赵荣光主编《留住祖先餐桌的记忆:2011 杭州·亚洲食学论坛论文集》,云南人民出版社 2011 年版,第 113—136 页。
④ [韩]金天浩:《北方游牧民族和韩国灌肠文化比较》,"高台魏晋墓及丝绸之路历史文化研讨会"参会论文,待刊出。此铜鍑出土于乌兰巴托东北一个叫"Duurlig"地方的匈奴墓葬。韩国国立中央博物馆《匈奴 DuurligNars 墓葬发掘成果展》,(蒙古 DuurligNars 墓)第 29 图,出版:韩国(株)Winer 志,2009 年。
⑤ 《史记·匈奴列传》,中华书局点校本 1962 年版,第 2879 页。
⑥ 《史记·匈奴列传》,第 2899 页。
⑦ 潘玲:《伊沃尔加城址和墓地及相关匈奴考古问题研究》,科学出版社 2007 年版。第三章伊沃尔加墓地介绍。家畜骨骼,第 51 页,图 3—10;伊沃尔加墓地随葬品的摆放方式举例(二),第 51 页。

现绵羊或牛的头骨，这些头骨有的和陶器一起放在头箱内，有的放在盖板上，有的发现于填土中，有的头骨旁边还摆放蹄骨。根据中国学者对中国北方长城地带春秋战国时期墓葬的类似情况分析可知，这些家畜头骨大多数应该和上述作为肉类随葬的家畜其他部位的意义不同，特别是有的头骨旁边还摆放蹄骨，说明是以家畜的头蹄代表全牲，是一种殉牲现象。"① 如该墓确为匈奴墓葬，则说明匈奴人也有类似"羊背子"的饮食方式，就是将肉食分等级视尊贵卑贱而授予不同的饮食者。韩国汉阳女子大学教授金天浩先生的论文《北方游牧民族系统和韩国灌肠文化比较》一文图4为一匈奴墓葬出土的铜鍑，其中恰有动物的仙骨，如图十二所示。

图十二

虽为牛骨，但足以说明匈奴人确实以仙骨殉葬，这和《封氏闻见记》所记漳河古堤出土的动物尾骨（尾脾骨）一样，其作用不单是为死者在另一个世界供应肉食，而且有更重要的意义。

虽说"抬羊背子"的宴会形式包括招待重要的客人，但在婚礼当中，却将后臀敬献给来参加婚礼的新娘的舅舅，这在裕固族、撒拉族当中均相同。裕固族在重要的宴会当中，羊背子敬献的次序是先敬献给头人，其次

---

① 杨建华：《春秋战国时期中国北方文化带的形成》，文物出版社2004年版，第51—52页。匈奴墓葬中也有穿孔的羊肩胛骨，发掘者推测用于占卜。见该书第60页。

是喇嘛，再次才是舅舅；而在婚礼上，则舅舅是献羊背子的首选。

撒拉族人在婚礼上献羊背子的对象是新郎新娘双方的舅舅，敬献羊背子后也要诵说祝婚辞，①和裕固族如出一辙。但似乎只有婚礼仪式上才有这样的举动，而一般欢迎其他客人的宴会上有无吟唱颂词活动，尚不得而知，还需要进一步调查。

我们还注意到裕固族、撒拉族敬献的羊背子一般不当场吃用，而是作为礼物带回家。东乡族在"吃平伙"中也将自己分得的那一部分带回家吃用。史料记载，蒙古贵族在参加皇帝宴请时，将赏赐的羊肉视作珍贵礼品和无尚荣宠，不计较污染质量珍贵的衣服，揣入怀中带回家。据《清稗类钞》记载："年班蒙古亲王等入京，值颁赏食物，必携之去，曰'带福还家'。若无器皿，则以外挂兜之，平金绣蟒，往往为汤汁所沾濡，淋漓尽致，无所惜也。"②"如果主人给任何人一份特殊的羊肉，那么按照他们的风俗，这个人必须亲自把这份肉吃掉，而不能把它给别人。但是，如果不能把它全部吃掉，也可以带走，或交给他的仆人替他保管。否则，他可以把它放在他的方形袋里。他们也把暂时来不及细嚼和细啃的骨头放在袋里，以便以后可以啃它们，不致浪费食物。"③其中"特殊"的部分，显然是根据各人不同地位而获得的羊之不同部位，其中当包括"羊背子"。裕固族的份子肉亦可带回去，但在当场吃用羊背子的场合，背子肉要切割给每位在场的客人，以让所有人都有享受。"带福还家"和具有的某种特殊作用都表明，"羊背子"有某种象征意义。

突厥、契丹等族还以鹿尾为珍。

据《酉阳杂俎》：

> 梁刘孝仪食鳝鲋，曰："五侯九伯，令尽征之。"魏使崔劼、李骞在坐，劼曰："中丞之任，未应已得分陕？"骞曰："若然，中丞四履，当至穆陵。"孝仪曰："邺中鹿尾，乃酒肴之最。"劼曰："生鱼、熊

---

① 马秀芬：《撒拉族婚礼》，《驼泉》2007年第3期。
② （清）徐珂：《清稗类钞·饮食·蒙人宴会之带福还家》第13册，中华书局1984年版，第6275页。
③ ［英］道森编，吕浦译，周良霄注：《出使蒙古记·鲁不鲁乞东游记》，中国社会科学出版社1983年版，第116页。

掌，孟子所称。鸡跖、猩唇，吕氏所尚。鹿尾乃有奇味，竟不载书籍，每用为怪。"孝仪曰："实自如此，或是古今好尚不同。"梁贺季曰："青州蟹黄，乃为郑氏所记，此物不书，未解所以。"骞曰："郑亦称益州鹿，但未是珍味。"①

则南北朝时，邺中已以鹿尾为珍，但"益州鹿"尚未为珍。显然，以鹿尾为珍的观念来自北方游牧民族。

"邺中鹿尾"流行之际，正是胡族统治中国北方之时。

《隋书》卷八十四《突厥传》："沙钵略一日手杀鹿十八头，赍尾舌以献。"②"禄山……又进鹿尾酱、鹿尾骨等。"③

可见，沙钵略和安禄山正是按照本民族的习俗，以敬献鹿尾等方式来表示对中原皇帝的尊崇。

受北方游牧民族饮食文化的影响，唐代遂致流行食用鹿尾，以鹿尾为珍，鹿尾、鹿舌开始进入土贡之列。《新唐书》记载会州会宁郡"土贡：驼毛褐、野马革、覆鞍毡、鹿舌、鹿尾。"④

《太平寰宇记》引西晋乐资的《九州岛要记》云："玄武山，一名赤雀山，一名宜君山，山有鹿尾入贡。"⑤（玄武山在今四川中江县）西晋时，"鹿尾"已被视为珍品。

以鹿尾为珍品也频繁出现在文人作品中，如张鷟的《游仙窟》就罗列鹿尾、鹿舌。⑥陈子昂甚至著《鹿尾赋》，哀叹鹿因其尾贵珍而致丧命的际遇。⑦

而据袁枚《随园食单·特牲单·鹿尾》："尹文端公品味，以鹿尾为第

---

① （唐）段成式著，方南生点校：《酉阳杂俎》卷七《酒食》，中华书局1981年版，第67—68页。
② 《隋书》卷八四《突厥传》，中华书局校点本，第6册，第1870页。
③ （唐）姚汝能撰，曾贻芬点校：《安禄山事迹》卷上，上海古籍出版社1983年点校本，第9页。
④ 《新唐书》卷三七，中华书局校点本，第4册，第973页。
⑤ （宋）乐史撰，王文楚等点校：《太平寰宇记》卷八二，中华书局2007年版，第1650页。
⑥ （唐）张鷟：《游仙窟》，上海书店1985年版。
⑦ 作者序言"太子司直宗秦客置酒金谷亭，大集宾客，酒酣，共赋座上食物，余为鹿尾赋焉"。可知，宴会肴馔有鹿尾一味。但该版本写为《麎尾赋》，盖不解唐人以鹿尾为珍之故。（唐）陈子昂著，徐鹏校：《陈子昂集》，中华书局1960年版，第1—2页。

一。然南方人不能常得。从北京来者,又苦不鲜新。余尝得极大者用菜叶包而蒸之,味果不同。其最佳处,在尾上一道浆耳。"① 所谓"尾上一道浆",应即包含了尾部相连的部分,证之以安禄山进"鹿尾骨",正是鹿之荐骨。显然,今日鹿尾作为名馔原料,非为鹿尾具有很高的营养价值和壮阳功能,而是来自早期"以背为尊"的观念。

笔者认为,唐朝名重一时的"烧尾宴",正是承袭了北方民族"以背为尊"饮食习俗的反映。②

地处东北的达斡尔族,则视猪背为最尊,在婚礼上,必须置于上席:"就席时,按辈分和年龄大小,由左向右顺序而坐,南方莫昆男女分别坐在席边(靠炕沿),各桌上的席不一样。'达·希热'(头桌,即长辈席)上'瓦其'(猪尻背骨肉),'接其·希热'、'吉他日·希热'(第二、第三桌)上'达拉'(猪肩胛骨肉)。"③"猪尻背骨肉"即猪之荐骨,说明在达斡尔人当中,也是以背为尊,须由尊贵者来食用。只不过主角是猪。"瓦其"一词,应即"ucha"的音变。

因此,对《吕氏春秋·本味篇》所列美味"隽燕之翠"④,亦当如上理解。《礼记·内则》有"舒雁翠""舒凫翠",郑注云"尾肉也"。⑤ "翠"又作"䐌"。《玉篇》:"䐌,仓泪切,鸟尾上肉也。"《广韵》亦谓"鸟尾上肉";《博雅》:"䐌也";《广雅》:"䐌,髁蹶也。"《说文》:"髁,臀骨也。"魏晋时文人屡有歌咏:刘劭《七华》云"煎隽陵之缥翠"⑥,张协《七命》有"封熊之蹯,翰音之趾;燕髀猩唇,髦残象白"。⑦ 其中"缥翠""燕髀"所指均为鸟臀。非为"脾"之肥美,而是源于以之为尊。

直至今日,汉族一些地区及东乡族仍以鸡臀为尊。

---

① (清)袁枚著,关锡霖注释:《随园食单》,广东科技出版社1983年版,第63页。
② 见笔者《释"烧尾"——一个唐代名宴称谓的文化人类学解读》,载《唐研究》第16卷,2010年。
③ 《达斡尔资料集》编辑委员会、全国少数民族古籍整理研究室编:《达斡尔资料集》,第三集,第十一章《生活习俗·婚姻》,民族出版社2002年版,第232页。
④ 陈奇猷:《吕氏春秋新校释》,上海古籍出版社2002年版,第745页。
⑤ (清)阮元校勘:《十三经注疏》,浙江古籍出版社1998年版,第1466页。
⑥ 《全三国文》卷三二,(清)严可均辑《全上古三代秦汉三国六朝文》,中华书局1958年版,第1233页,1985年第三次印刷。
⑦ 《全晋文》卷八五,《全上古三代秦汉三国六朝文》,第1954页。

三 "背"的神圣与生殖崇拜

古人为何以动物的荐骨（背）为尊呢？关于这个问题，也许从名称本身可寻找到答案。

按《广雅》："背，谓之胝背也。"则胝骨部分也称之为"背"。因此荐骨部分也称为"背"或"背皮"。

"羊背子"之部分，在汉语里，有"胝骨""荐骨""铲骨"等称谓，还有一些其他的俗称，如"琵琶骨""羊蝎子"等。胝，《博雅》谓：背谓之胝。《玉篇》：臀也。只有《集韵》谓：典礼。切音邸，义同。

《尔雅注疏·释器》：

> 邸谓之柢。注：根柢，皆物之邸，邸即底，通语也。疏曰：邸谓之柢。释曰：根柢，名柢，邸，本也。郭云：根柢，皆物之邸，邸即底，通语也。言凡物之柢，必在底下，因名之也。即《周礼·典瑞》云：四圭有邸，以祀天；两圭有邸，以祀地。皆谓邸为本柢也。①

因此，邸即柢，也即底，事物之根本也。

以此命名该骨骼，是古人将此部分视为生命之根本。

"铲骨"及民间俗称"琵琶骨""羊蝎子"等词，意其形状相似故。

日语中，荐骨被称作"仙骨"。该词在中国古史料中指具有可成为神仙的资质者，不指人或动物某部分骨骼。该词是一个日语词汇，由法语的"sacre"或拉丁语的"sacrum"意译而来。该词有"神圣的""圣骨"之意，因此翻译为一个看上去汉语化的词"仙骨"。近年来，中国一些人也开始使用该词。"仙骨"一词，倒是恰当地反映了先民视胝骨为生命源泉的观念。宫野成二编著的《造语方式による医学英和辞典》解释该词的来历及神圣含义甚详：

> "仙骨"的原意为"神圣之骨"。关于其由来有以下诸说，标示统

---

① （清）《尔雅注疏》卷五，《十三经注疏》，第2601页。

一的观点是困难的：仙骨是死后最后腐败之骨，其基于在复活之日，肉体将以仙骨为中心再构成的信仰；仙骨是脊椎、头骨等重要的承载者，支撑、保护前面的肠、特别是男女的生殖器等，亦即守护灵器之骨，犹如供神。在昭和二十年前，一直写作"荐骨"，以供神。"荐骨"即供神之骨的意思。实际上，仙骨是在牺牲的仪式上而被供养的神圣荐体。①

而荐骨，中国古代史籍不特指骶骨部分。以此骨称谓"荐骨"，正说明古人视其为重要部位，因此，才以之荐神。

《尔雅注疏》："荐，陈也。"②

《玉篇》："荐，古豸。子见切。兽所食草也。又进献也，陈也。"

因此，"荐"有陈、献之意，以此部分称"荐骨"，应有将此部分敬献神祇的含义。联系上述骶骨之意，表达了古人将动物之最根本部分敬献神祇的意思在内。

唐人封演所著《封氏闻见记》记载了一个在漳河古堤墓葬中挖掘出一块奇特骨头的事：

> 巨骨：李司徒勉，在汀州，曾出异骨一节，上可为砚。云在南海时，有远方客所赠，云是蜈蚣脊骨。又太子少师薛萼为邢州留后，亦有大骨。面广尺余，形圆有两耳，高可三四寸。云："洺州人掘漳河古堤，于瓮中所得。"刺史魏凌知萼爱奇，故封寄焉。题云："阎老王尾臎骨。"凌与萼酒徒相狎，故有此戏。③

---

① 仙骨の原意が"神聖な骨，sacred bone"である由来については次のような諸説があり。統一した見解を見出しのは困難である。

1 仙骨は死後最後に腐敗する骨であり、復活の日に肉体は仙骨を中心に再構成されるという信仰に基づく。

2 仙骨は脊椎、頭骨など重要な骨を載せ、前方に腸、特に男女の生殖器などを支え、保護する、即ち霊器を守る骨であり、あたかも神に供するが如くである。昭和20年まで薦骨と書かれたのは神に供する、すなわち神に薦（すす）めるの意による。

3 実際に仙骨がいけにえの儀式に供されたという説（［日］宮野成二氏編著《造語方式による医学英和辞典》第802页，"sacro-"条注释，広川書店，1986年）。

② 《尔雅注疏》卷一，《十三经注疏》下册，第2570页。

③ （唐）封演著，赵贞信校注：《封氏闻见记校注》卷八，中华书局1958年版，第70—71页。

从其描述看，薛萼所出之骨虽不能断定属何种动物，但魏凌题词"尾膐骨"，且其形状正是荐骨（见图十三）。荐骨被葬于瓮中，则说明当时生活在漳河一带的先民亦视荐骨为神圣。葬于瓮中，正与新疆古墓中出土盘中盛放荐骨意旨相同也。

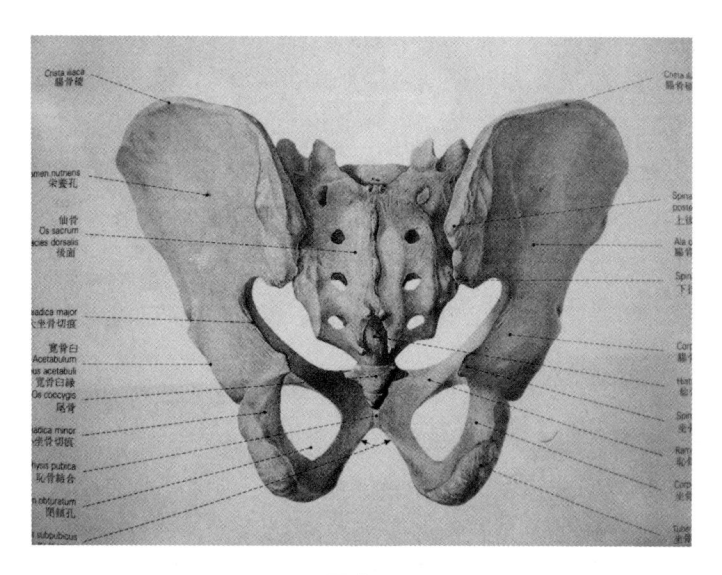

图十三

而"荐骨"一词的西语"圣骨"，更明确地表达了古人的这个意思。英文荐骨（Sacrum）一词，源自希腊文"hieronostoun"，意为"圣骨"，拉丁文"神圣的"一词"sacred"即从希腊语来。为何以此部分肢体为神圣部分呢？对此，已有学者进行过深入研究：

> 圣骨（Sacrum）是人死后身体内腐朽的最后一块骨头，因此也是复活所必须的。这种观点使之被认为神圣。《圣经》里关于此的暗示，即某块骨头是复活所必需的，出现在"诗篇"34：21："他凝视所有的骨头；有一块将不会腐朽"［希伯来词汇也包含了相同的表示否定的训诫，如同"你不能杀戮"（Thoushallnotkill）、"不能"（shallnot）之类的训诫］。有关骨头和复活的关系还出现在《旧约》"以西结书"37：1—10 有关干枯骨谷和复活日的预言里，在复活的那天，骨头上

会重新长出肉,身体会复活。①

伊斯兰教经典《布哈里圣训实录》中记载了一段阿布·胡赖勒传述先知的话:"人体的一切都将腐朽,唯有他的骶尾骨,由此使人类复生。"②

由上可知,此部分为生命之根本,亦即生命之源泉和所在。因此,敬神首用此部分。看来中西都均有视此部分为动物生命之最根本所在的观念。但《礼记·祭统》却并未反映祭祀以"背"为贵:

> 凡为俎者,以骨为主。骨有贵贱。殷人贵髀,周人贵肩。凡前贵于后。俎者所以明祭之必有惠也。是故贵者取贵骨,贱者取贱骨。贵者不重,贱者不虚,示均也。注曰:殷人贵髀,为其厚也;周人贵肩,为其显也。凡前贵于后,为脊胁臂臑之属。③

"殷人贵髀"被考古材料所证实,安阳殷墟 M1713 墓曾出土牛骶骨一件,发掘者推测,墓主是一位武职官员。④

髀,《说文解字》谓:股也。段玉裁注:"髀骨,犹言骰骨也。"《说文解字》又解"骽"谓"髀骨也"。《一切经音义》引《三仓》谓"骽,尻骨也"。⑤ 正是荐骨。从下引《梦溪笔谈》资料及北方游牧民族墓葬出土尾骨看,亦并非今日之股骨,而是髋骨。《仪礼注疏》谓:"髀不升,近窍,贱也。"⑥ 这恐怕是后起的观念。从上举《礼记·祭统》看,殷人即贵

---

① Oscar Sugar. How the sacrum got its name [J] JAMA: the Journal of the American Medical Association. VOL257 (15), pp. 2061—2063 (1987).
② 祁学义译,朱威烈、丁俊校:《布哈里圣训实录全集》,第三卷,第 215 页,第 4814 段,宗教文化出版社 2008 年版。第三卷第 4935 段亦有同样的圣训:"人身上的一切都腐朽,唯有一块骨头,那就是骶尾骨,复生日,从该骨头再复造人类。"第 254 页。
③ 《礼记正义》卷四九,《十三经注疏》下册,第 1605 页。
④ 中国社会科学院考古研究所安阳工作队:《安阳西区一七一三号墓的发掘》,《考古》1986 年第 8 期。
⑤ (唐)玄应:《一切经音义》卷五九,《续修四库全书》,上海古籍出版社 2002 年版,第 197—283 页。
⑥ 《仪礼注疏》卷四《士昏礼》有"盹髀不升",郑玄皆注"近窍,贱也"。《十三经注疏》,第 963 页。《仪礼注疏》卷四十七,《十三经注疏》,第 1197 页,"少牢馈食之礼":"司马升羊右胖,髀不升,肩、臂、臑、膊骼,正脊一、腿脊一、横脊一、短胁一、正胁一、代胁一,皆二骨以并,肠三、胃三、举肺一、祭肺三,实于一鼎。"注为:"升,犹上也。上右胖,周所贵也。髀不升,近窍,贱也。"

髀。古代墓葬中多有此部分,以及"羊背子"为"荐体"之说可证所谓周人祭祀不升髀是"近窍"的观念为后人想当然。

在婚礼中,以此部分首先敬献舅舅,也隐约透露出尚然保存着古老观念在内。因为在许多民族当中有这样的说法:舅舅是骨头的主。卫拉特蒙古族以此部分敬女婿,以胸骨敬献女性宾客①(匈奴墓葬中多尾骨和胸骨是否与此相同?)、拉德罗夫说阿尔泰人以羊之尾部赠送求婚者等,均说明此部分与生命繁殖有关。

《清稗类钞》记载了一则清代元日祭神后吃祭神肉的过程,正反映了满族对此习俗的继承:

> 大内于元旦次日及仲春秋朔,行大祭神于坤宁宫。钦派内外藩王贝勒辅臣六部正卿,吃祭神肉。上面北坐,诸臣各蟒袍补服入,西向神幄,行一叩首,礼毕,复向上行一叩首礼,合班席坐,以南为上,视御座为尊也。膳房大臣捧御用俎盘跪进,行髀体为贵。司俎官以臂肩腰骼各盘列诸臣座前,上自用御刀割折,诸臣皆自脔割。食毕赐茶,各行一叩首礼,上还宫,诸臣以次退出。②

这可看作一个完整的全羊宴形式,只不过名义是祭神。从"行髀体为贵"、地位最尊贵者先割、然后诸臣皆自脔割的整个过程看,与蒙古族的全羊宴如出一辙。其"髀体",虽非解剖学上动物之荐骨,但相信应为"羊背子"。

由此可推知,新疆诸多古墓葬中出现羊之脊椎骨和尾椎骨,不独为死者殉葬肉食,更重要的意义则是期望生命的延续、繁衍和再生。

沈括的《梦溪笔谈》记载了一条史料:"西戎用羊卜,谓之跋焦。卜师谓之厮乩,以艾灼羊髀骨,视其兆,谓之'死跋焦'。其法,兆之上为神明,近脊处为坐位,坐位者,主位也。近傍处为客位。盖西戎之俗,所居正寝,常留中一间以奉鬼神,不敢居之,谓之神明,主人乃坐其傍,以此占主客胜负。"③用羊髀骨以卜吉凶,在蒙古人、西夏人、契丹人当中都

---

① 马大正:《卫拉特蒙古史纲》,新疆人民出版社2006年版,第670页。
② (清)徐珂:《清稗类钞·恩遇类》,中华书局1984年版,第1—272页。
③ (宋)沈括撰,胡道静校注:《新校正梦溪笔谈》卷一八,中华书局1957年版,第186页。

有存在,《山堂肆考》引《燕北杂记》谓:"契丹行军,不择日,用艾和马粪于白羊琵琶骨上炙,炙破便出,不破即不出。一云鞑靼占卜,每用羊脾骨,以铁锥锥之,视其兆拆,以决大事。"① 《御定渊鉴类函》引《辽史外记》:"西夏国凡出兵先卜,有四:一炙勃焦,以艾灼羊脾骨。"② 重要的是沈括解释为何用髀骨。"近脊处"的"主位"当即荐骨。此部分与居处之正位一样,用于"奉鬼神"。与视"荐骨"为神圣的观点如出一辙。

《黑鞑事略》也记载了当时蒙古人的羊骨占卜:"其占筮,则灼羊之枚子骨,验其文理之逆顺而辨其吉凶,天弃天予一决于此,信之甚笃,谓之烧琵琶。事无纤粟不占,占不再四不已。""枚子骨。霆随一行使命至草地,鞑主数次烧琵琶以卜使命去留。想是琵琶中当归,故得造归。烧琵琶即钻龟也。"③ 幸而有"烧琵琶"一词,可知"枚子骨"正是荐骨。

《吕氏春秋·古乐》中有上古"操牛尾、歌八阕"的记载,这其实就是一种祈求生殖繁衍的巫术舞蹈。所操之牛尾,正是生殖器之象征。"三人操牛尾,投足以歌八阕:一曰载民,二曰玄鸟,三曰遂草木,四曰奋五谷,五曰敬天常,六曰达帝功,七曰依地德,八曰禽兽之极。"④ 所歌之内容"载民""玄鸟""遂草木""奋五谷"等,无不与生殖有关。

汉族在春节期间有一个"打春牛"的习俗,"春牛"也称为"土牛",即用土、纸等制作的牛。然后在仪式上象征性地用鞭子抽打。关键是"春牛被打碎后,人们争相抢取预置在牛腹中的胡桃、柿饼、栗、枣、花生等物,叫作抢春。回家后将仿制牛的残体置于牛栏、猪圈、灶台等处,认为可令牛不生病,令猪壮如牛,令灶台不生虫蚁。更有无子嗣的人家若抢了土牛尾,回家后压在被褥下,据说就会早生贵子"⑤ 证明了牛尾与生殖的关联。汉语中"交尾"一词以及骂无子嗣之男性为"焦尾巴",用来表达尾巴与生殖之关系,恰能说明古人的观念。

而生命之根柢、源泉、生命之树,则应与早期的生殖崇拜有关。其他

---

① (明)彭大翼:《山堂肆考》卷一六五,《景印文渊阁四库全书》,台湾商务印书馆1983—1986年版,第353—977页。
② 《御定渊鉴类函》卷二一七,《景印文渊阁四库全书》,第630—987页。
③ 引自日本京都大学人文科学研究所藏手抄本。
④ 陈奇猷:《吕氏春秋新校释》,上海古籍出版社2002年版,第288页。笔者在撰写本文过程中,得王三庆先生提示此条资料。在此致谢。
⑤ 张勃:《民俗文化中的牛》,《百科知识》2009年第1期。

的都可以腐朽，唯有生命可赖之以生生不息。就解剖学而言，骶骨为生殖器所在处，因此，被先民视为生命之所在、源泉，具有不可思议之神圣功能。据此可以这样理解：所谓不朽者，生命之延续也，非为物理上之骨殖不朽也。因此，"以背为敬"透露的是早期人类生殖崇拜的观念。

结　语

盛行在裕固族当中的"抬羊背子"，是早期流行在北方草原的游牧民当中的一种饮食习俗，是一种等级饮食制在肉食和动物肢体部位尊卑观念的反映，在匈奴之前的塞人时期就已经形成，可能也流行在月氏人、乌孙人（由于一些墓葬尚无法判断族属）和匈奴人当中。匈奴人"壮者食肥美，老者食其余"则证明食肉时已分等级。东汉以后盛行的"貊盘"饮食方式，透露出当时的进食羊肉形式是用貊盘盛肉以敬尊贵客人，其表象部分已经传入中原汉族士人当中，对汉人的烹食羊肉并以之待客产生了重大影响。元明时期宴会上珍贵的一道看馔"羊背皮"也是该习俗的反映。"以背为敬"的饮食观念和习俗，后来在突厥人、契丹人、蒙古人当中流行。以突厥系和蒙古系为源头的撒拉族、裕固族也继承了这种习俗。该习俗就饮食本身而言，是一种等级饮食制的反映，但"以背为尊"，则有更深刻的文化人类学意义，即早期人类视"荐骨"部分为生命之源泉，之所以如此，是因为该部分为生殖器之所在，反映了先民的生殖崇拜。

"抬羊背子"之饮食习俗在各民族当中流行，也反映了丝绸之路上饮食观念的广泛传播和相互影响，其文化人类学之意义已经超出了饮食本身。

本文为日本学术振兴会"丝绸之路饮食文化研究"课题阶段成果之一，受2007—2009年度日本学术振兴会科学研究费特别研究员奖励费资助。本研究过程中，在新疆维吾尔自治区考古研究所及内蒙古自治区考察和收集资料时，得到刘学堂、邱陵、王征以及西北民族大学丁俊先生等的热情帮助。高田时雄先生翻译俄文资料，在此并致谢忱。

原载《中国裕固族研究》（第一辑）

裕固族"杀羊泡酒"觅踪
——丝绸之路饮食文化考察之一

一 裕固族"杀羊泡酒"与"羊羔酒"

裕固族是中国西部人口较少的民族之一，主要牧居在甘肃省河西走廊中部的祁连山以及明花区、酒泉市东部的黄泥堡等地，人口不到两万。有关其族源历史，研究已经很深入，其来源主要为回鹘人和蒙古人，为明代内迁的关西诸卫部众，明人称之为"萨里畏吾尔"。内迁后，靠近汉族聚居区的部分部众（黄泥堡乡），逐渐以农业生产为主，而在明花区及祁连山生活的部众，仍以游牧为主。1953年经本民族确定称"裕固"族。

撰修于明代嘉靖年间、可称为裕固族专志的《肃镇华夷志》两次记载了裕固族人在招待重要客人时"杀羊泡卤酒""杀羊一只，泡酒一缸"[1]的习俗，殊为特别。今天在裕固族中这样的风俗习惯已经消失，且资料没有更多的描述。

《肃镇华夷志》在《畏兀儿之属》风俗篇中记载：

> 诸番有恃强为恶，欺凌老弱者，被害之人自觉穷窭含忍，以兵相持，不敢赴头目伸（申）诉，以其先设羊酒在前，后食间方断事，因无羊酒，故不告耳。若有盗其牛马头畜，夺其妻妾子女者，被害之番亦无词状，赴大头目账房前，浅跪一膝，用首承额，以作跪拜之状，立于其侧，历诉情词，指画行迹，头目坐而点头，告状番夷，各回住

---

[1] 《肃镇华夷志校注·属夷内附略·风俗》，第291—292页。

所，明日杀羊一只，泡酒一缸，抬于头目账房面前，请大小头目聚饮，方呼犯罪之番，当面审问。诸番或强词不服，头目令其顶经，杀狗饮血，谓之天断。①

"杀羊一只，泡酒一缸"被称为"设羊酒"，是在重大活动中才有的举动。"羊酒"并非"羊"和"酒"，而是将羊肉和酒混合在一起的"饮食料"。

历观各代史料，将羊之肉脂与酒一起酿制者，首先是"羊羔酒"。而有关羊羔酒，则在宋以后史料中记载较多。

据宋吴坰撰《五总志》：

> 学士陶穀侍儿，太尉党公故姬也。陶一日以雪水分茶，谓之曰：党公解此乎？对曰：党公武人，每遇天寒雪，作时于锦帐中，命歌儿度曲，饮羊羔酒耳，安知此乐！陶怅然自失。党公智识过人，故为痴绝以保身，因知大将军未易一橾言也。②

陶穀（903—970）其人，为五代宋初著名文人，由于所著《清异录》而为饮食文化研究者所熟知。从此该典故成了文人津津乐道的佳话，不断出现在后人著作或诗歌当中。从这条资料亦可知，北宋初年，汴京等地已经流行喝"羊羔酒"了。

"党太尉"为党进（？—978），朔州马邑人，北宋猛将，《宋史》有传。喜欢喝"羊羔酒"与其出身北方草原地带有很大关系。虽然党进饮用"羊羔酒"是"为痴绝以保身"，从其婢话语中可知，当时饮用"羊羔酒"尚被作为鄙俗的饮食习惯，与高雅的饮茶相对，但到了北宋中期以后，则大量出现在文人酬唱吟和当中，且皇帝也每以羊酒赏赐臣下，饮用羊羔酒渐成中原文人之时尚，此后史料也记载，"羊羔酒"以山西所产有名。

明代《山西通志》卷七"物产·食属"即有"羊羔酒，出榆次；珍

---

① 《肃镇华夷志校注·属夷内附略·风俗》，第292页。
② （宋）吴坰：《五总志》，王云五主编《丛书集成初编》本第295册，商务印书馆1939年版，第16页。

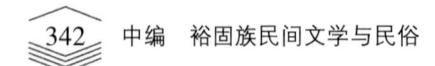

珠酒，出平定、太谷"① 的记载。

另有《山西通志》载：

> 酒有羊羔、玉露、豆酒、火酒之名。羊羔、玉露尤美。宋张能臣《酒名记》有汾州甘露堂。王世贞《酒品》曰：羊羔酒出山西汾州、孝义等县，白色莹彻，如冰清美，饶风味，远出襄陵之上，少挟膻气耳。②

苏轼《正月三日点灯会客》诗：

> 江上东风浪接天，苦寒无赖破春妍。试开云梦羔儿酒，快泻钱塘药玉船。
>
> 蚕市光阴非故国，马行灯火记当年。冷烟湿雪梅花在，留得新春作上元。③

则"襄陵"也产羊羔酒，被称为"羔儿酒"，只是没有山西的品质好。

据北宋王巩《甲申杂记》："初贡团茶及白羊酒，惟现任两府方赐之。仁宗朝及前宰臣岁赐茶一斤，酒二壶，后以为例。"④ 说明这种酒初始叫"白羊酒"，用于赏赐权臣，后形成一种惯例。

唐代诸多史料中尚未明确见有以羊肉入酒饮用的记载，而至宋代，始大量出现在史料及文人酬唱中，则羊羔酒可能流行在回鹘或契丹人当中，晚唐五代时传入中原，至苏轼的时代，甚至处于南方的襄阳也有生产。

羊羔酒在中原盛行，或与赵匡胤有关："内中酒，盖用蒲中酒法也。太祖微时，喜饮之。即位后，令蒲中进其方，至今用而不改。"⑤ 由于赵匡

---

① （明）李维桢纂：《山西通志》卷七，中国科学院图书馆选编《希见中国地方志汇刊》第四册，中国书店 1992 年影印本，第 78 页。
② （清）觉罗石麟等纂：《山西通志》卷四七《物产》，台湾商务印书馆 1983—1986 年《景印文渊阁四库全书》本，第 543—534 页。
③ 北京大学古文献研究所编：《全宋诗》第 14 册，北京大学出版社 1991 年版，第 9325 页。以下《全宋诗》均为北京大学出版社版本。
④ （宋）王巩：《甲申杂记》，《中国野史集成》本，巴蜀书社 1993 年版，第 458 页。
⑤ （宋）朱弁撰，孔凡礼点校：《曲洧旧闻》卷一，《唐宋史料笔记丛刊》，中华书局 2002 年版，第 87 页。

胤喜欢山西一带的酒,所以,皇家法酒以山西酒为主。或羊羔酒此时进入宫廷法酒行列,当时叫作"白羊酒"。如此猜测不错,则五代时即有此酒。

宋代中期以后,羊羔酒非常流行,且逐渐演变成立春日饮"羊羔酒"的时尚,文人墨客笔下多有吟诵,如张舜民《丞相宠示白羊御酒之作》:

> 进酒彤闱盏未干,春怀元老在长安。
> 双壶尤带肴山雪,一酌能消塞北寒。
> 好是兄弟同受赐,更邀宾客同交欢。
> 逡巡若遇头纲品,感激方明壮士肝。自注:前宰相在外,岁赐头纲团茶一斤,白羊酒二壶,计今受赐,惟康国在京,公在长安耳。[1]

晁公溯《饮兵厨羔羊酒》:

> 沙晴草软羔羊肥,玉肪与酒还相宜。
> 鸾刀荐味下曲蘖,酿久骨醉凝浮脂。
> 朝来清香发瓮面,起视绿涨微生漪。
> 入杯无声泻重碧,仅得一醉夫何为。
> 君不见先王作诰已刺讥,后来为此尤可悲。[2]

由于皇家用于赏赐,"团茶""羊羔酒"成了诗人津津乐道的话题,如陆游《辛丑正月三日雪》:

> 开岁尚残冬,佳哉雪意浓。
> 润归千里麦,声乱五更锺。
> 帘隙收初密,墙隅积已重。
> 龙团笑羔酒,狐腋袭驼茸。
> 危槛临欹竹,幽窗听堕松。
> 忽思西戍日,凭堞待传烽。[3]

---

[1] 《全宋诗》第 14 册,第 9699 页。
[2] (宋) 晁公溯:《饮兵厨羔羊酒》,《全宋诗》第 35 册,第 22399 页。
[3] 《全宋诗》第 39 册,第 24534 页。

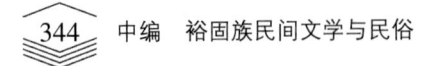

方岳《立春谢司法有诗次韵》其四：

> 草亭亦欲识诗葩，连夜开将雪树花。
> 清处尽强陶学士，不关羔酒与龙茶。①

赵必瑑《生朝觞客即席用韵》：

> 西风吹客浮仙槎，万斛诗香散幽遐。
> 琼裾翠裳佩九霞，赐我羔酒龙团茶。
> 剪锦飞落山人家，黄绢幼妇无以加。
> 衰贱何足辱齿牙，相看白发羞黄花。
> 西山薇蕨东陵瓜，前村烟雨黄犊车。
> 共嚼秋芳咀春华，茅斋饮尽邻可赊。②

宋代文人尚有许多与羊羔酒相关的诗词。从这些诗歌所反映的情况看，羊羔酒在宋代属于最名贵的酒之一，还没有一种酒如此频繁地出现在文人的诗歌当中，足见其受欢迎的程度。如果说宋初尚以饮羊羔酒为粗鄙的饮食风俗，文人作品中往往将其与高雅的饮茶相比较的话，那么，到北宋中期以后，羊羔酒已取得了和"头纲团茶"相同的地位，连皇家也制作羊羔酒，文人也一改以前的鄙视和矜持，喜欢并以之为礼相送。腊尽春时，文人墨客于销金帐里拥衾围炉，饮酒食肉，用时尚的"药玉船"酒杯，③赏雪咏梅，吟诵高歌，几成文坛一道风景。官绅、士大夫将其作为礼物相互赠送，用"送礼好送羊羔酒"来形容不为过分，甚至演变成一种节令饮食习俗，被陈元靓《岁时广记》所收："饮羔酒。提要录：世传陶谷学士买得党太尉家故妓，遇雪，陶取雪水烹团茶，谓妓曰：党家应不是次？妓曰：彼粗人，安有此景？但能于销金帐下浅斟低唱饮羊羔儿酒耳。

---

① 《全宋诗》第 61 册，第 38275 页。
② 《全宋诗》第 70 册，第 43942 页。
③ 有关"药玉船"酒杯，日本学者青木正儿考之甚详，认为是一种似船形的瓷器酒杯，见氏著《中华名物考》，第 117—120 页。

陶默然，愧其言。东坡诗云：'试问高吟三十韵，何如低唱两三杯。'"①

到了南宋，"羊羔酒"已经进入食肆，《东京梦华录》载：

> 街南遇仙正店，前有楼子，后有台，都人谓之"台上"。此一店最是酒店上户，银瓶酒七十二文一角，羊羔酒八十一文一角。②

则"羊羔酒"不仅在食肆中很知名，且作为一种名贵酒而价格高于其他。

南宋宫中也酿造该酒，称作"羔儿法酒"：

> 淳熙七年十二月二十八日，南内遣御药并后苑官管押进奉两宫守岁合食、则剧、金银钱、消夜岁轴果儿、锦历、钟馗、爆仗、羔儿法酒、春牛、花朵等。就奏知太上皇帝："元日欲先诣宫朝贺，然后还内引见大金人使。"太上不许，传语官家："至日可先引见人使讫，却行到宫。"③

又称"香羔儿酒"。据《武林旧事》卷七："节使吴琚进喜雪《水龙吟》词……上大喜，赐镀金酒器二百两、细色段匹、复古殿香羔儿酒等。太后命本宫歌板色歌此曲进酒，太上尽醉。至更后，宣轿儿入便门，上亲扶太上上辇还宫。"④ 且以之作为赏赐："并造杂煎品味，如春盘、馉饳、羊羔儿酒以赐。"⑤

"法酒"一词，由来甚古。《史记》已出现该词⑥，《齐民要术》卷七专有"法酒"一节。一般指按照朝廷和官府颁布标准所酿造的酒，亦即

---

① 陈元靓：《岁时广记》卷四，台北：艺文印书馆印行1970年版，第122—123页。
② 孟元老：《东京梦华录》卷二，上海古典文学出版社1956年版，第12页。
③ （宋）周密：《武林旧事》卷七，载孟元老等著《东京梦华录》（外四种），古典文学出版社1956年版，第473页。
④ （宋）周密：《武林旧事》卷七，载孟元老等著《东京梦华录》（外四种），古典文学出版社1956年版，第474页。
⑤ （明）朱廷焕补：《增补武林旧事》卷三"赏雪"条，王云五主编《四库全书珍本十二集》第39册。
⑥ （汉）司马迁：《史记·刘敬叔孙通列传》："至礼毕，复置法酒。诸侍坐殿上皆伏抑首，以尊卑次起上寿。"第8册，第2723页。

"国标"酒。

"羊羔酒"之进入"法酒"行列，获得官府的认可，说明中原士人不再视其为腥膻鄙俗，而且普及的速度非常快。

市面上也出现了一些专卖羊羔酒的酒肆。

《曲洧旧闻》卷七"张次贤记天下酒名"有"姜宅园子正店羊羔""曹州银光，又三酘，又白羊"。① 或认为"三酘"是"羊羔酒"的另一种叫法。②

至元代，羊羔酒之名仍然频繁出现在当时的文学作品中，其制法从宋代开始，即已记录在饮食类著作当中。

最早记载羊酒制作方法的，是宋人朱肱的《北山酒经》一书，其中有"白羊酒"一款：

> 白羊酒：腊月取绝嫩羯羊肉三十斤，肉三十斤，内要肥膘十斤，连骨使水六斗已来，入锅煮肉，令极软。漉出骨，将肉丝擘碎、留着肉汁。炊蒸酒饭时，匀撒脂肉拌饭上，蒸令软。依常盘搅，使尽肉汁六斗，泼饎了，再蒸，良久卸案上，摊令温凉得所。拣好脚醅，依前法酘拌，更使肉汁二升以来，收拾案上及元压面水，依寻常大酒法日数，但曲尽于酴米中用尔。一法，脚醅发，只于酘饭内方煮肉，取脚醅一处搜拌入瓮。③

---

① （宋）朱弁撰，孔凡礼点校：《曲洧旧闻》卷七，中华书局 2002 年版，第 178、179 页。
② 据《嬾真子》卷五"箸下酒五酘酒"："苏秀道中有地名五木，出佳酒，故人以五木名之。然白乐天《为杭州太守日》，有诗序云：钱湖州以箸下酒，李苏州以五酘酒，相次寄到。诗云：劳将箸下忘忧物，寄与江城爱酒翁。铛脚三州何处会，瓮头一盏几时同。倾如竹叶盈樽绿，饮作桃花上面红。莫惟憨憨最相忆，曾陪西省与南宫。仆尝以此问于仆之七舅氏，曰：酘字与羖同意，乃今之羊羔儿酒也。详其诗意，当以五羖为之，以是酒名，故从西云。乐天诗云：竹叶盈樽绿，谓箸下酒，取竹有绿之意也；桃花上面红，谓五酘酒取桃花五叶也，后人不知，转其名为五木，盖失之矣。仆检韵中酘字，乃窦同音，注云：重酿酒也。恐酘难转而为木。"［（宋）马永卿《嬾真子》卷五，王云五主编：《丛书集成初编》本，第 66 页，商务印书馆发行，1939 年。］《清稗类钞·饮食》记有一种"三投酒"："三投酒者，即蒙古之波尔打拉酥也。初投者，谓之阿尔占；再投者，谓之廓尔占；三投者，谓之波尔打拉酥。其法以羊胎和高粱造之。"（徐珂编撰：《清稗类钞·饮食》，中华书局 1986 年点校本，第十三册，第 6315 页。其中"羊胎"颇疑为"羊脂"之误。）
③ （宋）朱肱：《北山酒经》，《中国科学技术典籍通汇·化学》卷一，河南教育出版社 1995 年版，第 870 页。

朱肱其人，生卒年不详，但为元祐三年（1088）进士，生活在11世纪到12世纪间。《北山酒经》称"白羊酒"而不说"羊羔酒"，说明"羊羔酒"还只是文人间对该酒的一种爱称。

宋人李保有《续北山酒经》，也记有"羊羔曲法"①，可惜没有具体说明。

宋人陈直《寿亲养老新书》卷三（卷三为元人邹铉续编）也记载其做法，并说明这是"宣和化成殿方"：

> 羊羔酒：米一石，如常法浸浆，肥羊肉七斤，曲十四两，诸曲皆可，将羊肉切作四方块，烂煮，杏仁一斤同煮，留汁七斗许，拌米饭、面，更用木香一两同醖，不得犯水，十日熟，味极甘滑。此宣和化成殿方。②

关于"宣和殿方"，以下资料也有载。

羊羔酒：《增便民图纂》：

> 十一月，羊羔酒。宣和殿方：米一石，蒸熟后蒸羊肉七斤，面十四斤，将肉切四方，仍烂煮，杏仁一斤同煮，留汁七斗，将饭面加木香一两同醖，毋下水，十日成酒，味极甘滑。③
>
> 羊羔酒，大补元气，健脾胃益腰肾。宣和化成殿真方：用米一石，如常浸浆，嫩肥羊肉七斤，曲十四两，杏仁一斤，同煮烂，连汁拌末，入木香一两同酿，勿犯水，十日熟，极甘滑。一法：羊肉五斤，蒸烂，酒浸一宿，入消梨七个，同捣取汁，和曲米酿酒饮之。④

化成殿为北宋宫殿之一。据《玉海》："道元年十月，改玉宸殿曰化成殿，四果贡珍果常贮此殿。"⑤细审三条宣称宣和化成殿"羊羔酒"方，微

---

① 李保：《续北山酒经》，《说郛三种》卷九四，第3册，第4296页。
② （宋）陈直撰，（元）邹铉续增：《寿亲养老新书》卷三，上海古籍出版社1990年版，第313—314页。
③ （清）李光地等：《御定月令辑要》卷十九，第43页，王云五主编四库全书珍本八集。
④ 陈贵廷主编：《本草纲目通释》，学苑出版社1992年版，第1296页。
⑤ （宋）王应麟：《玉海》卷一百六，第6册，台北：华联出版社1964年版，第3036页。

有不同处，是此方在流传过程中已有增益。其中"面十四斤"当为"面十四两"之形似而误。根据《甲申杂记》记载和张舜民《丞相宠示白羊御酒之作》自注，不仅说明羊羔酒贵重，也说明北宋皇家已有酿造"羊羔酒"的专人或专门机构，用以赏赐权臣。上述标准，应该就是宋代"羊羔酒"的国颁标准吧！

但称为"羊羔酒方"的文献，均出现在元代以后，① 据上引《北山酒经》，此方当时称为"白羊酒方"。

元人忽思慧《饮膳正要》记载："羊羔酒：依法作酒，大补益人。"②

元代佚名所著《居家必用事类全集》也有羊羔酒做法：

羊羔酒法：用精羊肉五斤，用炊罩裹了，放糜底蒸熟，干批作片子，用好糯酒浸一宿，研烂，以鹅李七只，去皮核，与肉再同研细，纱滤过，再用浸肉酒，研滤三四次，用川芎一两为末，入汁内搅匀，泼在糯米脚。糜肉下脚用面依常法。③

明人高濂《尊生八笺》也有其制法的记载：

羊羔酒：糯米一石，如常法浸浆，肥羊肉七斤，曲十四两，杏仁一斤，煮去苦水，又同羊肉多汤煮烂，留汁七斗，拌前米饭加木香一两同醞，不得犯水，十日可吃，味极甘滑。④

《五杂俎》云：

---

① （宋）陈直撰，（元）邹铉续增：《寿亲养老新书》卷三，上海古籍出版社1990年版，第313页。第二卷以后为元人邹铉续编。见《四库全书总目提要》："臣等谨案寿亲养老新书四卷，第一卷为宋，本名《养老奉亲书》，第二卷以后则元大德中泰宁邹铉所续增，与直书合为一编。"第738册，第283页。

② （元）忽思慧：《饮膳正要》卷三，《四部丛刊续编》子部，台湾商务印书馆1966年版，第6页。

③ （元）佚名：《居家必用事类全集》（己集），《北京图书馆珍本丛刊》61，书目文献出版社1988年版，第241页。

④ （明）高濂：《尊生八笺》卷一〇《饮馔服食笺》中卷，《北京图书馆珍本丛刊》61，书目文献出版社1988年版，第255页。

> 京师之烧刀，舆隶之纯绵也。然其性之凶昏，不啻无刃斧斤。大内之造酒，阉竖之菽粟也，而其品猥凡，仅当不膻之酥酪。羊羔，以脂入酿；呷麻，以口为手，几近夷人矣。此又仪狄之罪人也。①

至明代，宫廷仍酿造"羊羔酒"。

"呷麻，以口为手"透露了酒的另一种饮法，即我们在后文将涉及的"咂麻""芦酒"等筒管吸饮法。难怪《五杂俎》的作者讥讽"几近夷人矣"。

而晁公溯《饮兵厨羔羊酒》和周必大"未雪兵厨已击鲜"句，则说明宋代公库也酿制"羊羔酒"。

程大昌《演繁露》谓：

> 兵厨"设厅、设厨"：今人谓公库酒为兵厨酒，言公库之酒，因犒军而醖也，太守正厅为设厅，公厨为设厨，皆以此也。汉有步兵校尉掌上林苑屯兵。晋阮籍闻步兵厨营人善酿，有贮酒三百斛，乃求为之，则亦兵厨之祖也。②

明人著《竹屿山房杂部》记载了两种羊羔酒的制作方法：

> 羊羔酒，每白糯米一石，炊作白酒浆，至时以肥羊肉七斤，切块，杏仁煮去皮尖苦味，一斤同水煮糜烂，留汁共六七斗，加木香末一两，俟寒倾入浆中，冬酿十日，酒熟取之。③

> 羊羔酒法：用精羊肉五斤，用炊箪裹了，放甑底蒸熟，干批作片子，用好糯米酒浸一宿，研滤三四次，用川芎一两为末，入汁内搅匀，泼在糯米脚糜内，下脚用曲，依常法。④

---

① （明）谢肇淛：《五杂俎》卷一一，《笔记小说大观》八编第六册，台北：新兴书局1977年版，第4027—4028页。

② （宋）程大昌：《演繁露续集》卷六，任继愈主编《中国科学技术典籍通汇综合卷》，河南教育出版社1995年版，第408页。

③ （明）宋诩：《竹屿山房杂部》卷六《养生部六》，王云五主持《四库全书珍本二集》，第211册，第11页。

④ （明）宋诩：《竹屿山房杂部》卷一五，《尊生部》三，《景印文渊阁四库全书》，第871册，第301页。

此条显然引自《居家必用事类全集》。

因此，"羊羔酒"早期叫"白羊酒"。研究者也皆以为"羊羔酒"实际就是"白羊酒"。

日本学者中村乔在《中国的酒书》中也认为，"白羊酒"，其"用曲"项和"羔儿酒"、其他书的"羊羔酒"属一类，就是添加了羊（羔）肉的酒。[①]

日本学者篠田统最早注意并专文研究"羊羔酒"这一用特殊原料酿造的酒的流传状况。1967年，他在《四条畷学园女子大学研究论集（一）》上发表了《羊羔酒》一文。文虽很短，但列举《阳春白雪》所载元人反映羊羔酒的诸多词作，较为系统地论述了羊羔酒的出现以及在宋元明清流行的情况，并引列《北山酒经》《居家必用事类全集》《尊生八笺》《本草纲目》所载之制作方法。但对"羊羔酒"产生的地域、时代仍然感到困惑，认为似乎是具有漠北或西藏特点的酒，也许是由马奶酒的方法而酿制的羊酒[②]。但由上述诗歌和造此酒之法可知，羊肉（羊脂肪）是制作该酒不可缺少的原料。

《中国饮食史》一书也认为"白羊酒"即"羊羔酒"[③]。

元代宫廷仍然酿制该种形式的酒，但称作"肥羊法酒"，民间更流行。元代戏剧作品中多有反映[④]。

元无名氏《须贾大夫许范叔》杂剧，第二折，《菩萨梁州》：

> 则我这绵囤也似衣裳，坐不的红炉也那土炕，吃黄虀的肚肠，[带云]抬了者[唱]我吃不的这法酒肥羊，则我这三般地狱怎生当。无情风雪无情棒，似吃着无心草，死熬这腌情况，打得我肉绽皮开内

[①] ［日］中村乔：《中国的酒书》，东京：平凡社1991年版，第105—106页注1。

[②] ［日］篠田统：《羊羔酒》，第85—89页："どうして此のような酒が作り出されたのだろうか。一寸推測にくるしむ。強いて理屈をつけて見ると漠北乃至は西藏風の酒で、かの馬乳酒の羊むけの転化かもしれないと思う。"

[③] 徐海荣主编：《中国饮食史》卷四，华夏出版社1999年版，第181—182页。

[④] 除本文引用及附表四所列者外，杂剧《包待制智赚生金阁》《白兔记》《苏子瞻醉写赤壁赋》《朱太守风雪渔樵记》《陶学士醉写风光好》《杀狗劝妻》《东堂老劝破家子弟》《张协状元》《蔡伯喈琵琶记》等都反映时人以喝羊羔酒为奢侈生活之写照。

外伤，眼见的不久身亡。①

元无名氏《看钱奴买冤家债主》杂剧：第一折，《混江龙》：

  这等人动则是忘人恩，背人义，昧人心。管甚么败风俗杀风景伤风化。怎能勾长享着肥羊法酒，异锦的这轻纱。②

元宫天挺《死生交范张鸡黍》第一折：

  俺许多官人，怎生无一个栋梁之材，似我才学也够了。哥，你也少说少说。[正末云]：有有有。[唱]：都是些装肥羊法酒人皮囤。一个个智无四两，肉重千斤。③

《雍熙乐府·仙吕宫调·赠妓》"尾声"：

  跳不出引魂灵的绮罗丛，迷子弟莺花队。费精神花朝月夕，醉舞狂歌共宴集，樽席上做小伏低，敛愁眉强整容仪。你便是法酒肥羊不甚美，子不如绩麻燃絮，随缘活计，那其间便是得便宜。④

《刘千病打独角牛》杂剧：[仙吕点绛唇]：

  你则说春种秋收，使牛耕耨，为村叟。我和你话不相投。我则待斗智相搏手。[禾俫云]：你可受用些甚么？你吃的是甚么？[正末唱]"混江龙"：我吃的是肥羊法酒。[禾俫云]：不如俺庄农家的茶饭到好。[正末唱]：强如您鞭丢酸枣醋溜溜。⑤

---

① （明）臧晋叔编：《元曲选》，中华书局1958年版，第1210页。
② （明）臧晋叔编：《元曲选》，中华书局1958年版，第1586页。
③ 王季思主编：《全元散曲》，人民文学出版社1999年版，第351页。
④ 《雍熙乐府》卷四，《四部丛刊续编》集部，台湾商务印书馆1966年版，第17页。
⑤ 隋树森：《元曲选外编》下册，中华书局1959年版，第795页。

从上述戏剧作品内容来看，元代所谓"肥羊法酒"仍很名贵，不是"吃黄虀的"人所能饮用，而是那"栋梁之材"享受的美味。

"肥羊法酒"即以羊肉为原料、按照官方标准酿造的酒，即宋代之"羊羔酒"，不当解为"肥羊""法酒"二物。从名之为"法酒"看，元代仍如宋代一样，以羊肉酿造的酒列为宫廷用酒，在上层贵族中流行，"黄虀肚肠"者无缘消受。其特点突出一"肥"字，透露该酒要使用一定量的羊脂肪。

明清以来，羊羔酒不时出现在文人诗歌和史料记载中（见表一）。甚至清代雍正皇帝曾密旨让产酒地官员为其进送羊羔酒①。

表一　　　　　　　　　　羊羔酒史料

作者	史料出处	时代	名称
吴坰	《五总志》	宋	羊羔酒
王巩（1073年前后在世）	《甲申杂记》	宋	白羊酒
孟元老	《东京梦华录》卷二	南宋	羊羔酒
周密	《武林旧事》卷七	南宋	羊羔儿酒、羔儿法酒
周密	《武林旧事》卷三	南宋	羊羔儿酒
朱弁（1085—1144）	《曲洧旧闻》	宋	羊羔酒、三盏、白羊
朱肱（1088年前后在世）	《北山酒经》	宋	白羊酒
陈直、邹铉	《寿亲养老新书》	宋、元	羊羔酒
	杂剧《看钱奴买冤家债主》	元	肥羊法酒
	杂剧《杂剧须贾大夫谇范叔》	元	法酒肥羊
	杂剧《刘千病打独角牛》	元	肥羊法酒
宫天挺	杂剧《死生交范张鸡黍》	元	肥羊法酒
	《雍熙乐府》	元	法酒肥羊
忽思慧	《饮膳正要》	元	羊羔酒
佚名	《居家必用事类全集》	元	羊羔酒
高濂	《尊生八笺》	明	羊羔酒
谢肇淛	《五杂俎》	明	羊羔酒
宋诩	《竹屿山房杂部》	明	羊羔酒

---

① "再：宁夏出一种羊羔酒，当年有人进过，今有二十年停其不进了。朕甚爱饮他，寻些进来，不必多进，不足用时再发旨意。不要过百瓶，特密谕。"（中国第一历史档案馆编：《雍正朝汉文硃批奏折汇编》第一册，江苏古籍出版社1989—1991年版，第832页）

续表

作者	史料出处	时代	名称
李时珍	《本草纲目》	明	羊羔酒
	《增便民图纂》	明	羊羔酒
	《山西通志》	明	羊羔酒
李光地等	《御定月令辑要》	清	羊羔酒

《肃镇华夷志》记述该酒时用了两个词：一个是"羊肉卤酒"，另一个是"杀羊泡酒"。"羊羔酒"或"白羊酒"，应和裕固族的"羊肉卤酒"大致相同。只是裕固族的"羊肉卤酒"只有一日的浸泡时间，当不是用曲发酵而成，而是将煮熟的羊肉浸泡在酒当中，一夜后便可食肉饮酒。因此，没有发酵酿造的过程。这或许与裕固族人自己不酿造酒有关。但即名之为"卤酒"（芦酒），也许与早期的"芦酒"相似。

二 "以肉入酒"考索

以肉为原料做酒或泡于酒中的酿制法究竟源自何时、何处？散见的史料透露了蛛丝马迹。

庄绰《鸡肋编》谓：

> 关右塞上有黄羊无角，色类麋麂，人取其皮为衾褥。有夷人造酒，以荻管吸于瓶中。老杜《送从弟亚赴河西判官诗》云："黄羊饫不膻，芦酒多还醉。"[①]

此条资料谓该酒为"夷人造"，则出自关右少数民族明矣。而庄绰的时代关右的"夷人"不是回鹘便是西夏人。

另有一条与之相关的资料。《续博物志》：

> 元封二年，大秦献花蹄牛，高六尺，尾环绕角，生四耳。阿萨部，

[①] （宋）庄绰：《鸡肋编》，《唐宋史料笔记丛刊》本，中华书局1983年版，第53页。其中"饫"字，《说郛》录为"嚅"（陶宗仪《说郛三种》一二〇卷，弓二十七，上海古籍出版社1988年版，第四册，第1276页）。

多蜡（高按：蜡当为猎之误）虫鹿。剖其肉重叠，以石压之沥汁，税波斯国、郁林等国草子，酿于肉汁之中，经数日即变成酒，饮之可醉。①

日本《和汉三才图会》也辑有这条资料：

阿萨部，三才图会云：阿萨部国，多猎虫鹿，剖其肉，重叠之，以石压沥汁，税波斯国、拂林国米及草子，酿于肉汁之中，经数日变成酒，饮之可醉。②

明顾起元《说略》在"外夷之酒下"有"波斯拂菻有肉汁酒"③。

上述史料最早出自唐人段成式（约803—863）《酉阳杂俎》：

阿萨部，多猎虫鹿，剖其肉，重叠之，以石压沥汁，税波斯、拂林等国米及草子，酿于肉汁之中，经数日即变成酒，饮之可醉。④

按"阿萨部"，学者以为应即"可萨部"⑤，又写作"葛萨"。"可萨"

---

① （宋）李石撰：《续博物志》卷一〇，《丛书集成初编》本，民国二十五年（1936）版，第145—146页。
② 《和汉三才图会》卷第十四《外夷人物》，东京：同支堂，明治十七年翻刻出版，第747页。
③ （明）顾起元：《说略》卷二五，"食宪"，第4页，台湾广文书局1970年版。
④ （唐）段成式著，方南生点校：《酉阳杂俎》卷四"境异"，中华书局1981年版，第45页。
⑤ 《旧唐书·西戎传》："波斯国，在京师西一万五千三百里，东与吐火罗、康国接，北邻突厥之可萨部，西北拒拂菻，正西及南俱临大海。"（卷二一〇），杜环《经行记》："苫（苦）国……北接可萨、突厥，可萨北又有突厥。足似牛蹄，好噉人肉。一佛菻国，在苫（苦）国西，隔山数千里，亦曰大秦。"（任继愈主编：《中国科学技术典籍通汇·地学卷》第1册，河南教育出版社1994年版，第650页）。龚方震《中亚古国可萨史迹钩沈》认为可萨人属于突厥族系（龚方震：《丝绸之路上的可萨汗国》，《中外关系史论丛》第四辑，天津古籍出版社1994年版，第101页）。日本学者今村与志雄认为或可能为"可萨部"之误："阿萨部、未详。案するに「新书」二二一下·'西域'下によれば'波斯……东は吐火罗（トカラ）、康（ヶマルカンド）と接し、北は突厥の可萨部に隣接する'とあり、'拂菻は古の大秦である……苫の西にあり、北は突厥の可萨部に直面し、西は海に临み、……东南は波斯に接する'とある。阿萨部は可萨部の误りか。波斯はペルシア、いまのイランであり、拂菻は东ローマ帝国である。"（今村与志雄译注《酉阳杂俎》第一册，东洋文库389，平凡社1980年版，第247页。）林英《试论唐代西域的可萨汗国——兼论其与犹太人入华的联系》（《中山大学学报》2000年第1期）一文曾引用《酉阳杂俎》这条材料，认为可萨是西迁到高加索地区的一支突厥化部族，公元7—9世纪，可萨人在伏尔加河中下游建立了强大的可萨汗国，成为丝绸之路北道上的重要中转站，同拜占庭帝国和阿拉伯帝国保持着密切的政治经济联系。有些资料写作"葛萨"，"葛萨"即"可萨"。吐鲁番阿斯塔那出土之高昌时期的文书中就出现有"葛萨"人，如66TAM50：9（b）《高昌重光三年（公元622年）条列虎牙泛某等传供食帐》二中即有"次肉二节，细麺一斗，供史殿中、麹欢岳、葛萨三人食"的记载（唐长孺主编：《吐鲁番出土文书》第1册，文物出版社1992—1996年版，第377页）。

部为突厥系的游牧民族。《唐书》认为即九姓突厥之一。①

这种酒又叫"麇酒",盖用麇、鹿等动物肉脂酿造也,应即"肉汁酒"。《通典》"石国"条:

> 从此至西海以来,自三月至九月天无云雨,皆以雪水种田,宜大麦、小麦、稻、禾、豌豆、毕豆,饮蒲桃酒、麇酒、醋乳等物。②

此材料来自杜环《行经记》,为杜环亲见,可知石国流行"麇酒",应即可萨人之"肉汁酒",只不过杜环从其原料特点名之为"麇酒"。

由此看来,以肉入酒,最早出自"可萨部",中国称之为"肉汁酒"或"麇酒",段成式的时代长安尚无此种饮法,只是一种传闻。或当时突厥或回鹘人中已经有此法,中原人风闻。而至宋代,突然大量出现在史料中,则"肉汁酒"应在这之前流行在回鹘等少数民族当中,《鸡肋编》谓"关右"、《五杂俎》鄙称"近夷人",也说明它本是游牧民族的酿造方式和饮用方式,传到中原后,经过改造成了诸如上列《北山酒经》等史料所记载的酿造形式。如果杜诗"黄羊饫不膻,芦酒还多醉"尚不明确即是此种酒的话,则宋人庄绰《鸡肋编》谓"以荻管吸于瓶中"正是裕固族的饮用方式,至今仍流行在西南一些少数民族当中,有些地方称之为"咂酒"。

《三朝北盟会编》卷三记女真族"富者以珠玉为饰,衣黑裘、细布、貂鼠、青鼠、狐貉之衣,其饮食则以麇酿酒,以豆为酱,以米为饭,葱韭之属和而食之,芼以芜荑,食器无陶,无匕箸,皆以木为盆,春夏之间,止用鲜粥,下粥肉味无多"。③"其饮食则以麇酿酒"透露女真人也有将麇

---

① (后晋)刘昫等:《旧唐书》卷一九五:"九姓部落,一曰药罗葛,即可汗之姓;二曰胡咄葛;三曰咄罗勿;四曰貊歌息讫;五曰阿勿嘀;六曰葛萨;七曰斛嗢素;八曰药勿葛;九曰奚耶勿。"第5198页。

② (唐)杜佑:《通典》卷一九三"边防"九,第288页。日本宫内厅书陵部藏北宋版《通典》第八卷,古典研究会,昭和五十九年。以浙江书局本为底本的中华书局校点本亦作"麇酒"(见第五册第5276页,1988年)。此条材料来自杜环《行经记》,《太平寰宇记》亦有引:"从北海至西海已来,自三月至九月,天无云雨,皆以雪水种田,宜粟、大麦、小稻禾、诸豆等物,多良马,饮葡萄酒、麇酒、脂乳等物。"《太平寰宇记》卷一八六"石国"条。但光绪八年五月金陵书局刊行本作"麋"。盖不解"麇酒"为以麇鹿等肉脂酿酒也。

③ (宋)徐梦莘撰:《三朝北盟会编》卷三,上海古籍出版社1987年版,第17页。

鹿肉酿于酒的习俗①。

宋人周麟之曾使金,其《海陵集》记"女真人多酿麋为酒,盛馔以雁粉为贵,以木盘贮之,其沈墨色,以生葱蒜韭之属置于上。又俗重茶食。阿骨打开国之初,尤尚此品,若中州饼饵之类,多至数十种,用大盘累钉高数尺,所至供客赐宴亦用焉。一种名金刚镯,最大"。②且有"生平饮血狐兔场,酿麋为酒毡为裳"诗句,③来形容金朝风俗,亦可证以麋鹿等为原料酿酒。

而我们注意到《三朝北盟会编》记有一支"黄头女真":"又有极边远而近东海者,则谓之东海女真;多黄发,鬓皆黄,目睛绿者,谓之黄头女真。其人戆朴勇鸷,不能辨生死。女真每出战,皆被以重札金甲前驱,名曰'硬军'。"④不独形貌特殊,他们的军制、单兵装备、队形、战法、失败后的惩罚方式,也有别于东方,显示了受到西方强烈影响的特征,⑤

---

① 关于这条资料,《重订大金国志》卷三九、明人陈禹谟撰《骈志》卷一六、《日下旧闻考》卷一四九、《契丹国志》卷二五均作"酿麋为酒"。《文渊阁四库全书》本《钦定满洲源流考》卷十九亦作"麋"(《景印文渊阁四库全书》,第499册,第768页)。近世多将"以麋酿酒"径作"以糜酿酒"。查今人校注之《满洲源流考》、朝鲜古书刊行会印行的《满洲源流考》卷二〇该条已经写为"糜"字(第451页)。盖不解"以麋酿酒"为具有西突厥系背景的"黄头女真"的酿酒传统所致。按,"麋"极易误为"糜",而"糜"当不易误为"麋"。四库本是。如金人以糜酿酒,很普通,不当为特殊而被记录。沈云龙主编《近代中国史料丛刊》《钦定满洲源流考》也改为"糜"(第131册,第458页)。《钦定重订大金国志》卷三九在该字下注曰:"按原书作糜,考胡峤《陷北记》及《通考》皆作'麋',今改正。"(《景印文渊阁四库全书》,第383册,第1048页)明人撰《骈志》时尚作"麋"。证之以《通典》"石国"条及《海陵集》,"麋"是,改为"糜"者误矣。
② (清)于敏中等:《日下旧闻考》卷一四九,第8册,第2377页。
③ 于敏中:《日下旧闻考》卷一四九,第8册,第2376页。此两条资料,《日下旧闻考》云来自周麟之《海陵集》,但四库本《海陵集》不存。
④ (宋)徐梦莘撰:《三朝北盟会编》卷三,上海古籍出版社1987年版,第16页。
⑤ 当时为金人俘虏后又释放的中原人范仲熊,记录了他看到的金国军队情况:"范仲熊贷命,令往郑州养济途中,与燕人同行,因问此中来者是几国人,共有多少兵马?其番人答言:比中随国相来者,有达靼家,有奚家,有黑水家,有小博啰家,有契丹家,有党项家,有黠戛斯家,有火石家,有回鹘家,有室韦家,有汉儿家,共不得见数目。其从河北随栋摩国王者,兵马更多,为拘占数国路,大金正军不过十万,煞有生,女真唤做扫地军,便是也。以仲熊所亲见,黏罕寨有兵五万人,娄宿宇董寨有兵万人,皆枪为前行,号曰硬军,人马皆全副甲,腰垂八稜棍棒一条,或刀一口,枪长一丈二尺,刀如中国屠刀,此皆骁卫之兵也。弓矢在后,设而不发,弓力不过七斗,箭多者不满百只。自大金兵外,其他国兵皆不带甲,弓矢或有或无,皆旋砍道傍木执之为兵。"(《三朝北盟会编》卷九九,第730页)金国军队中,确有原活跃在中亚、西亚的部族。史料还记载了他们不类于东方的军队阵伍、单兵装备、战法、失败后的惩罚方式:"其用兵,(转下页)

或者就是他们,将"以麋酿酒"的方法带给了金人。

《酉阳杂俎》、杜甫诗及《三朝北盟会编》所反映的"肉汁酒""麋酒"原料,并非家养之绵羊,一为"虫鹿",一为"黄羊",一为"麋"。"虫鹿"不解为何种鹿,"虫"或传抄致误;黄羊,即普氏原羚[Procapra przewalskii];"麋"即"麋鹿"[Elaphurus davidianus],均为野生动物。三种说法均以野生动物肉脂入酿,反映了"肉汁酒"在不同地区的传承和流变。而北方游牧民族喜食黄羊肉,一向为中原人所熟知。《旧唐书》记载,开元八年,由于王晙诛河曲降虏阿布思等千余人,安置的各部落惶惶不安,张说只率领二十多人前往安抚,"副使李宪以为夷虏难信,不宜轻涉不测,驰状以谏。说报书曰:'吾肉非黄羊,必不畏噢;血非野马,必不畏刺。士见危致命,是吾效死之秋也。'"① 因此,杜诗"黄羊饫膻",正

(接上页)则戈为前行,人号曰'硬军',人马皆全甲,刀棓自副,弓矢在后,设而不发,非五十步不射,弓力不过七斗,箭镞至六寸,形如凿,入辄不可出,人携不满百。队伍之法:伍、什、伯皆有长;伍长击柝,什长执旗,伯长挟鼓,千长则旗帜金鼓悉备。伍长战死,四人皆斩;什长战死,伍长皆斩;伯长战死,什长皆斩。负斗战之尸以归者,则得其家赀之半。凡为将,皆自执旗,人视其所向而趋。自主帅至步卒,皆自执鞚无从者。国有大事,适野环坐,画灰而议,自卑者始,议毕即漫灭之,人不闻声,其密如此。将行军,大会而饮,使人献策,主帅听而择焉。其合者即为特将,任其事,师还又大会,问有功高下,赏之以金帛若干,举以示众,或以为薄,复增之。初叛之时,率皆骑兵,旗帜之外,各有字记,小大牌子系马土(上)为号,每五十人分为一队,前二十人金装重甲,持棍枪,后三十人轻甲操弓矢,每遇敌,必有一二人跃马而出,先观阵之虚实,或向其左右前后结队而驰击之,百步之内,弓矢齐发,中者常多。胜则整队而缓追,败者复聚而不散,其分合出入,应变若神,人自为战,则胜。"(《三朝北盟会编》卷三,第19页)"又乌珠临敌,被白袍,乘甲马,以牙兵三千督战,兵皆重铠甲,号铁浮图,戴铁兜鍪,周匝缀长檐,三人为伍,贯以韦索,每进一步,即用拒马拥之,人进一步,拒马亦进,退不可却。又以铁骑分左右翼,号拐子马,皆女直为之,号长胜军,专以攻坚,战酣然后用之,所向无前,屡建奇绩。"(《续通典》卷九三"兵",第二集,商务印书馆1935年版,第1699页)《松漠纪闻》记载"黄头女真"又名"合苏馆女真",在河西还有同类:"黄头女真者,皆山居,号合苏馆女真(合苏馆,河西亦有八馆,在黄河东,今皆属金人,与金粟城、五花城隔河相近,二城八馆旧属契丹,今属夏人。金人约以兵取关中,以三城八馆报之,后背约,再取八馆,而三城在河西,屡争不得其一,城忘其名)其人戆朴勇鸷,不能别死生,金人每出战,皆被以重札,令前驱,谓之硬军。后役之益苛,廪给既少,遇卤掠所得复夺之,不胜忿。天会十一年,遂叛,兴师讨之,但守遏山下,不敢登其巢穴。经二年,出关而败,复降。疑即黄头室韦也,金国谓之黄羊生女真,髭发皆黄,目精多绿,亦黄而白,多因避契丹讳,遂称黄头女真。"(《松漠纪闻》卷一,第11—12页)"合苏馆"四库本作"哈斯罕","又作葛苏馆、合思汗、合苏款,即熟女真。辽代时属于女真之一部"(翟立伟标注:《松漠纪闻》,吉林文史出版社1986年版,第22页校注二)。疑即"可萨"之音转。关于裕固族族源和"黄头回鹘"的关系、"黄头回鹘"和"黄头女真"的关系,研究裕固族历史的学者多有发凡,可参考。

① (后晋)刘昫:《旧唐书》卷九七,中华书局点校本1975年版,第3052页。

是北方游牧民族饮食习俗的反映。

又，向达先生在其著名的《唐代长安与西域文明》一书《开元前后长安之胡化》一文中，曾引列《杜阳杂编》中之高昌葡萄酒、波斯三勒浆、龙膏酒。按苏鹗形容"龙膏酒""黑如纯漆，饮之令人神爽"，颇疑即"羊羔酒"之前身"肉汁酒"。① 引列在此，以备考量。

而宋代宫廷有酒名"鹿胎""鹿头"，应即该酒之流："又幸群玉殿，置酒作乐，亲论，以前日之燕草创，故再为之，无惜尽醉。独召宰相韩琦至塌前，酌鹿胎酒一大杯，琦一举而尽。"② "终宴，更大盏，取鹿头酒视封，遣内侍满斟遍劝。"③

关于"鹿头酒"的制法，《本草纲目》有载："鹿头酒、鹿茸酒，治虚劳不足、消渴、夜梦鬼物、补益精气。鹿头煮烂，捣泥连汁和曲米酿酒，饮少，入葱椒，治阳虚痿弱、小便频、数劳损诸虚。"④ 其法与羊酒大致相似，这是因为脑浆富含脂肪。

与之相类的，还有一种"戊戌酒"，据说出自唐代孟诜《食料本草》：

戊戌酒：诜曰：大补元阳。颖曰：其性大热，阴虚无冷病人不宜饮之。用黄狗肉一只，煮糜连汁和曲米酿酒饮之。⑥

戊戌酒，大补元气。用黄犬肉一只，煮一，伏时，捣如泥，和汁拌炊糯米三斗，入曲如常酿酒，候熟，每旦空心饮之。⑤

史料复有以羊肉入酒之食料法，名为"雪花酒"：李保《续北山酒经》中即有"雪花肉酒法"，⑥惜不载具体内容。所幸《寿亲养老新书》有具体做法：

雪花酒：羊精脊肉一斤，去筋膜，温水浸洗，批作薄片，用极好

---

① 向达：《唐代长安与西域文明》，生活·读书·新知三联书店 1957 年版，第 51—52 页。
② （宋）邵博：《邵氏闻见后录》卷一，第 1009 页。
③ （宋）范镇著，汝沛点校：《东斋记事》卷一，《唐宋史料笔记丛刊》本，中华书局 1980 年版，第 8 页。
④ 陈贵廷主编：《本草纲目通释》卷二五，学苑出版社 1992 年版，第 1269 页。
⑤ 陈贵廷：《本草纲目通释》卷五〇，第 2101 页。
⑥ （宋）李保：《续北山酒经》卷九四《说郛三种》，第 4296 页。

酒一升，煮令肉烂，细切研成膏，别用羊骨髓三两、肾窠脂一两，于银锅内镕作油，去滓，却入先研肉膏内，并研令匀，又入龙脑少许拌和，倾入瓷瓶内，候冷，每用时，取出切作薄片，入酒杯中，以温酒浸饮之。龙脑候极温方入，如无脑，入木香少许亦佳。二味各入少许尤佳。二酒宜为旨甘之奉。①

其原料要求与羊羔酒相同，只是没有加曲酿造过程。

五代时有一种肉酒饮法，名为"丑未觥"，陶穀《清异录》曾记载：

丑未觥：予开运中赐丑未觥。法：用鸡酥、栈羊筒子髓置醇酒中，暖消而后饮。②

"开运"为后晋年号。陶穀曾在后晋为官，此"丑未觥"也无酿制过程，而是直接将动物富含脂肪的部分置于成品酒当中。

此条明人《留青日札》又记为"南唐"："丑未觥：南唐法，用牛酥、羊髓置醇酒中，煖消而后饮。"③

此称谓早于"白羊酒""羊羔酒"，或者即是"羊羔酒"的早期叫法。

宋代流行"栈羊筛酒"饯行和接风，从行文看，或即饮用"丑未觥"等肉脂酒，因酒中添加了酥油或栈羊骨髓，所以需温热待酥髓熔化后再饮。温酒称为"筛酒"，"栈羊筛酒"即将肉汁酒等温热。在宋人诗歌里多有反映。④

---

① （宋）陈直撰，（元）邹铉续增：《寿亲养老新书》卷三，上海古籍出版社1990年版，第313—314页。
② （宋）陶穀撰，李益民、王明德、王子辉注释：《清异录·酒浆门》，中国商业出版社1986年版，第108页。
③ （明）田艺蘅撰，朱碧莲点校：《留青日扎·酒名》，上海古籍出版社1992年版，第458页。
④ 陈师道《送晁无咎出守蒲中》：一麾出守自多奇，四十专城古亦稀。解榻坐谈无我辈，铺筵踏舞欠崔徽。的桃作剧聊同俗，遇事当前莫后几。圣世急才常患少，栈羊酾酒待公归（《全宋诗》第19册，第12736页）；韩驹《次韵苏文饶待舟书事》：公才岂止剧曹郎，肯向明时氏庾仓。会有绫衾趋汉影，不须锦缆系吴樯。青箱教子书千卷，白髮思亲天一方。看我飘然五湖去，栈羊筛酒送归艎（《全宋诗》第25册，第16614页）；汪应辰《鹿鸣宴席上诗二首奉送解元诸先辈》之一：嘉宾式燕正炎曦，风自南来为解围。细听吹笙何鼓瑟，即看结绶却登畿。清朝不用赏刀布，昼日偏宜着锦衣。太守自怜推不去，栈羊酾酒待还归（《全宋诗》第38册，第23578页）；张孝祥《次东坡先生韵》之一：栈羊割肥红，社瓮拨浓绿。再拜为亲寿，起舞自作曲（《全宋诗》第45册，第27801页）；周孚《高邮知军觅芍药一枝五花三绝》之一：泾川游女汉宫妃，压倒渠侬金带围。吾府只今虚席在，栈羊酾酒送公归（《全宋诗》第46册，第28788页）。

元明时，此种饮法仍有流行。

宋代医疗著作《博济方》记有一种"羊髓酒"，① 虽无具体原料乃至制作方法，但顾名思义，羊之脂髓应是其原料之一。

《普济方》复记有一种养生酒，"令人肥美颜色：以麋骨煮作汁酿酒饮之"。② 虽无酒名，可知与"羊髓酒"性质相同，亦以麋鹿之髓入酒。

由上述资料可以看出，肉脂酒之一大特点，除了将羊之肌肉煮烂入之于酒外，应以羊之脂肪为主要原料。早期"阿萨"人酿制的方法"重叠压汁"也当理解为获取动物之脂肪。"雪花酒""丑未觞"酒则需要加牛酥羊髓。"栈羊"因圈内喂养干草精料之故，与放养之羊不同，骨髓肥满，被称为"筒子髓"。南北朝时期被称为"赤髓"，③ 是优良的羊羔酒原料。

陇右关外用黄羊、鹿等为原料酿造肉酒，或者与这些动物富含脂肪有关。

与此有关的酒类还有"头脑酒"。明人《涌幢小品》载：

> 凡冬月客到，以肉及杂味，实大碗中，注熟酒递客，名曰"头脑酒"。盖以避风寒也。考旧制，自冬至后至立春，殿前将军甲士皆赐头脑酒。④

元代即有"脑儿酒"的说法。宫天挺《死生交范张鸡黍》第一折有："小二哥，打二百钱脑儿酒来。若没好酒，浑酒也罢。""脑儿酒"，或即"头脑酒"。⑤

头脑酒，又写作"投脑酒"。元佚名《陈州粜米》第三折"才则吃了几碗投脑酒，压一压胆，慢慢的等他"⑥。

---

① （宋）王衮：《博济方》卷四、卷五，"墨海金壶"本，上海博古斋印，第11册，1921年。卷四，第38页。卷五同。（宋）许叔微《普济方》卷二五六（《文渊阁四库全书》本）内容与《博济方》同。
② （明）朱橚编：《普济方》卷二二三。《文渊阁四库全书》本，第754册，第532页。
③ （清）严可均辑：《全上古三代秦汉三国六朝文》卷六〇《全梁文》，吴均《饼说》有"抱罕赤髓之羊"句。中华书局1958年复制本，第3306页。今甘肃临夏仍延续着饲养栈羊的传统。
④ （明）朱国祯：《涌幢小品》卷一七，中华书局1959年版，第398页。
⑤ 王季思主编：《全元散曲》第四册，人民文学出版社1999年版，第347页。
⑥ （明）臧晋叔编：《元曲选》第一册，中华书局1958年版，第48页。

"丑未觞"以羊髓入酒,"头脑酒"以肉入酒,虽原料稍有别,实则同类。

清人周亮工《因树屋书影》载:"章邱羊膏酒,东省重之。关中多取以供主试者。味甘,无少膻气。偶一饮之,亦尚宜人,不堪多吸也。"① 则清代关中仍以此为酒中上品,并供应主试官员。"章邱"属今山东,则山东一带在明末也酿制羊羔酒,只不过写作"羊膏"。作者用一"膏"字,表明其特点;一"吸"字,透露出关中饮用此酒也用荻管等吮吸。可证杜诗不虚。

"白羊酒"和"羊羔酒"虽名称不同,其实二者是同一种酿造法。羊羔酒对原料只要求"精肉""羯羊肉""肥膘"等。二者除了数量上的不同外,制作过程相同。论者也多以为"羊羔酒"即"白羊酒"。名之谓"羊羔酒"者,乃文人昵称以增饰其贵重文雅也,不当解为只用"羊羔"。制作方法记载最早的《北山酒经》尚称之为"白羊酒",而后才叫"羊羔酒"即可证。制作时间大多在冬天。这与冬天草枯羊肥气候寒冷有极大关系,也是牧民转移到冬季草场、较为闲适、宰羊预备过冬的季节。"羊羔酒"酿在其时,符合游牧民族的生产方式和生活习惯。元代人仍认为该酒为游牧民族的饮食习惯。如陈以仁《雁门关存孝打虎杂剧》:

[冲末李克用上云]:万里平如掌,古大独为尊,地寒毡帐暖,杀气震云昏。江岸连三岛,黄河占八分,华夷图上看,别有一乾坤。番番番,地恶人欢。骑劣马,坐雕鞍,飞鹰走犬,野水秋山,渴饮羊羔酒,饥飧鹿脯干。响箭手中惯捻,雕弓臂上常弯。宴罢归来胡旋舞,丹青写入画图看。②

而作为赠品大量出现在文人骚客的诗作中,透露出"羊羔酒"进入中原后,由于不同于其他酒的酿造方式和原料,受到了士人超乎一般的欢迎,加之皇室推崇,赐予臣下,遂致流行。当然,这也和魏晋以来胡食流行、"贵人御撰,尽供胡食"③一样:来自他民族的饮食品,总有一

---

① (清)周亮工:《书影》卷四(又名《因树屋书影》),中华书局1958年版,第108页。
② 隋树森编:《元曲选外编》下册,中华书局1959年版,第554页。
③ (后晋)刘昫等:《旧唐书》卷四五《舆服志》,中华书局1959年版,第1958页。

种异质文化的魅力而成为一种风尚。所以，仍是相尚胡风饮食的一种反映。

而后世称之为"雪花酒"，当与该酒隆冬季节饮用有关。从大量文人诗歌将其与腊日、雪天联系起来看，羊羔酒确实是冬雪季节饮用之佳品。

由上记载可知，以羊肉入酒，有三种形式：其一是将肉煮烂捣成肉泥，加脂肪后入于成品酒，不加曲；其二是肉煮烂后加其他原料和曲，酿制而成，发酵时间十天左右；其三是将羊髓或煮熟的肉批作片状，直接放入滚烫的酒中饮酒吃肉，如"头脑酒"。其名称经过了"肉汁酒""白羊酒""羊羔酒"这样一个过程，间或有"羊酒""羔儿酒""羔酒""雪花酒"等称谓。裕固族人的"卤酒"属于前者。

除宋元文人诗词曲中大量吟诵外，明清诗作和戏剧中仍不时出现"羊羔酒"名（见表二）。说明该酒的传承演变和影响。

表二　　　　　　　　　　肉脂酒流变

作者	史籍	时代	名称	产地
杜甫（712—770）	送从弟亚赴河西判官	唐	芦酒	河西
段成式（约803—863）	酉阳杂俎	唐	肉汁酒	突厥阿萨部
杜佑（735—812）	《通典》引《经行记》	唐	糜酒	石国
庄绰（？—1149）	鸡肋编	宋	嗜酒	陇右
李石	续博物志	宋	肉汁酒	波斯、拂秣
寺岛良安	和	汉三才图会	肉汁酒	波斯拂麻
顾起元	说略		肉汁酒	波斯拂秣
陶穀（903—970）	清异录	五代至宋	丑末觞	后晋朝
田艺衡	留青日札		丑末觞	南唐
徐梦莘（1126—1207）	三朝北盟会编	宋	以糜酿酒	黄头女真
范镇（1007—1087）	东斋记事	宋	鹿头酒	宫廷
邵博（11—12世纪间）	闻见后录	宋	鹿胎酒	宫廷
	宋人诗歌	宋	栈羊筛酒	
陈直、邹铉	寿亲养老新书	宋、元	雪花酒	
孟洗	食疗本草？	唐？	戊戌酒	

续表

作者	史籍	时代	名称	产地
李时珍	本草纲目	明	戊戌酒	
王衮	博济方	宋	羊髓酒	
	元杂剧	元	法酒肥羊	
宫天挺	死生交范张鸡黍	元	脑儿酒	
朱橚	普济方	明	麋骨煮汁、酿酒	
朱国祯	涌幢小品	明	头脑酒	宫廷
周亮工	因树屋书影	清	羊羔酒	山东章丘

我们注意到，《肃镇华夷志》明确"杀羊泡酒"之习俗流行在被称作"西番"的裕固族另一族源回鹘人的后裔当中，亦即今日西部裕固族当中。这使我们怀疑它应是流行在回鹘人当中的一种饮酒习俗。与波斯临近的突厥"可萨人"以及石国人中流行的肉汁酒、麋酒经回鹘人东传至中原，成了"羊羔酒"（金人仍称作"麋酒"）。只不过《肃镇华夷志》称这种酒为"卤酒"。

三 "羊酒"（肉酒）之饮用方式

裕固族人的"卤酒"饮用方法也有别于他酒：

> 食则先供于上，如杀羊泡卤酒，则以筒吸酒，内（肉）则以抬背为敬，带血而食；酒以底为佳，分等而饮，如欲敬其所亲，则不论其长幼，即以背肉供之。酒筒有三孔，一孔近底，一孔居中，一孔稍上，先淋一碗，以奉所亲所尊，后方请饮，但番语欠身，亦不揖让，把筒者因人而插，如上等人饮，则取下孔筒；中等人饮，则取中孔筒；下等从人饮，则取上孔筒，交酒有声为止，周而复始，仍亦如之，待三遍同饮。①

---

① 《肃镇华夷志校注·属夷内附略·风俗》，第291页。

这是早期裕固族人饮用"羊酒"最详细的记载。

用筒管插入器皿吸饮的方式,唐代已有记载,且频繁出现在文人诗歌当中。王赛时先生等钩稽了许多史料①。可知古代许多地方,都流行以筒状器具吸饮酒的方式,只不过一些地方称为钓藤酒,一些地方称为"芦酒",还有一些地方称为"哑酒"或"杂麻酒"。

除了上引杜甫诗中有"芦酒"外,比杜甫稍早的唐代著名诗人张说诗歌中也有"夷歌翻下泪,芦酒未消愁"②句,张说写此诗时被贬在遥远的钦州。说明广西钦州一带也流行吸饮法。

另一唐代诗人李廓有《送振武将军》诗:"叶叶归边骑,风头万里干。金装腰带重,铁缝耳衣寒。芦酒烧蓬煖,霜鸿捻箭看。黄河古戍道,秋雪白漫漫。"③ 则描写的是黄河古道一带的饮酒状况,与杜甫诗"黄羊饫不膻,芦酒多还醉"可印证。"烧蓬暖"则透露出此"芦酒"极有可能是加了肉或脂肪的酒。证之以上举"丑未觞"酒饮用方式,由于严寒,酒中脂肪容易凝固,需要加热消化后才可以饮用。

关中、秦陇西部一带流行芦酒,还可从以下笔记和文学作品中找到证据,宋人王崇《送王才元入京》:

渭城杨柳已青青,强驻行人听渭城。
不问使车归路远,且从芦酒满杯倾。
相逢洮塞休兵后,此去秦川照眼明。
若立螭头前借着,且教充国事春耕。

据《宋诗记事》:"王直方父名械,字才元。《王直方诗话》:王崇极之,与先君同在熙河,作诗送先君入京云云。先君诵其诗于吴冲卿丞相,由此知名。"④ 其中"熙河",即今甘肃省临夏回族自治州,以出产赤髓之羊而有名。

---

① 王赛时:《钓藤酒——酒史寻踪之五》,《中国烹饪》1992年第2期;史料或写作"钓",或写作"钩"。形似而误。
② 张说:《南中送使二首》之一,《全唐诗》卷八八,中华书局1960年版,第972页。
③ 李廓:《送振武将军》,《全唐诗》卷四七九,中华书局1960年版,第5457页。
④ (清)历鹗辑撰:《宋诗纪事》卷三〇,上海古籍出版社1983年版,第762页。

元人王逢古所写《白翎雀引》，其中有"地椒野穄极广莫，穹庐离离散驼骆。黄羊芦酒杂浑酪，鹰狗畋猎代耕获"句①，描写北方边地的生活。

除了秦陇，蜀地、黔地也流行"芦酒"。

后蜀欧阳炯《南乡子》："袖敛鲛绡，采香深洞笑相邀，藤杖枝头芦酒滴，铺葵席，豆蔻花间趁晚日。"②

黄庭坚《竹枝词》："黔中士女游晴书，花信轻寒罗绮透。争寻穿石道宜男，更买江鱼双贯柳。竹枝歌好移船就，依倚风光垂翠袖。满倾芦酒指摩围，相守与郎如许寿。"③

元人刘郁《西使记》记载西域阿里麻里城附近的赤木儿城流行"嗒酒"：

> 西南行二十里，有关曰铁木儿忏察，守关者皆汉民，关津崎岖，似栈道。出关至阿里麻里城，市井皆流水交贯，有诸果，唯瓜、蒲萄、石榴最佳，回纥与汉民杂居，其俗渐染，颇似中国。又南有赤木儿城，居民多并汾人，有兽似虎，毛厚金色，无纹文，善伤人。有虫如蛛，毒中人则烦渴，饮水立死，惟过醉蒲萄酒吐则解。有嗒酒。④

明人何孟春《余冬序录》解杜甫诗句甚详：

> 按今陕西近藩地，皆有黄羊，大如数岁羜，而角甚长，西地羊角皆拳曲，黄羊独与江南同，而生顺后，其肉肥美，膏黄厚而不膻。川中人造酒，荻管汲瓶，信然。陕以西人则高盆贮糟，饮时量多少注水盆中，穹盆吸之，水尽酒干，谓之琐力麻酒，又曰杂麻酒，即芦酒之遗制。宋人之所见者，岂未详耶？⑤

---

① 顾嗣立编：《元诗选》初集三，中华书局1987年版，第2120页。
② （五代）赵崇祚：《花间集》卷六，第103页。
③ （宋）黄庭坚著，马兴荣、祝振玉校注：《山谷词》，上海古籍出版社2001年版，第134页。
④ （元）刘郁：《西使记》，（明）陶宗仪等编《说郛三种》弓五十六，上海古籍出版社1988年版，第2592页。《四库》本作"嗒"；《丛书集成初编》本录作"畜"。
⑤ （明）何孟春：《余冬序录摘抄内外篇》卷六，王云五主编《丛书集成初编》本，第337册，第81页。

"肉肥美，膏黄厚而不膻"为入酒的重要条件。

《通雅》记载明代陕西流行芦酒："芦酒，啞嘛酒也。谓置芦植管于中而群饮也。今陕西家家以此款客，洞蛮名此为钩藤酒。杜诗'黄羊饮不膳，芦酒还多醉'。何子元曰：谓之琐力麻酒。"①

明代河西方志《甘镇志·风俗》一节摘有武振《哈密纪行》，记载当时的哈密"筵席杀羊马牛，扁食、油饼、甜食、撒卜咱哈力撒烧酒、卤酒之类"②。明代哈密卫东迁后，部分人融入后来的裕固族当中，《甘州府志》记载："又有缸子酒者，煮大麦和曲酿成，装坛内，入黄酒鸡汤，截芦为筒，各吸饮之，杜工部所谓芦酒是也。"③ 因此，此"卤酒"和《肃镇华夷志》所称"卤酒"称谓一致，应该有肉。

《明文海》辑有莫如忠的《啞酒解》：

余昔游关中，问酒之名，则桑落为最著，至是客有以啞酒馈余，亦关中名品也。余尝而甘之，何论桑落而后悔其遇之晚也。啞之义，以饮名，可无烦杯罖，独卓管瓮中噏而取之，时其耗挹水注焉。以度赢缩水，渍成酒机相灌输，饮馨而贮常盈，举数而序不乱，津津乎若玄蝉之吸露，而无损于廉，偃鼠饮河，各充其量也，不洵为酒德颂哉。④

清人刘廷玑《在园杂志》卷四曾探索关中"啞妈"酒名称来历：

陕西有以罈盛酿酒干料，留小穴，旋加滚水灌入，即成酒者。不识其所名二字当作何写。询之范侍讲谈一曰："君世家于秦，必知其解。韩湘云解造逡巡酒，此其是耶？"侍讲曰："是酒渭以北名曰罐子，渭以南名曰罈子，又曰花罈。京师名曰嚼妈。未闻有所谓逡巡者。然其名甚雅，吾当归告乡人，请以逡巡易之。"究竟啞妈二字，

---

① （明）方以智：《通雅》，见《通雅》卷三九，上海古籍出版社2001年版，第1179页。
② （清）杨春茂纂修：《甘镇志》，《新修方志丛刊·西北方志》31，台湾学生书局影印1968年版，第99页。
③ 高启安：《明代哈密卫的东迁与裕固族的形成》，《甘肃社会科学》1989年第4期。
④ （清）黄宗羲：《明文海》卷一二七，第2册，第1273页。

不得命名之义，终难求解。座有俗人，强作解事曰："吾能解之。北方小儿呼其母曰妈妈，呼其母之乳亦曰妈妈，小儿吸乳母之乳曰吃嗻嗻，亦曰咂妈妈。此酒用管吸之，如小儿之嗻妈也。"举座绝倒。嗻俗曰咂。妈读平声。①

则说明"芦酒"即"咂酒"。两个名称都反映了饮用方式，但前者为饮用的工具，后者则突出了用该工具饮用时的动作特点。

"杂麻"或即"琐力麻"之不同音译，这应是一个具有非汉语特点的词汇。而所谓的缸子、罐子、坛子，则已经是汉语化的名词了。

明郑桓有《洪武癸亥春以公事出会宁北境》诗：

沙葱野韭随时采，芦酒黄牛（高按："牛"颇疑为"羊"之误）取次尝。万里驱驰关塞外，忽惊风物忆江乡。②

则明代甘肃会宁一带也有筒管吸饮法。

明人杨慎有《昭化饮咂酒》一诗，③ 描写在昭化（今四川广元境内）曾饮"咂酒"经历。则广元一带明代盛行筒管吸饮法。

清代吴景旭《历代诗话》谓：

《墅谈》云：秦蜀之人，酝酒于缶，饮以筒，名咂麻酒，亦曰琐里麻。《石林燕语》云：陇右人造嘀酒，以荻管吸于瓶中。以是知秦蜀去西徼为近，故其法盛传。④

《本草纲目》卷二十五："秦、蜀有咂嘛酒，用稻、麦、黍、秫、药、

---

① （清）刘廷玑：《在园杂志》，中华书局2005年版，第171页。
② （清）朱彝尊编：《明诗综》上册，卷一六，台北：世界书局1962年版，第26页。
③ 杨慎：《昭化饮咂酒》："酝入烟霞品，功随曲糵高。秋筐收橡栗，春瓮发蒲桃。旅集三更兴，宾酬百拜劳。苦无多酌我，一吸已陶陶。"《升菴全集》卷一九，王云五主编国学基本丛书四百种之310 [二]，台湾商务印书馆1968年版，第199页。
④ （清）吴景旭：《历代诗话》卷三五《己集二》第7册，第6页，"吴兴刘氏嘉业堂栞"本。此云《石林燕语》，误记，当为《鸡肋编》。

曲，小罂封酿而成，以筒吸饮。"①

今裕固族所在地区的张掖，明代有"缸子酒"。《甘州府志》卷四记载："又有缸子酒者，煮大麦和曲酿成，装坛内，入黄酒鸡汤，截芦为筒，各吸饮之。杜工部所谓芦酒是也。"②等等，均以芦管或其他植物管状根茎吸饮为特点（见表三）。

表三　　　　　　　　　筒管吮吸饮酒方式史料

作者	时代	流行地区	名称	肉脂	文献史料
房千里	唐	施南（湖北恩施）	咂酒	无	《投荒杂录》③
杜甫	唐	河西*	芦酒	有肉脂	《送从弟亚赴安西判官》
张说	唐	钦州	芦酒	不明确	《南中送使二首之一》
李廓	唐	塞北	芦酒	有肉脂	《送振武将军》
欧阳炯	晚唐五代	蜀	芦酒	不明确	《花间集·南乡子》
黄庭坚	宋	黔中	芦酒	不明确	《山谷集》
庄绰	宋	关右塞上	嗒酒	有肉脂	《鸡肋编》
朱辅	宋	今湘西一带	钩藤酒	不明确	《溪蛮丛笑》④
王崇	宋	熙河（今甘肃临夏一带）	芦酒	不明确	《送王才元入京》
王逢古	元	淮藩	黄羊芦酒	有肉脂	《白翎雀引》
刘郁	元	赤木儿城	嗒酒	有肉脂	《西使记》
莫如忠	明代	关中	咂酒	不明确	《明文海》
何孟春	明代	陕以西	琐力麻酒、杂麻酒	不明确	《余冬序录》
何孟春	明代	川中	造酒荻管吸瓶	不明确	《余冬序录》
郑桓	明	甘肃会宁北境	芦酒	不明确	《洪武癸亥春以公事出会宁北境》

---

① 《本草纲目通释》卷二五，第1293页。
② （清）钟赓起纂修：《甘州府志》卷四《风俗》，甘肃文化出版社1995年版，第158页。
③ 房千里：《投荒杂录》，载《说郛三种》弓二三，第1106页。
④ （宋）朱辅：《溪蛮丛笑》，《景印文渊阁四库全书》本，第594册，第44页。

续表

作者	时代	流行地区	名称	肉脂	文献史料
杨慎	明	四川昭化	咂酒	不明确	《升庵全集》
曹学佺	明	四川郫县一带	钓藤酒	不明确	《蜀中广记》
曹学佺	明	川西羌藏	咂酒	不明确	《蜀中广记》
方以智	明	陕西	芦酒	不明确	《通雅》
杨春茂	明	新疆哈密	卤酒**	有肉脂	《甘镇志》引《哈密纪行录》
钟赓起	明末清初	张掖	缸子酒***	有肉脂	《甘州府志》

* 杜诗题目为《送从弟亚赴安西判官》，但诗中有"连山"（祁连山）、武威等地，杜甫未到过河西，但应该听说过河西一带出黄羊芦酒，因此，虽其从弟任职安西（安西都护府，今新疆境内），但诗中的黄羊芦酒应出产在河西地区。

** 明代哈密居民主要为维吾尔、哈剌灰人。武振虽未言其中泡肉，但哈密卫东迁部众中也有融入裕固族当中者。当地之"卤酒"与裕固族"卤酒"应属一类。

*** 裕固族今主要生活在张掖市，《肃镇华夷志》有"泡酒一缸"之说，"缸子酒"或即对裕固族酒俗之记载。如是，则裕固族的"卤酒"也有酿造过程。

由表三可以看出如下几点。

第一，在中国广大地区，传承着以筒管吸饮酒的传统，各地称谓不大相同，大体可分为四类：以植物管状根茎吸饮而得名者，如"芦酒""钓藤酒"（一些文献写作"钩藤酒"，当为"钓"之误）；以吸饮特点得名者，如"咂酒"（刘廷玑《在园杂志》虽讥讽"俗人"谓"咂妈"即同于吸奶之说，但就其"咂"言，"俗人"所说未必有错）；以盛器特点命名者，如缸子、坛子、罐子（总以插管吸饮方便为特点，部分可能有插孔）；非汉语名，如"呷麻"、"杂麻"（咂麻、杂妈）、"琐力麻"。

第二，从资料显示来看，北方的大多有肉，而南方不加肉。因此，它只是一种饮用方式，非为酒之性质。

第三，《哈密纪行》和《肃镇华夷志》称为"卤酒"（"卤酒"），和"卤"没有关系，应是"芦"之同音误写。至于裕固族人称其为何，还需要田野调查获得。

第四，刘郁所说赤木儿城有"嗒酒"，和《鸡肋编》之"嗒"同。"嗒"，《篇海》谓"嗅也"。而"嗅"，《说文》谓"以鼻就嗅也"。《增韵》谓"鼻收气也"。显然与语境不符。按《说郛》引《鸡肋编》时，录此字为"嚽"，或即"噆"之误，字形稍似。而《说郛》录《西使记》时，照录为"噆"。按"嚽"，《说文》：嗛也。《玉篇》：衔也。正反映了该种饮法之特点。而河西方言中用带嘴的小酒壶、小茶壶直接对口而饮称作"su"。如"su了两口"。应当为"嗽"字。所以，"噆"或为"嗽"之音变。"嗽"，《集韵》解为"吮也"。与"哑"同义。《五杂俎》称为"呷麻"，"呷"，《说文解字》：吸，呷也。均反映了用管状器物饮用时的特点。"哑酒""噆酒"为汉语词汇殆无疑义，但"呷麻""哑妈"虽第一个词可解释为吮吸，第二字很难解释，且又有"琐力麻"一说，为少数民族语词可能性很大。究竟为何种语言，还需要进一步探讨。

上述史料记载南方地区的钓藤酒、哑酒，并无加入羊肉或其他肉的记载，而两者截然不同性质的酒为何被史家混到一起呢？这当然和它们有着共同的特点——以筒管吮吸而饮有关。但宋代经过中原造酒法改造的羊羔酒已不见有筒管吮吸法，这被许多诗歌所证明。裕固族当中的这种饮用法究竟是继承了最早的饮用方式呢，还是该酒传到中原后受到西羌诸民族的影响，还需要进一步研究。刘郁的《西使记》反映的是西域城市"赤木儿"的状况，但他同时说此地"居民多并汾人"，或者中原人将此种饮用方式传播到了西域。

值得注意的是，裕固族的酒桶有上中下三孔，饮用最底下者，身份最高，饮用最上层者，身份最低，以此来显示饮酒者地位之不同，一如裕固族的"抬羊背子"。裕固族人过去不酿造酒，所饮之酒均从河西走廊汉族地区或青海藏族地区换取，因此，泡肉的酒应该是一种成品酒。但《甘州府志》所记之"缸子酒"则是酿造过程中加成品酒和鸡汤。据说今天个别地方仍有用吸管吮吸的饮法，笔者在裕固族居住区田野调查中没有听说还存在这种饮酒方式，也难以想象上中下三孔如何才能不使下层的酒自然流出。

由于今天"杀羊泡酒"习俗或已经消失，无法知道其制作和饮用的更详细过程，肉与酒如何混合，如何吃肉等，还需要更多的田野调查资料。

当代中国好多地方仍在生产"羊羔酒"，在互联网上可看到宁夏、山西、河北、湖北等地销售羊羔酒的广告（许多地方正是传统的酿造羊羔酒的地区。有云南朋友说云南的"肥酒"原料中也有肉脂，但尚未口尝，也未见相关资料。"肥酒"一词，使人联系到元代的"肥羊法酒"），遗憾的是笔者尚未亲口尝用过。但在甘肃的临夏，倒是领略过一种"肉酒"：即在滚烫的黄酒中削入煮熟冷却后的肥羊肉片，供客人饮用。当地人一般在冬天将其作为早餐。一个烤饼、一碗肉酒。虽与"羊酒"不类，但仍属于酒肉的混合食用法。与《清异录》所记"丑未觞""栈羊筛酒"以及《涌幢小品》所记"头脑酒"很相像，也多少与"羊酒""羊羔酒"有相似之处。

以酒混合在肉中食（饮）用，这无疑是对传统饮食方式的挑战。就饮食的搭配来说，也是一个大胆的创意。日本学者也说羊羔酒是"不同寻常的特殊酒"[1]。其中羊肉、脂肪如何融入酒中？殊难理解。宋元人诗歌对当时的羊羔酒的特征有如下描写："小槽清凝带膻香，酿法知非羸角羊""因知洗吻羊肪滑""羊羔酒好浮琼液""鸾刀荐味下曲蘖，酿久骨醉凝浮脂。朝来清香发瓮面，起视绿涨微生漪""酒面羊羔冻""白色莹彻，如冰清美"等，则该酒需用膘肥髓满之羊，由于羊脂肪的缘故，酒面上漂浮或凝聚一层脂肪，在冬天饮用时需"拥炉"温热才可饮用。

究竟如何，还需要亲口尝尝才能知道滋味。

结　语

以肉脂酿于酒中饮用，最早产生在中亚靠近波斯的突厥系"可萨"人和石国当中。虽无可靠史料记载如何传到中原，但唐代时在关右一带流行，为中原人所知，偶尔出现在文人笔下。活跃在北方草原上的游牧民族，应是该酒传入中原的中介，比如，回鹘人以及在金代显示中亚军队组织特点的著名的"黄头女真"等。该酒最早的名称不定，杜甫谓"黄羊芦酒"，杜环及金国史料谓"麋酒"，透露了该酒传入中原初始阶段的特点：即以黄羊、鹿等脂肪入酒、用芦管吮吸。宋初尚视饮用该酒为腥膻鄙俗，后由于皇室的推崇，列入皇家法酒，以之赏赐臣下，遂致流行，文人诗歌大量吟诵酬唱。其名称也逐渐由"肉汁酒""羊酒""白羊酒""肥羊法酒""羔儿酒"趋于"羊羔酒"。宋以后到元，仍为宫廷法酒。至明清，民间仍有流行，中原许多地区都有酿造，及至今日，仍在宁夏、山西、河

---

[1] ［日］篠田统：《中国食物史の研究》，株式会社八坂书房，1978年，第345页；又载薮内清编：《中国中世科学技术史の研究》之《中世の酒》，角川书店1963年版。

北、湖北等地有产出。与之相似，以肉、脂肪入酒的各种不同名称的酒，也大量出现于史料当中，如"三酘"、"头脑"（"脑儿酒"）、"丑未觞"以及"雪花酒"、"鹿头酒"、"鹿胎酒"、"羊髓酒"、"戊戌酒"等，皆可视为肉脂酒之一类。早期在西部，其饮法主要是以植物之管茎吸吮，因此，史料中又称其为"芦酒"，讹为"卤酒"。后或认为此饮法过于鄙俗，皇家以及文人诗歌中不见以植物管茎吸吮的描述，但在民间，此种饮法仍在流行，被称为"咂酒""嗒酒"等。需要说明的是，中原以及西南许多地区流行的"咂酒"，并不属于肉脂酒。此种饮用方式究竟是肉脂酒初始的方式，还是进入中原后受到影响所致，尚不明确。

由此可知，以肉入酒，是外来的酿酒方式，是地道的"胡风饮食"。"羊羔酒"在中原的流行和被推崇，是中外饮食文化交流的结果。通过丝绸之路进入中原后，经过改造，成为绽放在中国酒类百花园中的一朵奇葩，一直散发着诱人的芬芳，长盛不衰。

表四　　　　宋元文人作品中反映"羊羔酒""羊酒""法酒肥羊""头脑酒"诗句

作者	作品	时代	诗、词、曲句
曾巩（1019—1083）	《郡斋即事二首》之二	北宋	白羊酒熟初看雪，黄杏花开欲探春
苏轼（1037—1101）	《正月三日点灯会客》《李公择过高邮》	北宋	试开云梦羔儿酒 何时花月夜，羊酒谢不敏
苏辙（1039—1112）	《送张恕朝奉南京签判》二首	北宋	楚蟹吴柑初着霜，梁园官酒试羔羊
张舜民（1065年进士）1094年使辽	《丞相宠示白羊御酒之作》	北宋	岁赐头纲团茶一斤，白羊酒二壶
张耒（1054—1114）	《赠晁二：走笔约无咎同赴大尹龙图四丈羔酒》	北宋	柳黄梅破最佳绝，京兆羔酒仍殷懃
毛滂（1055—1120）	《病中独坐》	北宋	请言居士往少壮，烹羊炰羔酒拍盆
晁公遡（1138进士）	《饮兵厨羔羊酒》	北宋	沙晴草软羔羊肥，玉肪与酒还相宜
吕本（10854—1145）	《就甯子仪求酒》	宋	须公一勺羔儿酒，伴我夜窗听雨声

续表

作者	作品	时代	诗、词、曲句
曾几（1084—1166）	《绍兴帅相公遗小春新茶且折简云对瑞香啜之大胜暖帐中饮羔儿酒也小诗两绝以谢》	南宋	漏泄春光凌雪色，柳条萱草太迟生
陆游（1125—1210）	《书坐》	南宋	早春风雨暗江干，羔酒狐裘不敌寒
	《辛丑正月三日雪》		龙团笑羔酒，狐腋袭驼茸
	《醉中作》		名酝羔儿拆密封，香粳玉粒出新春
	《雪夜作》		龙茶与羔酒，得失不足评
虞俦（—1163—）	《冬至后五日夜雪复作再用韵》	南宋	羊羔儿酒浮琼斝，牛尾狸酥映玉舟
	《除日狱空，唯欠租监系颇众，因悉纵，遣之，期以闻岁五日毕来。因记东坡先生倅杭除夜直都听因系皆满题诗壁间，辄用其韵》		羔酒会邻里，盍归与妇谋
	《谢杨监丞雪中送羊羔酒》		因知洗吻羊肪滑，可但倾肠鼠腹休
	《正月二日大雪，是夜戌三刻立春》		羊羔酒好浮琼液，牛尾狸堪削玉肌
朱翌（1097—1167）	《蔡倅羔羊斋》	南宋	有生不酿羔羊酒，无日不诵羔羊诗
周必大（—1151—）	《立春日饮羊羔酒》	南宋	姚魏纷纷殆百家，天香一出自无哗
	《二月十七日葛守钱粹出所和胡邦衡羊羔酒诗再》		德似羊羔春共颁，政如醇酎野多欢
	《腊旦大雪运河使何同叔送羊羔酒拙诗为谢》		浅斟未办销金帐，快泻聊凭药玉船
	《十二月二十二日葛守送羊羔酒戏占小诗》		马乳三年隔大官，羊羔今日倒芳樽
	《次韵胡邦衡二首》		浅斟想对销金帐，生意重寻（原校：一作羞看）白玉盘

续表

作者	作品	时代	诗、词、曲句
周必大	《再赋羊羔酒》		日日茅柴帚扫愁,羶荤暂逐富儿游
吴儆(1125—1183)	《寄题郑集之醉梦斋》	南宋	但问雪煎茶,何如羊羔酒
韩元(1118—1187)	《鹧鸪天·雪》	南宋	凭君细酌羔儿酒,倚遍琼楼十二阑
杨万里(1127—1206)	《归舟大雪中入运河,过万家湖》	南宋	雪漫水面淡模糊,酿出羔儿酒一壶
陈造(1133—1203)	《张守送羊羔酒将以三绝次韵答之之一》	南宋	生尝跪乳资名教,死去遗芳谥碧香
	《张守送羊羔酒将以三绝次韵答之之二》		小槽清凝带羶香,酿法知非羸角羊
	《张守送羊羔酒将以三绝次韵答之之三》		少贷陶家煎雪水,更论徐邈对贤人
	《再次羊羔酒韵三首》		元放诸孙怜遽许,截肪醉骨荐馨香
	《雪再次韵》		绝望羔酒醉,作意鹭股割
王炎(1137—1218)	《冬至日雪》	南宋	朱门满酌羊羔酒,谁念茅茨有纪粮
苏籀(?)	《冬日即事一首》		旸旱玄冥僭春令,狐裘羔酒贮严冬
辛弃疾(1140—1207)	《咏雪》	南宋	餐毡怀雁使,无酒羡羔儿
敖陶(1154—1227)	《乞炭于冯孔武再用前韵》		将军羔酒空作梦,十年未有今年贫
刘过(1154—1206)	《雪中呈颜使君械升坚》	南宋	羔酒帐金输武库,煮茶萧寺等僧间
赵崇森(?)	《雪》		便好骑驴过,羊羔酒正肥
陈起(?)	《羊羔酒呈朱丛瑞》		衔林幻金波,滟滟玉船载
杜范	《次花翁第二雪》	南宋	此时清绝难酬赏,羔酒谁言胜凤茶
	《雪中成十一韵》		纷纷富家儿,羔酒醉金帐

续表

作者	作品	时代	诗、词、曲句
方岳（1199—1262）	《立春谢司法有诗次韵》	南宋	清处尽强陶学士，不关羔酒与龙茶
赵必瓛（？）	《生朝觞客即席用韵》		琼裾翠裳佩九霞，赐我羔酒龙团茶
赵文（1239—1315）		南宋	饮羔金帐非我事，煎水何妨试双井
宋伯仁	《丑女歌》		丑妻恶妾寿乃翁，何须能劝羊羔酒
郑清（1176—1251）	《和林治中雪诗五首之一》	南宋	羔酒不妨敲竹韵，园林正好乐清时
韩淲（1159—1224）	《雪后》	南宋	世间只解销金帐，羔酒无疑茗椀亨
吕起猷（？）	《又赋昙字韵》	宋、元	桥边驴子诗何思，账底羔儿酒正酣
方回（1227—1305）	《题译学张提举乃尊开封府尹张彦亨所藏郭熙盘车图》		红炉锦帐羔酒斟，岂识盘车图中意愁绝
于石（1250—）	《丁亥冬大雪》	南宋、元	惟恨雪不多，低唱饮羔儿
	《对雪》		重裘何富，负薪何穷。烹茶何俭，饮羔何丰
庐祖皋	《清平乐·申中吴对雪》	南宋	羊羔酒面频倾。护寒香缓娇屏
刘过	《鹧鸪天》		一杯自劝羔儿酒，十幅销金煖帐笼
赵长卿	《浣溪沙》		坐看销金煖帐中，羔儿酒美兽煤红，浅斟低唱好家风
辛弃疾	《满江红·天上飞琼》		待羔儿、酒罢又烹茶，扬州鹤
	《上西平》		冻吟应笑，羔儿无分谩煎茶
李曾伯	《水龙吟·席间诸公有赋再和》		羔儿满泛，狮儿低唱，飘风过耳

续表

作者	作品	时代	诗、词、曲句
王沂孙	《声声慢·催雪》		红炉旋添兽炭,办金船、羔酒镕脂
陈三聘	《虞美人·寄人觅梅》		飞琼晓压梅枝重。酒面羊羔冻
黄子行	《贺新郎·冰箸》		拟办羔儿香瓮酒,唤刘叉、来醉尊前约
张镃	《南乡子·春雪》		羔酒莫留残。更觉娇随饮量宽
吴潜	《疏影》		兽炭金炉,羔酒金钟,正好笙歌华屋
赵秉文	《暮春得寒字》		乍拆泥封羔酒熟,未开火禁粥饧寒
麻九畴	《和伯玉食蒿酱韵》		借问冰水茶者,何如羔酒乎
杨雪翼	《雪后》		不然羊羔酒涨玻璃锺,侍儿醉脸潮春红
耶律铸	《冬日即事》		伤到玄冥僭春令,狐裘羔酒贮严冬
胡祗遹	《庆盖元甫生子》		亲友塞园巷,羔酒绳新红
吴景奎	《十一月》		沈香火煖锦承麈,叵罗羔酒生春酽
艾性夫	《立春日雪》		有人剪彩娱羔酒,独我煎茶续菜盘
张之翰	《煎茶》		莫教移近销金帐,恐被羊羔酒染腥
张仲深	《胡用和听雪窝》		东邻西里富熏天,细醅羊羔酒初熟
吴存	《水龙吟·雪次韵》		暮归来脱帽,销金帐里,饮羊羔酒
陈德和	《[双调]落梅风·雪中十事》		试烹来是觉风韵美,比羊羔较争些滋味

续表

作者	作品	时代	诗、词、曲句
周德清	《[正宫]塞鸿秋·浔阳即景》	元	陶家风味都加话,羊羔饮兴佳
	《[中吕]红绣鞋·赏雪偶成》		休说羊羔味偏佳,调情须酒兴,压逆索茶芽
刘唐卿	《降桑堪蔡顺奉母》		尽生乐陶陶,饮香醪,满捧羊羔
陈以仁	《雁门关存孝打虎杂剧》		渴饮羊羔酒,饥飡鹿脯干
无名氏	《须贾大夫许范叔》		俺只见瑞雪舞鹅毛,美酒泛羊羔
王举之	《折桂令·羊羔酒》		凝碎玉金杯泛香,点浮酥凤琖镕光
白仁甫	《得胜乐》		密布云,初交腊,偏宜去扫雪烹茶,羊羔酒添价
左山	《步步娇》		暖阁偏宜低低唱,共饮羊羔酿
	《拨不断》		见蝶翅寒梅正有花,怕羊羔美酒新添价
吕止庵	《后庭花》		锦帐羊羔酒,山阴雪夜舟
刘秉忠	《蟾宫令》		朔风瑞雪飘飘,暖阁红炉,酒泛羊羔
马九皋	《蟾宫令》		一个饮羊羔,红炉暖阁
武汉臣	《包待制智赚生金阁》		止不过瓦钵内斟村酿,那里有金盏内泛羊羔
王仲元	《[越调]门鹌鹑·咏雪》		是宜开绣闼,斟玉斝,泛羊羔美酒味偏佳
李德载	《[中吕]阳春曲·赠茶肆》		应笑倒,销金帐饮羊羔
汤式	《自述·客窗值雪·尾声》		龙涎香喷紫铜炉,凤髓茶温白玉壶,羊羔酒泛金杯绿
汤式	《咏雪效苏禁体作》		羊羔美耐,金帐里醉醺醺
姚燧	《双调·拨不断·四景》		瀹玉瓯中冰雪寒,锁金账里羊羔暖

续表

作者	作品	时代	诗、词、曲句
姚燧	《双调·新水令·冬怨》	元	龙涛倾白玉钟，羊羔泛紫金觥，兽炭添煤火正红
景元启	《双调·新水令·收江南》		到冬来雪花儿满天，蒸羊羔美酒庆丰年
	《绣襦记》		只见那财主每洪炉暖阁羊羔美酒拥红
姬翼	《一剪梅》		涂金羔酒世情夸。此况谁知，物外仙家

原载《中国饮食文化》2009 年第 1 期

下编
裕固族史料文献研究

裕固族研究的几点思考

如果将岑仲勉先生1936年发表在《金陵学报》第6卷第2号上的《明初曲先、阿端、安定、罕东四卫考》，作为国内科学研究裕固族的开始；俄国人波塔宁于1884—1886年对裕固族地区的考察作为国外研究裕固族开端的话，裕固族研究持续了一个多世纪。按照《裕固族研究集成》①一书的统计，研究内容涉及裕固族历史、宗教、语言、文学、音乐、舞蹈、风俗（饮食、服饰、婚姻、丧葬、礼仪、姓名等）、艺术、人口、教育、体质、社会制度、文化等。据不完全统计，有100多名中外学者发表过研究裕固族的论文或专著（据前书统计，国内有100多名学者，俄国、日本、德国、荷兰、美国、芬兰、土耳其等国家的十几名学者发表过调查研究文章或出过专著）。同样根据该书统计，百年来共出版裕固族研究专著和资料达到了近30本，论文和调查报告等达到了近350篇。研究领域也从早期单纯的裕固族历史、族源等，逐步拓展至语言、宗教、文学（难能可贵的是也有现当代文学的创作和研究）、人口、社会生活、经济、文化、民俗、教育、人物、人口等方面，尽管一些领域的研究刚刚开始，但无论成果的数量还是质量，都在不断提高。特别是近些年一些本民族研究工作者的崛起，使裕固族研究成为西北少数民族研究的一个热点和亮点。在相同和接近人口的各少数民族中间，裕固族的研究应该说处于先进水平。

为何有如许的研究者钟情于裕固族的研究呢？我想大概有如下原因。

第一，裕固族居住地处在丝绸之路的要冲，河西走廊的中部。随着敦煌学研究、吐鲁番学的声名鹊起，整个丝绸之路的研究被纳入研究者的视野，而这些地区，一直是裕固族先民活动的区域，且敦煌学、吐鲁番学等

---

① 钟进文：《裕固族研究集成》，民族出版社2002年版。

涉及的地域、研究的内容，如历史、军事、政治、民族等，无不与裕固族研究密切相关。这种学科的交叉、渗透，使裕固族研究始终处在传统科学研究者的视野当中。比如，敦煌学专家李正宇、孙修身、钱伯泉、刘玉泉、陆庆夫、荣新江、杨富学等，都撰写过与裕固族有关的文章。因此，裕固族研究无疑受到越来越多的学者关注。

第二，裕固族是中国唯一操两种母语的民族。这种特例与它形成过程中不同的来源密切相关，也为研究者提供了民族形成过程中不同源而在共同生活过程中形成同一民族的理论提供了实例，因此受到了语言学家、民族理论学界的关注和研究。

第三，大量研究成果表明，裕固族源于古代蒙古族和回鹘，而这两个民族都是在中国、中亚乃至广大的世界领土上叱咤风云、改变和创造历史进程的两个民族，历来受到中外学界的重视和研究，国内外都有一些研究机构和大量的研究工作者从事诸如蒙古学、突厥学、阿尔泰学的研究。而裕固族当然也就成了他们关注的领域之一。

第四，裕固族处在河西走廊的中段，周边与藏族、蒙古族、哈萨克族相接，历史上与维吾尔族、蒙古族以及土族、东乡族、保安族、藏族等有一定的关系，宗教信仰先后有摩尼教、佛教、喇嘛教以及原始的萨满教等，因此，在研究诸如土、藏、维吾尔、东乡、保安等民族的历史、文化时不能不涉及裕固族。

诸如以上原因，在1949年后民族识别、民族区域自治政策落实以及民族意识觉醒的过程中，裕固族和其他少数民族的研究，始终成为相关学界关注的重点。应该说，裕固族以及其他少数民族历史、文化等研究的深入和繁荣，正是我国民族平等、民族区域自治政策落实的成果之一。

裕固族研究从20世纪80年代起，开始了一个新的、全面发展的阶段，《裕固族研究论文集》《裕固族研究论文续集》[①] 以及《裕固族研究集成》可以说是裕固族研究的总结和展示，其他专家学者也写过不少综述和评论。在此，笔者就裕固族研究存在的问题和今后研究的思考，谈谈自己的看法，以求教于博雅君子。

---

① 杨进智：《裕固族研究论文集》，兰州大学出版社1996年版；赞丹卓尕：《裕固族研究论文续集》（上、下），兰州大学出版社2002年版。

一　研究状况的不平衡

首先是内容的不平衡。裕固族历史、族源的研究比较深入，取得的成果比较多，从《集成》所列索引统计，在全部 350 余篇研究文章当中，研究历史、族源的文章达到了近百篇。裕固族语言研究也是该领域内比较突出的部分，不仅出了《语言简志》《词汇》等一批专著，而且发表了相当数量的论文。学者们还利用语言学材料，来探讨裕固族族源、历史等，取得了丰硕的成果。而裕固族经济、社会制度、文化等领域则相对薄弱。在一些领域内，研究也不平衡。如文化研究，婚丧、宗教、民间文学等民俗文化研究处于领先地位，但居住①、饮食②、医疗、服饰③、游戏、占卜、生产方式等的研究，还比较落后，个别文章只是事实的罗列，缺乏深入的分析和比较。因此，一些结论没有凸显裕固族的特点，或者在研究中发现新的信息、得出新观点较少。

其次是东西裕固族研究的不平衡。裕固族分为东西两部。这种特例的出现，有特定的历史和渊源原因。唯有全面深入研究，才能最终解决许多问题。但从所刊布的文章和调查报告中可以发现，对裕固族东部田野材料的调查和民俗传承文化的搜集整理，都显得不够，深入进行对比研究更是少见。这多少影响了结论的全面性和科学性。

无论从研究者队伍，还是从研究者文章的数量上，都可以看到，裕固族历史、族源的研究，处于领先地位。但并不是说裕固族族源的问题解决了。一部分学者认为裕固族脱胎于蒙古族和回鹘族，在共同的生活当中，形成了一个新的民族共同体，而元明特别是东迁，是裕固族形成的最重要阶段；而另一部分学者认为，"裕固族"历史悠久，裕固族族"源"是回鹘（无论"甘州回鹘""西州回鹘""黄头回鹘""龟兹回鹘"等），"流"

---

① 田自成：《裕固族居住文化初探》，《甘肃民族研究》1996 年第 2 期；增才：《裕固族的居住与生活》，《陇苗》1983 年第 2 期；马慧琴等：《裕固族的居住、饮食》，《民族知识手册》，民族出版社 1988 年版等数篇，泛泛介绍居多，深入研究者少。

② 钱卫东：《裕固族的饮食与待客》，《陇苗》1982 年第 12 期，等等。

③ 陈宗振：《试释西部裕固语中关于服饰的某些词语》，《民族语文》1998 年第 5 期；李忱：《甘肃裕固族的传统服饰》，《民俗》1989 年第 10 期；蓝翔等：《裕固族妇女芙蓉红缨帽》，《华夏民俗博览》，陕西人民出版社 1991 年版。以及《裕固族风情》等介绍性书籍。

是蒙古族，在研究裕固族族源时，将关注点注重在回鹘人方面。观点的不一致，影响到了裕固族族源的研究。而裕固族形成的最重要阶段——明清阶段的状况，研究相对薄弱，特别是明末清初"七部"的形成，迄今仍然是"灯下黑"。学者们在此问题上观点的不一致，也是影响研究进展的因素之一。

对裕固族民间文学的搜集整理，相关学人做出了很大的成就，也发表了许多研究文章。但应该看到，无论搜集整理还是研究，都有一个全面、深入的问题。这个问题，我们在后面还要谈到。

其他裕固族社会生活的研究、民俗文化（饮食、衣饰、生产工具、生活用具）、经济、人口、医疗、生产方式等方面的研究，有些是刚刚开始，还缺乏深入研究和令人信服的成果，有些至今还是空白。

二 资料的挖掘还需深入

国学大师陈寅恪曾针对敦煌学说过一段著名的话："一时代之学术，必有其新材料与新问题。"① 裕固族研究，同样有一个"新材料"的问题。这里的新资料，是指尚未被发现或利用的资料。

综观100多年的裕固族研究，学者们利用的材料，不外乎四个方面：第一是从卷帙浩繁的汉文传统史料中搜求、钩稽。从学界利用的状况看，有《新唐书》《旧唐书》《唐会要》《宋史》《宋会要》《资治通鉴》《文献通考》《通鉴纪事本末》《册府元龟》《新五代史》《旧五代史》《五代会要》《辽史》《元史》《明史》《明会要》《明史纪事本末》《明经世文编》《清史》《清会要》，等等；第二是出土文献。主要是敦煌、吐鲁番等地出土的有关裕固族先民回鹘人的资料；第三是口传资料。作为一个人口较少、没有文字或丢失文字的民族，其口传资料显得尤为重要。已经发表的资料，若以性质来划分，有传说、故事、民歌、谜语、谚语，等等。粗略统计一下，有100多篇。还有田野调查所获其他资料，比如历史、民俗、文物，等等，许多学者都是由田野调查开始走上裕固族研究道路的。由于在裕固族东迁及形成过程中缺乏史料记载，因此，口传资料显得弥足珍

---

① 陈寅恪：《敦煌劫余录序》，载《陈寅恪史学论文选集》，上海古籍出版社1992年版。

贵；第四是方志以及西部边疆史料。如《甘州府志》《西宁府志》《西宁卫志》《肃镇华夷志》《肃州新志》《甘镇志》《秦边纪略》《边政考》《万历武功录》《殊域周咨录》《全边略记》《辛卯侍行记》以及民国边疆调查资料。在资料方面，范玉梅先生辑录之《裕固族史料编年》大大方便了学者研究。

那么，在裕固族研究中，是否所有的资料都穷尽了呢？显然不是。而且有些方面，可以说还比较薄弱。

首先，是传统史料仍需要钩稽。元以前的史料挖掘得比较充分，而元以后的资料挖掘、利用差强人意。比如，《明史》《皇明经史文编》以及当时的奏章等。在《清会要》《清史稿》以及其他清代史料中，有张勇、年羹尧等人与裕固族发生关系的材料。范玉梅先生所辑《裕固族史料编年》[①]中就列了不少，惜加以留心和利用者不多。

其次，是西北边疆史地著作的挖掘。在裕固族研究中，明末清初是史料最丰富的时期，这个时期由于西北学的兴起，出现了一批关于西部边疆的著作，其中有许多裕固族的材料，如顾炎武《天下郡国利病书》、张雨《边政考》、梁份《秦边纪略》、严从简《殊域周咨录》、方孔炤《全边略记》、顾祖禹《读史方域纪要》，其他如《万历武功录》《皇明九边考》《朔漠方略》《译语》等，都多少不等地记载了裕固族的材料。其中以张雨的《边政考》和严从简的《殊域周咨录》资料最为详尽。以《边政考》为例，作者为巡按陕西监察御史张雨，撰于嘉靖二十六年，书中详细记载了东迁各部当时的居住地。由于作者撰述的时间距离王琼安置东迁各部时间最近，因此，更真实可信，而各部居住地的变迁及各部落的分化、组合，对清初"七部"形成至关重要。

即使像《边政考》《秦边纪略》这样全面、集中刊载裕固族资料的文献，引用者也不多。清代有关裕固族研究的史料也挖掘得不够。康熙到雍正时期是形成裕固族"七族黄番"政治体制的重要时期，原先被明政府安置的关西诸卫遗众到了清代，又做了重新的安置和认可，"黄番五族""黑番三族"设正、副头目，最终形成有清200余年裕固族政治体制格局，这在清代史料中都有零星记载，在裕固族传说当中，对此也有反映。

[①] 范玉梅：《裕固族史料编年》，《甘肃民族研究》1983年第3—4期。

再次，地方志是又一个富含裕固族资料的领域。几乎所有明清及民国时期刊布的河西地方志都有裕固族的资料，不仅如此，和裕固族有着密切关系的青海以及土族、东乡、保安、撒拉等少数民族的地方志等，都可以从中找寻出与裕固族研究有价值的材料。如《肃镇华夷志》《肃州新志》《临泽县志》《高台县志》《甘镇志》《甘州府志》《西镇志》《西宁府新志》《西宁卫志》等。其中尤以《肃镇华夷志》所载详细而全面（有关《肃镇华夷志》在裕固族研究上的价值，笔者将专文论述）。比如，罕东左卫的帖木哥、土巴以及原属于曲先卫的牙兰于正德七年东迁后，明政府做了安置，到嘉靖二十八年，杨博对东迁部落又进行了重新安置，在此期间，各部落还有一些自发的变动，而正史等对安置的各部落几次变动的具体方位，几乎没有记载。唯有成书于万历四十四年的《肃镇华夷志》有明确的记载。再如，有关撒力畏兀儿人的风俗习惯，其他史料中也很难觅到，而《肃镇华夷志》在《属夷》下专列了"风俗"一节，分别记载了汉人眼中的"熟达""畏兀儿""西番""哈剌灰"的风俗习惯，对我们辨别东迁各部的族源增添了特别重要的资料。而关于裕固族与土族等的关系，诸如《西宁卫志》等，则有一定的记载，为研究裕固族和土族、保安等民族关系提供了一定的线索。

最后，是田野调查资料。可以这样说，裕固族研究始于田野调查。大多数从事裕固族研究的学者都曾深入祁连山，从事过裕固族历史、民俗、民间文学等的搜集整理，出版和发表了大量的作品。《中国少数民族五种丛书·裕固族卷》中的《裕固族简史》《裕固族东乡族、保安族社会历史调查》《裕固族语简志》（东部、西部）等，就是在深入调查的基础上撰写的。其他搜集发表的作品和调查资料数以百计。有历史传说、民歌、故事、谚语、谜语等。在缺乏直接史料记载的情况下，田野资料成为裕固族研究必不可少和最重要的资料。多年来，在历史、民俗、民间文学等方面，积累了大量的田野材料，为研究者提供了第一手口传资料，也不断丰富着裕固族研究的领域和裕固族文化。值得一提的是铁穆尔所著《裕固民族尧熬尔千年史》[①]，在这本很少被研究者提起的著作当中，作者以本民族的有利条件，根据多年深入牧区各地调查所获，公布了许多为前人所不知

---

① 铁穆尔：《裕固民族尧熬尔千年史》，民族出版社1999年版。

或不看重的口传历史，为以后的研究提供了不可多得的新鲜材料。

但也应该看到，在田野调查中，还存在一些问题。主要是：

一是田野调查的地域不平衡。在西部地区调查得较多，而东部地区相对较少。从已发表的作品中，可以明显地看出这一点。这种不平衡影响到了一些研究结论的得出。

二是尚有一些调查死角，需要深入挖掘。比如，田野作业时较注意关于历史、民俗、民间文学、宗教等方面，而较少注意裕固族人的生活方式、人口变迁、经济特点、地理环境对裕固族人的影响、外来文化对裕固族人的影响，其他还有饮食、医疗、服饰、游戏、居住等，在这些方面有一些调查文章，如关于裕固族人的服饰、姓氏、名字、食物等，但泛泛者多，而较深入和有深度的文章少。

三是缺乏科学的搜集、整理态度，背离了民间文学和民俗搜集整理的原则。依据这些田野材料所得出的研究成果的可信度可想而知。学界已经指出了一些明显有创作成分的作品被研究者反复应用的例子[①]。

四是一些在裕固族研究上有重要意义作品的搜集整理显得薄弱。比如，在裕固族历史研究上具有不可替代作用的《西至——哈志》，目前缺乏一个具有原始面貌的本子，更缺乏对此史诗般作品的流传的范围、语言、诗中所涉及的人名、地名、事件、动物，以及诗歌形式等的详细研究（对"西至""哈志"以及"千佛洞""万佛峡"等地名，研究者涉及较多）。而据笔者所知，在东部裕固族地区，它并不是以说唱（发表的作品有"说着唱着知道了"句）的形式流传，而是"沙特"的一部分。又如"沙特"，笔者曾专文介绍，并呼吁有关部门列专题进行全面搜集、整理[②]，惜乎十几年过去了，原来说唱者中部分人已经去世，但对此史诗的搜集整理尚无人倾心去做，笔者十几年前的担心不幸成了事实。再如《萨那玛珂》，据笔者所知，目前至少有两个本子，内容大相径庭，笔者搜集到的不是一个爱情故事，而是裕固族东迁到肃州附近，和地方政府发生冲突的内容，在裕固族历史研究上具有一定的意义。

因此，在深入研究的同时，不应忽略资料的刊布和搜集。而应有计划

[①] 钟进文：《裕固族文化研究》，中国民航出版社1995年版，第76页。
[②] 高启安：《裕固族最珍贵的文化遗产》，《民族文学研究》1990年第3期。

地校勘出版一些传统史料，整理出版一批裕固族研究资料，方便学者研究。比如，像《边政考》《肃镇华夷志》等重要史料，应该尽快组织人员校勘出版。

五是裕固族物质和精神产品的征集和保存，应该尽快提上议事日程。当地政府应该将此作为裕固族文化建设的头等大事来抓。作为人口较少的民族，飞速发展的社会和日益频繁的交往，正在丰富和改变着裕固族的生活方式，一些古老的文化正在消失，如不尽快地采取措施，将又是一个无法弥补的失误。建议采取多种方式（制定优惠政策，吸引投资，鼓励民间建立博物馆等），吸引资金，建立博物馆，从衣食住行及一切物质和精神产品方面，征集实物，保存起来，为历史和将来，也为裕固族研究留下一份珍贵的遗产。

三　开辟研究领域，不断拓展裕固族研究空间

从目前出版的著作和发表的文章看，裕固族的研究所涉及的领域有历史、文化、民俗、艺术、音乐、语言、教育、人口、宗教、文学等。但无论哪个领域，都有深入研究和探索的必要。

（一）裕固族历史

裕固族历史是学者们投入最多、用力最勤之所在，但仍有许多问题需要探索。比如，《肃镇华夷志》记载了关于赤斤和罕东左卫部众族属的传说："时有青牛和尚，曰哥哥把失者，游至沙州地界，投元之达耳交王部下，娶达女为妻，生子一曰阿卜尔加，阿卜尔加生子二，长曰奄章，次曰苦术。后奄章生子者六：一名哈剌秃，一名浪哨，一名红帽儿，一名绰林奔，一名失剌里，一名帖木儿。苦术生子五：有曰强哨卜，计有曰乞咱卜儿，计有曰满谷，计有曰哥胎，有曰哈尼。枝派绵延，财力渐盛。章术商议，遂谋杀耳交王，自立为头目。耳交王子孙欲报父仇，而力不副，阴连接诸达以报仇。俺章苦术觉，恐灭其族，于是以所属部众遂率领以逃于沙州地方，混称前元输达，修贡自为属番称以鞑靼丞相子孙。永乐二年，遂诏建赤斤蒙古所、罕东左卫千户，领之，寻升为卫，以塔力尼升指挥。后俺章苦术升都督，苦术掌赤斤蒙古卫印，其酋长散处各地，皆千户、舍人

之职也。"① 而《边政考》及其他地方志书中也有类似记载。其中的"西番"为藏族还是撒力维吾尔？虽是一个传说，不一定确实，但很有研究之必要。另外，一些资料关于撒力维吾尔源于"扬州乐户"的记载②的研究，也是一个空白。这虽是一个传说，但并非空穴来风。崇祯时期在张掖西南70里处设置"梨园堡"，其名称是否源于"扬州乐户"的传说等，都需要研究。另，《边政考》《肃镇华夷志》所列各部与裕固族七部（八部或十部）之关系、史料记载之枝丹（板丹）部落等，都需要详加研究。在这方面，高自厚先生关于"牙兰"的研究，确定了"亚拉各"家原来的卫属以及与"药罗葛"之间的关系，很有示范作用③。如果对史料记载和传说当中的一些人物详加研究，定会有收获。

  族源问题，几乎是所有从事裕固族研究者都关注的领域，仍有深入探讨之必要。中国北方各民族在长期的战乱和共同生活当中，不断有相互融合、在共同生活当中形成新的共同体的状况。这种特点，在裕固族显得更突出。1983年我们在杨哥调查时，就有老人说裕固族的祖先是从很远很冷的森林里来的，原来人死后要将尸体夹在树上。联系到裕固族民间文学中《摔跤手的故事》中摔跤手被对方摔死后，将尸体挂在了树上的情节，裕固族中也可能有"乌梁哈"兀良哈（"森林中百姓"）部落成分的可能。④裕固族族源之一的回鹘人的研究较深入，但仍有一些空白点。比如，在敦煌石窟、柏孜克里克石窟内，有不少回鹘供养人画像，为研究裕固族服饰提供了古代的直观材料。但今天裕固族人（即便是操突厥语者）的服装似乎与之差别较大，而与蒙古卫拉特人的服装更相似⑤，这种情况的出现，原因何在？尚无人详加对比研究。

  地名的研究，因为"西至——哈志"的缘故，也是学界集中研究的热

---

① 《肃镇华夷志校注·属夷内附略》。
② 《肃镇华夷志校注·属夷内附略》；（清）梁份：《秦边纪略》卷一《西宁近边·安定卫》，赵盛世等校注，青海人民出版社1987年版，第76页。
③ 高自厚：《试释〈明史·西域传〉中的"牙兰"》，《西北民族学院学报》1989年第3期。
④ （明）岷峨山人著《译语》中说"北曰兀良哈，甚骁勇，负瀚海而居。房中呼为黄毛"。"西北一部落亦曰兀良哈，性质相同，但藏红帽为号，兵合不满数万，好蓄马驼。"丛书集成初编"本《〈黑鞑事略〉及其他四种》，中华书局1985年出版。
⑤ 林鹏侠《西北行》中内蒙古王公家之照片，其中妇女衣饰与裕固族妇女衣饰很相像，尤其帽子。又载青海"蒙妇发均左右分为三大辫，置胸前，各缀以珊瑚、珍珠、玛瑙等饰品，以为美丽……"《边疆》1936年创刊号。

点之一，涉及的地名或地域范围有安定四卫的卫地或辖地等。遗憾的是，对于其他地名以及裕固族安置和游牧地的研究，处于落后甚至空白状况。而这些在地方史料、传说中出现的地名研究，对于解决迁徙路线、各卫部众游牧地的变迁以及裕固族历史和七部的形成等，都有重大参考价值。在为数不多的研究文章当中，高自厚先生做出了很好的示范。①

无论史料还是民间传说，都显示裕固族和土族之间有着密切关系，裕固族民间故事甚至和东乡、保安族等都有一定的关系，但少有学者对此现象加以探讨、研究。

其他领域的探讨对裕固族历史的研究也很重要。范玉梅、高自厚、钱伯泉等先生，从裕固族人的姓氏中，研究其先民的族属，取得了令人瞩目的成就，但还有继续研究的必要。应该对裕固族几大姓做深入研究，在回鹘人、蒙古人和古代其他西域游牧民族中找寻他们的踪迹。这样，可将裕固族族源研究更深一步。

（二）裕固族经济史

相对于历史而言，裕固族经济史研究是一个薄弱环节。比如，在明政府设立卫所以及东迁后，是否一直从事畜牧业？其经济类型一直是游牧经济吗？根据明史等资料，在罕东左卫时期，当时占据沙州的左卫部众至少有一部分从事农耕，因为在明政府给东迁部众救济的物资中，有"牛具、籽种"等。因而，在安置到肃州周边时，部分部众变为从事农耕者，而且筑堡自保。这是一种典型的农耕生产方式的体现。因此，不能说当时的裕固族是游牧经济。裕固族大部逐渐进入祁连山后，其生产方式又一次发生了变化，形成了适宜高山草原特点的半游牧经济，在几百年的时间内，裕固族人生活在祁连山里，维持了自给自足的游牧经济，形成了适合祁连山特点的游牧方式，没有对祁连山的生态造成破坏，其经济结构、生产方式对祁连山自然生态的适应以及对生态的影响等，都是研究的新课题，也对今天西部大开发和裕固族经济发展有很大意义。

（三）民俗和民间文学

在此领域虽然出版的专著、发表的文章较多，但仍需要加强研究。几

---

① 高自厚、贺红梅：《八字墩与五个山》，《西北民族学院学报》1998 年第 4 期。

十年来，虽然搜集整理取得了令人瞩目的成就，但并不是已经挖掘尽了。在全面搜集整理、保存的基础上，部分重要作品有重新搜集、整理的必要。比如，"西至——哈志""沙特"等。其他的民俗材料也应当尽快搜集整理。特别是在裕固族东部，显得薄弱，应当加强。一些重要的作品，应当申请专项经费，组织专家，进行抢救性搜集。因为谁都知道，今天的祁连山已经不能有效地抵御外来世界强有力的影响，这些东西消失得很快。而民俗的服饰、饮食、居住、生产等，尚缺乏深入研究。比如，裕固族宰杀羊只的方式，部分是破腔掐断大血管，它反映了裕固族人怎样的心理？将一只羊分为十二份子，按尊贵大小分配给不同的客人，这种古老的方式反映了裕固族人怎样的观念？和蒙古人有何不同？等等。另外，宏观研究较多，微观研究较少，横向比较研究更少。比如，裕固族民间文学和蒙古族民间文学间、与土族民间文学间的比较；同一个作品在东部、西部的流传状况等，都是将来深入研究的领域。就某一件作品的深入研究，也是今后要继续努力的方向。

（四）裕固族社会结构、家庭、人口

这方面的研究刚刚开始。这个领域，是将来大有作为的领域。裕固族虽然缺乏史料记载，但在明清地方志书中，详细记载了不同时期东迁各卫部众的族帐和人口，利用这些资料，可以勾勒出裕固族人口的发展状况，相信对于裕固族历史、经济、社会、文化等的研究都有巨大参考价值。

（五）祁连山自然、生态的研究

裕固族居住的祁连山，有着得天独厚的优越地理条件，它是一道天然的屏障，更是一个优良的牧场。从有史料记载开始，就一直是游牧民族争夺的对象。裕固族人选择了祁连山，就选择了生存，没有祁连山，就没有裕固族。所以，对祁连山的研究（包括自然地理特征、物产、资源、植被、生态作用、居住史、开发史、裕固族人的生活方式与祁连山的依存关系等），应当纳入裕固族研究的当然范围之内。

以上，仅是个人孔见，难免挂一漏万。敬请大方之家批评指正。

原载《兰州商学院学报》2004年第5期

《肃镇华夷志》文献价值初探

笔者曾就《肃镇华夷志》的名称以及版本情况撰文考辨,[①]指出现存《肃镇志》应即《肃镇华夷志》,现名应是清顺治十四年高弥高重刊时所改；台湾影印本《肃镇志》实即《甘镇志》。本文就《肃镇华夷志》的文献价值作初步探讨。

一

作为现存元明以后最早的河西走廊西部地区的方志,《肃镇华夷志》的价值是多方面的。

《肃镇华夷志》不止一处引用《肃州卫志》（卷1《沿革》"肃州卫"条）、《元志》和《总志》,史料均未予记载。《元志》或为元代所修《肃州志》；《肃州卫志》诸材料没有记载,或者即嘉靖所修之《肃州新志》；《总志》或者为嘉靖《陕西通志》,或者为明人郭绅所纂《甘肃志》,[②]或者即《陕西行都司志》。因此,它提供了数种已佚地方志的信息。

由于肃州在明西部边疆的特殊地位和修志者的独特用意,《肃镇华夷志》尤其注重辖区的军事防守,诸凡城池、烽燧、边墙（长城）、墩台、堡寨、关隘等军事设施的记载无不详备,而关于戎器、兵饷等也极尽详细,其中有不多见的关于守军装备中用于治疗刀枪创伤的药材名称等,为

[①] 高启安：《〈肃镇华夷志〉的名称及版本考辨》,《酒泉职业技术学院学报》2008年第1期。

[②] 据《甘镇志·官师志·甘肃行太仆寺卿》："郭绅,江西宜春人,弘治中任。廉勤有干,且瞻文词,尝纂《甘肃志》。故实有征。"见张志纯等校点《重刊甘镇志》,甘肃文化出版社1996年版。

我们提供了第一手的西部边疆兵防材料。

为了防备来自南、西、北游牧民族，特别是来自北部套部蒙古（所谓"北虏""套虏""海虏"）和西部土鲁番以及瓦剌等的侵扰，明代在北部边疆先后修筑了大规模的防守工事，这就是后世著名的"长城"。《肃镇华夷志》不仅记载了辖区数次所修长城的地点，而且其长度、高度、走向以及长城的其他设施（烽堠、墩台）、防守路线、防守兵丁的配置等，一一清楚明了。而于西部雄关嘉峪关长城的修筑起因、筹划等记载尤其详细。因此，《肃镇华夷志》又是研究明代长城兵防的第一手可靠资料。

我们知道，五代至元，敦煌、肃州一线，由于战乱频仍，人口锐减，社会生产力遭到了极大破坏。而有明一代，处于恢复性阶段。《肃镇华夷志》详细记载了元、明洪武、嘉靖、万历等各个时期肃州卫、镇夷所的人口数量，记录了肃州及其周边农业水利恢复、发展的状况。"水利"一节，反映了从祁连山南麓引水和开垦农田，随着人口的增加，不断向肃州周边开垦的历史。无疑是肃州农业开发和水利建设的最早资料。"有人开了西洞子，狗也不吃蕨刺子"就是最形象的记录。而一些地区的开垦，又与安置的东迁各部有关。可以这样说，环肃州周边农业开发，裕固族作出了很大贡献。

而有关稻米的最早种植（卷四《人材》："邹和任指挥，教民树艺，稻田自和始。"）、玉米的种植，都是宝贵的农业开发资料。如在"物产"一节中，收有"回回大麦"一条："肃州昔无。近年西夷带种，方树之，亦不多。形大而圆，白色而黄，茎穗异于他麦，又名'西天麦'。"这是较早关于玉米在西部地区种植的记载。

作为丝绸之路上的主要城镇，肃州历来是商贾云集、交易频繁的贸易中转地，即使在明代陆路丝绸之路贸易衰落后，肃州仍然有着重要的地位和频繁的贸易活动。明代弃置敦煌，退守嘉峪关以后，河西走廊西端的肃州即担负起了中西贸易及使节中转的重任。《肃镇华夷志》透露，在肃州仍然存在大量的马匹、丝绸、茶叶、毛皮、药材、玉石等的交易。肃州居住的三种"夷人"中的"回回"就是滞留或专门从事贸易的西域商人。出钱修桥铺路和修盖寺院的商人大多是"晋商"。这些材料无疑是研究衰落时期丝绸之路贸易的宝贵材料，也是研究晋商崛起与丝路贸易、与明政府实行的"盐引"政策等关系的重要材料。前来贸易滞留在肃州的西域商人及东迁的哈密卫及其他卫部众，如哈剌灰人、畏吾儿人等，其数量的不断增加（环肃州地区居住的东迁部众，一度达到接近汉人数量的程度），促使地方政府在肃州城建立专门的"夷厂"安置。这也就是顺治年间米剌印、丁国栋振臂一呼而肃州有那么多回民揭竿而起的原因。

在卷二"学校"中，记载了肃州卫和镇夷所明代教育从无到有的发展历程，于校址的建设尤为详备。而当时的地方官员倡导、督促，采取优惠措施令东迁各少数民族部众子弟入学接受教育的资料显得尤其珍贵："又令夷童亦诵儒书，而夷俗少变。"它多少改变了大汉族主义者一直推行的愚民和奴役少数民族政策，在裕固族发展史、民族教育实践上，都有重要的意义。

由于资料的缺乏，明代敦煌历史几乎是空白，而《肃镇华夷志》中记录了不少有关敦煌的资料。比如关于东迁各卫的记载，有不少涉及当时沙州的民族、人口变迁，居民生产方式以及与周边的关系等，可以说大大丰富了明代敦煌研究的资料和内容。

"哈剌灰"是出现在明代史料中的一个少数民族部落名称，是当时哈密城中三种居民之一，后来许多东迁至肃州。关于"哈剌灰"的民族成分、宗教信仰等，也是学者们关注的热点。[1]《肃镇华夷志》记载了居住在肃州城的"哈剌灰"人的来历、风俗习惯、宗教信仰以及从佛教转为伊斯兰教的过程。据笔者所知，有关"哈剌灰"人原驻地及东迁，史料记载较多，但关于他们的族属、语言、风俗习惯等却记载不多，因此，这是为数不多的直接讨论"哈剌灰"人的种族、语言、风俗习惯和宗教信仰的史料之一，可为"哈剌灰"人的研究提供数条翔实、可靠的资料。

在山川、物产条中，还有诸如肃州产诸多宝石的记载：

> 狼心山：城东北七百里，亦套虏经过之地，探贼者常至此取红玛瑙石为记。
>
> 火石山：城东北六十里，石可打火。

---

[1] 马寿千：《明代哈密地方的哈剌灰人》，《新疆社会科学》1983年第2期；曾文芳：《明代哈剌灰人的来源、组成和名称诸问题》，《西域研究》2002年第3期；曾文芳：《明代哈剌灰人族源探讨》，《伊犁教育学院学报》2002年第1期；吐娜：《明朝哈密卫哈剌灰人及其内迁》，《甘肃民族研究》2003年第3期。

寒水石：出肃州南山，取烧熟，细面可以绘塑。

玉石：出红水坝河内，乃石之似玉者，有菜色，有白色，俱可磨器。

代赭石：出肃州南山，高台者细红。

嘉峪石：出嘉峪关西，可作砚。先年，兵备副使长垣侯秩题其砚云：兹石三德，体制润泽，既不废笔，又不废墨。

其中"嘉峪石"为甘肃省又一著名笔砚石料，因发现于彭泽墓而知名。近年来有关厂商多方找寻，以备开发。

这些宝石等的记载，为商业开发提供了第一手资料和文化背景。

由于《肃镇华夷志》是河西走廊较早的方志之一，受到了清代西北学研究者的注意。清人梁份《秦边纪略》的诸多材料，虽未言明出处，但显然来自《肃镇华夷志》。而黄文炜等撰修《重修肃州新志》"序"文中虽言"先翻检肃镇旧志，见其版刻漶漫，笔画舛讹，至不可句"，但实际受影响不小。《新志》多处原样保留了《肃镇华夷志》的内容就是证明。

二

裕固族是祖国民族大家庭的成员之一，是甘肃独有的少数民族。经过100多年的努力，裕固族研究无论在史料的钩稽、整理，还是在各领域的探索上，都迈上了一个新的台阶。但应当承认，和其他少数民族的研究一样，裕固族研究同样有一个历史资料缺乏的问题。为数不多的资料，也是散乱芜杂，语焉不详，影响了研究的深入。

就裕固族历史来说，明末清初裕固族形成的重要阶段，资料不可谓不多，有《明史》《殊域周咨录》《边政考》《秦边纪略》《甘州府志》等正史、野史以及方志，但恰恰缺乏裕固族东迁和七部形成过程的记载，更缺乏裕固族服饰、饮食、生产方式、语言、风俗等的详细史料，而这些，又是民族识别的重要依据和裕固族形成、发展、变化的重要证据。

在众多记载明清之际裕固族史料的著作中，《肃镇华夷志》详细记录了从明中叶以后东迁的关西数卫部众的部族、首领、人口、牧居地及其变化、语言、风俗、宗教信仰及宗教活动等详细情况，无论在资料的丰富、详细、系统上，都堪称之最，是裕固族研究不可多得的资料。因此，其意义又超出了一般方志，在裕固族研究上堪称珍贵，也使《肃镇华夷志》具有了独特的价值。笔者认为和其他方志相比较，这是《肃镇华夷志》最大的价值所在。

首先，原书名之为《肃镇华夷志》，作者依据现状，辟出相当篇幅，记载了东迁环居肃州周边的各少数民族，予以特别的重视，这种独特的见识，超出了一般方志。尽管其动机目的主要是出于"安边""固疆"考虑，但在叙述中，却显露了历史局限，暴露了视少数民族为"犬羊"的汉族中心主义思想。

《肃镇华夷志》中关于东迁各部族的资料，有三处。

其一，在《沿革》一节中，有"附内地住牧番夷"条，记录了畏兀儿、哈剌灰以及瓜州、赤斤、苦峪、王子庄、柴城儿、骗马城、大草滩等地东迁之各部族的居住地、头目、帐房及人口数，而且对嘉靖二十八年杨博重新安置的情况也作了记载。

其二，在全志最后，专列了《属夷内附略》，内分"种属""族类""住处""风俗"等目，以大量篇幅记叙了各卫诸部东迁以及牧居地的变化情况及各部的分化、组合和最后的安置地、头目、人口。由于志书是在嘉靖张愚创修的基础上增删而成，反映在对东迁各卫部落的记载上，出现了"嘉靖"和"万历"两个时间，恰好反映了各部落的迁徙和帐房、人口、头目、牧居地的发展变化情况。其中记录了一些东迁以及部族来源的传说，是我们探讨裕固族族源的宝贵材料，如关于"扬州乐户"的材料、"耳交王"的记载等。和其他方志记载少数民族风俗习惯含混不清、后世读者往往不得要领不同，《肃镇华夷志》很详细地记叙了包括畏兀儿、哈剌灰、"熟达"以及"西番"等族从服饰、饮食、婚丧、语言、宗教信仰、生产方式以及行礼、拜头领等习俗，有一些生动的细节更是弥足珍贵。如今天裕固族最隆重的待客方式"抬羊背子"即在其中有记载。还记载当时裕固族人喜欢酿造一种"卤酒"，饮酒方式为按尊卑用吸管吮吸。这些可以说是对裕固族文化最早最详细的记载，亦可谓明末裕固族的专志。尽管由于时代的局限和作者"汉族中心"立场的偏见，其中有一些对少数民族错误的称谓和认识。

其三，是散见于"城池""兵饷""堡寨""关隘""军制"中的一些材料，如东迁各部族出军丁、编入防守军制参与防边的材料、居住地的材料、构筑城池的资料和裕固族子弟入学的资料等。虽不多，但同样重要。

裕固族七部如何形成，这是今天研究裕固族历史难以解开的一团乱麻，它不仅与东迁前的各卫部众、种族有密切关系，也与东迁后各部众不断分化、组合有关系。而《肃镇华夷志》对各部族人口、牧居地、头目变化的记载，提供了解开这团乱麻的正确途径。

一般认为，裕固族是一个游牧民族，但《肃镇华夷志》透露，在东迁前，居住在沙州、赤斤的部分裕固族人，已经定居务农，修筑城池。东迁后，其中一部分仍然从事农业。他们对于因战争而萧条的环肃州周边的开垦和农业发展作出了突出贡献。这也是今天居住在酒泉黄泥堡的裕固族为何一直从事农业的缘故。一些史料过分强调东迁部众的安置对肃州防务带来的压力，而忽略了裕固族对本地发展的贡献。而这些，都是我们用新的眼光看裕固族的依据。

裕固族"大头目""安"姓来源，一直是学界争论不休的话题。由于裕固族形成阶段材料的缺乏，学者见仁见智，而《肃镇华夷志》的丰富材料相信可以提供打开这个问题的钥匙。

学界对裕固族形成的时间有数种看法。仔细研究《肃镇华夷志》中相关资料，相信能得出一致的意见。

《甘镇志》虽然在《沿革》下也列有"内属番夷附"条，分别叙述了罕东卫、曲先卫（安定卫有目无内容）、"阿端卫"、"西番十三族"、"赤斤蒙古卫"、"罕东左卫"、"哈密卫"及摘录杨一清、唐龙的奏疏和魏焕《甘肃考》，但大抵没有超出《明史·西域传》中关于数卫的记载，远没有《肃镇华夷志》具体、详细、丰富。《重修肃州新志》中的"属夷"一节同样只记载了属地各少数民族的居住地、户口和纳粮、贡马状况，而没有风俗习惯、部落变化状况等重要内容，因此，就裕固族历史资料而言，两者价值高下，自不能相提并论。

遗憾的是由于《肃镇华夷志》流传不广，这些宝贵资料学界利用有限。

三

在"西域疆里"中,《肃镇华夷志》还记录了从哈密到"鲁迷城""西海"的道里及沿途城池、山川、种族、物产、宗教信仰、风俗习惯等。经考证,这正是有着极高历史价值的《西域土地人物略》。

《西域土地人物略》撰写年代、作者已不可考,没有单行本传世,仅存于嘉靖《陕西通志》(以下简称《通志》)、①张雨《边政考》和顾炎武《天下郡国利病书》以及《秦边纪略》中,然而后两者脱衍错讹较多,只有《通志》所载完备,②而与《边政考》所载内容、叙述顺序有部分不同。虽说简略,但其价值却不可低估,是明代丝绸之路路线的完整资料。在中西交通、民族研究上有重要意义,堪与《西域行程记》《西域番国志》等著作相媲美,甚至在某些方面超过了以上著作。

《肃镇华夷志》收录之《西域土地人物略》部分有4500多字。和《通志》不同的是,全文均用双行小字。文中出现地名近300个,记录了从嘉峪关到鲁迷城的道里、城池、民族、人种、宗教信仰、风俗、物产、生产生活状况等。

清人梁份所著《秦边纪略》(即《西垂今略》)卷六单列《西域土地人物略》,③其体例与嘉靖《通志》本相同,亦为大小字双行,疑抄自是书。

嘉靖二十六年张雨所撰《边政考》卷八"西域诸国"所收《西域土地人物略》,④用表格的形式记载了西域的地名、里程、物产、山川名称,其中物产栏目内记载了各地住民种族及物产。

《肃镇华夷志》所载《西域土地人物略》与《秦边纪略》《通志》所载对比,其开头叙述并不一致,且没有名之为《西域土地人物略》,而是列在卷一"沿革"下之"西域疆里",叙述了自嘉峪关至哈密的三条道路,

---

① 邵国秀编:《中国西北稀见方志(续编)·嘉靖陕西通志》,中华全国图书文献缩微复制中心1994年版。
② 李之勤:《〈西域土地人物略〉的最早、最好版本》,《中国边疆史地研究》2004年第1期。
③ (清)梁份:《秦边纪略》,赵盛世等校注,青海人民出版社1987年版。
④ (清)张雨:《边政考》,"中华文史丛书本",台北:华文书局1969年影印本。

大体与郭绅《哈密分壤》所记嘉峪关至哈密三条道路相似。① 从"哈密"迤西的叙述中，三者的文字才吻合在一起。

需要指出的是，三者的叙述顺序与《边政考》有较大的出入。主要差别有两点：其一，《边政考》所记一些地名下的种族、物产，在三者中没有。如在"物产"与地名的对应中，《边政考》在"哈密""阿思打纳城""鲁珍城儿""羊黑城儿""土鲁番""俺石城儿""苏巴失""昆迷失""乂力失城""黑水泉""独树城儿""察力察井""察兀的河""榻子河""古克兀城""若先城""阿速城""阿亦地里城""克力宾城""河西丁城""失哈力城""我撒剌"等地名下，三者均没有"种族"及"出产"的内容。这就使其价值大打折扣。

那么，这些缺失的内容是《边政考》成书时加上去的呢？还是其他版本漏载呢？这是判定《通志》《肃镇华夷志》等原本来源的重要线索。

其二，《秦边纪略》本、《通志》本和《肃镇华夷志》本所载许多地区的"种族""物产"和《边政考》不相一致。如《肃镇华夷志》：

又西为哈利迷城，有缠头回回，多养羊、马，种旱田，有水磨，出黄葡萄及各色果品。

又西为阿的纳城，属鲁迷城管，有回回，种糜子，出棉花。

又西为菲即城，其城一重，有（《秦》本有"小"）王子，俱汉儿人剪综披发戴帽（《秦》《通志》本有"儿"），种稻田，养蚕，织金蟒龙、撒黑剌，剪羢毡，出金子、黑石、珍珠。

《边政考》：

哈利密城：有水磨，城西八百里为阿的纳城。有缠头回回，多养羊、马，种旱田，出黄葡萄、各色果品。

阿的纳城：属鲁迷城管，又西四十日为菲即城。有回回种糜子，出棉花。

菲即城：又西一千二百里为安各鲁城。其城一重，有王子，俱汉儿人剪综披发戴帽儿，种稻田，养蚕，织金蟒龙、撒黑剌，剪羢单，

---

① 冯家升等：《维吾尔族史料简编》，民族出版社1981年版。

有金子、宝石、珍珠。

这样张冠李戴的地方有几十处。经分析，可能是《边政考》在列表时造成了叙述顺序的混乱。

《边政考》成书于嘉靖二十六年，而这时，关西诸卫遗众已悉数内迁至肃州周边。如《边政考》中所列之"大草滩""回回墓""骟马城""三棵树""赤斤城""苦峪城""阿丹城""瓜州城""西阿丹城""沙州城"等地的诸卫遗众，早在正德七年前已经内迁肃州，是书卷九"西羌族口"中就有详细记载，《肃镇华夷志》则记载得更详细。比如，瓜州城头目总牙部东迁后居住在威虏、察黑包二城；赤斤头目革力箇失部、柴城儿头目卜木尔吉东迁后居住威虏西空堡；苦峪族居住在白烟墩南空堡；沙州族东迁后居住在金塔寺城。而"总牙父名曰总不克，因避西夷侵掠，正德间投顺肃州地方"。苦峪城居住的"卜刺有"在《肃镇华夷志》中作"卜刺召"："苦峪卫：不知何代建立为卫；都督卜刺召乃胯卜儿加之父，与也先革同宗，今朵尔只之祖也；指挥管卜儿加、舍人绰儿吉搔宗，以上四族闻皆指挥苟骨班之男，今无遗种矣。""其部族如千户哈剌那孩族，即今巴郎之祖也，则住大草滩；指挥他失卜族，今锁聂族是也，则住回回墓；指挥总失加族，原系西宁属番，投苦术部下，今（牙）兰族是也。则住三棵树"；"失加卜丁，今剌尔即之祖，等则守赤斤城，都督赏不塔儿乃昆臧之子，锁纳束之父也；指挥仓阿他儿、子锁南奔、舍人帖木儿皆苦术部下子孙，今在南山。皆分据赤斤四面者也"。

"三棵树"的"也先克"即《肃镇华夷志》中的"也先哥"："革力哥失族亦系赤斤蒙古卫都督苦术枝泒（派），正德间父也先革预知有西夷犯边之机，先投来肃州近地。"

而最近的东迁也是在嘉靖初年："卜木尔加族，亦苦术之后，分居柴城，与革力哥失、胯卜尔加同宗。嘉靖初年，卜木尔加父曰帖木儿，来归肃州，部落百人。"

因此，《边政考》之《西域土地人物略》所载之哈密迆东各地之少数民族部众居住状况，应在嘉靖以前。就是说，《边政考》所收录之《西域土地人物略》应在嘉靖初年以前。如果《边政考》中哈密迆东各地之少数民族部众的记载为张雨所加，则《西域土地人物略》应早于正德年间，甚至早于包节著《陕西行都司志》的嘉靖年间。①

诸家以出现"苦峪卫，我皇明"为《西域土地人物略》著之上限。②按"苦峪卫"之设，不见正史。《肃镇华夷志》亦谓"传闻有此卫，不知何代所建"。（卷四"属夷内附略"）诸家认为与哈密卫被土鲁番残破、部众东迁，明政府诏敕暂居苦峪为苦峪卫之设时间。按《明史》，成化十三年"冬十月戊申，复立哈密卫于苦峪谷，给土田牛种"③。《殊域周咨录》亦谓苦峪城筑于成化十三年，"十三年，都督佥事王玺等于赤斤、苦峪筑城，复立哈密卫，令罕慎居之"。④ 实际上所谓"苦峪卫"，实即逃亡的哈密卫。从《肃镇华夷志》和《边政考》记载来看，嘉峪关至哈密一段，各家记载内容多寡不同。其中"苦峪卫，我皇明"句，《边政考》和《肃镇华夷志》本均无有，作为《西域土地人物略》产生之上限，似仍有可讨论之处。且《肃镇华夷志》在叙述了嘉峪关外三道通向哈密的道路后说："按弘治前，里至与今少异，且多番族。今悉载之。"隐约透露出原本《西域土地人物略》至迟产生在弘治以后，其叙述内容有可能从哈密开始。

《西域土地人物略》记载了嘉峪关到鲁迷一路几百个地方的种族、宗教信仰、出产、生产方式等。与其他著作不同的是，其中许多地方居住有"汉儿人"。如"怯迷城"有"四族番汉"；"文谷鲁城""俱汉儿人蓬头戴帽，种汉田"；"也勒多思城""俱汉儿人蓬头戴帽，种稻田"；"撒黑四塞""有汉儿人蓬头戴帽儿"；"菲郎城""俱汉儿人剪综披发戴帽儿，种稻田"；"鲁迷城""有缠头回回及汉儿人，有通事"等，耐人寻味。这些遥远的地区，何以有汉人？显然，这不是空穴来风。《肃镇华夷志》"故迹"下就记载："威远城：在卫东北三百八十里，城筑于唐宋，元因之，明初立为所。后因失误秋表，该部查究，风闻诛徙，人民惧，俱入西域。今有旗杆山，即当时招抚叛民，立旗七杆，军民竟入回夷远地，今尚有三杆峙立焉。又西夷云，威远汉人今在鲁迷地方，穿衣戴帽与夷不同，衣制同中国，穿则襟衽于背后，网巾同汉人，戴则悬圈于额前，养食猪犬，与

---

① 《肃镇华夷志》《甘镇志》等受《陕西行都司志》影响较大。《陕西行都司志》修撰于嘉靖年间，今不存，见高启安《〈肃镇华夷志〉的名称及版本考辨》。
② 转引自李之勤《〈西域土地人物略〉的最早、最好版本》，《中国边疆史地研究》2004年第1期。
③ 《明史》卷一四《宪宗纪二》，第174页。
④ （明）严从简：《殊域周咨录》卷一四《赤斤蒙古》，第467页。

回夷处，多不同俗。"正证明了在远处的汉人"蓬头戴帽"的实际。李之勤先生从其中"汉儿人"口气推断作者可能为少数民族。① 而"汉儿人"的口气和一些地方设有"通事"透露，这部宝贵的著作或者产生在元末明初。我们知道，元代著作中，"汉儿人"的口气较多，而"通事"之设，则只有元代这样统治区域广袤、驿传交通发达的情况下才会有。当然，这只是猜测。关于这些地名以及汉人为何到了遥远的地方，其时间是元代，还是明代，还需要详加研究。

"西至""哈至"是裕固族东迁历史研究中被学者强烈关注的两个地名。部分学者也曾将探询的眼光投向古代史料，以期找寻出相对应的地名。如钱伯泉先生曾在顾炎武《天下郡国利病书》所辑录的《西域土地人物略》中，发现了河西到哈密、土鲁番的道路、地名和里程的记载。由于此文缺失较多，钱伯泉先生认为"在记苦峪城西通哈密的三条路中，失去了有关'西至—哈至'的地名"。② 而郭绅的《哈密分壤》记载了一个叫"哈至"的地名。《肃镇华夷志》详细记载了弘治前后从嘉峪关经由苦峪到哈密的三条道路的里程、名称、泉水、城池等，其中有"哈至"地名的记载："又一路自苦峪从北而西至羽寂灭，正北一百二十里至蟒来，西一百四十里至垣力，西一百五十里至哈剌哈剌灰，西一百二十里至哈至，西一百三十里至坡儿那，西一百四十里至羽六温，西一百二十里至俄伦咲，西九十里至俄例海牙，西一百四十里至阿赤，西一百七十里至克力把赤，西一百三十里至撒力哈密失，西五十里至哈剌木提，西四十里至哈密头墩，亦抵哈密。"但没有"西至"及相关读音的地名。与《秦边纪略》（卷六，但没有与《西域土地人物略》列在一起）、《天下郡国利病书》所收《西域土地人物略》相同，《肃镇华夷志》也记载嘉峪关至哈密的三条路，足可为解决这一问题提供可靠证据。

经对比，《肃镇华夷志》所载《西域土地人物略》与《通志》《秦边经略》者略同，个别文字有出入。应当来自相同的母体，这个母体很可能就是已佚的《陕西行都司志》或更早的著作。

关于《西域土地人物略》的价值与意义，诸前辈学者已有精辟论述。③

---

① 李之勤：《〈西域土地人物略〉的最早、最好版本》，《中国边疆史地研究》2004年第1期。
② 钱伯泉：《裕固族故地"西至——哈至"考察》，《甘肃民族研究》1992年第2期。
③ 李之勤：《〈西域土地人物略〉的最早、最好版本》，《中国边疆史地研究》2004年第1期。

无论其叙述范围、内容及可靠程度等，都不下于当时流行的其他类似著作。其中尤以种族和出产为重要，这也是它超出其他同类著作之所在。

《肃镇华夷志》无论体例、内容，还是文字，都存在一定的不足和错讹。如《重修肃州新志》黄文炜"序"谓此志误谬颇多①。酒泉太守竺曾，讹为竺会；张奂渊泉人，讹为酒泉人，攀附名人等。而"官籍""人材"抄录正史资料错讹尤多。如张奂学"欧阳《尚书》"，讹为"欧阳修《尚书》"；"宦籍""郑吉"条"日逐王"被封为"归德侯"，而原文省略为"郑吉"被封为"归德侯"。卷四"人材"在叙述隋"赵才"后，又从汉代"盖勋"开始，加进了许多敦煌的名人。抄袭某敦煌志的痕迹明显。诸如此类，不一而足。一些叙述也有前后矛盾和不明确之处，如"西蕃"的概念不明确。再如"哈剌灰"，或言"元之达种"，或言"突厥种族"，而错讹字更不在少数。但瑕不掩瑜，相信读者自能辨别。

近代由于《肃镇华夷志》只有善本存世，部分图书馆存有缩微胶卷，许多古籍丛书都没有收录，如"中国公共图书馆古籍文献珍本汇刊"、邵国秀编《中国西北稀见方志》，②《中国西北文献丛书·西北稀见方志》及《中国西北文献丛书·西北稀见方志续编》，③《续修四库全书》④ 等。而台湾影印本的发行，使许多人误认为彼《肃镇志》即此《肃镇志》，使这一宝贵资料少有人关注，而真正的《肃镇华夷志》却藏于深闺无人识，学者利用不多。

《肃镇华夷志》的独特史料和研究价值难以尽述。以上只是笔者孔见，难免疏漏。博雅君子明鉴。

作者附记：齐陈骏先生多年来从事敦煌学研究，在河西历史研究上贡献尤多。笔者有幸聆听先生教诲，受益匪浅。今以此文庆贺先生七十寿辰。本文写作过程中，承蒙甘肃省图书馆文献部易雪梅、刘瑛、尹玉霞诸同志提供方便，谨致谢意。

原载《敦煌学辑刊》2005 年第 2 期

---

① （清）黄文炜修撰：《重修肃州新志·序》，吴生贵、王世雄等校注《重修肃州新志校注》，中华书局 2008 年版，第 3—4 页。
② 邵国秀编：《中国西北稀见方志》，中华全国图书文献缩微复制中心 1994 年版。
③ 王希隆主编：《中国西北文献丛书·西北稀见方志续编》，甘肃文化出版社 1999 年版。
④ 《续修四库全书》编委会编：《续修四库全书》，上海古籍出版社 2002 年版。

《肃镇华夷志》名称及版本考辨

现存河西地区地方志中，除敦煌藏经洞出土之数种唐五代时期敦煌地方志和张澍所辑几种早期文献（《西河旧事》《凉州记》《凉州异物志》《沙州记》等）外，最早的，要数撰修于明万历四十四年（1617）的《肃镇华夷志》[①]。

《肃镇华夷志》撰修者为时任"钦差整饬肃州兵备副使、前翰林院庶吉士、巡按直隶广东监查御史蜀内江李应魁"。目前北京图书馆所藏善本为清顺治十四年（1657）刻本，署为"肃州监牧临洮府通判高弥高重刊"。

李应魁，四川内江人，《明史》无传。清吴人寿纂、何衍庆修《肃州新志稿》谓："李应魁，四川内江县进士，泰昌元年以右参将任，天启元年升按察使，调凉州分守道。"[②] 据《肃镇华夷志》序，该志应在其任右参将之前，即在"钦差整饬肃州兵备副使"任上所撰修。

而今所存之《肃镇志》，实即《肃镇华夷志》。为何改为《肃镇志》，容后叙述。

《重修肃州新志》言："《肃镇志》修于前朝万历丙辰，迄今阅两甲子，中间一百二十年事迹，漫无记载。"[③]

《肃镇华夷志》的重刊者高弥高，据《重修肃州新志·名宦》："续查得本朝肃州通判云：高弥高，直隶阜城人，拔贡，顺治十三年任。"又"续采本朝监牧通判"条内云："李祯，顺治十二年任；高弥高，顺治末

[①] 现存中国国家图书馆。上海、甘肃、南京图书馆存重刻本缩微胶卷。

[②] （清）吴人寿纂，何衍庆修，吴生贵、王世雄等校注：《肃州新志校注》"职官"条，中华书局2006年版，第234页。

[③] （清）黄文炜撰修，吴生贵、王世雄等校注：《重修肃州新志校注》"序"，中华书局2008年版，第3页。

任；吕夹钟，康熙元年任。"因此，高弥高任肃州监牧通判在顺治十二年到十八年之间。

据今《肃镇志》前李应魁自撰序，可知《肃镇志》原名《肃镇华夷志》，李应魁"因得抄录遗本，传系天津张公愚草创旧稿，缘升任未竟，而嘉隆以后，则又述自乡耆之口，披阅再四，总之不离行都司志者。近是彼合此分，年久率无伦次，乃其名曰《肃镇华夷志》，则以内附羌回，惟肃州最伙，今虽输款向化，作我藩篱，而笼犬羊于卧榻，揖寇盗于门庭，种类情形，政（正）与内地安危，相为倚伏。溯源穷委，因以名篇，意良可绎。于是名仍其旧，实核其真，逖稽广询，首增图说，以摄纲领，余俱芟冗删繁，撷遗饰质，凡隘险、署埔、士卒、钱谷，以逮文武、谱籍、附属夷情，罔不考订类辑，阅月告成。"创修于嘉靖年间，其创修者为"天津张愚"。李应魁《序》中所言"天津张公愚"，在《肃镇华夷志·宦籍》中有记载："张愚，直隶天津人，进士，嘉靖二十一年任。"嘉靖二十三年，兵备副使为刘瑜。则《肃镇华夷志》草创时间为嘉靖二十一年到二十三年。"名仍其旧"也说明李应魁仍沿用《肃镇华夷志》原名。

《肃镇华夷志》，《明史·艺文志》无载。据《北平图书馆志目》载："《肃镇华夷志》存三卷，万历刻本。"[1] 说明该志创修后，曾刻印并流行，唯流行不广。而《中国地方志联合目录》[2] 也载有"北京图书馆存万历《肃镇志》三卷，存清顺治十四年高弥高刻本四卷"之说。如此，则万历本尚在。因此，张维谓"缪目载《肃州志》有误，实系《肃镇志》。疑《肃镇华夷志》即《肃镇志》"，其中"缪目载《肃州志》有误，实系《肃镇志》。疑《肃镇华夷志》即《肃镇志》"正确，而"北平馆将顺治刻本讹为万历刻本"恐不确[3]。因此，《稀见地方志提要》谓"按此书书口题名《肃镇华夷志》，卷一第一行仍名《肃镇志》，据张维《陇右方志录》，谓'万历原本称《肃镇志》，华夷二字为重锓时所加焉'。按重锓本惟版口加'华夷'二字，原文实无更换。"[4] 此说有误。按原序，万历本应为《肃镇华夷志》，重锓本才称《肃镇志》（因此，后文提到此志，通用《肃

---

[1] 吴生贵、王世雄等校注：《重修肃州新志校注》，第3页。
[2] 中国科学院北京天文台主编：《中国地方志联合目录》，中华书局1985年版。
[3] 张维：《陇右方志录》，1932年11月至1934年北平大北印书局印。
[4] 陈光贻：《稀见地方志提要》，齐鲁书社1987年版。

镇华夷志》)。

只是今日通过远程检索，在北京图书馆只有善本四卷3册顺治刻本，而没有《肃镇华夷志》，也找不到《肃镇华夷志》书目。而"长城小站网"① 则谓《肃镇华夷志》目前存于台北故宫博物院，只有卷三。如此，则缪荃荪《方志目》记北平图书馆志目《肃镇华夷志》存三卷，万历刻本应即该本。"卷三"或为"三卷"之误。

关于《肃镇华夷志》以"镇"之命名，起因于明代九个边镇的设置。《明史·西域传》载，明初"甫定关中，即法汉武创河西四郡隔绝羌、胡之间，建重镇于甘肃，以北拒蒙古，南捍诸番，俾不得相合"②。甘肃镇为明代九边镇之一。据《明史·兵志》："初设辽东、宣府、大同、延绥四镇，继设宁夏、甘肃、蓟州三镇，而太原总兵治偏头，三边制府驻固原，亦称二镇，是为九边。"③ 九边亦称"九镇"。其中甘肃镇下辖12卫3个守御千户所。"二十八年，开设肃州卫指挥使司，领左、右、中、前、后五所。永乐三年，裁革威虏卫，归并本卫，为中右、中中二所，共七千户，所隶陕西行都司。"(《肃镇华夷志·沿革》)《甘镇志》亦谓："明洪武五年，宋国公冯胜将兵至河西，元守臣平章委的弃城遁，遂平其地。二十四年设甘肃卫，二十五年分设甘州左、右、中、前、后、中中六卫。二十六年设使（陕）西行都指挥使司，二十八年设右、中二护卫，三十二年裁革前、后、中中三卫，移右、中二护卫于兰县。永乐二年复设甘州前、后二卫及镇夷千户所。正统三年设古浪千户所，景泰七年设高台千户所。本司内辖甘州左、右、中、前、后五卫，外辖山、永、凉、镇、庄、西、肃七卫。镇夷、古浪、高台三千户所隶右军都督府。"④

明代有许多以"镇"命名的志书，如《延绥镇志》（八卷）（明郑汝璧刘余泽纂修）、《甘肃镇考图略》（明周一敬撰）、《三镇并守议一卷》（明翁万达撰）、《宣府镇志四十二卷》（明孙世芳纂修）、《两镇三关通志》（二十三卷）（明尹畊撰）等。但都以全镇作为志书范围，唯《肃镇华夷志》所述范围仅限于肃州卫和镇夷千户所。因此，名之谓"肃镇"或即

---

① http://www.thegreatwall.com.cn.
② 《明史》卷三三〇《西域传》。
③ 《明史》卷九一《兵志》。
④ 张志纯等校点：《重刊甘镇志》卷一《沿革》，甘肃文化出版社1996年版。

"肃州""镇夷"之缩略。

这里有一个问题，如果"肃镇"为"肃州"和"镇夷"之缩略，则河西另两部明代以镇命名的志书《凉镇志》[（清）苏铣纂，顺治十四年刻本，甘肃省图书馆存复制胶卷]、《甘镇志》以及《西镇志》[（清）苏铣纂，顺治十四年刻本，青海人民出版社1993年出版]也以"镇"命名，何以解释？这个问题，我们将在后面分析。

名之谓"华夷"者，据本书序言，"则以内附羌回，惟肃州最伙，今虽输款向化，作我藩篱，而笼犬羊于卧榻，揖寇盗于门庭，种类情形，政（正）与内地安危，相为倚伏。溯源穷委，因以名篇，意良可绎"。与前后创修的《甘镇志》《凉镇志》《西镇志》相比，《肃镇华夷志》关于环肃州周边少数民族的记载部分不唯占相当篇幅，而且创"种属""族类""住处""风俗"等目，开方志之特例，其价值与意义非他志所能比拟。因此，名之曰《华夷志》确与事实相符。只是受历史和时代局限，署名透露了作者视少数民族为"犬羊"、华夷限隔的种族主义思想。

《肃镇华夷志》共四卷，卷一为"图说""沿革（疆域、郡名、番夷附）""山川（形胜附）"。卷二为"水利（桥梁附）""风俗""物产""户口""城池""军制""马政""屯田""戎器""兵饷""驿传（铺舍附）""公署""学校""坛壝""祠祀（寺观附）""故迹""诗歌"。卷三为"景致""堡寨""关隘""烽墩""奉使""宦籍"。卷四为"人材""节孝""流寓""仙释""灾祥""属夷"，共32目。《属夷》下设"种属""族类""住处""风俗"等次目。正文8.65万多字。

其中"图说"共列"肃镇总图""肃州""嘉峪关""野麻湾""新城堡""两山口""金塔寺堡""下古城堡""临水堡""河清堡""金佛寺堡""卯来泉堡""镇夷""双井堡""盐池堡""清水堡""草沟井堡""深沟堡""沙碗堡""胭脂堡"等图20张，并有"图说"文字。

另，该志李应魁的序中曾数次引用《总志》、《元志》（《肃镇华夷志》卷一《山川》"肃州卫"条）和《肃州卫志》（卷一"沿革""肃州卫"条）。据张维《陇右方志录》载，肃州曾在元代撰修《肃州志》，明嘉靖前曾修《肃州新志》，均佚失。不闻有《肃州卫志》。李应魁所提《元志》或即元人修《肃州志》，或《大元大一统志》；《肃州卫志》或即《肃州新志》；《总志》或即《大明一统志》，存疑待考。

现今有两个《肃镇志》刊本，一个即本名《肃镇华夷志》者（以下简称甲本），而另一本亦名之为《肃镇志》（以下简称乙本），是台湾台北成文出版社有限公司1970年出版之"中国方志丛书"影印本（第348号）。封面为"肃镇志（全）"，扉页钤"北京图书馆藏"印章，标"中国方志丛书·华北地方·第三四八号　据清高弥高、李德魁等纂修、清顺治十四年抄本"字样①。乙本由台湾地区的影印发行，是目前各单位收藏和较为流行的本子，也是诸多学者常引用的本子。

乙本《肃镇志》为四卷，卷一为地理志：沿革、山川、水利、风俗、物产；卷二为建置志：公署、学校、坛壝、祠祀、驿传；卷三为官师志：名宦、兵防（军制、马政、关隘、堡寨、烽堠）、戎器；卷四为岁计志（户口、屯田）、人物（乡贤、忠烈、孝行、贞节、科贡、流寓、仙释）。14万多字，并附有地图6张。分别为高台周边地图、高台所城图、肃州周边图、肃镇城图、敦煌卫周边图、敦煌卫城图。卷一"地理志：沿革"下，有"李德魁纂修"之字样。

乙本《肃镇志》序署名为高弥高撰写，高时任"整饬陕甘等处兵粮分巡宁夏道按察司副使"。

另一"纂修"者"李德魁"不知其详。是否为"李应魁"之误，尚需研究。

从二者内容看，显然为两个不同的本子。不唯体例有较大差异，而且所记范围也不同。如甲本"沿革·疆里"，其范围只叙述肃州周边，即明代"肃州兵备道肃州卫镇夷守御千户所"地界，"西自嘉峪关起，东至临河堡花墙交界，止广二百七十里；北至新修边壕，其长三百三十一里……东一面通于甘州，南有祁连火山为障"（卷一"肃镇总图说"）。而乙本所叙地理范围"疆域：东抵山丹，西至高台，南临番夷，北接胡虏。广一百八十五里，袤三百五十里。里至：东至山丹卫界八十里，西至抚夷驿一百五十里，南至马营二百二十里，北至外境一百三十里，东南至大黄山二百五十里，东北至转嘴墩一百里，西南至白城子六百里，西北至高台所一百六十里"（卷一《沿革·疆域、里至》）。《山川》一节开头即有"甘州左等五卫环以祁连、合黎之山"字样；《风俗（番夷风俗附）》一节前亦有

---

① 《肃镇志》，台北：成文出版社1970年版。

"甘州左等五卫"字样。按"五卫"者，甘州左卫、甘州右卫、甘州中卫、甘州前卫、甘州后卫。"水利"一节，主要叙述的是"五卫"的各渠。其他关隘、堡寨、烽堠等，均为甘州附近之内容，从疆域、里至以及山川、水利等内容看，所叙也主要是甘州五卫内容。而《序》中也说"凡甘之肇置本末，与夫山川所表、沟池土地之绵历，户籍贡赋之盈缩，风俗土产之宜，宦迹人物之众，郡治庠序坛壝社稷创治之始，僧寺祠觇桥梁陂池存没之由，仙释升化、词墨咏题，靡不博采备陈。阅月成编锓板"，明确所撰志书为"甘"，即所记范围为"甘州五卫"。

因此，翻检与"甘州"有关之方志，才发现乙本《肃镇志》实即《甘镇志》。除了书口书名标"肃镇志"以及序作者为不同人名外，其他《序》文字完全一致，四卷题目完全一致，内容完全一致。

按《甘镇志》，现存清顺治十四年（1657）刻本①，序言标修撰者为杨春茂，序后题"顺治丁酉岁孟秋整饬甘山等处兵粮分巡西宁道按察司副使杨春茂撰"，书口亦题"（丁酉）重刊甘镇志"字样，官师记至明万历三十六年。

杨春茂，《甘州府志》有载："杨春茂，顺天昌平人，举人，副使，顺治十三年任。"②杨后是高向极，顺治十八年任，则杨春茂在任时间为顺治十三年到十八年。

《甘镇志》标"重刊甘镇志"，且"官师"记至万历三十六年者，当撰于万历年间，与《肃镇志》续修时间大体相同。

首先，顺治十四年刊行之《甘镇志》标为"重刊"，则"十四年"前必有另一刊本存世。其次，杨春茂为顺治十三年到任，十四年《甘镇志》"重刊"，足证非杨所修纂。其三，"官师志"截止时间为万历三十六年，如系杨春茂所撰，则不应弃置万历三十六年到顺治十四年近50年的历史，更不应置清朝的赫赫武功于不顾。因此，其作者既非高弥高，亦非杨春茂。杨春茂序写于顺治，其内容和书名标"重刊"透露，他并非《甘镇志》之真正的纂修者。因此，序中说"余于是勉力恪承，撷遗文于刻碑断石，访陈迹于荒丘废址，提纲举目，细大不遗……是书也，得之数行残

---

① 长城小站网陈光贻《稀见地方志提要》，标为"[明]不著撰修人名氏"。
② （清）钟赓起修纂，张志纯等校点：《甘州府志》卷一〇《官师》，甘肃文化出版社1995年版，第324页。

简，访之舆论老稚"的说法，就有欺世盗名之嫌。

今人已然怀疑杨春茂并非《甘镇志》纂修者。"据本书春茂序所称重刊，而非春茂所重纂也。然阅春茂序中有云：'靡不博采备陈，阅月成编锓版'等语，似有重纂语气，故后之书目总录，以为春茂重纂也。"徐家汇藏书楼藏旧抄本《甘镇志》不著撰修者，也可证①。

《甘镇志》和乙本《肃镇志》之序言内容相同，但署名却不一样，前者为杨春茂，后者为高弥高。那么，谁是真正的序作者呢？

据《肃州新志》和《甘州府志》，高、杨二人任肃、任甘时间相同，均在顺治十三年至十八年间。而《甘镇志》和乙本《肃镇志》"序"署名一为"整饬陕甘等处兵粮分巡宁夏道按察司副使"，一为"整饬甘山等处兵粮分巡西宁道按察司副使"。除个别字有别外，"序"作者当为杨春茂。

那么，是何原因造成了将《甘镇志》冠戴为《肃镇志》呢？乙本扉页上钤有"北京图书馆藏书"印，标"中国方志丛书·华北地方·三四八号据清高弥高、李德魁等纂修，清顺治十四年抄本"字样，有"A932145"的书号，应即北图书号。显然，错置并非台湾成文社影印时造成，而是在北京图书馆保存着这样一部《肃镇志》抄本。而根据抄本正文内容用硬笔所写，则透露出该本并非顺治十四年所抄，而是根据顺治十四年印本所抄，近代所为。至于如何出现抄本，如何张冠李戴，而成文社为何舍故宫博物院（台湾）所藏刻本不取，而选取北京图书馆抄本影印？原因不得而知。

台湾版之《肃镇志》之流行，诸家不审其内容，以讹传讹，造成了不少误会②。因此，有必要正本清源。

《甘镇志》中大量内容透露，它大段大段抄录了《陕西行都司志》。如

---

① 陈光贻：《稀见地方志提要》，齐鲁书社1987年版。鲁天庆《张掖历史档案史料概述》亦谓"明代《甘镇志》，共6卷，初纂于明代。清顺治十四年（1675），西宁道按察司副使杨春茂重刊。然而详细查考这部镇志的内容，却没有明代万历四十年（1612）以后的事迹，'官师'仅至万历三十六年（1608）止。所以，也有人将这部镇志题为《万历甘镇志》。"（《河西学院学报》2003年第4期）

② 《酒泉市志·丛录》："酒泉地区档案馆1984年依据北京图书馆收藏1970年台北成文出版社有限公司出版《肃镇志》（顺治十四年抄本）影印本复制本……约14万多字。是现代较早的肃州地方志。"酒泉市志办公室编，兰州大学出版社1998年8月出版。《甘肃省图书馆藏地方志目录》载酒泉地区方志亦有标为台湾成文出版社影印本《肃镇志》，兰州大学1996年9月出版。著名的网上图书馆"超星图书馆"中收录的《肃镇志》，正是台湾影印版《肃镇志》。其他学者引用乙本而标为《肃镇志》者，更不在少数。

卷一《地理志·沿革》第一句即"陕西行都司:《禹贡》:雍州之域"。在《沿革》一节中,包括了"武威郡县十""酒泉郡县九""敦煌郡县六";《疆域》则说"东界黄河,西阻弱水,南跨青海,北据居延。广一千七百四十五里,袤一千五百七十五里,加以羁縻之地,无虑数千里","本司内辖甘州左、右、中、前、后五卫,外辖山、永、凉、镇、庄、西、肃七卫。镇夷、古浪、高台三千户所,隶右军都督府"。这些远超甘州五卫辖地的内容。除此之外,《物产》一节中,多有涉及西宁、酒泉、武威的内容。比如:"梨:河西皆有,唯肃州、西宁独佳。""红花:各卫皆有,唯西宁者佳""锁阳……出镇番""无鳞鱼……各卫俱有,唯镇番与西宁碾伯多"等。其他从整个河西及青海的角度记载的材料比比皆是。正应了李应魁"总之不离行都司志者"那句话。

那么《甘镇志》真正的撰修者为谁?和《肃镇志》相比,二者在体例上大体一致,撰修时间相近,从内容看,抄录原《陕西行都司志》痕迹非常明显,说明万历间"陕西行都指挥使司"曾经有过一次修志的举动,产生了一批地方志书,由于很快明政府就处于风雨飘摇灭亡阶段,因此,匆忙所修方志大多比较粗糙,这就为清初整理、重刊这些方志留下了底本。比如,相同名称者还有标为苏铣所撰的《凉镇志》,标为苏铣所纂的《西镇志》等。这些方志大多内容下限在万历年间,志名统一以"镇"字命名,均刊行于顺治十四年,且均冠以"重刊"绝非偶然,而是统一修志和统一刊行的结果。显然,清顺治十四年所刊数种河西走廊以及青海等地(均属陕西行都司管辖范围)的方志,应为明万历年间所修,所据主要为《陕西行都司志》。因此,《甘镇志》的纂修者既不是杨春茂,也不是高弥高,而是另有他人。清人充其量只是在体例上稍做改动、重刊而已。清人换取原序,重新命名,不注说明,贪前人之功,据为己有,不仅恶劣,而且给后世造成了许多误解。这可能也是台湾影印本将《甘镇志》误为《肃镇志》的重要原因。倒是高弥高在重刊《肃镇华夷志》时,虽改了名称,却保留了原序,不仅使我们知道了原志的作者和创修的时间,也使我们对杨春茂剽窃前人成果的行为有了一定的了解。

按《陕西行都司志》今不存,《四库全书·史部·地理》存目三列有《陕西行都司志》。提要谓:"不著撰人名氏,千顷堂书目作包节撰。考节字元达,华亭人,占籍嘉兴,嘉靖壬辰进士,官监察御史,出按湖广,抗疏劾守陵大珰廖斌不法，反被证下诏狱，谪庄浪卫，卒于戍所。隆庆初，追赠光禄寺少卿。事迹俱《明史》本传。此书记事止于嘉靖，且庄浪卫正陕西也。当即节书也矣。凡分地理、建置、官师、兵防、岁计、人物六门，而以所属各卫分载其中，能阙所不知，故简陋而不荒谬。凡例为学校、祀典，不立类，以建置大端，惟止二事，故统置于建置之下，例殊未允，自郡县、山川、人物以外，无一不从建置起。能全附之建置乎？"[1]《明史·艺文志》载包节著《陕西行都司志》十二卷[2]。从提要所反映的体例、内容看，《肃镇华夷志》《甘镇志》等确实受其影响不小。比如，《肃镇华夷志》卷三"宦籍"与《甘镇志·官师志·名宦》一节所记之"陈九畴"，其文字相同，都批判《西域事迹》的观点，替陈九畴辩解。显然，其内容来自《陕西行都司志》。

　　本文是作者和邰惠莉女士《〈肃镇华夷志〉校注》前言之一部分，刊于《酒泉职业技术学院学报》2008年第1期。该书已于2006年6月正式出版。

---

[1] （清）永瑢等撰：《四库全书总目》，中华书局1965年版，第643页。
[2] 《明史》卷九六《艺文》。

后　记

本书所收31篇论文，是从我40年来考察研究裕固族近40篇文章中选集而来。

我是裕固族研究者群体中较早涉及裕固族民俗、民间文学，进而步入裕固族历史文化研究领域的学者之一。

今年，正好是我从事裕固族研究40年，结集出版研究心得，借此机会对自己的裕固族研究作简单总结，亦属必要。

大学期间，选修柯杨先生的"民间文学概论""民俗学"课，对两门课很感兴趣，曾于寒暑假时在家乡及周边作民歌、宝卷及特殊民俗的调查，积累了一定的田野调查经验，故毕业论文方向毫不犹豫地选择了前往甘肃省独有的少数民族裕固族中调查民俗。

在1983年寒风料峭的4月，我们一行三人乘坐送货的解放牌汽车，前往肃南裕固族自治县最偏僻的杨哥公社，在公社文书马建雄（与我同庚，惜2019年因心梗无常。愿逝者安息！）的带领下，半个月的时间内，几乎走遍了杨哥的每一个牧业点，搜集到了大量民间文学、民俗素材。大学毕业后，又多次前往康乐、皇城考察，掌握了一些第一手资料。这些珍贵的资料，不仅使我完成了大学毕业论文（《东部裕固族丧葬习俗》，刊于《丝路论坛》1988年第2期），也为以后撰写的多篇相关论文奠定了基础。

1984年，调入甘肃省委党校后，从事理论刊物编辑工作，开始整理手头调查资料，陆续发表相关论文。裕固族研究可以说是我步入学术研究神圣殿堂的第一个领域。

在从事编辑之余，一段时间内，每周日晨，骑自行车顺南滨河路，到省图书馆文献部查阅抄录与裕固族有关资料，下午闭馆时返回。虽数十公里而乐此不疲，每每为获知一条重要资料而兴奋不已。

这期间，就发现了被我称为"裕固族专史"的《肃镇华夷志》。

《肃镇华夷志》为嘉靖二十年至二十四年任肃州兵备道副使的张愚所创修，修撰未竟而升转他处，万历时李应魁任肃州兵备道副使，续修成功。此志最大特点是一改修志传统体例，专列《属夷内附略》，辟居于肃州及其周边的东迁少数民族以专门篇目，内分"种属""族类""住处""风俗"等节，以大量篇幅记叙了各卫诸部东迁以及牧居地的变化情况及各部的分化、组合和最后的安置地、头目、人口、风俗、服饰、饮食等，一万多字，约占全书的七分之一，保留了无比珍贵的裕固族东迁及安置史料。但万历四十四年版毁于兵火，至清初，高弥高重印，改名之为《肃镇志》，存世极少，只国家图书馆和台北"故宫博物院"有存。

1949年后，以缩微胶片形式复制数件，分存于甘肃省博物馆和江苏省博物馆等处，长期沉埋而无人阅读（我第一次借阅时，需安装胶片阅读机，时任省图文献部主任的周丕显先生说：你是第一个阅读此胶片者），亦不知其与裕固族相关。发现后如获至宝，将与裕固族有关资料悉数抄录，并用于研究。2002年，又与敦煌研究院郜惠莉女士合作，自费校注出版，自认为是对裕固族研究的最大贡献，著名敦煌学家李正宇先生赞许为"入眼识宝……使璞玉一拂尘蒙，兰田再耀莹光；秘笈得公于世，而孤本从此不孤矣"（见《肃镇华夷志校注·序》）。

1996年调入敦煌研究院后，选择敦煌饮食为学术专攻方向，意从此渐离裕固族研究领域。但事与愿违，难以割舍，近水楼台，依据《肃镇华夷志》丰富的资料，又陆续撰写、发表了二十多篇论文。内容除了前期裕固族民俗、裕固族民间文学外，还涉及裕固族各部东迁及其安置、裕固族人口变迁、裕固族饮食文化、裕固族教育等内容。

综观40年裕固族研究历程，是由近而生爱，由爱而生情，由情而生动力，在裕固族历史文化研究数个领域钩沉发覆，自觉稍有贡献，但只知耕耘，几不关心收获，除数篇被收于杨进智主编、甘肃省民族研究所编辑《裕固族研究论文集》（兰州大学出版社1996年版）和钟进文主编《中国裕固族研究集成》（民族出版社2002年版）中外，并未打算结集出版。作为西北师范大学兼职教授，此次西北师范大学河西走廊研究院常务副院长刘再聪教授主编"河西走廊研究丛书"，将其忝列末尾，除格式统一、注释变为页下注、改正文字错讹外，也将原文和注释中《肃镇志》径改为

《肃镇华夷志校注》，并附校注本页码，有些引文变更了原来的版本，加添了页码，以方便读者查阅资料，图片统一排序编号，其他尽量保持当初发表时原貌，其初入研究领域的学步和对裕固族的热爱、研究用力尽显露于此，不揣简陋粗疏，不掩饰稚嫩浅薄，敝帚自珍之，唯同道学人鉴焉。

需要说明的是，本书中数篇文章是和敦煌研究院邰惠莉研究馆员合作完成，在收入本集时征求了她的意见。

蒙项目及刘再聪主编不嫌杂芜，捡顽石于河滩，聚零乱以规整，费纸浆而成册，纳入丛书以付梓，谨致谢忱！感谢本书责任编辑李凯凯！本稿编辑过程中，与李凯凯通过微信多次沟通，其精益求精的态度和一丝不苟的责任感，使本书的错误减少到最低限度。借此机会，也向刊登过这些论文的刊物致敬，向助力过研究的各位同人、朋友致以真诚的谢意！纸短情深，不一一具名，谨存心中。

2022 年 11 月 6 日
于蜗蛙居